AF739930

DROEMER

Über den Autor:
Christian Eichler, 1959 geboren, wuchs dort auf, wo das deutsche Fußballherz schlägt: im Pott. Nach dem Studium arbeitete er als Diplombibliothekar, daneben schrieb er für zahlreiche Blätter. Seit 1989 ist er Sportredakteur der *Frankfurter Allgemeinen Zeitung*. Er wurde mit dem Großen Preis des Verbandes Deutscher Sportjournalisten und zweimal mit dem Fairplay-Preis für Sportjournalismus ausgezeichnet. Christian Eichler ist verheiratet und hat zwei Söhne.

Christian Eichler

90

oder

Die ganze Geschichte des Fußballs in neunzig Spielen

DROEMER

Besuchen Sie uns im Internet:
www.droemer-knaur.de

Taschenbuchausgabe April 2020
DroemerT aschenbuch
© 2017 Droemer Taschenbuch
Ein Imprint der Verlagsgruppe
Droemer Knaur GmbH & Co. KG
Maria-Luiko-Str. 54, 80636 München
Alle Rechte vorbehalten. Das Werk darf – auch teilweise – nur mit
Genehmigung des Verlags wiedergegeben werden.
Die Nutzung unserer Werke für Text- und Data-Mining im Sinne
von § 44b UrhG behalten wir uns explizit vor.
Covergestaltung: Rothfos & Gabler, Hamburg
Coverabbildung:GettyImages-107877799
Illustration im Innenteil: David Spieth / Shutterstock.com Printed
in Germany
ISBN978-3-426-30167-8

Kontaktadresse nach EU-Produktsicherheitsverordnung:
produktsicherheit@droemer-knaur.de

3 5 6 4 2

1

Rio de Janeiro, 13. Juli 2014:
Das Glück des Lazarus

DEUTSCHLAND – ARGENTINIEN 1:0 n. V. (WM-Finale)

DEUTSCHLAND: Neuer, Lahm, Boateng, Hummels, Höwedes, Schweinsteiger, Kramer (31. Schürrle), Müller, Kroos, Özil (120. Mertesacker), Klose (88. Götze)
ARGENTINIEN: Romero, Zabaleta, Demichelis, Garay, Rojo, Biglia, Mascherano, Pérez (86. Gago), Messi, Lavezzi (46. Agüero), Higuaín (78. Palacio)
SCHIEDSRICHTER: Rizzoli (Italien); ZUSCHAUER: 74 700
TOR: 1:0 Götze (113.)

Fußball ist das Glück, sich lebendig zu fühlen. Ob man ihn spielt oder nur sieht, Hauptsache, man lebt ihn. Das öffnet die Sinne. So wie an diesem Abend in Rio, an dem sich vom größten Spiel der Welt, dem Finale der Weltmeisterschaft, der Blick weitet, hinauf auf den Corcovado. Dort, auf der Bergkuppe am Horizont, gut zu sehen durch den ovalen Dachausschnitt des Estádio do Maracanã, leuchtet die Christusstatue. Bei Anpfiff glühte sie noch in der prallen Sonne. Nun tritt sie, von weißem Kunstlicht angestrahlt, aus der Finsternis.

Jedes WM-Finale ist ein Heldenepos. Anders als in der antiken Sage gebiert es keine Unsterblichen, aber einige sehr glückliche Sterbliche. Mit Rentenanspruch auf einen Ruhm, der bis an ihr Lebensende reichen wird. Aber nur selten ist die Kulisse dieser Heldengeschichten so malerisch wie hier, von fast kitschiger Vollkommenheit in Cinemascope.

Unten, auf dem erleuchteten Rasen, gibt es nach hundertfünf Minuten, in der letzten Pause, außer Aufmunterungen und Durchhalteparolen nicht mehr viel zu sagen. Gut, die anderen hatten die besseren Gelegenheiten. Doch völlig frei vor Manuel Neuer versagte der Torinstinkt von Higuaín, Messi, Palacio – alle verfehlten sie das Ziel. Nun scheinen die Argentinier das 0:0 halten zu wollen und auf das Elfmeterschießen zu vertrauen.

Was gibt es da noch zu sagen? Wirklich zuhören kann sowieso niemand mehr. Am Ende einer Saison, einer Weltmeisterschaft, eines WM-Finals sind Köpfe und Körper nur noch von Routinen und Hormonen gesteuert, kämpfen die Körpersignale und Botenstoffe der Müdigkeit mit denen des Weitermachens. Zeit für die ganz, ganz simplen Botschaften: Noch mal alles! Wir schaffen das!

Nur einem hat Joachim Löw etwas Spezielleres mitzuteilen. »Zeig der ganzen Welt, dass du besser bist als Messi«, sagt der Bundestrainer zu Mario Götze. Es sind Worte, die auf eine gewisse Schlichtheit des Gemüts beim Adressaten schließen lassen; oder zumindest darauf, dass Löw das so einschätzt. Das soll große Trainerkunst sein? Lässt sich ein verwöhnter Jungstar wirklich mit solch billigen Psychosprüchen zur entscheidenden Leistung treiben? Worte, die man besser nicht weitererzählt. Doch Löw macht sie später öffentlich, was vielleicht auch etwas über ihn aussagt. So werden sie berühmt. Und zum Ballast für Mario Götze.

Die Bayern haben ihn ein Jahr zuvor mit dem Köder nach München gelockt, der Wunschspieler des neuen Trainers Pep Guardiola zu sein, der aus ihm den »neuen Messi« machen wolle – dabei wollte der eigentlich Neymar. Am Ende blieb Götze bei Guardiola eine Randfigur. Und wurde das auch bei Löw. Während der WM verlor er den Platz in der Startelf an den sechsunddreißigjährigen Miroslav Klose – den er erst jetzt, im Finale, kurz vor Ende der regulären Spielzeit, wieder ablösen durfte. »Du machst das Ding!«, sagte Klose zum vierzehn Jahre jüngeren Ersatzmann. Und nun stachelt ihn auch Löw an. Der »neue Messi«? »Du hast die Möglichkeiten dazu«, sagt er.

Und Götze nutzt sie. Er ist nicht besser als Messi. Aber er macht, was Messi nicht macht: das große Ding. Als André Schürrle nach hundertdreizehn Minuten seinen fünfundsechzigsten Sprint startet, mit zwanzig schnellen Schritten und sieben Ballberührungen die linke Außenlinie entlang, Mascherano und Zabaleta ausweichend, und zwischen den beiden Verteidigern hindurch eine unterschnittene Flanke in den Laufweg des diagonal zum Fünfmeterraum spurtenden Götze schickt – da veredelt der kleine Ballkünstler diese Maßvorlage zu einem der feinsten Finaltore der Geschichte. Annahme per Brust, Vollendung volley mit links aus spitzem Winkel ins lange Eck. Besser als Messi, zumindest für diesen Moment.

Doch um auch das zu werden, was Messi, der Weltfußballer, der Weltbeste, wieder nicht wird: Weltmeister – dafür ist mehr nötig als nur dieses Tor, dieser Torschütze, dieser eine WM-Held. Löws Team braucht bis zum Ende für den Titel viele WM-Helden, für jede Gelegenheit mindestens einen. Im ersten Spiel gegen Portugal die Schläue von Thomas Müller. Im zweiten gegen Ghana die Unverwüstlichkeit von Miroslav Klose. Im Achtelfinale gegen Algerien den Radius von Manuel Neuer. Im Viertelfinale gegen Frankreich Abwehrkunst und Torgefahr von Mats Hummels. Im Halbfinale gegen Brasilien die Präzision von Toni Kroos und Sami Khedira. Im Finale die Präsenz von Jérôme Boateng. Und natürlich die Tadellosigkeit von Philipp Lahm, der in der K.-o.-Runde aus dem Mittelfeld nach hinten rechts zurückwich und die Abwehr erst titelreif machte. Nicht zuletzt die Opferbereitschaft von Benedikt Höwedes, als Aushilfe hinten links ohne Fehl und Tadel. Fast jeder fand seine Heldenrolle, seinen eigenen WM-Moment.

Und doch wird nun noch eine Steigerung gebraucht. Auch nach dem großen WM-Moment von Mario Götze. Er ist nur der vorletzte deutsche Held der WM 2014. Für den Sieg ist noch ein anderer nötig, einer, der bis zum Letzten geht. Er muss der Welt nicht zeigen, dass er besser ist als Messi. Aber härter als alle Argentinier zusammen.

In der Vorrunde spielte Bastian Schweinsteiger nur zwanzig Minuten. Nach zwei Sprunggelenksoperationen während der Saison und nach einer Knieverletzung kurz vor der WM schonte ihn Löw. Der Trainer wusste, dass er ihn noch brauchen würde. Und nie brauchte er ihn so sehr wie in diesem Finale.

Das Zentrum ist entscheidend. Das Dreieck Kroos, Khedira, Schweinsteiger, das Brasilien 7:1 demontierte, war bis zum Finale eine Macht. Doch gegen Argentinien muss Sami Khedira kurz vor Anpfiff mit Wadenbeschwerden passen. Christoph Kramer, von Löw als Ersatz aus dem Hut gezaubert, macht seine Sache gut und so unbekümmert, als wisse er gar nicht, dass das ein WM-Finale ist – und weiß es dann wirklich nicht mehr. Nach der harten Kollision mit Ezequiel Garay spielt er dreizehn Minuten mit glasigem Blick weiter und fragt Nicola Rizzoli dann: »Schiri, ist das hier das Finale?« Der Italiener glaubt an einen Witz, aber Kramer hakt nach: »Ich muss wissen, ob das wirklich das Finale ist.« Nach der Bestätigung bedankt sich der Deutsche brav: »Danke, es war wichtig, das zu wissen.« Worauf Rizzoli Schweinsteiger auffordert, ihn auswechseln zu lassen.

Khedira draußen, Kramer k.o. und Kroos irgendwie neben sich, verunsichert, seit er mit einer Kopfballrückgabe auf Neuer, bei der er Higuaín übersah, fast alles verdorben hätte. Jeder sieht es: Nun, in diesem Spiel, kommt es auf Schweinsteiger an wie nie zuvor. Und dann, vier Minuten gespielt in der letzten, alles entscheidenden Viertelstunde, liegt Schweinsteiger rücklings am Boden, in der Coachingzone der Argentinier. Über sich die ganze medizinische Abteilung der Deutschen. Beim Versuch, die Blutung zu stoppen.

Kurz nach Wiederanpfiff haben ihn Mascherano und Biglia zu zweit gefällt, Schweinsteiger schrie, hielt sich das Bein, brauchte eine halbe Minute, dann stand er wieder. Nur eine Minute später das Kopfballduell mit Agüero, der die Faust ausfuhr und ihn im Gesicht traf. Löw tobt, weil Rizzoli den schon verwarnten Agüero nicht vom Platz stellt. Er fürchtet, dass die Argentinier seinen wichtigsten Mann vom Platz zu treten versuchen.

Wenn sie es nicht schon geschafft haben. Fast eine Minute wälzt Schweinsteiger sich am Boden, kommt mühsam hoch, wankt vom Platz. Das Blut rinnt ihm übers Gesicht, vom Cut unter dem rechten Auge hinunter zum Kinn. Während man ihn behandelt, macht sich Kevin Großkreutz für die Auswechslung bereit. Doch dann ist die Wunde verklebt, Schweinsteiger wieder auf den Beinen. Nach zweiminütiger deutscher Unterzahl kehrt er zurück aufs Feld – begleitet vom tosenden Jubel, der den Torschrei, siebenundsiebzig Sekunden später, vorwegnimmt.

Als Götze trifft, ist Schweinsteiger der Einzige außer Neuer, der nicht hinrennt, hinein in die Jubeltraube. Er trabt weg. Kräfte hamstern. Meter sparen. Keiner läuft mehr als er in diesem Finale, über fünfzehn Kilometer. Fünfundfünfzig Sprints, anderthalbmal so viele wie Messi. Keiner wird häufiger getreten, sechs von sechzehn Fouls der Argentinier gelten ihm, dem Blitzableiter ihrer Aggression. Fast ein Drittel der letzten fünfzehn Minuten auf dem Weg zum Titel verbringt er am Boden oder blutend oder in Behandlung. Oder alles zusammen. Bis Rizzoli endlich abpfeift, werden aus den letzten fünfzehn Minuten sogar neunzehn. Aber das ist nur die nachgespielte Leidenszeit des deutschen Lazarus.

Wie ein altes Schlachtross wirft er sich immer wieder in die Zweikämpfe. Auch in der 121. Minute, als er Messi aufhalten muss, in diesem letzten Angriff – den er nur durch ein Foul stoppen kann, eines, das seine eigenen Muskeln ihm versagen wollen, ein Foul, das nur mit letzter Willensanstrengung gelingt. Anderthalb Minuten muss Schweinsteiger danach behandelt werden, sich dann vom Platz schleppen, mit Krämpfen. An der Seitenlinie steht er dann, wie ein Schiffbrüchiger, der es an Land geschafft hat, tief gebeugt, Hände auf den Knien. Sieht Messis Freistoß übers Tor fliegen. Schleppt sich ein letztes Mal auf Feld. Wirft sich in ein letztes Duell. Steckt ein letztes Foul ein. Hört endlich den letzten Pfiff. Fällt einfach um.

Später, um die Hüften die deutsche Flagge, unterm Auge die Platzwunde, im Gesicht das Lächeln, das nicht mehr weicht, sieht Bastian Schweinsteiger fast aus wie ein Student einer schlagenden Verbindung. Und wirkt, nach zehn Jahren als Nationalspieler, nach all den Kämpfen und Krisen, Verletzungen und verlorenen Halbfinals, fast erleichtert, dass die späte Krönung ihm so viel an Härte und Schmerz abverlangt hat. »Ich habe vom Fußball alles zurückbekommen«, sagt er. »Die ganzen Mühen sind belohnt worden.«

Götzes Tor wurde tausendfach von Kameras fixiert, millionenfach im kollektiven Gedächtnis archiviert. Dagegen hat kein Foto, kein Film, keine bildliche Erinnerung den Moment festgehalten, der die Welt des Fußballs auf den Kopf stellte wie kein anderer zuvor. Die Fotografen saßen fast alle hinter dem anderen Tor. Nur dort erwarteten sie lohnende Motive. Ein Foto gibt es nur von den Szenen nach dem Schlusspfiff, als die Zuschauer den Torschützen auf ihre Schultern nehmen und vom Platz tragen. Ein scheues Lächeln hat er im Gesicht. Ein wenig scheint es, dass es ihm zu viel Aufhebens ist um ein einziges Tor. Es hat sein kurzes Leben überdauert.

2

Belo Horizonte, 29. Juni 1950:

Tod eines Tellerwäschers

USA – ENGLAND 1:0 (WM-Vorrunde)

USA: Borghi, Keough, Maca, Bahr, Colombo, McIlvenny, Gaetjens, Pariani, J. Souza, Wallace, E. Souza
ENGLAND: Williams, Ramsey, Aston, Wright, Dickinson, Hughes, Mortensen, Finney, Mannion, Mullen, Bentley
SCHIEDSRICHTER: Dattilo (Italien); ZUSCHAUER: 10 000
TOR: 1:0 Gaetjens (38.)

England gegen USA, ein größerer Gegensatz lässt sich nicht denken bei der ersten Weltmeisterschaft nach dem Krieg. England, das Land, das den Fußball gebar, gegen Amerika, das Land, das ihn ignorierte. Gefeierte Profis gegen Männer, die ihr Geld als Postbote oder Milchmann verdienen. Einen »Haufen Hoffnungsloser« nennt »The Belfast Telegraph« den Gegner der Engländer, die sich bei ihrer ersten WM-Teilnahme als Nabel der Fußballwelt sehen. Der »Daily Express« findet, »es wäre fair, ihnen drei Tore Vorsprung zu geben«. Man glaubt, generös sein zu können. Gegen Italien haben die USA 0:9 verloren, gegen Norwegen 0:11.

Bei Anpfiff an einem milden Donnerstag um fünfzehn Uhr sind rund zehntausend Zuschauer im »Estádio Independência« in Belo Horizonte, hinter dessen flachen Tribünen sich der Blick auf die grau-braunen Hügel der Provinz Minas Gerais öffnet. Am Ende werden es viele Tausende mehr sein. Im Laufe der Partie lockt die erregte Stimme des Radiokommentators immer mehr Menschen ins Stadion. Sie wollen die sich anbahnende Sensation mit eigenen Augen sehen.

Auch der berühmteste englische Fußballer schaut zu. Stanley Matthews, der legendäre Dribbler, wird für größere Aufgaben geschont. Entspannt beobachtet er die Anfangsphase: sechs Schüsse in zwölf Minuten, alle aufs amerikanische Tor. Zwei an den Pfosten. Die Führung scheint nur eine Frage der Zeit.

Nichts deutet darauf hin, dass es der Tag von Joe Gaetjens werden könnte. Eigentlich gibt es keine undankbarere Rolle als die des Mittelstürmers in einem völlig unterlegenen Team. Aber manchmal macht der Fußball eine Ausnahme. Sie nimmt kurz vor der Pause ihren Anfang mit einem Einwurf in der englischen Hälfte. Der Ball landet halbrechts bei Walter Bahr, der nicht fackelt und ihn aus gut zwanzig Metern diagonal Richtung Tor schlägt – scharf und halbhoch, eher Schuss als Flanke.

Der englische Torwart Bert Williams hat freie Sicht. Er macht ein, zwei Schritte dorthin, wo er den Ball erwartet. Da fliegt plötzlich ein Schatten heran. Ein Körper hechtet in die Flugbahn. Er erreicht den Ball mit dem Kopf, streift ihn leicht. Es reicht, um dessen Richtung entscheidend zu verändern. Gegen die Bewegung des Torwarts und unerreichbar auch für den letzten Verteidiger, Alf Ramsey, torkelt das Leder ins Tor. Hinter den Werbebannern für »Superball«, den »offiziellen Ball des Turniers«, springen Tausende auf und jubeln.

Was ist hier los? Die Engländer wirken verwirrt. US-Trainer Bill Jeffrey hat, vielleicht aus Furcht, vielleicht auch aus List, seine Spieler vor der Partie mit Schafen verglichen: »Schafe, bereit für die Schlachtbank.« Nun plötzlich steckt ein Wolf im weißen Schafspelz mit dem roten Diagonalstreifen. Und den Engländern ist mit einem Mal nicht ganz geheuer in ihrem ungewohnten blauen Dress, den sie zum ersten und letzten Mal in ihrer Geschichte tragen.

Wer ist dieser Schatten, der das 1:0 schoss? Nicht mal die Amerikaner wissen viel über ihn. Nur, dass er aus Haiti stammt und in »Rudy's Cafe« arbeitet, einem spanischen Restaurant in Harlem, New York. Dem Besitzer Eugene »Rudy« Diaz gehört auch »Brookhattan«, ein Team der American Soccer League. Es ist eine Profiliga, deren Profis vom Fußball allein kaum leben können. Deshalb verdient sich Gaetjens zu den fünfundzwanzig Dollar Gage pro Spiel ein paar als Tellerwäscher dazu.

Als er am Tag vor der Abreise nach Brasilien erstmals zum Team stößt, ist er praktisch ein Unbekannter. Gaetjens' einzige Referenz: Er führt die Torschützenliste der US-Liga an. Aber in dieser 38. Minute dämmert den kampfstarken, spielschwachen Amerikanern, dass sie in ihm das gefunden haben, was sie am dringendsten brauchen – einen Torjäger.

Einen, wie er den Engländern fehlt. In der Pause glaubt Bahr, »dass sich nun die Schleusentore öffnen«. Doch die Schleuse bleibt zu. Die zweite Halbzeit ist ein einziges Anrennen des Favoriten, der mehrfach an den eckigen Holzbalken scheitert. Und noch häufiger an den eckigen Fäusten des Torwarts Frank Borghi, im echten Leben Leichenwagenfahrer. Auch im ersten Spiel, gegen Spanien, haben die Amerikaner lange geführt und erst durch drei Tore in den letzten zehn Minuten 1:3 verloren. Diesmal halten sie den Vorsprung mit letzter Entschlossenheit. Der Abpfiff: 1:0 für die USA, eine Weltsensation des Fußballs.

Wie sehr ihn diese Blamage ein Leben lang verfolgt, erzählt über sechzig Jahre später Sir Tom Finney, der Berühmteste jener englischen Elf, kurz vor seinem Tod mit 91 Jahren: »Wir dachten, der Sieg wäre eine Formalität. Aber ihr Tor war wie verhext. Fünf- oder sechsmal trafen wir das Holz und vergaben unzählige Chancen.« Die geschockten Engländer verlieren drei Tage später in Rio auch gegen Spanien 0:1 und scheiden in der Vorrunde aus – ebenso wie die USA, die Chile 2:5 unterliegen.

Gaetjens und Borghi, Tellerwäscher und Totenchauffeur, begraben an jenem Tag in Belo Horizonte den Mythos des englischen Fußballs – so wie 64 Jahre später am selben Ort ein paar Deutsche mit Namen wie Kroos, Müller und Schweinsteiger den Mythos des brasilianischen. In beiden Fällen ist es am Ende nicht nur der Schlusspfiff eines Spiels, auch der einer Epoche. Mit dem Unterschied, dass 1950 die brasilianischen Zuschauer sich nicht weinend trollen wie 2014, sondern lachend den Platz stürmen. Fröhlich nehmen sie Borghi und Gaetjens auf ihre Schultern.

Wer nicht dabei war, mag es kaum glauben. Am wenigsten in den Heimatländern der beiden Teams. In England entsteht die Legende, dass manche Zeitungsredaktionen das 0:1 in ein 10:1 verwandelt hätten im Glauben, dass im telegraphisch übermittelten Ergebnis eine Ziffer fehle. Andere sind am Abend des Spiels froh, die Meldung kleinhalten und Englands Cricketteam die großen Schlagzeilen widmen zu können. Es hat am selben Tag erstmals gegen die »West Indies«, die karibische Auswahl, verloren.

Mehr als überall sonst geht die Sensation in den USA unter. Dent McSkimming von der »St. Louis Post-Dispatch« ist der einzige amerikanische Journalist im Stadion, auf eigene Kosten angereist, weil die Zeitung die WM-Reise nicht bezahlen wollte. Als Urlauber schreibt er den einzigen Eigenbericht einer US-Zeitung.

Der Ruhm seines Tores gegen England bringt Gaetjens einen Profivertrag in Frankreich ein, aber nicht viel Erfolg. Er kehrt nach Haiti zurück, wird von Tausenden am Flughafen empfangen, gründet eine Textilreinigung. Und spielt sogar noch für Haiti Fußball, ein 0:4 gegen Mexiko in der WM-Qualifikation 1953. Doch nach der Machtübernahme durch François »Papa Doc« Duvalier drei Jahre später wird das Leben gefährlich für Gaetjens, für jeden dieses Namens. Seine Familie hat Duvaliers Gegner Louis Dejoie unterstützt – mit dem er durch seine Urgroßmutter Leonie Dejoie verwandt ist, die den um 1825 aus Bremen eingewanderten Thomas Gaetjens heiratete.

Einen Tag nachdem Duvalier sich am 22. Juni 1964 zum Präsidenten auf Lebenszeit proklamiert hat, wird Gaetjens von den »Tontons Macoutes«, der brutalen Miliz des Tyrannen, aus seiner Wäscherei geholt und ins Gefängnis Fort Dimanche gebracht, das kaum ein Häftling lebend wieder verließ. Es ist das Letzte, das man weiß von Joe Gaetjens, dem Schatten, der mit einem Hechtsprung die größte Sensation der Fußballgeschichte schaffte.

Eine andere Geschichte, in der ein Fußballspieler in die Mühlen der Macht geriet, in einem der blutigsten Regime des 20. Jahrhunderts, dann aber auch dank des Fußballs überlebte, beginnt mit einem der bizarrsten Sportereignisse der Geschichte – einem Fußballspiel für einen millionenfachen Mörder, der sich für Fußball nicht interessiert.

3

Moskau, 18. Juli 1936: Fußball auf dem Roten Platz

SPARTAK MOSKAU A – SPARTAK MOSKAU B 4:3

Ein heißer Samstag im Juli, zehntausend Zuschauer erleben ein ungewöhnliches Vorprogramm für ein Fußballspiel. Ein Wagen mit dem Porträt von Lenin und einer Statue von Stalin rollt vorbei. Dahinter defilieren verdiente Athleten. Sie winken nach links, hinüber zur Tribüne des Lenin-Mausoleums. Dort oben grüßen sie ihn, den »größten Freund sowjetischer Körperkultur«: Stalin persönlich in seiner weißen Uniformjacke, umringt von Genossen und Lakaien aus Politbüro und Generalstab.

Später, wenn die jährliche Parade sowjetischer Sportlichkeit vorbeigezogen ist, werden zum ersten Mal zweiundzwanzig Männer ihm zu Füßen ein Fußballspiel bestreiten. Ihr Auftrag lautet, dem Tyrannen »den Lieblingssport des Volkes vorzuführen«. So beschreibt es später Nikolai Starostin, die Hauptfigur dieser Geschichte um Leben, Tod und Fußball.

Fußball auf dem Roten Platz, welch eine Idee. Starostin, der größte Fußballer des Landes, hat sie mit angeregt. Noch ahnt er nicht, dass auf diesen Schaukampf bald die Schauprozesse folgen werden; dass das Spiel ein Vorspiel ist für den »Großen Terror«, der wenige Monate später beginnt. Die Verfolgung wird auch einige der Männer treffen, die an diesem sommerlich heiteren Tag zu Stalins Vergnügen vor den Ball treten.

Es ist das erste Fußballspiel, das der Diktator in seinem Leben sieht. Grund genug für die, die es veranstalten, Angst zu haben. Zu viel Angst haben zumindest die Verantwortlichen von Dynamo Moskau. Der Klub der Geheimpolizei, der gegen den großen Rivalen Spartak antreten soll, hat kurzfristig seine Beteiligung abgesagt. Ihre Befürchtung: Der Ball könnte als Querschläger gegen die Kreml-Mauer fliegen. Das wäre ein Affront. Oder gar Stalin treffen. Das wäre das Todesurteil.

Aber schon Stalin zu langweilen kann gefährlich sein. Deshalb hat Starostin mit seinem politischen Verbündeten Aleksander Kossarew, dem Chef der Jugendorganisation der Partei, vorgesorgt. Während der Partie wird er immer wieder zu Kossarew hinaufschauen. Dieser steht neben Stalin und soll mit einem weißen Taschentuch wedeln, falls sich andeutet, dass dem Diktator die Darbietung nicht gefällt – als Zeichen für den sofortigen Abbruch.

In dieser Hinsicht hat die Absage des Rivalen Dynamo, der Spartak eine Woche zuvor im entscheidenden Spiel um die erste Meisterschaft der sowjetischen Liga 1:0 besiegt hat, einen Vorteil. Weil Spartaks Team ersatzweise gegen die eigene B-Auswahl antreten wird, kann man nicht nur das Ergebnis absprechen: ein 4:3 für das A-Team. Man kann auf dem neuntausend Quadratmeter großen, vom Moskauer Textilkombinat gefertigten Filzteppich, den dreihundert Helfer über die alten Pflastersteine gerollt haben, den Roten in den Grünen Platz verwandelnd, nun nach Drehbuch ein ganzes Potpourri des Fußballs anstimmen. Stalin soll alles geboten werden: ein Tor per Kopf, eins per Hacke, eins nach Ecke, eins nach Elfmeter und so weiter.

Der Plan geht auf, der Spielfluss ist hübsch anzusehen, ungestört von Tacklings, auf die man planmäßig verzichtet. Die sieben Tore fallen wie bestellt. Kossarews Taschentuch bleibt in der Tasche. Die Wochenschaubilder fangen sogar ein Lächeln auf Stalins Gesicht ein. Er kriegt kaum genug. Das

Spiel, auf dreißig Minuten angesetzt, dauert am Ende dreiundvierzig.

Starostin und seine drei mitspielenden Brüder sind erleichtert. Ein großer Erfolg für ihn und für Spartak, das er ein Jahr zuvor als Gegenentwurf zum Armeeklub ZSKA und zum Polizeiklub Dynamo mit gegründet hat. Die Fans begreifen Spartak als Klub des Volkes im Kampf gegen die Klubs der Obrigkeit. Allerdings hat die Obrigkeit bald etwas gegen diesen Erfolg – in Gestalt eines Mannes, der das Spiel auf dem Roten Platz von der Kreml-Tribüne aus durch seinen blitzenden Kneifer verfolgt hat. Er ist Fußballer, Fußballfan und im Begriff, einer der größten Henker des Jahrhunderts zu werden: Lawrenti Beria.

Bald nach dem Spiel auf dem Roten Platz ist Starostins politische Protektion passé, als Kossarew im Zuge der großen Säuberung als »Volksfeind« exekutiert wird – einer von über anderthalb Millionen Menschen, die während der blutigsten Inquisition der Geschichte verhaftet, misshandelt, in Arbeitslager verbannt oder erschossen werden. Als auch der Organisator des Massenmords, Nikolai Jeschow, liquidiert wird, beerbt ihn Beria als neuer Herr des Terrors. Wie eifrig er diese Aufgabe erledigt, wird Stalin auf der Konferenz von Jalta 1945 gut gelaunt betonen. Dem US-Präsidenten Roosevelt stellt er seinen georgischen Landsmann als »unseren Himmler« vor.

Während aber der unsportliche Himmler die Prüfungen des Sportabzeichens, das er von seinen SS-Leuten verlangte, selbst nur mit manipulierten Ergebnissen geschafft haben soll, war Beria in jungen Jahren ein passabler Fußballer. Mit der Stadtauswahl von Tiflis soll er einmal auch gegen Starostin gespielt haben, der Anfang der zwanziger Jahre mit der Moskauer Stadtauswahl nach Georgien kam. Starostin beschreibt ihn später als »untersetzten, technisch schwachen, aber sehr groben linken Läufer. Es war nicht schwer, ihn stehenzulassen. In der zweiten Halbzeit lief ich ihm davon und schoss ein Tor.«

Knapp zwanzig Jahre nach dem Duell am Ball ist man wieder zu Fußballgegnern geworden – als Chefs der beiden stärksten Klubs, deren Rivalität bis zum Ende der Sowjetunion 1991 nie nachlassen wird (Endstand: zwölf sowjetische Meisterschaften für Spartak, elf für Dynamo). Starostin als Vorsitzender von Spartak, Beria als Chef von Dynamo – eine Nebenrolle seines Hauptjobs als Volkskommissar des Inneren, die er sehr ernst nimmt. Er sitzt bei jedem wichtigen Spiel auf der Tribüne.

Als Spartak 1939 zum zweiten Mal in Folge das Double gewinnt, befiehlt der wütende Beria, das Pokal-Halbfinale zwischen Spartak und Tiflis neu auszutragen – obwohl das Finale längst gespielt ist, einmalig in der Fußballgeschichte. Schiedsrichter Iwan Gorelkin, der Spartaks umstrittenes Siegtor zum 1:0 anerkannte, wird verhaftet. Spartak gewinnt aber auch die Wiederholung. Beim Treffer zum 3:0 beobachtet Starostin, »wie in der Regierungsloge Beria aufspringt, wütend seinen Stuhl in die Ecke schleudert und das Stadion verlässt«.

Anfang der vierziger Jahre, eines Wintertages, trifft man sich wieder, an den zugefrorenen Patriarchen-Teichen, wo die Moskauer Stadtmeisterschaft im Eishockey ausgespielt wird. Starostin, früher auch Kapitän der Nationalmannschaft im Eishockey, ist als Spieler dort – Beria, mit Leibwächtern und Entourage, als Spaziergänger. »Sehen Sie, Nikolai, wie das Leben so spielt«, sagt Beria nach ein wenig Geplauder. »Damals sind Sie mir weggelaufen. Jetzt können Sie mir nicht mehr weglaufen.«

In der Nacht vom 20. auf den 21. März 1942 holen Berias Schergen Starostin aus dem Bett. Sie bringen ihn in die Lubjanka, die berüchtigte Zentrale der Geheimpolizei – ebenso wie zwei der drei Brüder (der dritte folgt sieben Monate später), die zwei Schwager und zwei Freunde, allesamt Spartak-Spieler. Der Vorwurf: Aufbau »einer terroristischen Kampfgruppe von Sportlern gegen Parteiführung und Regierung«. Unter Folter erpresste Aussagen anderer Häftlinge sollen die absurde Anklage belegen, Starostin und seine Brüder hätten einen Mordanschlag auf Stalin im Schilde geführt – während des zweiten Fußballspiels auf dem Roten Platz, beim »Tag der Körperkultur« im Juli 1937.

Die Anschuldigungen lassen sich nicht halten, genauso wie der angebliche Diebstahl eines Eisenbahnwaggons. Nach anderthalb Jahren im Keller der Lubjanka mit Misshandlungen, Schlafentzug, brutalen Verhören bleibt als Anklagepunkt nur »der Versuch, bourgeoise Moral in den sowjetischen Sport einzuschleppen«. Die Strafe für die vier Brüder: zehn Jahre Arbeitslager, laut Starostin »für diese Zeiten nahezu ein Freispruch«.

Der Fußball brachte Nikolai Starostin ins Lager. Der Fußball lässt es ihn überleben – wie seine Brüder, wenngleich es sie härter trifft. So erfrieren Piotr Starostin am Polarkreis die Füße, man amputiert ihm die Unterschenkel. Nikolai, dem berühmtesten, hilft während seiner Odyssee durch die Gulags vom Polarkreis bis zum Pazifik, vom Amur bis in die Kasachensteppe, sein Ruhm. Und dazu eine menschliche Seite selbst brutalster Schergen, die vielleicht nur der Fußball erreicht: die Liebe zum Spiel.

Ähnlich wird es sechzehn Jahre später der tragische Held des sowjetischen Nachkriegsfußballs erleben, der zwanzigjährige Eduard Strelzow. Wegen der Affäre mit der Tochter eines Politbüromitglieds, vor allem aber wegen seiner Weigerung, für Dynamo oder ZSKA zu spielen, landet der »russische Pelé« für sieben Jahre in Sibirien, wo Karriere und Gesundheit vor die Hunde gehen. Doch seine Popularität rettet Strelzow wenigstens das nackte Leben.

Wer kicken kann, kriegt Vorzugsbehandlung: weniger Sklavenarbeit, mehr Essen, kaum Schläge. »Der Fußball hat mir das Leben gerettet«, schreibt Starostin später. Andere Häftlinge helfen ihm, auch viele Aufseher tun das. Und wo er auch hinkommt, jeder Kommandant macht ihn zum Trainer seines Lagerteams, für den Kampf in der Meisterschaft der Gulags.

Erst nach Stalins Tod 1953 und Berias Hinrichtung werden Starostin und seine Brüder befreit und rehabilitiert. Bis zum Alter von neunzig Jahren erlebt er in fast vier Jahrzehnten als Präsident und Ehrenpräsident von Spartak dreizehn sowjetische und russische Meistertitel. Doch nie wieder hat der Name, den er für seinen Verein wählte – nach dem Vorbild des Spartacus, des Anführers der Gladiatoren, die sich zweitausend Jahre zuvor gegen die Herrscher Roms erhoben –, so gut gepasst wie an jenem Tag auf dem grün gewordenen Roten Platz im Juli 1936: als sie um die Gunst eines Tyrannen Fußball spielten.

Drei Wochen nach Stalin sieht auch Hitler das erste Fußballspiel seines Lebens. Der »Führer« genießt es, sich bei den Olympischen Spielen in Berlin mit strahlenden arischen Siegern zu zeigen. Dann aber lässt er sich zu einem Besuch bei jenem Sport überreden, der das Volk so begeistern soll: Fußball. Deutschland ist hoher Favorit im Viertelfinale gegen Norwegen. Doch Stürmer Magnar Isaksen schockt mit dem frühen 1:0 die Zuhörer an den Volksempfängern und den Propaganda-Chef in der Führerloge. »Der Führer ist ganz erregt«, notiert Goebbels. »Ein richtiges Nervenbad.« Als Isaksen in der 83. Minute abermals trifft, zum 2:0-Endstand, verlässt Hitler den Ort der Schmach und sieht nie wieder ein Fußballspiel. Sportliche Duelle, in denen David gegen Goliath gewinnt, passen nicht in den Lebensentwurf von Diktatoren. Selbst zwei Jahre später, als Fußball das Showprogramm zur ersten Expansion von Großdeutschland liefert, macht das Unberechenbare des Spiels der Propaganda einen Strich durch die Rechnung.

4

Wien, 3. April 1938: Anschluss-Treffer

DEUTSCH-ÖSTERREICHISCHE MANNSCHAFT – DEUTSCHE NATIONALMANNSCHAFT 2:0

DEUTSCH-ÖSTERREICHISCHE MANNSCHAFT: Platzer, Sesta, Schmaus, Wagner, Mock, Skoumal, Hahnemann, Stroh, Sindelar, Binder, Pesser
DEUTSCHE NATIONALMANNSCHAFT: Jakob, Janes, Münzenberg, Kupfer, Goldbrunner, Kitzinger, Lehner, Gellesch, Berndt, Gauchel, Fath
SCHIEDSRICHTER: Birlem; ZUSCHAUER: 60 000
TORE: Sindelar (62.), Sesta (70.)

Frühling 1938, es ist, als spiele die Welt »April, April« mit Österreich. Oder zumindest der große, mit den Knobelbechern scharrende Nachbar Deutschland. Anfang März ist Österreich ein souveräner Staat. Mitte März gibt es ihn nicht mehr. Anfang April aber hat die verschluckte Nation immer noch eine Nationalmannschaft. Oder so etwas Ähnliches.

Hakenkreuze schmücken das prallvolle Praterstadion an diesem seltsamen Fußballsonntag. An der Tribüne prangt riesig: »Ein Volk, ein Reich, ein Führer«. Zwei Wiener Fußballer, Verteidiger Otto Marischka und Torwart Rudi Zöhrer, tragen ein bedrucktes Tuch über das Feld, damit die über sechzigtausend sehen, worum es geht: »Sportler stimmen Ja«.

Kein Wunder, dass selbst die Anzeigetafeln etwas überfordert sind. Statt »ÖSTERREICH« und »DEUTSCHLAND«, was sie ohne Probleme und Abkürzungen bewältigt hätten, steht dort nun, umgekehrt und so umständlich, dass das Wichtigste, das Ergebnis, von den Wortungetümen fast über den rechten Rand hinausgedrückt wird:

DEUTSCHE NAT.MANNSCHAFT 0
DEUTSCH-OESTERR. MSCHFT. 2

Das sieht ja nun wirklich so aus, als hätte Österreich oder das, was davon übrig ist, in Wien ein Auswärtsspiel gegen die Deutschen. Und erzielte einen Auswärtssieg. Wie soll man das nur erklären?

»Altreich« gegen »Ostmark«, also eigentlich: »Wir gegen uns«, so lautet der offizielle Titel dieses seltsamsten Spiels, das je eine deutsche Nationalmannschaft bestritt. Ein Spiel, das dennoch in den Annalen des DFB nicht auftaucht – weil der ÖFB sich sechs Tage vorher aufgelöst und dem DFB angeschlossen hat, der längst als »Fachamt Fußball« im NS-System einsortiert ist.

Es hat noch viel mehr Titel: »Anschlussspiel« zum Beispiel. Oder »Versöhnungsspiel«. Oder »Verbrüderungsspiel«. Dabei ist diese Partie von zwei der besten Auswahlteams der Welt in Wahrheit nur eine Wahlkampfveranstaltung. Das treibt ihre Absurdität auf die Spitze. Werbung für eine Wahl – veranstaltet von einem Regime, dessen Wesen es ist, seinen Untergebenen keine Wahl zu lassen.

Für den »Anschluss« seines Heimatlands, das er am 11. März durch die einmarschierende Wehrmacht annektieren und von seinem Vasallen Arthur Seyß-Inquart als Zwei-Tage-Kanzler auflösen ließ, wünscht sich Hitler eine Zustimmung der neuen Untertanen für das längst Unumkehrbare. Eine Woche nach dem Spiel soll das Volk in der Volksabstimmung über die »Wiedervereinigung Österreichs mit dem Deutschen Reich« um seine Meinung gebeten werden – sofern sie die richtige ist. Der Fußball gibt Hilfe: Sportler sagen ja.

Wer nein sagen will, müsste sich wirklich was trauen. Am Samstag sind über dreißigtausend SA-Männer der »Österreichischen Legion« am Wiener Heldenplatz aufmarschiert. Die Fußballhelden trafen am Abend ein. Sepp Herbergers Leute wurden am Westbahnhof von den österreichischen Kollegen empfangen. »Feststimmung lag über Wien, und in sie hinein traten die Fußballabgesandten des Reiches«, schreibt das Berliner Fachblatt »Fußball-Woche«. »Sie machten Kulleraugen, als sie auf dem Bahnsteig ihre Kameraden von der Wiener Nationalmannschaft in Reih und Glied angetreten vorfanden.«

Für den jungen Reichstrainer Herberger ist das Spiel ein Ärgernis. Nach der olympischen Blamage gegen Norwegen hat er den Posten von Otto Nerz übernommen und mit dem 8:0-Sieg gegen Dänemark im Mai 1937 eine starke Mannschaft geformt. Die »Breslau-Elf« gewann zehn Spiele in Folge und gehörte zu den Favoriten für die Weltmeisterschaft 1938 in Frankreich. Bis zum »Anschluss«.

Aus Berlin erreicht ihn die politische Order, bei der WM (für die Österreich seinen Startplatz aufgegeben hat) sein eingespieltes Team durch eine »großdeutsche Elf« im Personalschlüssel sechs zu fünf zu ersetzen. Eine »Wiener Melange mit preußischem Einschlag« werde von ihm verlangt, notiert Herberger sarkastisch. »Es gibt keine Sportler mehr, es gibt nur noch Politiker.«

So sitzt er nun missgelaunt auf seiner Bank beim »Verbrüderungsspiel«, das laut »Fußball-Woche« »jene dünne, unsichtbare Linie, die wider die Natur zwischen den Angehörigen des gleichen Volkes gezogen war«, durchtrennen soll – in Wirklichkeit aber eine Trennlinie durch Herbergers Mannschaft zieht. Eine Verbrüderung zwischen dem Kraft- und Tempofußball der Deutschen und dem Kombinationsspiel der Österreicher kann nicht gelingen. Und diese Partie hilft Herberger nicht weiter, im Gegenteil. Sein Team entspricht auf acht Positionen der »Breslau-Elf«, die er danach nie mehr aufstellen darf.

Sie bietet eine traurige Abschiedsvorstellung. Die »altösterreichische Landesmannschaft«, wie der »Völkische Beobachter« sie nennt, ist von Beginn an überlegen und kommt zur besten Gelegenheit vor der Pause, die das NS-Blatt im Vokabular eines Frontberichts festhält. Im Kampf gegen das »schlachterprobte Bollwerk« der Reichsdeutschen kracht eine »Bombe an die untere Querlatte«. Im Nachschuss vergibt Matthias Sindelar.

Sindelar ist mit 35 Jahren das, was man im Vokabular späterer Generationen eine »lebende Legende« nennen würde. Er wird nur ein Jahr später eine noch viel größere sein, eine dann nämlich tote Legende. »Den Papierenen« nennt man ihn, der hageren Gestalt, des körperlosen Spiels wegen. Vielleicht auch, weil er wie kein anderer Fußballer das Papier der Dichter füllt. »Er hatte sozusagen Geist in den Beinen«, schreibt Alfred Polgar. »Es fiel ihnen, im Laufen, eine Menge Überraschendes, Plötzliches ein.«

In der ersten Halbzeit seines letzten großen Spiels ist dem Helden des alten »Wunderteams«, der legendären Austria-Elf der frühen dreißiger Jahre, noch nichts Überraschendes, Plötzliches eingefallen. Aber das ändert sich. Nach der Pause dominiert letztmals die Spielkunst des alten »Donaufußballs«, der Fußball eines Landes, das es nicht mehr gibt.

»Die deutschen Spieler bevorzugten den längeren, meist auch steileren Pass«, beschreibt »Kicker«-Reporter Friedebert Becker den großen Unterschied. »Die Wiener entzückten uns mit ihrem überwiegend weichen, kurzen, oft in die Breite fließenden Zuspiel auf engen Räumen.«

Die 62. Minute. »Über Wagner und Mock hat Binder den Ball bekommen«, so der »Völkische Beobachter«, »kanoniert an die Stange, Stroh überlässt den Ball Sindelar, der aus der Luft für Jakob unhaltbar ins Netz schießt.« Das 1:0. »Der alte Sindelar lief, schoss und kombinierte in einer Form, die geradezu an sein früheres Können erinnerte«, schwärmt das braune Blatt.

Acht Minuten später, Freistoß für Österreich. »Unweit der Mittellinie liegt das Leder. Sesta schießt hoch aufs Tor, das von Jakob unnötigerweise verlassen wurde. Über Verteidiger und Tormann hinweg fliegt das Leder und senkt sich knapp unter der Latte ins Netz.« Wie das NS-Organ beschuldigt auch der »Kicker« den deutschen Torwart: »Keeper Hans Jakob griff ins Leere – und das Leder kullerte ins Tor.«

Das Spiel ist entschieden – und nicht mit dem Resultat, das der NS-Fußballtheorie entspräche. Ihr zufolge müsste kollektiver deutscher Kampfgeist den Sieg über individualistische österreichische Weichlichkeit davontragen. Um das Eintreten des Gegenteils zu erklären, benötigen die Propagandaorgane denn auch viel Phantasie. Das Wiener »Sporttageblatt« begründet den Sieg der Österreicher damit, dass sie, quasi beflügelt durch die Vereinigung mit den lang vermissten Brüdern, so wie diese gespielt hätten, nämlich als »prächtige Kämpfer«. Die Deutschen dagegen waren laut Darstellung der »Neuen Freien Presse« nicht ganz bei sich. Im Spiel gegen ihre »österreichischen Brüder« sahen sie sich »ihres Kampfeswillens beraubt«. Herberger beklagt, seine Spieler hätten sich vom »Bazillus des Schönspielens und Sich-nicht-weiter-Anstrengens« anstecken lassen.

Nach ihren Treffern jubeln Sesta und Sindelar ausgelassen vor der Ehrentribüne mit den neuen Herren über Österreich. Aus dieser Geste, sei sie Zufall oder Plan, erwächst später der Mythos vom Aufbäumen gegen die Naziherrschaft durch die Kraft des besseren Fußballs. »Im Nachkriegsösterreich wurde aus dem 2:0-Erfolg ein Akt des Widerstandes«, schreibt der Wiener Fußballhistoriker David Forster. Sindelar und Sesta hätten demnach »in einem heldenhaften Aufbäumen die Deutschen vom Platz geschossen«.

Zu den anderen Mythen um dieses Spiel gehört, dass den Österreichern das Gewinnen verboten worden sei und sie ihre Chancen zunächst absichtlich vergeben, sich dann aber doch nicht an die politischen Weisungen gehalten hätten. All das wird nie bewiesen, genügte aber, um Sindelar »als Antifaschisten zu konstruieren«, so der Wiener Sporthistoriker Matthias Marschik. Der Wiener Journalist Peter Menasse formuliert es so: Man habe sich gedacht, »wenn wir schon keine Geschwister Scholl haben, dann nehmen wir halt den Sindelar«.

Der angebliche Held ist aber nur als Fußballer kein Mitläufer. So wie 99,75 Prozent der Befragten stimmt auch Sindelar eine Woche später mit »Ja«. Und profitiert von der Vertreibung und Beraubung der österreichischen Juden. Das Wiener Café »Annahof«, dessen Besitzer später im KZ Theresienstadt umkommt, wird noch 1938 »arisiert« und erhält den Namen seines neuen Besitzers: »Kaffeehaus Sindelar«.

Die größte Glorifizierung, die erst Anfang des 21. Jahrhunderts einer kritischen Betrachtung durch die Landsleute weichen wird, schafft Sindelars Tod. Am 23. Januar 1939 wird er mit seiner Lebensgefährtin tot aufgefunden. Viele Landsleute vermuten gemeinsamen Freitod im Angesicht des Naziterrors. Andere gar Mord, politische Rache der neuen Herren. Die offizielle Untersuchung ermittelt »Tod durch Kohlenoxydgasvergiftung infolge Rohrgebrechens«. Die Akten gehen im Krieg verloren.

Herberger, der ohne Sindelar, der ihm gleich nach dem »Verbrüderungsspiel« absagte, bei der WM 1938 mit seiner 6:5-Melange ein 2:4-Debakel gegen die Schweiz erlebt, das schlechteste Abschneiden der deutschen WM-Geschichte, vermutet Freitod – so wie die meisten Verehrer und Verklärer des Ballkünstlers. »Der brave Sindelar folgte der Stadt, deren Kind und Stolz er war, in den Tod«, schreibt Polgar. Und die Verse von Friedrich Torbergs Gedicht »Auf den Tod eines Fußballspielers« werden zum Nachklang einer Karriere, die posthum wie kaum eine andere verklärt wurde:

Er spielte Fußball wie kein Zweiter,
er stak voll Witz und Phantasie
Er spielte lässig, leicht und heiter,
er spielte stets, er kämpfte nie.

Er war gewohnt zu kombinieren
und kombinierte manchen Tag.
Sein Überblick ließ ihn erspüren,
dass seine Chance im Gashahn lag.

Ein Jahr nach dem »Verbrüderungsspiel«, im September 1939, findet das Praterstadion eine ganz andere Verwendung: als Freiluftgefängnis für mehr als tausend Wiener Juden. Eine »anthropologische Kommission« des Naturhistorischen Museums nimmt an Hunderten Gefangenen »Vermessungen« vor, fertigt Fotos und Gipsmasken an, ehe man die Häftlinge ins Konzentrationslager Buchenwald deportiert. Nur wenige überleben es.

Die Verwandlung von Fußballstadien in Gefängnisse hat vor allem in einem anderen Kontinent Tradition. »In ganz Lateinamerika erfüllen die Stadien eine doppelte Funktion«, schrieb der polnische Reporter Ryszard Kapuściński. »In Friedenszeiten werden dort Spiele ausgetragen, in Krisenzeiten verwandeln sie sich in Konzentrationslager.« Im Argentinien des Jahres 1978 allerdings nicht – weil dort die Stadien für eine WM benötigt werden. Die Junta um General Videla versteht einiges mehr von Fußball als das Naziregime, wie sich zeigt. Sie weiß, dass man im Fußball manche Dinge besser nicht der Tagesform überlässt. Oder gar dem Zufall.

5

Rosário, 21. Juni 1978:
Bombentreffer zum 4:0

ARGENTINIEN – PERU 6:0 (WM, 2. Finalrunde)

ARGENTINIEN: Fillol, Passarella, Olguín, Galván, Tarantini, Larrosa, Kempes, Gallego (85. Oviedo), Bertoni (64. Houseman), Luque, Ortiz
PERU: Quiroga, Chumpitaz, Duarte, Manzo, Rojas, Cueto, Velásquez (51. Gorriti), Quesada, Cubillas, Muñante, Oblitas
SCHIEDSRICHTER: Wurtz (Frankreich); ZUSCHAUER: 37 300
TORE: 1:0 Kempes (21.), 2:0 Tarantini (43.), 3:0 Kempes (48.), 4:0 Luque (50.), 5:0 Houseman (67.), 6:0 Luque (72.)

Auch in einem Stadion, dessen Beton unter den Bewegungen und Schreien Zehntausender bebt, gibt es einen Ort des Rückzugs. Die Kabine. Dort, nur dort, ist eine Mannschaft, kurz bevor sie hinausgeht in den Kampf, immer ganz bei sich. Fast.

Kurz vor 19 Uhr am Abend ihres letzten WM-Spiels erhalten Perus Fußballer überraschenden Besuch. In den Katakomben des Stadions »Gigante de Arroyito« stehen zwei Männer. Ein Friedensnobelpreisträger, ein Massenmörder. Zwei ziemlich beste Freunde.

Jorge Rafael Videla, Chef der argentinischen Militärjunta, die auch während der Weltmeisterschaft Gefangene foltern und töten lässt, schaut vor diesem entscheidenden Spiel beim Gegner vorbei. Seinen Begleiter können die etwas eingeschüchterten Peruaner hinter dessen großer Hornbrille nicht gleich erkennen. Es ist Henry Kissinger. Ein Mann, der laut dem britischen Autor David Winner »sowohl den Fußball als auch lateinamerikanische Diktatoren liebte«.

Bis Anfang 1977 war Kissinger Außenminister der Vereinigten Staaten. Nun ist er als privater Gast Videlas nach Argentinien gereist. Die Diplomaten des neuen Präsidenten Jimmy Carter sind darüber entsetzt, wie vom US-Außenministerium 2016 veröffentlichte Dokumente zeigen. Carter will das Paktieren mit Terrorregimes beenden und auch von Videla die Einhaltung von Menschenrechten einfordern, mit der Drohung, sonst Kredite und Waffenlieferungen einzufrieren.

Doch Kissinger lobt Videla für das »Ausmerzen von Terrorismus«, also für das Einkerkern, Foltern und Ermorden von Oppositionellen. Kissingers Worte seien »genau die Musik, die die argentinische Regierung hören will«, kabelt ein US-Diplomat nach Washington. Er warnt vor der »Gefahr, dass die Argentinier Kissingers Äußerungen als Bestätigung ihrer Haltung gegenüber Menschenrechten benutzen«.

Eine andere schöne Bestätigung für Videla wäre natürlich der WM-Titel. Um die Vorrunde zu überstehen, hat Argentinien mehrfach die Gunst der Schiedsrichter benötigt: zwei Platzverweise gegen Ungarn, einen geschenkten Handelfmeter gegen Frankreich. Um nun das Finale zu erreichen, will man sich darauf allein offenkundig nicht mehr verlassen. Und was ist noch besser als die Gunst des Schiedsrichters? Die Gunst des Gegners. Dessen Einstimmung wird zur Chefsache. Wie sich später Stürmer Juan Carlos Oblitas erinnert, empfehlen die hohen Gäste den Peruanern, »brüderlich Fußball zu spielen«.

Praktischerweise hat Ausrichter Argentinien das letzte Endrundenspiel von Brasilien, dem Rivalen um den Finaleinzug, kurzfristig auf 16.45 Uhr vorgezogen, zweieinhalb Stunden vor Anstoß des Spiels des eigenen Teams. Deshalb weiß Videla, weiß jeder Argentinier, weiß jeder Peruaner zum Zeitpunkt des ungewöhnlichen Besuchs in den Katakomben, dass Brasilien

3:1 gegen Polen gewonnen hat. Und welches Ergebnis Argentinien nun braucht und sein Diktator wünscht: einen Sieg mit mindestens vier Toren Unterschied.

»Irgendetwas ist damals passiert, und es sieht aus, als ob ein bisschen Geld geflossen wäre«, behauptet vierzig Jahre später der greise Francisco Morales Bermúdez, Diktator Perus von 1975 bis 1980. Videla habe die peruanischen Spieler eingeschüchtert, sagt er in einem Interview. »Es ging nicht nur um Fußball«, so Morales Bermúdez, dessen Rolle in der Affäre ebenfalls dubios ist. Wie sich einige Spieler erinnern, hat auch ihr eigener Staatschef sie – am Telefon vor dem Spiel – unter Druck gesetzt. Im Rückblick vierzig Jahre später jedenfalls findet er die Partie »total abnormal«.

Um Viertel nach sieben, Videla und Kissinger sind inzwischen auf der Ehrentribüne und die Spieler auf dem Platz, geht sie noch ziemlich normal los. Jedenfalls nicht wie ein abgekartetes Spiel. Argentinien braucht vier Tore. Doch es stürmt: Peru.

»Die Argentinier fürchteten sich vor uns«, behauptet später Kapitän Héctor Chumpitaz. Peru war immerhin 1975 Südamerikameister und hat seine Vorrundengruppe vor dem WM-Zweiten Niederlande gewonnen. Wie soll Argentinien diesen Gegner so deutlich vom Platz schießen?

Knapp zwanzig Minuten lang sieht es aus, als seien die Rollen vertauscht; als müssten die Peruaner hoch gewinnen. Elfte Minute: Steilpass auf Juan Muñante, der halbrechts durchstößt – er hebt den Ball über Torwart Ubaldo Fillol an den linken Pfosten. Sechzehnte Minute, seitenverkehrte Kopie, diesmal steil auf Oblitas – sein Schuss von links streift den rechten Pfosten. Für Peru geht es um nichts mehr, aber Oblitas, den seine Landsleute als Trainer später zärtlich »El Ciego« nennen werden, den »Blinden«, rauft sich das Haar und sieht aus, als ärgere er sich wirklich. Oder ist das alles etwa nur Theater und der Betrachter blind für das, was hier wirklich geschieht?

Zwanzig Minuten vorbei – auf einmal ist es ein anderes Spiel. Noch nicht »total abnormal«, aber auf gutem Wege dorthin. Den Argentinier Mario Kempes erreicht ein hohes Zuspiel, er läuft auf Perus Strafraum zu. Der Einzige, der ihm noch im Weg steht, Rodolfo Manzo, wird nach der WM nach Argentinien wechseln, zu Vélez Sarsfield, und daheim einen neuen Namen erhalten: »El Vendido«, der Verkaufte.

Was tut Manzo in diesem Moment? Weder rückt er hinaus, um Kempes zu stellen; noch weicht er zurück, um dessen Tempo aufzunehmen, ihn abzudrängen. Er bleibt nur stehen. Als der Argentinier vorbeijagt, schlägt Manzo ein Bein in die Luft. Aber es ist das falsche, das rechte, mit dem er zu spät kommen muss und den Ball verfehlt. Kempes lässt ihn links liegen wie ein Hinweisschild und trifft zum 1:0.

Wie schafft man in neunzig Minuten vier Tore gegen diese Peruaner? Ganz Argentinien fragte sich das. Und braucht jetzt nur dreißig Minuten dafür. Denn der Gegner ist wie verwandelt. Wo gerannt wurde, wird getrabt. Wo die Pässe steil kamen, kommen sie quer. Und wo ein Gegenspieler auftaucht, kann sich doch vielleicht auch ein anderer um ihn kümmern. Perus Abwehr hat ein neues Motto gefunden: Kollege kommt gleich.

Drei Minuten vor der Pause, Ecke von rechts. Alberto Tarantini, für den sich kein Peruaner interessiert, köpft das 2:0. Vier Minuten nach der Pause, Freistoß von rechts. Kempes nimmt ungestört den Ball per Brust an, schießt das 3:0. Eine Minute danach, Flanke von links, Kopfballvorlage von rechts, und aus fünfzig Zentimetern trifft Leopoldo Luque zum Wunschergebnis von 4:0 ins leere Tor.

Luque ist einer der wenigen Spieler, die nach Ende der Militärdiktatur für deren Opfer bei Benefizspielen auftreten und sich von dem Geschehen von 1978 distanzieren werden. »Mit meinem Wissen von heute kann ich nicht sagen, dass ich stolz auf unseren Sieg wäre«, sagt er Jahrzehnte später. »Wir hätten diese Weltmeisterschaft niemals austragen dürfen.«

In der Sekunde, in der Luque das 4:0 schießt, explodiert im Haus von Juan Ernesto Alemann eine Bombe. Der Finanzstaatssekretär hat die WM als Geldverschwendung kritisiert und sich damit beim Organisationschef, dem Junta-Mitglied Carlos Alberto Lacoste, unbeliebt gemacht. Er überlebt das Attentat, ist aber, wie der argentinische Autor Ezequiel Fernández Moores berichtet, »von Lacostes Schuld überzeugt – weil nur jemand, der wusste, dass es ein viertes Tor geben würde, die Bombe in ebendiesem Moment zünden lassen konnte«.

Die Spieler feiern bereits und übertreiben es nun ein wenig. Sie gestalten das Ergebnis skandalöser als nötig, schießen noch das 5:0, das 6:0. Liegt es daran, dass sie sich nicht mehr bremsen können? Der peruanische Verteidiger Jaime Duarte behauptet zwanzig Jahre später, die Argentinier seien mit einem »in Montevideo gekauften Mittel« gedopt gewesen. »Man musste ihnen nur in die Augen sehen. Große, weit aufgerissene Augen.« Dem britischen Autor David Yallop zufolge standen viele der Spieler des Gastgebers während der ganzen WM unter Drogeneinfluss. Bei Tests hätten sie Urin von Betreuern abgegeben.

Oder liegt es daran, dass der Gegner ihnen Angebote macht, die man nicht ausschlagen kann? Die Peruaner agieren nahezu apathisch. Und so kassiert ihr Torhüter Ramón Quiroga das halbe Dutzend. Er ist übrigens gebürtiger Argentinier, geboren in Rosário. Sein Geburtsland erreicht also in seiner Geburtsstadt, wie gewünscht, das Endspiel der WM; und wird vier Tage später Weltmeister, in Buenos Aires, im Stadion von River Plate, in unmittelbarer Nähe zur Marineschule ESMA, einem der schlimmsten Foltergefängnisse der Geschichte.

Der 3:1-Finalsieg gegen die Niederlande stürzt Argentinien, wie vom Regime erhofft, in nationalen Taumel. In der ESMA umarmt der Chef-Folterer Jorge »el tigre« Acosta seine Opfer und ruft »Wir haben gewonnen!«. Für Graciela Daleo, eine der Gefangenen, bedeutet das: »Wenn er gewonnen hat, haben wir doch verloren. Wenn dies ein Sieg für ihn ist, ist es eine Niederlage für uns.« Dann fährt Acosta in einem Peugeot 504 mit mehreren Häftlingen durch die Straßen mit den feiernden Massen. »Ich konnte nicht glauben, was ich sah«, beschreibt es Graciela Daleo, die als eine von wenigen Inhaftierten die ESMA überlebte. »Ströme von Menschen, die sangen, tanzten und schrien. Ich begann zu weinen, weil ich wusste, dass es niemanden interessieren würde, wenn ich rief, dass ich eine Verschwundene sei. Das war der beste Beweis, dass ich aufgehört hatte zu existieren.«

Das Grauen dieses Regimes kann aber der WM-Titel nicht aus der Welt schaffen. Auch nicht den Skandal um das 6:0. Der »schlimmste Tag meines Lebens« ist es noch vierzig Jahre später für Perus Kapitän Chumpitaz. Den Einbruch seines Teams erklärt er damit, dass es »ausgelaugt« gewesen sei. Nicht korrupt, nur kaputt. »Ich wäre am liebsten im Boden versunken. Es war eine Tragödie.« Eine Version, die ihm seine Landsleute nicht abkaufen. Bei der Rückkehr nach Lima bewerfen sie die Spieler mit Münzen, beschimpfen sie als »Schurken« und rufen: »Ihr habt uns verkauft!« Nach dem Spiel »wurden wir geächtet«, klagt Stürmer Guillermo La Rosa. »Wir galten als Landesverräter.«

Vor allem die Argentinier aber streiten seit 1978 ab, dass in dem Spiel etwas nicht mit rechten Dingen zugegangen sei – allen voran Trainer Cesar Luis Menotti, der Videla nach dem Finalsieg den Handschlag verweigert haben soll (eine andere Version besagt, dass das Getümmel im Stadion das verhindert habe). Er bezeichnete den WM-Sieg als »Beitrag zur Demokratie«. Dem widerspräche es, wenn die Diktatur ihn gekauft hätte. Zumal vom Weltruhm des Trainers Menotti, dem auf vierzehn weiteren Trainerstationen nichts Meisterliches mehr gelang, ohne den WM-Titel nicht viel übrig bliebe – außer seiner Theorie des »linken Fußballs«, ausgerichtet nicht auf Erfolg allein, auch auf Schönheit, gespielt, »um Freude zu empfinden, um ein Fest zu erleben, um als Menschen zu wachsen«.

Doch Menottis großer Sieg war eher ein Sieg des rechten Fußballs. Die plausibelste Erklärung für das Geschehen lautet, dass Argentiniens Regime das »Wunder von Rosário« von Peru einfach gekauft hat, für fünfzig Millionen Dollar und 35 000 Tonnen Getreide. Schuldenerlass und Lieferung in dieser Höhe erfolgten fünfzehn Tage nach der WM. Flankierend bot ein Junta-Mitglied drei peruanischen Spielern je zwanzigtausend Dollar.

Entsprechende Enthüllungen der Journalistin María Laura Avignolo aus dem Jahr 1986 wurden fünfzehn Jahre später in Yallops FIFA-Buch »Wie das Spiel verloren ging« bestätigt. Demnach wurde der Deal auf Videlas Befehl von OK-Chef Lacoste eingefädelt – der den Job erst kurz vor der WM nach dem tödlichen Anschlag auf seinen Vorgänger, General Carlos Omar Actis, erhalten hatte.

Der frühere peruanische Senator Genaro Ledesma, unter Perus Diktator Morales Bermúdez verfolgt und gefoltert, hat noch eine andere Erklärung: das 0:6 als »Gegenleistung dafür, dass Videla uns in Argentinien verschwinden ließ«. Ledesma und zwölf weitere Oppositionelle überließ Peru 1978 den Argentiniern. Ledesma sieht es als »Teil der Operación Cóndor« – der geheimen Kooperation südamerikanischer Militärdiktaturen bei der Verfolgung von Regimegegnern in den siebziger Jahren.

Ledesma überlebte, weil französische Menschenrechtler sich für seine Freilassung einsetzten. Als Abgeordneter, berichtete er dem »Spiegel«, habe er später die (inzwischen verschwundenen) Protokolle der Telefonate lesen können, die die Diktatoren Morales Bermúdez und Videla führten: »Sie haben um das Torverhältnis des Spiels gefeilscht wie auf dem Pferdemarkt.«

Vollständig planbar wird Fußball nur durch Betrug. Betrug am Gegner. Oder am Zuschauer. Immer wieder ist das, mit Erfolg, praktiziert worden. Die aufgedeckten Skandale, wie in Italien der »Totonero« der siebziger oder der

»Calciopoli« der neunziger Jahre, der Bundesligaskandal der frühen Siebziger oder die internationalen Manipulationen mafiöser Wettkartelle im 21. Jahrhundert sind nur Teile einer der Schattenseiten des Fußballs.
Und doch entzieht sich das Spiel immer wieder aus eigener Kraft der Einflussnahme durch Geld und Macht. Ein Spiel, in dem fröhliche Urlauber aus Dänemark und schlaue Betonmischer aus Griechenland Europameister werden können. Und in dem drei Millionen Uruguayer zweimal Weltmeister wurden, drei Milliarden Chinesen, Inder, Amerikaner und Russen nie.
Der Fußball mag gute Geschäfte, aber er mag keine Großmächte, das macht ihn sympathisch. Auch keine gefühlten Großmächte, wie die Engländer selbst, die sich fast hundert Jahre lang, nachdem sie der Welt den Fußball gaben, der Welt überlegen glaubten. Und die dann, für ihren einzigen Titelgewinn, ein geklautes Tor brauchten. Das geschah 1966, als die WM nach England kam – auch, um elf Männer zu feiern, die die meisten guten Ideen, die diesem Spiel zugrunde liegen, schon hundert Jahre zuvor hatten. Und das nicht auf dem Spielfeld, sondern in einer anderen klassischen Fußballarena: der Kneipe.

6

London, 18. Dezember 1863:
Fußball für Anfänger

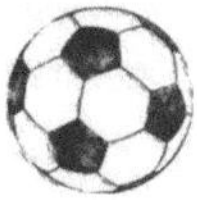

BARNES FC – RICHMOND FC 0:0

»Elf Freunde müsst Ihr sein« – ganze Generationen wuchsen mit diesem Leitsatz auf. Die fünf Wörter aus dem Sockel der »Victoria«, bis 1944 die Trophäe des deutschen Meisters, später durch Sammy Drechsels Jugendbuch populär gemacht, sind im Profi-Alltag des 21. Jahrhunderts oft nur noch ein verstaubter Sinnspruch aus grauer Vergangenheit. Geschäftsgrundlage der Gegenwart: Elf Ich-AGs mit temporärer Schnittmenge an Interessen sollt ihr sein. Sie gilt zwischen An- und Abpfiff, zwischen Abschluss des aktuellen Vertrags und einem besseren Angebot.

Auch die elf Männer, die sich am 26. Oktober 1863, einem Montagabend, in »Freemasons' Tavern« im Londoner Ortsteil Holborn einfinden, sind keine elf Freunde. Sie sind elf Interessenvertreter. Sie vertreten Klubs und Schulen. Bei sechs Treffen diskutieren sie über Details, streiten darüber, in welche Richtung das Spiel sich entwickeln soll, raufen sich zusammen. Am Ende steht ein historischer Sieg: die Erfindung des modernen Fußballs.

Gern wird in dramatischen Momenten, wenn das Spiel unerklärlich und launisch erscheint, vom »Fußballgott« geredet. Wenn es ihn wirklich gibt, jenen großen Geist, der den Fußball erschuf, dann ist er kein einzelner gütiger Übervater. Sondern eine Lokalrunde. Man könnte auch sagen: eine Mannschaft. Elf palavernde, paffende Gentlemen in einem viktorianischen Pub haben an sechs Tagen eine neue Welt erschaffen.

Was sie kurz vor Weihnachten 1863 zu Papier bringen, gebiert ein globales Phänomen, das beliebteste Spiel der Welt, ja eines der beiden großen Massenphänomene der Moderne: auf der einen Seite Kino, Fernsehen, Internet, auf der anderen der Fußball. Die bewegten Bilder und der bewegte Ball, die großen Zerstreuungen der Gegenwart.

Praktisch nichts mehr an unserem Alltag, an dem, was wir sehen, wenn wir in einem Zimmer sitzen oder über eine Straße gehen, ist noch so wie 1863. Nur der Rasen vielleicht – und der Fußball, der darauf gespielt wird. Er funktioniert in seinen Grundzügen bis heute so, wie er in einer verqualmten Ecke von »Freemasons' Tavern« ausgedacht wurde.

Ebenezer Cobb Morley heißt der Mann, von dem damals die Initiative ausgeht – in guter britischer Art, sportliches Vergnügen ernst genug zu nehmen, um ihm eine geordnete Gestalt zu geben. Schon seit dem Mittelalter gibt es in England und anderen Ländern fußballartige Spiele, meist aber solche, in denen auch das Tragen, Werfen und Fangen des Balles erlaubt war. Davon muss sich der Fußball frei machen.

Morley sieht die wachsende Beliebtheit des Spiels, aber auch, dass jede Privatschule, jede Universität ihre eigenen Regeln pflegt. Um sie zu vereinheitlichen, formuliert der Anwalt und Freizeitkicker in seiner Londoner Wohnung eine Urform der »Laws of the game«. Sie werden zum bis heute gültigen Kanon des Fußballs.

Diese Regeln, nach dem Beschluss veröffentlicht für einen Schilling in der Taschenbuchausgabe und für einen Schilling und sechs Pence in der größeren Ausgabe für Klubräume, verbinden für Morley »die wahren Grundsätze des Spiels mit der größten Einfachheit«.

Sechsmal tagen sie, die pedantischen Fußballgötter von 1863.

Am siebten Tage aber sollst du ruhen – oder Fußball spielen. Und das tun sie dann auch. Elf Tage nach dem letzten Treffen findet am 19. Dezember 1863, einem Sonntag, zur Probe das erste Spiel nach den neuen Regeln statt. Mit dabei: Morley selbst, der als begabter Dribbler gilt.

Man weiß nicht viel von diesem ersten Fußballspiel, ausgetragen auf dem Limes Field nahe dem Südufer der Themse, bestritten von Richmond FC und Barnes FC, Morleys Klub. Vermutlich hat es noch nicht viel mit dem Fußball zu tun, den wir heute kennen. Besonders das aus dem Rugby zunächst noch übernommene Verbot, den Ball vorwärts zu passen (später durch die erste Abseitsregel ersetzt), und die Zahl von fünfzehn Spielern pro Team (1870 auf elf reduziert) tragen dazu bei, dass das Spiel, obwohl Morleys Team mit dem harten, schweren Schnürball sechsmal zum Torschuss kommt, mit einem wenig begeisternden Resultat endet: null zu null.

Immerhin berichteten Zeugen, dass es »zivilisiert« abging, anders als zuvor, als Gegner sich vor Anpfiff immer erst über die Regeln verständigen mussten. Und vor allem gilt: Es ist kein Rugby mehr, es ist schon Fußball, der da sechs Tage vor Weihnachten 1863 erstmals zu sehen ist. Zwar darf jeder Spieler den Ball, wie im Rugby, noch aus der Luft fangen. Aber niemand darf ihn werfen oder mit dem Ball in der Hand laufen. Und niemand einen anderen einfach zu Boden reißen oder mit einem Tritt zu Fall bringen. Es sind die entscheidenden Abgrenzungen des Fußballs vom Rugby. Dem Team von Richmond gefällt das nicht. Es verzichtet dankend auf weitere Versuche und kehrt zum Rugby zurück.

Der Fußball aber entdeckt sein Potenzial, verfeinert seine Regeln rasch, und spätestens als die von Morley & Co. im Pub gegründete »Football Association« 1871 die Austragung des FA Cup beschließt, des ältesten Fußballwettbewerbs der Welt, sind die Regeln modern und unverwüstlich geworden. Passé ist da längst die lustige Idee, nach jedem Treffer die Seiten zu wechseln. Oder die Regel, dass das Team den Einwurf ausführen darf, das den Ball am schnellsten aus dem Aus holt.

Die Zahlen von elf Spielern und neunzig Minuten, die Standards wie Eckball und Freistoß, der Mindestabstand des Gegners bei deren Ausführung von zehn Yards (9,15 Metern), all das ist seit rund anderthalb Jahrhunderten unverändert. Auch dass »kein Treten, Halten oder Stoßen des Gegners« erlaubt ist, gilt noch heute. Und leider sind sogar Schuhe mit Stahlkappen immer noch verboten.

Wie können Menschen neunzig Minuten ihres Lebens mit einem Wettkampf verbringen, an dessen Ende es 0:0 steht? Praktisch undenkbar in jedem anderen Sport. Natürlich ließen sich auch im Fußball mit ganz einfachen Mitteln mehr zählbare Erfolge schaffen: Tore vergrößern, Teams verkleinern, ohne Abseits spielen. Und doch, ausgerechnet Fußball, dieses seltsame Spiel, das die Messlatte höher legte als jedes andere und das Zählbare so schwierig zu erzielen machte, dass elf Spieler heute in anderthalb Stunden weit über hundert Kilometer laufen, fast tausend Pässe spielen, dutzendfach aufs Tor schießen und am Ende doch nur eine Null produzieren können – ausgerechnet Fußball wurde das populärste Spiel der Welt.

Kein Wunder deshalb, dass die Nachlassverwalter der Gründerväter von 1863 nicht gern an den damals gelegten Grundfesten rütteln. Jede Regeländerung muss durch das »International Football Association Board«, den eisenharten, achtköpfigen Abwehrriegel gegen alles Neumodische. Eine seltene Defensivschwäche leistete er sich 1993 mit dem »Golden Goal« – das die Attraktivität von Spielen vergrößern sollte, indem es sie verkürzte. Genauer gesagt: durch ihre Beendigung mit dem ersten Tor der Verlängerung. Doch wurden die Teams durch diese Regel noch vorsichtiger als vorher. So landete die goldene Tor-Idee zwölf Jahre später in der Tonne mit der Aufschrift »gut gemeint«. Nicht ohne allerdings an einem milden karibischen Abend zur bizarrsten Schlussphase der Fußballgeschichte geführt zu haben.

7

St. Michael, 27. Januar 1994:

Irrenhaus mit zwei Toren

BARBADOS – GRENADA 4:2
nach Golden Goal (Caribbean Cup, Qualifikation)

Das entscheidende Qualifikationsspiel für die Endrunde des Caribbean Cup 1994 zwischen Barbados und Grenada ist auf den ersten Blick ein ganz normales Fußballspiel. Ein Spiel, in dem das Interesse beider Teams, wie üblich, darin besteht, ins gegnerische Tor zu treffen. Und darin, das eigene zu schützen. Bis rund drei Minuten vor Ende.

Was dann passiert, hat mit einer kuriosen Kombination von Regelabwandlungen zu tun. Seit einem Jahr gibt es weltweit das »Golden Goal«. Beim Caribbean Cup 1994 allerdings gilt eine lokale Ergänzung, eine zusätzliche, doppelte Besonderheit. Erstens gehen dort nicht nur K.-o.-Spiele, sondern auch Punktspiele bei Unentschieden nach neunzig Minuten in die Verlängerung (nach Vorbild des US-Profisports, der kein Remis kennt). Weil aber am Ende der Vorrunde bei Punktgleichheit die Tordifferenz den Ausschlag gibt, mussten die karibischen Organisatoren entscheiden, wie ein »Golden Goal« in der Torbilanz zu werten wäre. Sie kamen auf die Idee, es doppelt zu gewichten. Anders gesagt: Ein »Golden Goal« zählt für zwei.

Und genau zwei Tore Vorsprung brauchen die Männer aus Barbados nun in diesem letzten Spiel, um Grenada zu überholen und die Finalrunde zu erreichen. Bis zur 83. Minute sieht es aus, als könnten sie das auf übliche Weise erreichen. Sie führen vor eigenem Publikum 2:0. Dann trifft Grenada zum 2:1. Bei diesem Stand wäre Barbados ausgeschieden – und versucht sofort mit wütenden Angriffen, den alten Abstand wiederherzustellen. Etwa um die 87. Minute herum aber geschieht etwas Seltsames: Barbados greift plötzlich nicht mehr das gegnerische Tor an. Sondern das eigene.

Das ist so irre wie logisch zugleich. Die Alternative, die sich Barbados in dieser Schlussphase bietet, lautet: entweder binnen drei Minuten das 3:1 erzielen – oder stattdessen durch den Ausgleich zum 2:2 weitere dreißig Minuten für das Erzielen des 3:2 bekommen (das ja praktischerweise wie ein 4:2 gewertet würde).

Die Männer aus Grenada haben das noch nicht ganz verstanden. Ebenso baff wie die johlenden Zuschauer sehen sie, wie nun Barbados' Torwart Horace Stoute und Verteidiger Terry Sealy im eigenen Fünfmeterraum beginnen, sich den Ball über kürzeste Entfernung immer wieder zuzupassen, hin und her, Dutzende Male, wie zwei Tennisspieler beim Warmmachen am Netz. Sealy schaut immer wieder über die Schulter, ob sich ein Gegenspieler nähert. Als das der Fall ist, schießt er den Ball wuchtig ins eigene Tor. Die Zuschauer wirken entsetzt, der Torwart seltsamerweise nicht. Tänzelnd holt er den Ball aus dem Netz.

Erst jetzt, nach ihrem Ausgleichstreffer zum 2:2, zu dem sie selbst nichts beigetragen haben, dämmert es den Männern aus Grenada. Sie begreifen erstens den perfiden Plan des Gegners. Und zweitens die Notwendigkeit, nun ihrerseits den Ball ins Tor zu befördern, um weiterzukommen. Das Praktische dabei: egal in welches. Ob Tor oder Eigentor, beides würde die Verlängerung abwenden und damit die Gefahr einer doppelten Torwertung für Barbados.

Weil aber auch der Gegner weiß, was Grenada nun vorhat, verteilen sich die zehn Feldspieler von Barbados ab sofort in beiden Strafräumen. Drei Minuten lang, die wohl kuriosesten der Fußballgeschichte, spielen hier zwei Mannschaften, von denen eine beide Tore attackiert und die andere beide Tore verteidigt. Ein Pep Guardiola wäre hier mit seiner Betonung des Mittelfeldes nicht weit gekommen. Oder hätte er einen anderen taktischen Plan parat? Ein revolutionäres 5-0-5-System?

Grenada ist schlechter vorbereitet auf die Situation als Barbados, wie Kapitän Cheney Joseph später einräumt – nur er und der Trainer hätten vor der Partie die taktischen Optionen diskutiert, die sich aus der kuriosen Regel ergeben konnten. Dabei sollten die Grenader die krumme Rechnung längst kennen. Ihr Spiel gegen Puerto Rico stand nach neunzig Minuten 0:0, dann schossen sie das Golden Goal zum 1:0, das dann wie ein 2:0 gewertet wurde. Nun aber zeigen sich Josephs Mitspieler, statt ihm zu helfen, zunächst irritiert, ja wütend, als der Kapitän plötzlich mit dem Ball auf den eigenen Torwart zuläuft, woran ihn wiederum der Gegner zu hindern versucht.

Wer soll da noch durchblicken? Begünstigt durch die Verwirrung Grenadas, hält die doppelte Abwehr von Barbados beide Tore sauber. So erreicht der Erfinder des Zwei-Fronten-Fußballs die Verlängerung – und schießt unter dem Jubel der inzwischen völlig ausgeflippten Zuschauer in der 94. Minute durch Trevor Thorne das 3:2. Es ist das »Golden Goal«, das das Spiel nun mit 4:2 in die Wertung und Barbados in die Finalrunde bringt.

»Ich fühle mich betrogen«, sagt James Clarkson, Grenadas Trainer. »Im Fußball sollte man für den Sieg für die eigene Mannschaft Tore erzielen und nicht für den Gegner.« Er stellt die Diagnose: »Die Person, die diese Regeln erfunden hat, muss ein Kandidat fürs Irrenhaus sein.« Ein Irrenhaus mit zwei Toren.

Nicht nur Funktionären, auch Torhütern ist mitunter eine jobbedingte Nähe zur Klapsmühle bescheinigt worden, vor allem in dem alten Spruch, wonach »Torhüter und Linksaußen eine Meise« hätten. Das ist natürlich üble

Nachrede, denn die meisten Torhüter sind ernste Männer, die einen schweren Job mit großer Sorgfalt verrichten und dabei vom Gros des Publikums fast nur bei Fehlern beachtet werden. Ein paar verhaltensauffällige Exemplare hat diese sonst eher introvertierte Sonderform des Fußballers gleichwohl hervorgebracht. Das begann mit dem ersten Star der Zunft, einem Mann, der Torwart wurde, weil er nicht gern lief. Der dann im Tor immer dicker wurde und trotzdem ganz flink unterwegs war – vor allem, wenn er nicht den Ball, sondern den Schiedsrichter fangen wollte.

8 + 9

London, 19. und 26. April 1902:
Die nackte Kanone

SHEFFIELD UNITED – FC SOUTHAMPTON 1:1 (FA Cup, Finale)

SHEFFIELD: Foulke, Thickett, Boyle, Needham, Wilkinson, Johnson, Bennett, Common, Hedley, Priest, Lipsham
SOUTHAMPTON: Robinson, Fry, Molineux, Meston, Bowman, Lee, A. Turner, Wood, Brown, Chadwick, J. Turner
SCHIEDSRICHTER: Kirkham; ZUSCHAUER: 77 000
TORE: 1:0 Common (55.), 1:1 Wood (88.)

SHEFFIELD UNITED – FC SOUTHAMPTON 2:1
(FA Cup, Finale, Wiederholungsspiel)

SHEFFIELD: Foulke, Thickett, Boyle, Needham, Wilkinson, Johnson, Barnes, Common, Hedley, Priest, Lipsham
SOUTHAMPTON: Robinson, Fry, Molineux, Meston, Bowman, Lee, A. Turner, Wood, Brown, Chadwick, J. Turner
SCHIEDSRICHTER: Kirkham; ZUSCHAUER: 33 000
TORE: 1:0 Hedley (2.), 1:1 Brown (70.), 2:1 Barnes (79.)

Noch zwei Minuten zu spielen im englischen Pokalfinale. William »Fatty« Foulke hat das Tor von Sheffield United bisher sauber gehalten. Auch der Angriff, den der FC Southampton gerade startet, um noch den späten Ausgleich zu erzwingen, kann ihn, den ersten Torwart-Star des Fußballs, nicht schrecken. Der gefährlichste Spieler des Gegners, Harry Wood, bindet sich in diesem Moment, auf dem Rasen kauernd, die

Schnürsenkel seines kiloschweren Fußballstiefels zu. Und vor allem: Er tut das eindeutig im Abseits.

Keine Gefahr also. Trotzdem landet der Ball nun bei Wood. Der steht einfach auf, nimmt ihn an und läuft auf Foulkes Tor zu. Wo bleibt der Pfiff? Vom Schiedsrichter nicht aufgehalten, trifft Wood zum 1:1. Foulke tobt. Schon vor einem Jahr musste Sheffield nach einem 2:2 gegen Tottenham Hotspur vor der Weltrekordkulisse von 114 815 Zuschauern in die Wiederholung – und verlor 1:3. Und nun? Schon wieder nachsitzen, weil diesmal der Schiedsrichter die Party verdorben hat? Er soll Foulke gleich mal so richtig kennenlernen.

Das heißt: Er wird ihn gewiss schon kennen. Und ahnen, was ihm bevorsteht. Im englischen Fußball ist William Foulke eine Größe, ganz buchstäblich. Schon als Achtzehnjähriger wog er über zwei Zentner. Er begann mit Cricket, brachte es 1900 bis in die erste Liga – zu diesem Zeitpunkt war er aber auch schon Fußballer, sogar Nationalspieler. 1897 bestritt er für England ein Länderspiel gegen Wales. Fußball gefällt ihm besser als Cricket. Vor allem, weil es darin eine Position gibt, in der man glänzen kann, ohne rennen zu müssen: Torwart.

Die Angaben über sein späteres Kampfgewicht schwanken zwischen 130 und 140 Kilo. Zu kaum einem anderen Akteur aus der Frühzeit des Spiels hat die Fußballfolklore einen solchen Sagenschatz angehäuft wie zu diesem Koloss. Zum Beispiel die Geschichte jenes Pokalspiels, vor dem die Spieler von Sheffield United sich mit einem gemeinsamen Frühstück im Klubhaus stärken wollten. Als die ersten eintrafen, sahen sie, dass ein früher, ausgesprochen hungriger Gast, den sie nur allzu gut kannten, schon alle elf Portionen allein verzehrt hatte.

Heute wäre das ein gefundenes Fressen für Boulevardpresse und soziale Medien. Damals wurden solche Geschichten, ob komplett erfunden oder nur ein bisschen, so lange weiterzählt und ausgeschmückt, bis sie am Ende ohnehin viel besser waren als die Realität. Sicher ist dabei, dass »Fatty« Foulke einer der ungewöhnlichsten Profis der Geschichte wurde. Und ganz sicher: der schwerste.

Zumindest wenn man im Tor steht, ist Gewicht in Fattys Zeit ein Trumpf. Die Regeln erlauben bis 1902 noch, den Torwart anzuspringen, umzustoßen, ja mit dem Ball ins Tor zu schubsen. Mit Foulke freilich macht das niemand. Auf den Teamfotos sieht er aus wie Gulliver beim Besuch in Liliput. Seine Hose, fast bis unter die Achseln hochgezogen, wirkt, als könne er jeden Mitspieler komplett darin verschwinden lassen. Seine Hände sind so riesig, dass er nur eine braucht, um den Fußball aufzuheben. Mit beiden soll er mal eine Torlatte zerbrochen haben.

Dass Foulke der erste Torwart-Titan wird, liegt aber vor allem an seinem Können. Nur wenige vermögen wie er die schwere, knochenharte Lederkugel beim Abstoß bis weit in Gegners Hälfte zu schlagen. Seine Faustabwehr reicht bis an die Mittellinie. Und besonders das erst 1905 abgeschaffte Vorrecht des Torwarts, beim Strafstoß die Torlinie zu verlassen und dem Schützen die Hälfte der elf Meter entgegenzustürzen, nutzt er gekonnt. In einer Saison pariert er fünf von zehn Elfmetern.

Auf den bewegten Bildern, die die Filmpioniere »Mitchell and Kenyon« vom Pokalfinale 1901 zwischen Sheffield und Tottenham drehten, sieht man Foulke erstaunlich behende aus seinem Tor eilen, um den Ball wuchtig wegzuschlagen. Anschließend zieht er die Mega-XXL-Hose wieder bis zu den Brustwarzen über das gestreifte Hemd.

Von Beginn an staunten die Zeitzeugen über den flinken Riesen. Eine Zeitung fand ihn »beweglich wie eine Katze«. Eine allerdings ziemlich dicke und manchmal sehr böse Katze – weswegen es nun, nach Verlängerung und Schlusspfiff des Pokalendspiels 1902 mit Endstand 1:1, für den Schiedsrichter ratsam wird, flink zu sein wie eine Maus. Den fast achtzigtausend Zuschauern im Stadion am Crystal Palace entgeht an diesem bitterkalten Apriltag der beste Zweikampf des Spiels. Er findet hinter verschlossenen Türen statt.

In der Umkleide hat sich Foulke bereits ausgezogen, aber noch nicht abgeregt, als er draußen die Stimme des Unparteiischen hört. Nackt stürzt der Fleischberg auf den erschreckten Schiedsrichter zu, einen schmächtigen Mann namens Tom Kirkham, und stellt ihn zur Rede. Der flehende Hinweis, das Zuspiel zum Torschützen Wood sei von einem Sheffield-Spieler gekommen, also kein Abseits, besänftigt ihn nicht.

Die Fans jener Zeit lieben die Geschichten über Foulke. Stellt man sie sich in bewegten Schwarzweißbildern vor, erinnern sie an frühe Slapstick-Stummfilme. Den Liverpooler George Allan packte er und hielt ihn kopfüber strampelnd in die Luft. Einen Stürmer von Port Vale warf er ins Tornetz. Auf einen anderen, erzählt man, setzte er sich, bis der sich entschuldigte. »Fatty« Foulke, ein Keeper, der auch als Catcher Karriere hätte machen können. Ein früher Tim Wiese, nur besser.

Kein Wunder, dass der Schiedsrichter nun lieber den Rückzug antritt. Nur wohin? In letzter Not findet er Zuflucht in einem Besenschrank. Eigentlich kein Hindernis für Foulke. Schon nimmt er sich das Möbel vor, beginnt, die Schranktür aus den Angeln zu reißen. Doch zu Kirkhams Glück gelingt es in diesem Moment einigen Offiziellen, mit vereinten Kräften den nackten Koloss aufzuhalten.

Eine Woche später trifft man sich wieder. Als wäre nichts passiert, ist Foulke nicht gesperrt und natürlich wieder bekleidet. Der Schiedsrichter heißt wieder Kirkham und bleibt unauffällig. Dank vieler wuchtiger Paraden des Torwarts gewinnt Sheffield 2:1.

Es bleibt der letzte große Erfolg seiner Karriere. Nach deren Ende schlägt er sich als Pub-Wirt und illegaler Buchmacher durch. Kurz vor seinem Tod mit 42 Jahren erlebt er noch, wie Sheffield United gegen Chelsea 1915 abermals den FA Cup gewinnt. Bester Spieler ist James Simmons – der Neffe von

»Fatty« Foulke. Ein allerdings völlig aus der Art geschlagener Abkömmling: kein Torwart, kein Koloss. Nur ein schmaler Flügelstürmer.

Füllige Fußballer waren schon immer latent populär. So wie »Buffy« Ettmayer, ein Freund der Mehlspeisen seiner österreichischen Heimat, der lieber Ball und Gegner laufen sah als sich selbst. Zwischen dem rundlichen Regisseur des VfB Stuttgart und seinem asketischen Trainer, dem Schwaben Albert Sing, gab es unterschiedliche Auffassungen von Idealgewicht, wie ein überlieferter Dialog zeigt.
Sing: »I han di im Fernsehen g'seha. Du bisch zu dick.«
Ettmayer: »Dös muaß a Schmalfilm gwesn sein.«
Unfair ist, dass Fußballer mit Übergewicht durchkommen können, Schiedsrichter nicht. Bei jedem Fehler hieße es, ihr Bauch sei schuld. Wobei eine gewisse Statur manchmal nicht von Nachteil wäre, der Autorität wegen. Der schmächtige Schwabe Rudolf Kreitlein fand sich in einer berühmten Szene einem missgelaunten Gegenüber physisch ähnlich unterlegen wie einst Mr. Kirkham dem wütenden Fatty Foulke. Das hatte Folgen für den Fußball. Und führte zu einer neuen Farbenlehre.

10

London, 23. Juli 1966:
Tapferes Schneiderlein

ENGLAND – ARGENTINIEN 1:0 (WM-Viertelfinale)

ENGLAND: Banks, Cohen, J. Charlton, Moore, Wilson, Stiles,
B. Charlton, Peters, Ball, Hurst, Hunt
ARGENTINIEN: Roma, Ferreiro, Perfumo, Albrecht, Marzolini,
Solari, Rattin, González, Onega, Artime, Mas
SCHIEDSRICHTER: Kreitlein (Deutschland); ZUSCHAUER: 90 000
TOR: 1:0 Hurst (79.)

In dem Spiel, das aus dem Fußballspiel ein Kartenspiel machte, sind acht Minuten interessant. Zuerst die 36. Minute. In der stellt der deutsche Schiedsrichter Rudolf Kreitlein den argentinischen Kapitän Antonio Rattin vom Platz. Dann die 37. Minute. Auch in der stellt Kreitlein Rattin vom Platz. Die 38. Minute: immer noch. In der 39. auch, der 40., der 41. Minute.

Längst hat jeder argentinische Spieler, jeder Betreuer mit dem Schiedsrichter diskutiert, sie weisen nach drinnen, er weist nach draußen, wie ein Verkehrspolizist, und inzwischen sind auch ein paar echte Polizisten aufgetaucht. Wo aber ist der Übeltäter? Rattin, so stellt der englische TV-Kommentator zwischenzeitlich fest, hat sich einfach aus dem Getümmel entfernt, zurück aufs Spielfeld, und ist nun »der einzige Mensch auf dem Platz«.

Es ist der längste Platzverweis der Welt. Er zieht sich bis in die die 42., die 43. Minute, und so gerade eben gelingt es Kreitlein vor Beginn der 44., den orangebraunen Lederball wieder ins Spiel zu bringen, das nun endlich ohne Rattin weitergehen kann – nach exakt sieben Minuten und achtundvierzig Sekunden eines absurden Theaters, in dem der kleine Schneidermeister aus Stuttgart sich mit expressiven Gesten groß und der einen Kopf größere Rattin, mit der vertrauten Mimik des unschuldigen Fußballers im Angesicht eines tragischen Justizirrtums, sich ganz klein gemacht hat.

Vor Anpfiff hat man sich noch formvollendet begrüßt. Ein Händedruck mit tiefer Verbeugung des Deutschen, Blick zum Boden, vor dem zweiunddreißig Zentimeter größeren Argentinier, der sich zu ihm hinabbeugt wie zu einem glatzköpfigen Kind. Doch dann ist der Umgang ruppiger geworden. Kreitlein notierte sich Rattins Namen nach Hakeln gegen Bobby Charlton auf seinem weißen Kärtchen. Nach einem Foul an Geoff Hurst verwarnte er ihn mit den Worten: »One more, you go out.«

Allerdings spricht Rattin kein Englisch, der Deutsche wiederum kein Spanisch. Weswegen der Grund der drei Minuten später folgenden Hinausstellung, als Rattin abseits des Balls hinter Kreitlein herläuft, auf ihn einredend, und dieser sich auf dem Absatz umdreht, pfeift und nach draußen zeigt, den neunzigtausend in Wembley nicht ersichtlich wird. Auch die offizielle Begründung macht den Fall nicht ganz plausibel: »Aggressive Sprache.« Aber in welcher Sprache?

Der Argentinier behauptet, nur nach einem Dolmetscher gefragt zu haben. Auch fünfzig Jahre nach dem Spiel wird Rattin, 2001 als erster Ex-Fußballer ins argentinische Parlament gewählt, den Schiedsrichter der Parteilichkeit beschuldigen. »Er hat sogar Handspiele erfunden«, behauptet er. Im elefantösen Gedächtnis aller Fußballer für Benachteiligungen, ob echt oder eingebildet, fühlt der Argentinier sich selbst den uruguayischen Nachbarn verwandt.

Im zur selben Stunde stattfindenden Viertelfinale zwischen Deutschland und Uruguay hat damals der Engländer Jim Finney beim Stand von 0:0 ein eindeutig nicht erfundenes Handspiel von Karl-Heinz Schnellinger auf der Torlinie ungeahndet gelassen. Das Spiel ging mit 4:0 zwar deutlich aus, doch fielen drei der vier Tore erst, als zwei der sich benachteiligt fühlenden Südamerikaner vom Platz gestellt worden waren. Und auch weil über die Schiedsrichteransetzungen der allmächtige FIFA-Präsident Sir Stanley Rous, ein Engländer also, bestimmte, schien der Groll der Latinos nicht ganz aus der Luft gegriffen.

Ohne Rattin gebärden sich die dezimierten, wütenden Argentinier so giftig, dass nach dem 1:0-Sieg durch ein spätes Tor von Hurst der englische Trainer Alf Ramsey aufs Spielfeld stürmt, um seine Spieler vom Trikottausch mit »diesen Tieren« abzuhalten. Das Fußballverhältnis zwischen England und Argentinien ist seitdem vergiftet – und wird sich später auch durch den Falklandkrieg und durch Diego Maradonas »Hand Gottes« nicht bessern. »El robo del siglo«, Raub des Jahrhunderts, hat man das damals daheim genannt.

Wäre das alles durch bessere Kommunikation zu verhindern gewesen? Durch mehr Transparenz? Noch am Abend nach dem Spiel, an dessen Ende Kreitlein Polizeischutz brauchte, sagt Ken Aston, einst ohnmächtiger Spielleiter bei der »Schlacht von Santiago« zwischen Chile und Italien bei der WM 1962, nun Chef der Schiedsrichter der WM 1966, zum deutschen Kollegen, dass es »so nicht weitergeht«. Auch Kreitlein findet, man müsse »einen Weg finden, unsere Entscheidungen so zum Ausdruck bringen, dass sie jeder Spieler und Zuschauer auf Anhieb versteht«. Beim Warten an einer Ampel in London hat Aston die rettende Idee: Sie heißt Gelb und Rot und kommt seit der Weltmeisterschaft 1970 als leuchtender Karton zum Einsatz.

Seitdem gibt es Fußball à la carte. Der Mann, der all das ausgelöst hat, indem er einfach nicht ging, sorgte übrigens, als er es dann doch tat, dafür, dass in Wirklichkeit nicht nur die Minuten 36 bis 43 interessant geblieben sind. Auch die Minuten 44 bis 47 sind es geworden – in denen Rattin, von zwei Bobbys eskortiert, ganz langsam den langen Weg um den halben Platz zum Tunnel hinter einem der Tore geht. Vor Wut zerknüllt er unterwegs eine Eckfahne mit dem Union Jack darauf und setzt sich auf den roten Teppich, der zur königlichen Loge führt und eigentlich nur von der Queen betreten werden darf. Zum Glück ist sie an diesem Tag nicht im Stadion.

Und fünfzig Jahre später wird der grimmige Hüne noch in Erinnerung haben, dass einige Zuschauer ihn mit Schokoriegeln bewarfen. Auch was er dann tat: Er aß sie auf. Die Schokoriegel, nicht die Zuschauer.

Vierzig Jahre später erlebt Fußball als Kartenspiel einen neuen Höhepunkt – in einem Spiel, in dem in neunzig Minuten zwanzigmal eine Karte gezeigt wird. »Im Fußball sind Spieler mit niedrigerem Reflexionsniveau sehr wichtig, sie sind spontaner und für den Gegner weniger auszurechnen«, betont der österreichische Kabarettist Josef Hader. »Das sind also keine Deppen, sondern Fußballfachleute für Primärverhalten.« In dieser Hinsicht liefert die Partie Portugal gegen Niederlande faszinierenden Anschauungsunterricht.

11

Nürnberg, 25. Juni 2006:
Herz der Finsternis

PORTUGAL – NIEDERLANDE 1:0 (WM-Achtelfinale)

PORTUGAL: Ricardo, Miguel, Carvalho, Meira, Valente, Maniche, Deco, Costinha, Figo (85. Tiago), Ronaldo (34. Sabrosa), Pauleta (45. Petit)
NIEDERLANDE: Van der Sar, Boulahrouz, Matthijsen (56. van der Vaart), Ooijer, van Bronckhorst, van Bommel (67. Heitinga), Cocu (85. Vennegoor of Hesselink), Sneijder, van Persie, Kuyt, Robben
SCHIEDSRICHTER: Iwanow (Russland); ZUSCHAUER: 41 000
TOR: 1:0 Maniche (22.)

Die WM in Deutschland, das »Sommermärchen«. Ein Land im Rausch, ein Wetter aus dem Bilderbuch, der Fußball meistens auch. Ein Turnier als Party, ein Fest des zivilisierten Fußballs. Doch dann, im 52. Spiel, zeigt sich, dass auch im gezähmten Familienprogramm namens Fußball immer noch eine andere, dunkle Seite existiert.

Sie schert sich nicht um positives Denken und politische Korrektheit, um Triebkontrolle und Teamfähigkeit und andere Ideen der Moderne. Sondern um ganz archaische, ja alttestamentarische Dinge. Um Vergeltung. Bestrafung. Stammesehre. Auge um Auge, Tritt um Tritt.

Portugal gegen die Niederlande, es ist das mit der höchsten Erwartung verbundene Achtelfinalspiel. An diesem Nürnberger Sonntagabend wird einer der Mitfavoriten ausscheiden. Nichts deutet bei Anpfiff auf den Kontrollverlust hin, den man erleben, nichts auf die Faszination, die das bereiten wird.

Kaum eine Minute vorbei, da trifft Mark van Bommel fast zum 1:0. Dreißig Sekunden später tritt er von hinten Cristiano Ronaldo um. Er bekommt Gelb, es scheint ihm egal. Er hat ein »Zeichen gesetzt«, wie Fußballer sagen.

Die siebte Minute. Ronaldo überspielt Khalid Boulahrouz. Und wieder kommt er nicht davon. Der Holländer tritt ihn mit gestrecktem Bein, Stollen voran, in den Oberschenkel. Ronaldo geht schreiend zu Boden.

Schiedsrichter Valentin Iwanow greift in die Tasche. Was herauskommt, ist gelb. Er verliert das Spiel schon in diesem Moment. Genau wie die Holländer: weil sie es mit einem Hass aufladen, der sie am Ende, erwidert von den Portugiesen, selbst aus dem Konzept bringt.

In jeder wichtigen Partie muss ein Schiedsrichter irgendwann den Tagestarif festlegen, den Wechselkurs von Foul und Folge, Schuld und Sühne. Der Russe hat hier nun schon nach sieben Minuten für alle sichtbar gemacht, dass die Grenze der Gewalt an diesem Abend ganz weit oben gezogen wird.

Platzverweise für Fouls mit Verletzungsabsicht kann es nach dem Foul an Ronaldo praktisch nicht mehr geben. So wird Iwanow in diesem Spiel, einem der brutalsten der WM-Geschichte, auch keine »glatte« Rote Karte zeigen. Nur solche, die sich aus der Addition von Gelben Karten ergeben, der früh annoncierten Höchststrafe des Tages. Davon aber genügend: sechzehn Verwarnungen und vier Hinausstellungen, beides WM-Rekorde.

Für Ronaldo ist der Tritt von Boulahrouz der »vorsätzliche Versuch, mich zu verletzen«. Er gelingt. Ronaldo humpelt, versucht weiterzuspielen, geht schließlich unter Tränen vom Platz. Die Portugiesen reagieren, wie es Fußballer tun, die sich vom Schiedsrichter nicht geschützt fühlen: mit Selbstjustiz. »Nach dem Foul waren unsere Gemüter erhitzt«, sagt Verteidiger

Fernando Meira. »Von da an wollten wir den Holländern auch weh tun.«

Die Partie wird nun zu einem Prachtexemplar jener Testosteronspiele, die ihre ganz eigenen Kettenreaktionen produzieren. Spiele wie ein Pulverfass mit zweiundzwanzig Zündschnüren. Sie laufen ab wie ein destruktives Programm, aus dem niemand herauskommt. Blutrache am Ball.

Wäre es ein Krimi, er trüge den Titel einer schwedischen Trilogie. Erst Verblendung, dann Verdammnis. Nur ist Teil drei, Vergebung, hier durch etwas anderes ersetzt: Vergeltung.

Die zwanzigste Minute. Vergeltung, Teil eins: Maniche senst van Bommel um. Gelb. Zwei Minuten später, Teil zwei, ausnahmsweise legal: Maniche, von Pauleta bedient, trifft zum 1:0. Die dreißigste Minute. Costinha hat offenbar genug und will nach Hause. Er bewirbt sich für den Feierabend mit einer Sense gegen Philippe Cocu, muss aber noch bleiben: nur Gelb. Zehn Minuten später, der zweite Versuch. Der Portugiese springt André Ooijer wild in die Beine.

Iwanow winkt ab. Kaum zu glauben, aber immer noch stehen zweiundzwanzig Spieler auf dem Feld. Nuno Valente hat für einen Kung-Fu-Tritt in Höhe des Kopfes von Dirk Kuyt nicht mal Gelb bekommen. Erst eine Minute vor der Pause bekommt Costinha endlich frei. Im Mittelfeld fängt er einen Pass mit der Hand ab. Das harmloseste Vergehen des Tages. Der erste Platzverweis.

Endlich Pause – eine Viertelstunde Zeit, die Gemüter abzukühlen. Doch Portugals erfahrener Trainer Luis Felipe Scolari, 2002 Weltmeister mit Brasilien, hat andere Pläne. Für das bevorstehende Unterzahlduell opfert er Stürmer Pauleta und bringt Defensivspieler Petit für die Rolle Costinhas. Petit wird sich als würdiger Ersatz erweisen. Er braucht nur fünf Minuten bis zur Gelben Karte.

Dagegen erkennt der unerfahrene Marco van Basten, erst seit zwei Jahren Trainer, nicht Plan B des listigen Brasilianers: wieder Gleichzahl herzustellen. Und zwar durch stetes Bearbeiten der schwächsten Stelle, des bereits verwarnten und für eine Hinausstellung überfälligen Boulahrouz. Der dribbelstarke Luis Figo wird nun bei jeder Gelegenheit den Zweikampf mit dem groben Verteidiger suchen – weil van Basten es versäumte, ihn zur zweiten Halbzeit auszutauschen.

Fast geht die Sache trotzdem gut für die Holländer. Doch Cocu trifft kurz nach der Pause nur die Latte. Eine Viertelstunde lang ist es nun eine hochklassige Partie, mit packenden Aktionen und guten Chancen auf beiden Seiten. Dann aber wird aus etwas, das vorübergehend fast wie ein Fußballspiel zweier großartiger Teams ausgesehen hat, endgültig die Schlacht von Nürnberg.

Eine Stunde vorbei. Mal wieder Gelb, diesmal für den Holländer Giovanni van Bronckhorst. Während Iwanow den bereits automatisierten Verwaltungsvorgang erledigt – hingehen, Karte zeigen, Verwarnung aussprechen, Rückennummer notieren –, entwickelt sich ein paar Meter weiter eine handgreifliche Diskussion. Dabei zuckt Figos Stirn gegen die des holländischen Häuptlings van Bommel.

Es ist kein sehr fester Stoß. Deshalb wirkt es auch ein wenig peinlich, wie van Bommel sich verzögert an den Kopf greift und zu Boden sinkt. Eine Tätlichkeit aber ist es allemal, wie auch die FIFA später vermerkt. Sie wird Figo aber nicht sperren können, weil Iwanow ihm nur Gelb gibt, womit die Sache letztinstanzlich entschieden ist. Für Scolari ist sie das sowieso: »Jesus Christus mag in der Lage sein, die andere Wange hinzuhalten. Aber Luis Figo ist nicht Jesus Christus.«

Minute dreiundsechzig, Vergeltung, Teil drei. Die Portugiesen, die Glück haben, nicht mit neun gegen elf zu spielen, egalisieren zum zehn gegen zehn. Figo geht planmäßig ins Laufduell mit Boulahrouz, der mit dem Arm ausschlägt und Figo trifft. Es ist der kleine Schwinger, den der Portugiese fürs große Theater braucht. Er reißt die Hände vors Gesicht und geht zu Boden. »Ich bin enttäuscht von einem solch großen Spieler«, sagt Boulahrouz. Über Gelb-Rot kann er sich aber nicht beschweren. Er hat sechsundfünfzig Minuten geschenkt bekommen.

Van Basten tauscht nun den anderen, der knapp vor einer Hinausstellung steht, van Bommel, gegen Johnny Heitinga aus. Und der wird, keine zehn Minuten auf dem Platz, zum Auslöser des irrsten Moments der gesamten WM 2006 neben dem Kopfstoß von Zinédine Zidane im Finale gegen Marco Materazzi. Nachdem in diesem Spiel schon alle geschriebenen Gesetze des Fußballs mit Füßen getreten worden sind, verstößt Heitinga nun gegen ein ungeschriebenes.

Die dreiundsiebzigste Minute, kurz nach halb elf. Über dem brodelnden Frankenstadion türmen sich Gewitterwolken. Doch Blitz und Donner entladen sich nur unter den Spielern. In diesem Moment eines Spiels, das sich in einen Austausch von Hässlichkeiten verwandelt hat, sind nun auch die Zuschauer so weit, dass sie nichts anderes mehr wollen. Dass sie nun noch ein Foul sehen wollen. Sie bekommen es: nicht das brutalste, nicht das übelste, aber das populärste Foul der WM.

Die Portugiesen schießen in dieser Minute den Ball ins Aus, um einen Spieler behandeln zu lassen. Sie haben das schon oft getan. Man weiß nie genau, ob sie es tun, weil wirklich Hilfe nötig ist, oder nur, um Zeit und Spielfluss zu vernichten. Heitinga vermutet Letzteres. So gibt er den Ball nicht zurück – wie es eine stumme Übereinkunft unter Fußballern verlangt.

Er nimmt den Einwurf also auf, schießt den Ball aber nicht hinüber zu den Portugiesen. Die haben sich nicht in Verteidigungsstellung aufgebaut, niemand hat Heitinga gedeckt oder attackiert. Nun sehen sie empört, wie er zwanzig, dreißig Meter in den freien Raum am rechten Flügel vordringt.

Und augenblicklich ist da eine Art Pogromstimmung im Publikum. Das kann der doch nicht machen, denkt man, und das denkt nun auch Deco. Er rennt auf den Holländer zu, man sieht es kommen und, ja, wünscht es sich. Tausende verlangen es mit anschwellender Erwartung, diese Erwartung schreit wortlos: Hau ihn um! Und er haut ihn um. Und das Stadion brüllt, kreischt, vibriert wie beim Tor des Jahres.

Nach ein paar Sekunden ist er verflogen, der Rausch der bösen Tat. Man schaut etwas befremdet auf die eigene Reaktion zurück, auf die Äußerung unschöner Gefühle durch die Masse Mensch, deren Teil man für einen Augenblick war, in deren synchroner Emotion man aufging.

Längst hing die Partie über dem Abgrund, schwankte, kippte. Dann kam Deco und versetzte ihr den letzten Tritt. Und nicht mal diese Szene ist genug für einen Platzverweis. Deco, hier nur mit Gelb bedient, verdient sich erst fünf Minuten später seinen Abgang, als er die Ausführung eines Freistoßes verhindert. Es folgen Rudelbildungen, Provokationen, vorsätzliche Fouls, endloses Zeitspiel – das Finale eines Spiels, das Scolari am Ende »fast wie Krieg« vorkommt. Und Abwehrspieler Meira dennoch genießt: »Diese Spannung, diese Emotionen – das hat den Zuschauern und uns Spielern Spaß gemacht.«

Auch van Bronckhorst fliegt noch vom Platz, und am Ende sitzen er und Deco, Klubkollegen vom FC Barcelona, nebeneinander als Zuschauer auf dem Bänkchen und diskutieren wie Freunde das Geschehen, in dem sie sich Minuten zuvor wie Feinde gegenüberstanden. Was sonst könnte Menschen in solch kurzer Zeit so verwandeln und rückverwandeln? Von Freund zu Feind zu Freund, eine Reise ins Herz der Finsternis und zurück in neunzig Minuten. Es lebe der Sport.

Kein anderer Sport bringt sein Ordnungspersonal in solch eine schwierige Position wie der Fußball. Das komplexe Geschehen, das ständige Reklamieren der Spieler, der Zwang, sofort ganz allein Entscheidungen zu treffen, deren Richtigkeit Millionen andere sogleich am Bildschirm überprüfen können – die Arbeit des Schiedsrichters ist die systematische Überforderung eines Einzelnen. Dennoch taucht in Diskussionen um Torlinientechnik und Videobeweis immer wieder der seltsame, aber beliebte Standpunkt auf, wonach Kontroversen über Fehlentscheidungen zum Unterhaltungswert des Fußballs beitrügen. Das bekannteste Beispiel für diese These ist ein Tor, das man mit Torlinientechnik nach einer halben Minute vergessen hätte – so aber nach mehr als einem halben Jahrhundert noch diskutiert.

12

London, 30. Juli 1966:
Nicht! Oder doch?

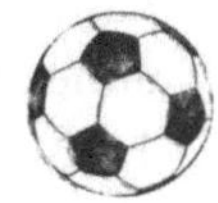

ENGLAND – DEUTSCHLAND 4:2 n. V. (WM-Finale)

ENGLAND: Banks, Cohen, Wilson, Stiles, J. Charlton, Moore, Ball, Hunt, B. Charlton, Hurst, Peters
DEUTSCHLAND: Tilkowski, Höttges, Schulz, Weber, Schnellinger, Haller, Beckenbauer, Overath, Seeler, Held, Emmerich
SCHIEDSRICHTER: Dienst (Schweiz); ZUSCHAUER: 97 000
TORE: 0:1 Haller (12.), 1:1 Hurst (18.), 2:1 Peters (78.), 2:2 Weber (90.), 3:2 Hurst (102.), 4:2 Hurst (119.)

Das große Glück des Horst-Dieter Höttges im größten Spiel seines Lebens ist die neunzigste Minute. Die englischen Zuschauer stoßen schrille Pfiffe aus, als wollten sie Schiedsrichter Gottfried Dienst das finale Geräusch soufflieren – das Geräusch, das England endlich zum Weltmeister machen soll. Dann führt der Schweizer die Pfeife zum Mund, doch es ist nicht der Schlusspfiff. Sondern ein Freistoß für Deutschland, eine letzte Chance.

Zur Ausführung tritt der Mann mit dem härtesten Schuss im deutschen Team an, Lothar Emmerich. Nach ihm ist bei dieser WM eine neue Torgattung benannt worden – das Emmerich-Tor. Ein Tor aus fast unmöglichem Winkel, wie das, das er in der Vorrunde fast von der Torauslinie unters Dach des spanischen Kastens jagte. Nun schießt er, der Ball wird von der Mauer abgelenkt, landet bei Karl-Heinz Schnellinger, der ihn vors Tor bringt. Dort stochert Wolfgang Weber ihn in letzter Sekunde über die Linie.

Das 2:2. Es bedeutet, dass zum zweiten Mal nach 1934 ein WM-Endspiel in die Verlängerung geht. Es bedeutet, dass in wenigen Minuten eine weitere neue Torgattung begründet wird: das Wembley-Tor. Und, aus Sicht eines Einzelnen, der nun aufatmet, bedeutet es, dass Höttges davongekommen ist. Bei einer 1:2-Niederlage wäre er der Schuldige, weil er Bundestrainer Helmut Schön sagte, er sei fit, damit der ihn aufstellte, obwohl er es nicht war. Und weil er dann, nach der Führung durch Helmut Haller, die beiden englischen Tore verschuldet hat. Erst ließ er Gegenspieler Geoff Hurst völlig allein, dann lenkte er einen harmlosen Schuss vor die Füße von Martin Peters.

Durch das, was nun kommt, wird Deutschland einen anderen Schuldigen finden und Höttges vergessen. Das geschieht durch eine Aktion nach hundert Minuten und zwölf Sekunden. Sie führt zu einem fremdsprachlichen Dialog zwischen Dienst und Linienrichter Tofik Bachramow, zwischen dem Postbeamten aus Basel und dem Physiklehrer aus Baku. Dienst: »Was the ball behind the line?« Bachramow: »Yes, behind the line.«

Es ist der Moment, in dem Deutschland den WM-Titel verliert, aber ein wunderbares Thema gewinnt. Nur die Beteiligten selbst haken es rasch ab. Die Engländer reden sowieso lieber über das Tor zum 4:2 in der 120. Minute, eigentlich irregulär, weil da schon Fans auf dem Feld sind, begleitet vom bekanntesten Kommentar der britischen Sportgeschichte. Als schildere er das vorletzte Windhundrennen an einem Montagabend in der Provinz und nicht den größten Augenblick des englischen Fußballs, sagt Kenneth Wolstenholme in britisch-kühlem Ton: »Einige Leute sind auf dem Platz, sie denken, es wäre schon vorbei.« Als Hurst in genau dieser Sekunde beim Versuch scheitert, den Ball zum Zeitschinden auf die Tribüne zu schlagen, und ins Tor trifft, vollendet Wolstenholme den Satz schlagfertig: »Und jetzt ist es das auch.«

Die Deutschen, zumindest die auf dem Platz, halten sich auch nicht lang mit dem Thema auf. »Ich bin nicht wütend über 1966, ich war es nie«, sagt Franz Beckenbauer später der englischen Zeitschrift »FourFourTwo«. »Ich war einfach nur froh, dass es vorbei war nach hundertzwanzig Minuten. Ich musste die ganze Zeit Bobby Charlton hinterherlaufen, und damals war er der fitteste Spieler von allen. Er killte mich.«

Beckenbauer, mit zwanzig Jahren die Entdeckung des Turniers, schoss bis zum Finale aus dem Mittelfeld in fünf Spielen vier Tore. Doch der ängstliche Schön opferte ihn als Aufpasser für den englischen Spielmacher. So rennt sich der Jungstar an diesem schwülen Nachmittag müde. Am Ende, findet er, seien sie »wie Schlafwandler« über den Platz gelaufen.

Der ein Jahr ältere Alan Ball, jüngster Engländer, wird dagegen zum Aktivposten. In der berühmten Szene erläuft Ball den Ball am rechten Flügel, Höttges muss hinaus, um ihn anzugreifen, kann aber die Hereingabe nicht verhindern. Hurst erreicht den Ball und schießt ihn aus der Drehung an die Latte.

Es geht alles zu schnell. In den fünf entscheidenden Sekunden zwischen dem Pass auf den Flügel und dem Moment, da Weber den von der Latte auf den Boden geprallten Ball ins Toraus köpft, bringt Fernsehkommentator Rudi Michel nur zwei Wörter heraus: »Achtung« und »Hei!«. Dann fügt er hinzu: »Nicht im Tor! Kein Tor. Oder doch?«

Nicht! Oder doch? Nach dem Spiel verspricht das Fachmagazin »Kicker« eine Belohnung von tausend Mark, damals mehr als der durchschnittliche Monatslohn in Deutschland, für ein Foto, das das große Rätsel lösen soll. Sie wird nie gezahlt. In der Liveübertragung versperrt Torwart Hans Tilkowski den Blick auf den Ball, als der auf die kreidestaubende Linie prallt. Doch gibt es Filmaufnahmen aus günstigerem Winkel, die die Rechtmäßigkeit des Tores kaum möglich erscheinen lassen.

Sogar Hurst selbst, der große Glückspilz von 1966, nur durch die Verletzung von Jimmy Greaves nach der Vorrunde ins

Team gekommen und dadurch zu Adelstitel und lebenslangem Ruhm, räumt irgendwann Zweifel ein: vielleicht doch nicht drin. Doch der letzte, gerichtsfeste Beweis fehlt. Deshalb bleibt auch im 21. Jahrhundert das »Wembley-Tor« einer der großen Fußballmythen – Symbol dafür, dass diesem Spiel selbst unter der Lupe von Kameras und Medien, Technik und Wissenschaft ein letzter Rest an Rätsel bleibt.

Fußball in Echtzeit, das ist die Faszination. Nicht in Wiederholung und Zeitlupe und wechselnden Blickwinkeln, sondern in der unwiederholbaren Gegenwart. Wer im entscheidenden Moment nicht richtig steht oder sieht, sieht nichts. Oder nur eine Halluzination, wie Bundespräsident Heinrich Lübke, der den Ball als Einziger »im Netz zappeln sah«.

Der Restzweifel erlaubt es beiden Lagern – den sich betrogen fühlenden, aber seither vom Erfolg verwöhnten Deutschen und den nur damals, ein einziges Mal, im Fußball belohnten Engländern –, ihre ganz eigene Wahrheit zu glauben: die doppelte Wahrheit des Wembley-Tors.

Sie spaltet sich schon am Tag danach je nach optischer oder auch politischer Perspektive. Während es für die französische »L'Équipe« »das Tor, das nie geschossen wurde« ist, während englische Zeitungen sich mit Wertungen zurückhalten (und schottische den Triumph des ungeliebten Nachbarn auf den hinteren Seiten verstecken), sehen vor allem DDR-Medien den Ball »hinter der Torlinie«, wie die Nachrichtenagentur ADN. Das SED-Organ »Neues Deutschland« verurteilt jede Kritik am sowjetischen Genossen Bachramow als »chauvinistischen Rummel«.

Am Ende des Sonntagnachmittags überreicht die Königin von England Bobby Moore mit huldvollem Lächeln und weißen Handschuhen die Coupe Jules Rimet – den WM-Pokal, der vor dem Turnier erst gestohlen und dann vom schwarz-weißen Collie Pickles unter einer Londoner Gartenhecke wieder ausgebuddelt worden ist. Es bringt Pickles einen Platz in der Ehrenloge von Wembley, den Titel »Hund des Jahres« und eine Rolle als vierbeiniger 007 in dem Film »Der Spion mit der kalten Nase«. Es ist nur ein kurzes Glück. Ein Jahr später erdrosselt er sich auf Katzenjagd mit seiner Leine.

Als deutscher Wembley-Mythos bleibt das Selbstbild der ungerechten, aber tapfer ertragenen Niederlage. Das äußere Bild zu diesem inneren Bild liefert das berühmte Foto von Sven Simon, auf dem Kapitän Uwe Seeler hängenden Kopfes neben einer Kapelle den Platz verlässt – ein Sinnbild der Niederlage.

Ganz mit leeren Händen haben die Deutschen damals dann aber doch nicht heimfahren müssen. Während die Engländer jubeln, schnappt sich Helmut Haller den Ball und nimmt ihn mit nach Hause. Auch bei der Siegerehrung, als Elizabeth II. ihm die Hand schüttelt, hält Haller das Leder im Arm. Erst dreißig Jahre später, vor der Europameisterschaft in England, als die Engländer nach dem Spielzeug ihres größten Fußballtages fahnden, rückt ihn Haller wieder heraus.

In der digitalen Gegenwart wäre das Geheimnis schon nach Sekunden keines mehr. Wenn der vollsynthetische Ball von der Querstange aus Aluminium auf den Boden prallt, schickt die Software des »Hawk-Eye«-Systems, verpflegt von sieben Torkameras, das Signal auf die Uhr des Schiedsrichters: Tor oder nicht. 1966 prallte noch echtes Leder an echtes Holz, und die Augen eines vierzig Meter entfernten Mannes aus Aserbeidschan entschieden ganz analog über die umstrittenste Szene der deutschen Fußballgeschichte. Was die globale Erregung betrifft, kam es zwanzig Jahre später zu einer noch berühmteren Fehlentscheidung, als ein Tunesier die Sprungkraft eines kleinen Argentiniers über- und die Sprengkraft von dessen maliziöser Phantasie unterschätzte.

13

Mexiko-Stadt, 22. Juni 1986:

Gott mit Hand und Fuß

ARGENTINIEN – ENGLAND 2:1 (WM-Viertelfinale)

ARGENTINIEN: Pumpido, Brown, Cuciuffo, Ruggeri, Olarticoechea, Batista, Burruchaga, Maradona, Enrique, Giusti, Valdano
ENGLAND: Shilton, Stevens, Fenwick, Butcher, Sansom, Steven, Hoddle, Reid, Hodge, Beardsley, Lineker
SCHIEDSRICHTER: Bennaceur (Tunesien); ZUSCHAUER: 115 000
TORE: 1:0 Maradona (50.), 2:0 Maradona (55.), 2:1 Lineker (81.)

Es ist, wie es ist, auch wenn es nicht so ist, wie es sein sollte.« Diese Worte schreibt ein berühmter Reporter am Ende über dieses Spiel. Ein Spiel, das beides ist: Fußball als eine Form von Kunst. Fußball als Fortsetzung des Krieges mit anderen Mitteln.

»Wir sagten uns vor dem Spiel, dass Fußball nichts mit dem Falkland-Krieg zu tun hätte«, erzählt Diego Maradona dreizehn Jahre später der Zeitschrift »Rolling Stone«. »Aber tief in uns drin wussten wir, dass dort Argentinier getötet worden waren, dass sie uns getötet hatten wie kleine Vögel. Für uns waren diese englischen Fußballer schuld an allem, was geschehen war. Ich weiß, dass das dumm ist, aber so empfanden wir das. Dieses Gefühl war stärker als wir alle.«

Das Viertelfinale der Fußballweltmeisterschaft 1986, vier Jahre nach dem Krieg um ein paar karge Inseln. Er kostete neunhundertsieben Menschen das Leben. Eine englische Zeitung schreibt an diesem Tag: »Falkland, Runde zwei«. Eine argentinische: »Jetzt treten wir den Piraten das Licht aus«.

Nur die weißen Tauben, die immer wieder ins Bild fliegen im flirrenden Aztekenstadion, passen nicht zur Stimmung. Als wär's nicht hitzig genug, ist es auch noch ein Mittagsspiel, damit in Europa beste Sendezeit ist. Zwölf Uhr, die Glutsonne im Zenit, kein Schatten.

Der Konditionstrainer Fernando Signorini hat Maradona überzeugt, dass es »seine WM« sein werde, wegen der dünnen Höhenluft, die es den Gegenspielern nicht erlauben würde, ihn so zäh zu jagen wie in Europa. Um diese Freiheit nutzen zu können, hat er drei Monate lang Signorinis hartes Trainingsprogramm absolviert.

Maradona ist 25 und in der Form seines Lebens. Flink genug, sich nicht mehr aus dem Spiel treten zu lassen wie von dem Italiener Claudio Gentile 1982. Die Koreaner haben es versucht im Auftaktspiel in Mexiko und Jagd auf ihn gemacht. Er ist ihnen entwischt, hat beim 3:1 alle drei Tore vorbereitet. Dann das 1:1 gegen Italien, mit dem Ausgleich durch seinen listigen Volley. Das 2:0 gegen Bulgarien, das zweite Tor nach Solo und Flanke von Maradona.

Auch die Engländer jagen ihn nun. Terry Fenwick tritt ihn früh um, bekommt Gelb. Schlägt ihn mit dem Ellbogen, kommt davon. Steve Hodge fällt ihn, Terry Butcher auch. Die Engländer sind aggressiv und ängstlich, spielen destruktiv, und der Platz ist furchtbar schlecht. Bei jedem Flachpass hüpft der Ball wie ein Hase. Einen »Kartoffelacker« nennt ihn Maradona. Schlechte Voraussetzungen für Fußballkunst: von unten ein Acker, von oben ein Backofen, von allen Seiten Tritte und Schläge. 0:0 zur Pause, eine Enttäuschung. Dann wird alles anders.

Auf der Tribüne sitzt der Schriftsteller Per Olov Enquist, der für eine schwedische Zeitung berichtet, und findet eine ganz eigene Perspektive. »Bei keinem anderen Spiel dieser WM gab es so deutliche sexuelle Untertöne«, schreibt er und versetzt sich ins Gemüt der auf Rache für die »Malvinas«, die Falklandinseln, brennenden Argentinier.

»Ein Land, das den Begriff des Machismo mehr oder weniger erfunden und auf die Spitze getrieben hatte, war seines männlichen Stolzes beraubt, war besiegt, kastriert und gedemütigt worden, noch dazu von einem alten Weib wie Mrs. Thatcher. Und es hatte bislang keine Gelegenheit gehabt, seinen Stolz, seinen Schwanz und seinen Sack zurückzuerobern. Hodenlos musste das am stärksten vom Machismo beherrschte Land der Welt weiterleben, in einer kalten, stummen, verbitterten Raserei. … Und nun, im Aztekenstadion, war die Gelegenheit da.«

Oliver Kahn hätte gesagt: Eier, wir brauchen Eier. Maradona hat sie. Fünfzig Minuten gespielt. Er bekommt den Ball, umkurvt drei Engländer und versucht am Strafraum einen Doppelpass mit Jorge Valdano. Dem verspringt der Ball. Gegenspieler Hodge lenkt ihn im Fallen hoch zurück auf seinen Torwart, übliches Abwehrverhalten in den Zeiten vor der Rückpassregel. Noch dürfen Torhüter einen Rückpass fangen oder fausten.

Vor dem Spiel haben Maradona und Peter Shilton, der englische Keeper, sich die Hand gegeben, als Kapitäne. Nun kommen ihre Hände sich noch einmal nahe. Maradona ist weitergelaufen, in den Strafraum, auf den Rückpass spekulierend. Und auf die Zögerlichkeit von Shilton, dafür bekannt, nur ungern aus seinem Tor zu kommen. So wie jetzt.

Der Ball fällt steil aus der Sonne. Sechs, sieben Meter vor dem Tor. Shilton schaltet spät, und als er es tut, scheint er kaum hochzukommen vom braunen Rasen, den der deutsche Kollege Toni Schumacher, der im Finale gegen Argentinien zweimal entscheidend nicht vom Fleck kommen wird, »wie trockene Scheiße« empfindet: »Hart, seltsam, feindlich«. Maradona dagegen springt wie eine Feder – und wäre dennoch in einem Luftduell kein Gegner für Shilton. 1,65 Meter, fast zwanzig

Zentimeter kleiner, und nur der Größere der beiden darf die Hand benutzen.

Maradona spürt im Sprung, dass ihm nur ein paar Zentimeter fehlen werden, um den Ball mit dem Kopf vor Shiltons Faust zu erreichen. Er tut trotzdem, als gehe er mit dem Kopf zum Ball, hebt aber leicht den linken Arm, hält ihn angewinkelt hinter dem Kopf, aus Richtung der Spielfeldmitte und des Schiedsrichters kaum oder gar nicht zu sehen. Erst im letzten Moment, im Augenblick der Körperstreckung im Sprung, hebt er die Hand um die wenigen Zentimeter, die ihm die Natur an Körperlänge verwehrt hat.

Shilton faustet ins Leere, und der Ball liegt im Tor, wie kann das sein? Es ist ein Moment des Innehaltens. Bei den Engländern, ehe sie protestieren. Bei den Argentiniern, ehe sie jubeln. Beim tunesischen Schiedsrichter Ali Bennaceur, ehe er zur Mitte zeigt. Nur bei Maradona nicht. Er rennt jubelnd los und »wartet, dass meine Mitspieler kommen und mich umarmen«. Sie zögern, er ruft: »Kommt her, drückt mich, sonst gibt der Schiri das Tor nicht.«

»Das Stadion schwankte, schaukelte, sang«, schreibt Enquist, der wie die meisten der über hunderttausend Augenzeugen im Stadion das Handspiel in Echtzeit nicht erkannt hat. Der Live-Reporter der britischen BBC glaubt, die Engländer reklamierten Abseits. Er bemerkt die Hand erst in der dritten Zeitlupe.

Selbst auf dem Platz sahen es viele nicht. »Einige Spieler sagten mir später, sie hätten es erst in der Zeitlupe erkannt«, sagt Glenn Hoddle. »Ich selber habe die Hand hochgehen und den Ball berühren sehen. Ich muss gestehen, er hat es sehr gut getarnt.« Auch bei Peter Reid klingt professionelle Anerkennung durch: «Wenn einer von uns das getan hätte, hätte ich gesagt: Gut gemacht, Kumpel.« Andere sind nachtragender, allen voran Butcher, der Maradona noch dreißig Jahre später »leidenschaftlich hasst«.

Nach dem Spiel sagt Maradona den berühmten Satz: »Es war der Kopf Maradonas und die Hand Gottes.« Erst zwei Jahrzehnte später bekennt er, dass die Hand ein Körperteil, keine Metapher ist: »Eine Frage der Phantasie. Shilton hat einfach nicht damit gerechnet, dass ich die Hand nehmen könnte.«

Noch mehr ist es eine Frage der Moral. Und damit der Phantasie, der Vorstellungskraft, dass der andere eine andere Moral haben könnte. Die Moral des englischen Fußballs ist ein Fairplay, das knochenhart, aber geradeheraus ist und jede Art von Schauspiel und Lüge verachtet. Die Moral des argentinischen ist ein listiger Machismo, der den Erfolg noch ausgelassener feiert, wenn dabei nicht nur ein Gegner, sondern auch das Regelwerk, also die Obrigkeit, ausgetrickst wurde. »Wer einen Räuber beklaut«, sagt Maradona Jahre später in seiner TV-Sendung »Die Nacht der 10«, »dem wird hundert Jahre lang vergeben.«

»Vor allem das Tor mit der Hand wurde gefeiert«, sagt Cesar Luis Menotti, sein früherer Nationaltrainer, im Interview mit der Zeitschrift »11 Freunde« über Maradona und dessen Wirkung in Argentinien. »So sind die Menschen: Sie lieben es, wenn jemand die Regeln bricht. Und Diego hatte die Fußballregeln gleich im doppelten Sinn gebrochen: mit der Hand beim ersten Tor die geschriebenen Regeln des Spiels. Und mit dem Fuß beim zweiten Tor die physischen Regeln des Spiels. Da wurde sein Mythos geboren. Der Gott des Fußballs.«

Teil zwei der Apotheose, vier Minuten später. Weil die Engländer ihn ständig verfolgen, ist Maradona schon in der ersten Halbzeit oft weit zurückgewichen, um sich anspielen zu lassen. So wie jetzt. Er bekommt den Ball unter ungünstigsten Umständen. Eigene Hälfte, nahe der Außenlinie, Rücken zum Tor, zwei Gegner eng bei sich, hoppelnder Ball, holpriger Boden. Aus diesen Zutaten kreiert Maradona binnen elf Sekunden eines der größten Kunstwerke in der Geschichte des Fußballs.

Es beginnt mit einer explosiven halben Drehung im Augenblick der Annahme des Balls, ihn dabei zweimal mit der Sohle erst zur Seite, dann nach hinten mitnehmend. Auf einen Schlag ist er die beiden Engländer los, Beardsley und Reid, und auf dem Weg zum Tor. Reid versucht ihm noch zu folgen, vergeblich.

Maradona ist nun im Flow, im Rausch der Sinne und der eigenen Beine. »Als ich sah, dass Reid mich nicht einholen konnte, spürte ich die gewaltige Lust, weiter mit dem Ball zu laufen. Es schien, als könne ich jeden hinter mir lassen.« Links vorbei an Butcher, rechts an Fenwick. Dann noch Shilton. Auch ihn, den Torwart, narrt er, täuscht den Schuss nach links an, rollt den Ball dann mit der Sohle nach rechts und schiebt ihn, kurz bevor ihn der nachsetzende Butcher grätschend erwischen kann, vorbei an Shilton, vorbei am herbeigeeilten Stevens, ins Tor.

Schon sechs Jahre vorher, mit neunzehn in Wembley, spielte er vier Engländer aus, gab dann aber den Schuss ab, den er jetzt nur noch antäuscht. Damals ging er an den linken Pfosten, und sein Bruder sagte, er hätte besser noch den Torwart ausgespielt. Nun, erzählt Maradona, hat er sich daran erinnert.

Von allen Geheimnissen des Fußballs und seiner Faszination ist es vielleicht das größte: dass man den Genies dieses Spiels beim Schaffen ihrer Kunst in Echtzeit zuschauen und dennoch nichts verstehen, nur staunen, nur sich erregend lebendig fühlen kann und all das erst begreift, wenn es sich schon wieder verflüchtigt hat, nur noch funkelnde Erinnerung ist.

Während Maradona in diesen elf Sekunden, diesem »kreativen Prozess eines Genies«, wie es Mitspieler Valdano nennt, an ein verpasstes Tor aus dem Jahr 1980 denkt und an seinen Bruder und an Valdano, der links parallel zu ihm läuft, und an den Moment des möglichen Passes auf den Mitspieler, der dann nie kommt, weil Maradona vor allem daran denkt, diesmal besser bis zum allerletzten Moment das Unerwartete zu tun; während er vielleicht sogar an sein ganzes Leben denkt, denn er hat, wie er später sagt, »von diesem Tor mein ganzes Leben geträumt« –

währenddessen denkt der Teil der Welt, der ihm dabei zuschaut, elf Sekunden lang nichts. Allenfalls: Was tut er da?

Es ist einer der Momente, in denen die Menschenmasse synchron zu atmen vergisst. Reine Biologie. Wie Maradona den Ball mitnimmt, abgeht mit kurzbeinigen Trommelschritten, halb England umkurvt, elfmal den Ball streichelt, immer mit dem linken Fuß, ihn ins Tor trägt, das alles ist so, dass man automatisch die Luft anhält. Und erst im Torschrei ausatmet.

Außer man muss reden, weil man Fernsehreporter ist wie Victor Hugo Morales. »Ich heule gleich los! O mein Gott! Wie schön Fußball ist! Ich weine, vergebt mir! Maradona auf einem unvergesslichen Lauf, der beste aller Zeiten! Von welchem Planeten bist du gekommen?« Die Eruption des argentinischen Kommentators endet in entfesselter Dankbarkeit: »Danke, Gott! Für den Fußball, für Maradona, für diese Tränen.«

Dem Schweden Enquist ist solche Ekstase eher fremd, doch auch er kann sich der Faszination dieses Moments nicht entziehen, diesem »atemberaubenden Abfahrtslauf auf feindlichem Territorium mit dieser langen Kette jäher Überraschungen«, wie er das Jahrhundert-Solo beschreibt. »Wenn man gerade durchschaut zu haben glaubte, was er vorhatte, machte er genau das Gegenteil. Es war die Überraschung, dass er dann nicht den genialen, selbstlosen Pass ausführte, an den wir uns gewöhnt hatten, um jemand anderen das Tor schießen zu lassen. Die Rolle als Pfadfinder, die er so glänzend gespielt hatte, legte er nun ab, und die Engländer haben es nie fassen können, dass da die alte, kleine, egoistische Klapperschlange wieder zuschlug, sprungbereit, absolut unwillig, den Ball herzugeben oder hinzufallen.«

Selbst Gary Lineker, Schütze des späteren, nutzlosen Anschlusstreffers, sagt: »Es war so gut, ich wollte applaudieren.« Der Widerspruch zwischen moralischer Empörung und sportlicher Bewunderung zerreißt die Engländer bis heute. Als Maradona 2008 bei seinem Debüt als Nationaltrainer Butcher, inzwischen Assistenztrainer der Schotten, wiederbegegnet (bei einem 1:0-Sieg der Argentinier in Glasgow), sagt Butcher, er werde ihm nie verzeihen – worauf Maradona kontert, dass die Engländer ihren einzigen WM-Titel 1966 durch ein irreguläres Tor gewonnen hätten. »Ich habe mich mehr über das zweite Tor geärgert, über die Art, wie er mich stehen ließ«, räumt Butcher ein. »Alle anderen spielte er nur einmal aus, nur mich zweimal. Der kleine Bastard.«

Was Maradona 1986 leistet, ist die maximal mögliche Konzentration des Teamsports Fußball auf eine Person. Keiner hat je eine WM so dominiert wie er, kein anderer aus einem so mittelmäßigen Team einen Weltmeister gemacht. Auch im Halbfinale gegen Belgien schießt er beide Tore. Und das Finale entscheidet er, sich blitzartig der deutschen Doppeldeckung entziehend, mit Steilpass auf Jorge Burruchaga zum 3:2.

Sein emotionales Finale jedoch ist schon dieses, das Spiel gegen England. »Ein Endspiel für uns«, nennt er es. »Es ging nicht nur darum, ein Spiel zu gewinnen, es ging darum, die Engländer rauszuwerfen.« Im Jubel in der Kabine, sagt Signorini, fällt oft das Wort »Malvinas«, Falkland. Der Konditionstrainer Signorini ist dabei der einzige Argentinier, der Maradona das erste Tor übelnimmt: »Er hat ein solches Talent, er hätte es niemals nötig gehabt zu betrügen.«

Von da an ist Maradona eine Art Weltwunder, herumgereicht, verhätschelt, vergöttert und auf all das, im Gemüt immer noch der einfache, ballverliebte, ungebildete Bursche aus den Slums von Buenos Aires, nicht vorbereitet. »Die Verrücktheit in seinem Leben begann 1986 in Mexiko«, sagt Menotti. »Mit seinen beiden Toren gegen die Engländer. Für die Argentinier waren sie eine Art Wiedergutmachung für den verlorenen Falkland-Krieg, ein Sieg, der Fußball und Politik miteinander vermischte.«

Für Enquist war diese Vermischung von vornherein da. »Wenn je ein Machismo-Tor geschossen wurde, dann dieses«, schreibt er über den Treffer, der es entschied. »Und für alle, die Fußball hassen oder es verabscheuen, Sport mit Sexualität in Verbindung zu bringen, oder sich prinzipiell weigern, diesen Zusammenhang zu sehen, für sie muss diese lange, unwiderstehliche Penetration, mit der Maradona die englische Abwehr aufriss und vergewaltigte, natürlich einfach ekelhaft sein, wenn auch nur als Bild. Aber es ist, wie es ist, auch wenn es nicht so ist, wie es sein sollte.«

Im Frühjahr 2010 kommt Maradona als argentinischer Nationaltrainer nach Deutschland. Sein Team gewinnt 1:0. Bei der Pressekonferenz nach dem Spiel darf der zwanzigjährige Thomas Müller, der sein Debüt im Nationalteam als »persönlichen Durchbruch« erlebt, neben der Fußballlegende Platz nehmen – aber nur ganz kurz. Maradona verlässt protestierend das Podium und kehrt erst zurück, als der verdutzte Müller verscheucht ist. »Ich wusste nicht, dass das ein Spieler war«, entschuldigt sich Maradona. Müller findet das »lustig«. Noch lustiger findet er das Wiedersehen drei Monate später. Dann wird Maradona ihn kennenlernen: als den, der seine Karriere als Nationaltrainer beendet.

14

Kapstadt, 3. Juli 2010:

Diego, dieser Junge heißt Müller

DEUTSCHLAND – ARGENTINIEN 4:0 (WM-Viertelfinale)

DEUTSCHLAND: Neuer, Lahm, Mertesacker, Friedrich, Boateng (72. Jansen), Khedira (77. Kroos), Schweinsteiger, Müller (84. Trochowski), Özil, Podolski, Klose

ARGENTINIEN: Romero, Otamendi (70. Pastore), Demichelis, Burdisso, Heinze, Maxi Rodríguez, Mascherano, Di María (75. Agüero), Messi, Tévez, Higuaín

SCHIEDSRICHTER: Irmatow (Usbekistan); ZUSCHAUER: 64 100

TORE: 1:0 Müller (3.), 2:0 Klose (68.), 3:0 Friedrich (74.), 4:0 Klose (89.)

Am Ende dieses Spiels werden drei Menschen Trost brauchen. Obwohl einer von ihnen zu den Siegern gehört. Ihre Namen, alle mit M beginnend, stehen für die völlig unterschiedlichen Ausprägungen von Genialität im Fußball. Diejenige, die sich in jedem Moment aufdrängt. Die, die nahezu unsichtbar bleibt, bis das Entscheidende geschehen ist. Und die vielen, die dazwischen liegen, die Zwischenstufen dessen, was außergewöhnliche Fußballer von gewöhnlichen unterscheidet.

Es ist ein frischer Wintertag in Kapstadt, während die Deutschen daheim in der Sommerhitze vor ihren Fernsehern brüten. Viel Zeit mit Getränkeholen bei Spielbeginn dürfen sie nicht vergeuden, sonst verpassen sie was.

Das WM-Viertelfinale zwischen Deutschland und Argentinien ist keine drei Minuten alt, da bringt Bastian Schweinsteiger von der linken Seite, zum Tor hin drehend, einen Freistoß herein. Am Strafraumrand als imaginärer Abseitslinie haben sich sechs Argentinier und vier Deutsche postiert, um im Moment der Ausführung loszurennen. Das beste Timing, den besten Laufweg findet ein dünnbeiniger Deutscher mit einem Diagonalspurt zum vorderen Pfosten. Am Fünfmeterraum streift sein Scheitel den Ball. Es reicht, um ihn an Torwart Sergio Romero vorbei zum 1:0 zu lenken. Spätestens in diesem Moment ist Thomas Müller die Entdeckung der WM. Sein vierter Turniertreffer bringt Deutschland in Führung.

So frei wie Müller wird Lionel Messi an diesem Tag in keiner Sekunde sein. Die Argentinier drängen über eine Stunde lang auf den Ausgleich, doch die Deutschen schneiden ihrem Star immer wieder den Weg ab. Sie bringen ihn, wenn der Ball in seine Nähe kommt, durch das überlegene taktische Konzept, erdacht von Trainer Joachim Löw, nicht beantwortet von dessen Gegenspieler Diego Maradona, ständig in Unterzahl. Nur einmal, nach fünfunddreißig Minuten, gelingt, oder vielmehr: misslingt ihm eine Aktion, die den Deutschen weh tut. Ein Abpraller landet bei Messi, der ihn aber mit der Brust nicht unter Kontrolle bekommt. So springt der Ball aus kurzer Distanz an Müllers Arm. Der usbekische Schiedsrichter Rawschan Irmatow pfeift Freistoß – und gibt Müller zu dessen Entsetzen die Gelbe Karte.

Schweinsteiger weiß, dass der junge Kollege nun Beistand braucht. Er geht hin und tröstet ihn. Müller, der am Ende mit fünf Treffern den »Goldenen Schuh« des besten Torschützen erhalten wird, weiß in diesem Moment, dass er im Halbfinale fehlen wird. Aber noch ist viel Arbeit zu leisten, ehe dieses Halbfinale überhaupt erreicht ist. Und wie Michael Ballack, der 2002 Deutschland gegen Südkorea ins WM-Finale schoss, für das er da schon gesperrt war, lässt sich Müller nicht hängen. Beziehungsweise sitzen.

67 Minuten gespielt, immer noch 1:0, die Partie auf der Kippe. Ein Pass erreicht Müller, zehn Meter vor dem Strafraum,

Rücken zum Tor. Von hinten drückt Martin Demichelis, rempelt ihn, Müller verliert das Gleichgewicht, geht zu Boden. Als sie es sehen, schalten die Argentinier ab, verlieren Körperspannung, rechnen wohl mit einem Freistoßpfiff. Doch Müller ist einen Gedanken weiter. Im Straucheln dreht er sich bereits, lenkt den Ball, kaum auf dem Hosenboden gelandet, in den Lauf von Lukas Podolski, der in hohem Tempo durch die überrumpelte Abwehrreihe bricht. Podolskis scharfen Querpass muss Miroslav Klose nur noch ins leere Tor drücken. Den »Schlüssel zum Sieg« nennt Müller später dieses Tor. »Damit haben wir ihnen den Nackenschlag verpasst.«

Auf der Ehrentribüne springt Angela Merkel inmitten von sitzen bleibenden Honoratioren auf. Rechtwinklig reißt sie die Arme hoch wie eine Gewichtheberin mit unsichtbarer Hantel.

Die deutschen Spieler umringen Klose und Podolski. Nur Schweinsteiger gratuliert dem eigentlichen Urheber des blitzgescheiten Treffers, Thomas Müller – dem Genie des kleinen, unscheinbaren Augenblicks, das an diesem Tag die Genies des großen Fußballglanzes, Messi und Maradona, in den Schatten stellen wird. Die beiden ahnen es schon. Maradona rauft sich das Haar, schließt die Augen. Messi schaut ins Nichts.

Ein gutes Jahr zuvor galt Messi mit 21 Jahren bereits als der Beste der Welt, ja als »neuer Maradona«. Und Müller spielte mit 19 als Amateur im Drittligateam der Bayern und sollte verkauft werden. Doch Hoffenheim wollte keine drei Millionen Euro bezahlen. Sechs Jahre später bietet Manchester United hundert Millionen und bekommt ihn nicht.

Es hilft, unterschätzt zu werden. Schon in München, bei der Pressekonferenz, als Maradona ihn nicht erkannte. Dann, in Kapstadt, beim 1:0, als Maradonas Leute ihn nicht auf dem Schirm haben. Oder beim 2:0, als sie ihn abschreiben. Und selbst dann kennt Maradona ihn noch nicht richtig, er schreibt Müllers Tor später Arne Friedrich zu, obwohl der das 3:0 erzielte – ehe Klose mit dem 4:0 die Demütigung des größten Ballkünstlers der Geschichte komplettierte. »Diego, der Junge heißt Müller«, verhöhnt daheim die Zeitung »Olé« den ignoranten Trainer, der bald ein Ex-Trainer ist.

Nach Abpfiff in Kapstadt um kurz vor sechs sind die Argentinier nicht mal wütend, so wie nach dem Aus im Elfmeterschießen in Berlin vier Jahre zuvor, als sie eine Rauferei begannen. Sie stehen wie erstarrt herum. Allen voran Messi, der Unvollendete. 2006 scheiterte Argentinien als spielerisch besseres Team im Viertelfinale an Deutschland, weil Trainer José Pekerman auf den jungen Messi verzichtete. Und 2010 als taktisch rettungslos unterlegenes Team, weil Trainer Maradona nur den Plan Messi hatte.

Dagegen gibt es in diesem Moment im Stadion und vielleicht in der ganzen Welt nur einen Deutschen, der traurig aussieht. Die Kollegen laufen eine Ehrenrunde. Die Fans auf den Rängen tanzen. Die Kanzlerin wiederholt ihre Ein-Personen-La-Ola auf der Ehrentribüne. Die Nation daheim im heißesten Juli seit Beginn der Messungen taumelt bei 35 Grad vor tropischer Fußballfreude. Nur Thomas Müller feiert nicht. Er stapft mit gesenktem Blick über den Rasen.

»Ich bin sehr enttäuscht wegen des Halbfinals«, sagt Müller. »Die letzten Spiele von ihm waren überragend«, beteuert Löw. »Aber wir werden ihn ersetzen können.« Er täuscht sich. Ohne Müller wird beim 0:1 gegen Spanien fast jede Torgefahr fehlen. Aber schon macht Müller wieder Späße und lacht, als er von den Interviews hört, die seine beiden Omas daheim am Ammersee geben. Nach seinen zwei Toren gegen England hat er sie live im Fernsehen gegrüßt. »So ein lieber Bua«, schwärmen sie.

Und Maradona? Müller und Messi haben noch eine große Zukunft vor sich – im Finale 2014 werden sie sich wiedersehen. Maradona hat sie an diesem Abend in Kapstadt hinter sich, und er weiß es. »Die Traurigkeit«, so setzt er am Ende an, mit matter Stimme und erloschenem Blick, »sie ist sehr stark. Vielleicht so stark wie nur an dem Tag, an dem ich aufhörte, Fußballer zu sein.« Aber genau das ist er ja geblieben, auch als Trainer: ein Fußballer, dem man den Ball weggenommen hat.

Eine verrückte Pointe: dass der Mann mit dem genialsten linken Fuß der Geschichte für ewig mit einem Tor verbunden sein wird, das er mit der linken Hand erzielte. Dabei war genau das der Geniestreich, der Fußball groß gemacht hat: die Hand aus dem Spiel zu nehmen. Nur der Fußball verbietet die Nutzung jenes Körperteils, mit dem der Mensch von Natur aus am geschicktesten ist. Mit der Hand kann man essen, schreiben, ein Gehirn operieren, Geige spielen. Auch für den Umgang mit einem Ball wäre die konkave Fläche der Hand besser geeignet als der nach oben gewölbte Rist des Fußes.

Aber gerade durch den Verzicht auf die Hand wurde Fußball das natürlichste aller Spiele – die Verbindung von Geometrie und Gravitation, von perfekter Form und permanenter Kraft. Die Kugel, Vollendung der Geometrie, wird von der Erdanziehung immer wieder zu Boden geholt und dort gehalten – dorthin, wo die Füße sind. Mit der Hand könnte man den Ball über den größten Teil der Spieldauer vom Boden fernhalten, festhalten. Mit dem Fuß kann man es nicht. Der Ball ist frei, für alle Spieler. Und muss immer auf den Rasen zurück. So wurden sie die einfachste Begegnung der Welt: Fuß und Ball. Sie produziert manchmal die äußerlich unvollkommensten Helden. So wie den Mann, der das erste WM-Endspiel entschied – und dafür zum Glück nicht die Hand brauchte.

15

Montevideo, 30. Juli 1930:
Revolver bitte abgeben

URUGUAY – ARGENTINIEN 4:2 (WM-Finale)

URUGUAY: Ballestrero, Nasazzi, Mascheroni, Andrade, Fernández, Gestido, Dorado, Scarone, Castro, Cea, Iriarte
ARGENTINIEN: Botasso, Della Torre, Paternóster, Evaristo, Monti, Suárez, Peucelle, Varallo, Stábile, Ferreira, Evaristo
SCHIEDSRICHTER: Langenus (Belgien); ZUSCHAUER: 68 000
TORE: 1:0 Dorado (12.), 1:1 Peucelle (20.), 1:2 Stábile (37.), 2:2 Cea (57.), 3:2 Iriarte (68.), 4:2 Castro (89.)

Auf dem Mannschaftsfoto sieht alles noch ganz vertraut aus. Auch der kleine, kräftige Mann in der vorderen Reihe, der hockend die linke Hand scheinbar so über die rechte gelegt hat, dass sie verdeckt ist, fällt nicht weiter auf. Doch wer auch andere Schwarzweißbilder des Endspiels der ersten Fußballweltmeisterschaft sorgfältig betrachtet, stellt fest, dass der erste Eindruck getrogen hat. In einer Spielszene etwa, die den kleinen, kräftigen Spieler im Zweikampf mit dem Torwart zeigt, sieht man, dass er auf dem Mannschaftsfoto nicht seine rechte Hand versteckt hat – er hat versteckt, dass er keine hat.

Schon als Dreizehnjähriger verlor Hector Castro seinen rechten Unterarm. Ein Arbeitsunfall mit einer elektrischen Säge. Trotzdem eroberte er wenige Jahre später einen Platz im weltbesten Team seiner Zeit – eine der erstaunlichsten Karrieren der Sportgeschichte. 1926 pries man »El Manco«, den

Einarmigen, als »neuen Stern«. Uruguay gewann die Südamerikameisterschaft, und Castro schoss sechs Tore in vier Spielen. 1928 gewann er mit dem Nationalteam olympisches Gold in Amsterdam. Zum ruppigen 4:1-Sieg gegen Deutschland im Viertelfinale (drei Platzverweise) steuerte er ein Tor bei.

Und auch 1930, als das kleine Uruguay, ein Land mit nicht mal halb so vielen Einwohnern wie Berlin, die erste WM austrägt und gewinnt, spielt der Stürmer, mit 1,69 Metern der Kleinste im Team, eine besondere Rolle. In zwei von vier Spielen vertritt er den großen Star Pelegrin Anselmo. Beide Male schießt er entscheidende Tore: im Auftaktspiel zum 1:0-Sieg gegen Peru, im Finale gegen Argentinien zum 4:2-Endstand in der vorletzten Minute.

Beide Spiele sind nichts für schwache Nerven. Die Atmosphäre ist so hitzig, wie es in Europas Fußball nicht vorstellbar scheint. Schon im Gruppenspiel gegen Peru gab es Ausschreitungen auf den Rängen. Für das Endspiel gegen den Rivalen vom anderen Ufer des Rio de la Plata hat sich Schiedsrichter John Langenus auf das Schlimmste gefasst gemacht – und die richtigen Maßnahmen ergriffen, um das WM-Debüt nicht im blutigen Chaos enden zu lassen.

Der Belgier, der Spiele stets in Knickerbockern und Krawatte leitet, besteht vor Spielbeginn darauf, dass entgegen der Landessitte »keine Revolver ins Stadion« mitgebracht werden dürfen. Darauf beschlagnahmt die Polizei beim Einlass ins »Centenario«-Stadion rund 1600 Schusswaffen. Außerdem lässt Langenus hinter beiden Toren persönliche Leibwachen für sich postieren. Vor allem aber sein salomonisches Urteil zum Ballstreit – jede Mannschaft verlangt, dass mit ihrem Ball gespielt werde – glättet die Wogen. In der ersten Halbzeit rollt der argentinische, in der zweiten der uruguayische Ball.

Hätte all das geholfen, wäre das Spiel vor siebzigtausend wilden Fans anders ausgegangen? Der argentinische Stürmer Francisco Varallo bezweifelt das sein Leben lang: »Es war die

Hölle, wie im Krieg. Die Uruguayer wollten uns umbringen.« Noch mit hundert Jahren, als letzter Überlebender des Spiels, sagt »Cañoncito«, die kleine Kanone, wie man ihn in Buenos Aires nennt: »Niemals in meinem Leben habe ich einen größeren Schmerz empfunden. Bis heute bin ich nicht darüber hinweggekommen.«

Nach der 2:1-Pausenführung der Gäste hat damals auch den hartgesottenen Kollegen Luis Monti angesichts der explosiven Stimmung ein mulmiges Gefühl beschlichen: »Wenn wir heute gewinnen, dann bringen sie uns um.« So ist es vielleicht besser, dass nicht Argentinien das dritte Tor erzielt, sondern Varallos Schuss an die Latte kracht. Und dass auch nach der Wende zum 3:2 für Uruguay kein Argentinier mehr trifft. Sondern nur noch Castro. Sein Kopfball zum 4:2 lässt alle Dämme im Stadion brechen. Er euphorisiert ein ganzes Land in einer Weise, wie das nur der Fußball vermag. Bis heute ist er der einzige einarmige Weltmeister.

Der größte Tag von Hector Castro aber findet erst vier Jahre später statt, im verrücktesten der mehr als fünfhundert Derbys zwischen Peñarol und Nacional, den beiden großen Klubs aus Montevideo. Verblüffend, wie sehr diese eine Stadt einst eine Fußballweltmacht war. Und nicht nur sie. Globaler Fußball ist oft ein lokales Produkt. Einige der besten Teams aller Zeiten waren praktisch Stadtauswahlen. Das österreichische »Wunderteam« der frühen Dreißiger eine von Wien. Die »goldene Mannschaft« der Ungarn in den Fünfzigern eine von Budapest. Und die alles überragenden Uruguayer der Zwanziger eine von Montevideo, kombiniert aus Peñarol und Nacional. Diese Rivalen haben seit 1900 fast hundert Landesmeisterschaften unter sich ausgemacht. Nie kostete das so viel Zeit und Nerven wie im großen Jahr von »El Manco«.

16

Montevideo, 18. November 1934:

Ein Arm, drei Tore

NACIONAL MONTEVIDEO – PEÑAROL MONTEVIDEO 3:2
(Finale um die uruguayische Meisterschaft, drittes Wiederholungsspiel)

NACIONAL: García, Chifflet, Cabrera, A. Fernández, Andriolo, Pérez, Arispe, Ciocca, H. Castro, E. Fernández, Saldombide
PEÑAROL: Tea, Nogués, Canavessi, Zunino, Gestido, Alberto Berisso, B. Castro, L. Fernández, Young, Mata, Arremón
SCHIEDSRICHTER: Cerón; ZUSCHAUER: 35 000
TORE: 0:1 B. Castro (42.), 1:1 H. Castro (53.), 1:2 Arremón (58.), 2:2 H. Castro (61.), 3:2 H. Castro (77.)

Die Sache nimmt ihren Anfang im unvollendeten Endspiel vom 27. Mai 1934. Knapp siebzig Minuten sind torlos vorbei, da schießt ein Castro das 1:0, ein anderer allerdings: einer mit zwei Armen. Für Peñarol. Unter Millionen namenlosen Toren, die der Fußball produziert hat, wird diesem ein seltenes Privileg zuteil: ein eigener Name. Das »Tor der Tasche«.

Vor dem Treffer hat der Ball die Außenlinie überrollt. Er prallte aber vom Koffer von Juan Kirschberg, dem Physiotherapeuten von Nacional, zurück ins Feld, worauf Braulio Castro ihn ins Tor schoss. Weil es trotzdem zählt, brennen bei den Spielern von Nacional die Sicherungen durch. Einige attackieren den Schiedsrichter, verletzen ihn. Ein Linienrichter übernimmt das Kommando, stellt drei Mann vom Platz und bricht das Spiel ab.

Drei Monate später werden die fehlenden vierundzwanzig Minuten nachgeholt. Und zwar beim Stand von 0:0 und im Duell neun gegen elf (das Tor und eine der Hinausstellungen wurden rückgängig gemacht). Und: ohne Zuschauer im Centenario. Vor dessen verschlossenen Toren warten Tausende Peñarol-Fans in Partystimmung auf die Nachricht vom sicher scheinenden Sieg.

Doch Nacional hat sich auf das ungleiche Duell gut vorbereitet. Man hat die laufstärksten Spieler aufgestellt, hält den Ball, spielt Kurzpässe, Rückpässe. Und verschleppt das Spiel, macht sich die »Zeit zum Verbündeten«, wie ein Spieler sagt. So übersteht Nacional die vierundzwanzig Minuten ohne Gegentor. Und danach eine Verlängerung von dreißig. Und noch eine. Kurz vor Schluss trifft der wütende Andriolo mit einem Gewaltschuss nur die Latte des Tores von Nacional. So hat am Ende nach vierundachtzig Minuten auch dieses einzigartige Spiel, das als »9 contra 11« in die Fußball-Folklore eingeht, keinen Meister ermittelt.

Ein weiteres Spiel folgt, diesmal elf gegen elf. Es endet, trotz Verlängerung, wieder null zu null. Und dann endlich, am 18. November, fast ein halbes Jahr nach dem »Tor der Tasche«, im vierten Aufeinandertreffen, der große Auftritt des Einarmigen. Zur Pause: 1:0 für Peñarol. Am Ende: 3:2 für Nacional. Dreifacher Torschütze: Hector Castro. So ist erst im November 1934 Uruguays Meister 1933 gefunden – und ein Held für die Fußball-Ewigkeit: ein Mann mit drei Toren und einem Arm.

Auch der deutsche Fußball hat seinen einarmigen WM-Helden – mit allerdings nur vorübergehendem Verlust der Beidarmigkeit infolge von Foul, Sturz und Verband. Die heroische Grazie, mit der Franz Beckenbauer mit lädierter Schulter und verschnürtem Leib weiterspielte, lieferte das bleibende Bild zur größten Verlängerung von allen. Nie hatte der »Kaiser« größere Grandezza als mit jener Bandage, die Brustkorb und Oberarm wie bei einer Mumie umwickelte. Der lazarettreife Feldherr, der, die Hand am Herzen, die Kameraden nicht im Stich lässt, bot eine der Äußerungen von Leidensfähigkeit, die jedes Volk an seinen Monarchen liebt. Es hatte Stil – definiert als die Fähigkeit, mit etwas zu glänzen, das bei anderen nur ein Kleidungsstück wäre. Oder ein halber Meter Mull.

17

Mexiko-Stadt, 17. Juni 1970: Kaiser im Korsett

ITALIEN – DEUTSCHLAND 4:3 n. V. (WM-Halbfinale)

ITALIEN: Albertosi, Burgnich, Cera, Rosato (91. Poletti), Facchetti, Domenghini, Mazzola (46. Rivera), Bertini, De Sisti, Boninsegna, Riva
DEUTSCHLAND: Maier, Vogts, Schnellinger, Schulz, Patzke (66. Held), Seeler, Beckenbauer, Overath, Grabowski, Müller, Löhr (52. Libuda)
SCHIEDSRICHTER: Yamasaki (Mexiko); ZUSCHAUER: 70 000
TORE: 1:0 Boninsegna (8.), 1:1 Schnellinger (90.), 1:2 Müller (97.), 2:2 Burgnich (99.), 3:2 Riva (104.), 3:3 Müller (109.), 4:3 Rivera (110.)

Es ist weit nach Mitternacht in Deutschland, und Karl-Heinz Schnellinger tut jetzt gleich etwas für den Kreislauf. Für seinen eigenen, weil er nach vorn läuft, zum ersten Mal. Und für den einer ganzen Nation im Triebstau. Über dreißig Millionen erregte Landsleute sehen daheim an ihren Fernsehern zu. Und doch sehen sie nicht, was er da tut, wie er nun auf die Stadionuhr schaut, »ein Riesending«; wie er darauf feststellt, dass die Spielzeit abgelaufen ist und »der letzte Angriff« läuft. Und sich denkt: »Was willste noch hinten? Gehste nach vorn, biste auch bald in der Umkleide.«

Und niemand beachtet nun, wie der Abwehrchef, der das ganze Drama bisher nur von weit hinten gesehen hat, dieses über achtzigminütige Anrennen, Müllers Fehlschüsse, Overaths Lattentreffer, Beckenbauers Sturz, Seelers Umgerissenwerden, Albertosis Paraden – niemand beachtet, wie Schnellinger mit langen Ausputzerschritten in die vorderste Linie rennt. Auch Gianni Rivera und Roberto Rosato nicht, seine Mitspieler vom AC Mailand, mit denen er den Europapokal der Landesmeister gewann. Warum auch? Sie wissen, dass der blonde Deutsche in fünf Jahren bei Milan nie ein Tor geschossen hat.

Als er den Strafraum erreicht, kommt von links eine letzte, verzweifelte Flanke von Jürgen Grabowski. Sie fällt Schnellinger vor die Füße. »Ich stand nicht besonders gut und glaubte nicht, dass ich noch rankäme. Fast verzweifelt warf ich mich in Richtung Ball, eine Mischung aus Sprung und Grätsche.« Mit dem rechten Fuß lenkt er den Ball ins Tor.

Fernsehreporter Ernst Huberty spricht in diesem Moment eine Art Gedicht. Jedenfalls wird es dazu, wenn man es beim Aufschreiben mit den Pausen versieht, dem abgehackten Live-Duktus des Reporters, dessen Stimme staunend der letzten Zuckung des sterbenden Spiels folgt.

»Noch eine Möglichkeit
Grabowski
Schnellinger!!
Nein, nein, nein, nein
Tor durch Schnellinger
Unglaublich
Ausgerechnet Schnellinger
Werden die Italiener sagen
Ausgerechnet Schnellinger
Es ist nicht zu glauben.«

Mit dem einzigen Tor, das Schnellinger in dreizehn Jahren im Nationalteam schießt, mit dem er Boninsegnas Treffer aus der achten Minute endlich ausgleicht, wird ein totgeglaubtes Spiel wieder lebendig, und wie. Selbst Torwart Sepp Maier spurtet über den ganzen Platz, um den Kollegen zu drücken, dessen später Ausgleich dem Fußball die beste Zugabe seiner Geschichte beschert.

Die Beteiligten dieses Gesamtkunstwerks, wie Beckenbauer, Müller, auch Schnellinger, werden es später ganz anders sehen, werden all die Superlative, Gedenktafeln, Wahlsiege und Auszeichnungen als »Spiel des Jahrhunderts« ablehnen; weil das Spiel doch, wie sie sagen, außer in der Verlängerung nichts Besonderes war. Vor allem auch, weil am Ende eine Niederlage steht, weil für die elf abgekämpften Deutschen die von Schnellinger bescherte Zugabe nicht die Verlängerung der Freude sein wird, die der Rest der Welt erlebt; nur die Verlängerung der Qual in zweitausendzweihundert Meter Höhe. Rivera nennt es »Konzert der rasselnden Lungen«.

Halb Deutschland ist noch wach in dieser Nacht um Viertel vor eins. Die andere Hälfte wird nun von einer Eruption der Freude geweckt. Ein Kaufmann aus der Oberpfalz springt vor Freude gegen eine Lampe und büßt ein halbes Ohr ein.

In seinem Romanessay »Die Reise« schildert Bernward Vesper eine typische Szenerie im Moment des Ausgleichs so: »Es ist dunkel im Zimmer, aber als das Tor fällt, stürzen Biergläser um, panisch kreischende, sich umschlingende, gegen die Decke hin wachsende, kreiselnde, torkelnde, schlingernde Paare.« Die Intensität der ersten neunzig Minuten, die Dramaturgie des frühen Rückstands und späten Ausgleichs, die Wut auf den einseitig pfeifenden Schiedsrichter Yamasaki, die Hitze, die Höhenluft, die flirrenden Bilder – all das steigert sich nun zum großen Schauspiel.

Das ikonische Bild dazu liefert der Mann, dessen »Unverwundbarkeit« ein Bewunderer, der Philosoph Martin Heidegger, einst rühmte, der nun aber ein Verwundeter ist: Beckenbauer, nach 65 Minuten knapp vor dem Strafraum von Pierluigi Cera fies gefoult und beim Sturz an der Schulter verletzt (eine Mitschuld räumt er später ein, er habe sich »reingeworfen wie ein Verrückter, wollte einen Elfmeter«). Nach bereits zwei Auswechslungen ist er nicht mehr ersetzbar, aber ohnehin unersetzlich.

Mit dem improvisierten Verband, den er in der Pause vor der Verlängerung erhält, wirkt er wie der verletzte Anführer, der, die Hand auf dem Herzen, die Kameraden nicht im Stich lässt. Über diesen Anblick hinaus kann er ihnen aber ohne die nötige Balance seines Körpers keine große Stütze mehr sein. In der Verlängerung ragt er nur noch optisch heraus, nicht mehr spielerisch. Für den englischen WM-Historiker Brian Glanville wurde deshalb das Spiel schon »in dem Moment des Fouls an Beckenbauer entschieden«. Sein Fazit: »Verbrechen zahlt sich aus.«

Aber auch Beckenbauers heroische Eleganz hat ihren Anteil an der größten aller Verlängerungen. Der Italiener Romano Giardina beschreibt sie in seiner »Anleitung, die Deutschen zu lieben« (1996) so: »Weiße und Azzurri sind keine Gegner, sondern Interpreten einer Oper wie die Capuleti und die Montecchi in einem Romeo und Julia des Fußballs, der damals noch klassisch lederfarben war.«

Die Ouvertüre kommt von Gerd Müller, der, sich anschleichend, den Ball nach Polettis Zögern an Albertosis Fuß vorbeikratzt und über die Linie kullern lässt. »Wenn Sie je ein echtes Müllertor gesehen haben«, sagt Huberty, »dann jetzt.« Nur vier Minuten später das 2:2 durch Burgnich, dem der schläfrige Siegfried Held im eigenen Strafraum den Ball vorlegt – beim Gedanken daran will ihm Müller noch Jahre später »in den Hintern treten«. Trainer Schön klagt: »Es wurden immer in den Momenten Fehler gemacht, in denen wir glaubten, das Spiel in der Hand zu haben.« Das ist aber nun auf beiden Seiten so – und schafft erst die Voraussetzungen für das Spektakel.

Die Verteidigungen wanken, die Verlängerung taumelt weiter, Tor um Tor. Luigi Riva entwischt Schnellinger und schießt das 3:2. Müller macht sich nach einer Ecke lang und köpft sein zehntes WM-Tor. Rivera, der in dieser Szene die Torecke bewachen soll, schläft als Posten am Pfosten. Vor Wut umschlingt er ihn mit Arm und Bein und beißt ins Netz. Und schießt nur eine Minute später das 4:3, nachdem Riva Schulz enteilt ist.

Das fünfte Tor in sechzehn Minuten. Und, weil die Deutschen nun nicht noch einmal zu kontern vermögen, der Schlusspunkt. Vielleicht besser so. Besser als der Münzwurf, der bei Remis entschieden hätte. Am Ende erheben sich die Zuschauer, die Spieler sinken zu Boden. Minutenlanger Beifall, minutenlanges Atemholen. »Erwachsene Männer, Millionäre, Superstars saßen da und schluchzten hemmungslos wie kleine Kinder«, zeichnet Grabowski das Bild der deutschen Kabine.

Dabei haben sie etwas Einmaliges geschafft: alle ins Schwärmen zu bringen – die verwöhnten Anhänger daheim, die neutralen Zuschauer, sogar die Männer oben auf der Pressetribüne, die sonst stets etwas zu mäkeln haben. »Das atemberaubendste Spiel der Fußballgeschichte« nennt es »France Soir«. Man werde »eine Gedenktafel anbringen, auf der Italien und Deutschland stehen und das Datum vom 17. Juni 1970«, prophezeit ein mexikanischer Reporter. »Aber man wird kein Ergebnis nennen, denn das Spiel hatte keinen Sieger und keinen Besiegten.«

Diese Tafel wird tatsächlich errichtet. Aber natürlich nennt sie doch das Ergebnis. Im Fußball, in seinen größten Spielen jedenfalls, gibt es eben immer einen Sieger, einen Besiegten. Und vielleicht ist das sogar das Bitterste daran: nicht der Besiegte in einem Spiel zu sein, das man irgendwann vergessen kann. Sondern im Spiel des Jahrhunderts.

Zu Recht wählte Frankreichs Sportzeitung »L'Equipe« Beckenbauer unter die besten drei Spieler der WM-Geschichte, übertroffen nur von Pelé und Maradona. 1974 gewann er den WM-Titel als Spieler, 1990 als Trainer, 2006 holte er die WM nach Deutschland. Es schien, als sei er die große Ausnahme von der Mittelmäßigkeit der größten Spieler nach Ende des Spiels, mit-

telmäßige Trainer wie Maradona, mittelmäßige Minister wie Pelé, mittelmäßige Funktionäre wie Platini. Er und Johan Cruyff, der als Trainer und Ideologe den modernen FC Barcelona, den modernen Fußball prägte. Aber dann blieb Beckenbauer so wenig unversehrt wie damals in Mexiko.

Als die Zweifel daran, ob die WM 2006 mit sauberen Mitteln nach Deutschland kam, immer mehr wuchsen, zog er sich in Schweigen und Ausflüchte zurück und verabschiedete sich Ende 2016 von seiner letzten Präsenz in der Öffentlichkeit, der seit 34 Jahren betriebenen Kolumne in »Bild«. In der ersten 1982 beschrieb er sein Eigentor im eigenen Abschiedsspiel. In der letzten 2016 dementierte er ein anderes Eigentor: »Die Vergabe der WM nach Deutschland war nach meinem besten Wissen und Gewissen nicht gekauft.«

Wollte man es in der nonchalanten Art ausdrücken, in der Beckenbauer gern über Fehltritte hinwegplauderte (über die Folgen der Weihnachtsfeier des FC Bayern 1999 sagte er: »Der liebe Gott freut sich über jedes Menschenkind«), man könnte sagen, dass die Deutschen sich über das Baby namens »Sommermärchen« natürlich auch gefreut haben. Ein echter Sonnenschein, dieses Glückskind des Jahrgangs 2006. Die Zweifel an der Vaterschaft kamen ja zum Glück erst viele Jahre später auf.

18

Dortmund, 4. Juli 2006:
Grosso rächt Bruno

DEUTSCHLAND – ITALIEN 0:2 n. V. (WM-Halbfinale)

DEUTSCHLAND: Lehmann, Friedrich, Metzelder, Mertesacker, Lahm, Schneider (83. Odonkor), Kehl, Ballack, Borowski (72. Schweinsteiger), Podolski, Klose (111. Neuville)

ITALIEN: Buffon, Zambrotta, Materazzi, Cannavaro, Grosso, Perrotta (104. Del Piero), Pirlo, Gattuso, Camoranesi (91. Iaquinta), Totti, Toni (74. Gilardino)

SCHIEDSRICHTER: Archundia (Mexiko); ZUSCHAUER: 65 000

TORE: 0:1 Grosso (119.), 0:2 Del Piero (120.+1)

»Noch immer das hölzern pedantische Volk
Noch immer ein rechter Winkel
In jeder Bewegung, und im Gesicht
Der eingefrorene Dünkel.«

Heinrich Heine hätte sich gewundert, wäre er im Sommer 2006 aus dem Pariser Exil für ein paar Wochen heimgekehrt. Und nicht im Winter 1843, als er die Landsleute in »Deutschland – ein Wintermärchen« als die ewigen Pedanten mit den rechtwinkligen Bewegungen beschrieb. Im »Sommermärchen« sieht das anders aus. Die Deutschen, ein Partyvolk. Und ihre Kicker, diese eckigen Gesellen, an denen das schöne Spiel so oft zerbrach, plötzlich Künstlerseelen voller Finesse.

In Dortmund nahm die märchenhafte Geschichte ihren Anfang, mit dem Spurt von David Odonkor, mit seiner scharfen Flanke und dem Tor eines weiteren Jokers namens Oliver Neuville. Es war nur der Sieg in einem Vorrundenspiel, 1:0 gegen Polen. Doch wirkte es, als ließe er das ganze Land erbeben wie seit über einem halben Jahrhundert keiner mehr; seit Helmut Rahn in Bern 1954 aus dem Hintergrund schoss.

Die drei Wochen danach, die Siege gegen Ecuador, Schweden und Argentinien, die Sonne, die Leichtigkeit, die von allem auszugehen schien, dazu der fröhliche Nationalstolz einer neuen Generation – all das war wie ein riesiger Werbespot gegen das Klischee, das die Welt von den Deutschen hatte. Und sie von sich selbst auch.

Am Ende dieser drei Flitterwochen der Deutschen mit sich selbst schaut das ganze Land wieder nach Dortmund. Auf das Halbfinale gegen Italien im vor Vorfreude geradezu bebenden Westfalenstadion. Eine Erwartung, die in Italien deutlich freudloser geprägt ist: Die Bedingungen, unter denen die »Squadra Azzurra« antritt, könnten ungünstiger kaum sein.

Italiens Fußball ist kurz vor der WM von der Aufdeckung des »Calciopoli« erschüttert worden, der von großen Klubs organisierten Spielmanipulationen mit Hilfe gesteuerter Schiedsrichter. Eine Woche vor dem Halbfinale in Dortmund hat sich der frühere Nationalspieler Gianluigi Pessotto, Teammanager von Juventus Turin, aus dem zweiten Stock des Vereinsgebäudes gestürzt, einen Rosenkranz in der Hand. WM-Kapitän Fabio Cannavaro reiste mit zwei Kollegen sofort nach Turin zum schwerverletzten Freund (dessen Überleben erst Wochen später feststehen wird).

Wenige Stunden vor dem WM-Halbfinale hat der Ankläger des italienischen Fußballverbandes drakonische Strafen gefordert: Degradierung von Juventus bis mindestens in die dritte Liga, Zwangsabstiege auch für AC Florenz und Lazio Rom, Punktabzüge für Milan. Damit steht die berufliche Zukunft von sieben der elf Spieler, die am Abend um kurz vor 21 Uhr »Fratelli d'Italia« singen, in Frage.

Und dann ist da noch der Bär Bruno. Vor dem Turnier ist er, offenbar Fußballfan, aus Italien über die Alpen ins WM-Land eingewandert. Weil er dort Schafe in der Nähe von Siedlungen riss, gab ihn Bayerns Ministerpräsident Edmund Stoiber als »Problembär« zum Abschuss frei. Acht Tage vor dem Spiel haben ihn bayrische Jäger erlegt. Fans aus dem Trentino, Brunos Heimat, tragen in Dortmund zum Andenken kleine Teddys bei sich. Sie fordern Rache für Bruno.

Simone Perrotta kommt diesem Ziel in den ersten neunzig Minuten am nächsten. Doch der Ball springt ihm zu weit vom Fuß, Jens Lehmann schneidet ihm den Weg ab. Nach Steilpass von Andrea Pirlo kommt auch Fabio Grosso ins Eins-zu-eins mit dem deutschen Torwart, ist aber zu unentschlossen. Er braucht drei Ballkontakte, einen zu viel. Das merkt er sich.

Das deutsche Team vergibt seine beste Chance durch Bernd Schneider, der zu hoch zielt. Jürgen Klinsmanns Elf wirkt wild entschlossen, auch ohne den Vorkämpfer Torsten Frings, der nach dem Handgemenge mit den Argentiniern nach dem Viertelfinale gesperrt ist, ausgerechnet wegen italienischer TV-Bilder. Doch fehlt die Präzision, um gegen Italiens starke Abwehr durchzukommen. Sie hat im Turnier erst einen Treffer kassiert – in der Vorrunde durch ein Eigentor von Cristian Zaccardo, der danach seinen Platz an Grosso verlor. Das Eigentor wird zum Glücksfall für Italien.

Die Italiener halten neunzig Minuten stand – und zeigen sich mit Beginn der Verlängerung von einer unerwarteten Seite. Trainer Marcello Lippi bringt, nach Francesco Totti und Alberto Gilardino, der für Luca Toni gekommen ist, zwei weitere Stürmer: Vincenzo Iaquinta und Alessandro del Piero. »Wir hatten mehr Pfeile im Köcher«, sagt er später. Noch nie hat ein italienischer Trainer in einem solch kritischen Moment so offensiv agiert.

Zu Beginn der Verlängerung spielt Gilardino zwei Verteidiger aus und überrascht Lehmann mit einem Drehschuss aufs kurze Eck. Der Ball prallt vom Innenpfosten quer vor die Torlinie. Zwei Minuten später trifft Gianluca Zambrotta aus achtzehn Metern krachend ans Lattenkreuz. Der Auftakt einer atemlosen Verlängerung. Torwart Gianluigi Buffon vereitelt die deutsche Siegchance, als er Podolskis wuchtigen Schrägschuss mit einer Hand grandios abwehrt. Sein Gegenüber Lehmann lenkt Pirlos tückischen Weitschuss um den Pfosten. Pirlo rauft sich die Haare. Er weiß: Nur noch zwei Minuten. Es wäre die Entscheidung gewesen.

Und doch ist es nicht die Verhinderung der Entscheidung, es ist ihr Vorspiel. Die Szene führt zur zwölften Ecke für Italien. Und dazu, dass ein Mann, der noch fünf Jahre vorher, mit 23, in der vierten Liga herumstolperte und nach der WM zwar gute Jobs bei großen Klubs, aber nie wieder eine wichtige Rolle bekommen wird, sein persönliches Sommermärchen erleben darf. Einer jener Momente, in denen der Fußball aus mittleren Gestalten historische Helden macht, weil der lichte Moment ihres Lebens, ihr Augenblick der Exzellenz, genau am richtigen Ort, zur richtigen Zeit stattfindet. Nicht in der Serie D in den Abruzzen, sondern bei der Weltmeisterschaft in Deutschland an diesem Abend kurz vor Mitternacht.

In diesem Moment muss es ihnen aber auch jemand zutrauen, muss ihnen den Ball geben. Und deshalb steht vor der großen Glückssekunde von Fabio Grosso das Genie eines anderen, das von Andrea Pirlo. Steht die meistunterschätzte Meisterschaft des Fußballs: die große Kunst des kleinen Passes.

Alessandro del Piero bringt die Ecke hinein. Arne Friedrich köpft den Ball weg. Er landet beim italienischen Regisseur, zentral postiert, knapp außerhalb des Strafraums. Die 119. Minute eines WM-Halbfinals, ein schwierig zu verarbeitender Ball, eine komplexe Situation am Rande eines extrem verdichteten Strafraums, in dem sich fünfzehn Spieler befinden, zehn Deutsche und fünf Italiener, fast alle in Bewegung, einige auf ihn zu – die meisten Fußballer würden hektisch in solch einem Moment.

Pirlo weiß möglicherweise nicht, was das ist: Hektik. Er nimmt sich die Zeit, den Ball mit einem zweiten Kontakt zu kontrollieren. Und sich dann etwas zu überlegen. Im Umkreis von fast fünf Metern ist kein Deutscher. Am nächsten ist ihm noch der einzige außerhalb des Strafraums, ist Lukas Podolski, der Pirlo nun stören müsste – der aber mit ausgestrecktem Arm nur anzeigt, dass irgendjemand Pirlo stören müsste.

Weil die Deutschen nun herausrücken, ihn angreifen wollen, läuft Pirlo zwei Schritte quer. Friedrich nähert sich, also legt er den Ball noch einmal weiter nach außen, parallel zur Strafraumlinie, macht zwei weitere Schritte scheinbar weg vom Tor, von der Torgefahr. Sein Lauf beschreibt eine kleine Schlangenlinie, als wolle er den Ball auf den rechten Flügel hinauslegen, wo sich del Piero nach seiner Ecke anbietet – der Schleichweg, der ihm den Passweg öffnet und die Verteidiger in die Falle lockt. Pirlo dreht die Schulter vom Tor weg, den Kopf auch, kann sein Ziel im Augenwinkel nur noch ahnen.

Und dieses Ziel bangt nun, ob es wahrgenommen wird. Seit Sekunden hofft Grosso, vergessen von den Deutschen, »dass der Ball kommt«, wie er später erzählt. Seine Erfahrungen mit Pirlo lassen ihn weiter hoffen, obwohl der ihn nicht zu sehen scheint. »Manchmal schaut er nicht zu dir hin und findet trotzdem den perfekten Moment, um dich anzuspielen. Ich hatte dieses Gefühl in diesem Moment.«

In diesem Moment spielt Pirlo, vorbei an Friedrich, Neuville, Schweinsteiger und Metzelder, die er alle aus dem Strafraum heraus-, alle von Grosso weggelockt hat, einen No-Look-Pass, im Neunzig-Grad-Winkel zur eigenen Laufrichtung mit rechts am linken Fuß vorbei. Einen Pass mitten durch die Abwehrspieler hindurch, gegen ihre Erwartung, ihre Blick- und Laufrichtung. Drei Sekunden Zeit haben ihm die Deutschen an ihrem Strafraum gegeben. Drei Sekunden, die das deutsche Sommermärchen beenden.

Es ist ein kleiner Pass und ein großes Kunstwerk. Weil Pirlo unter größtem Zeitdruck genug Geduld aufbringen musste. Sein Warten war kein Zögern, sondern ein Verzögern: das Warten auf den perfekten Augenblick.

Pirlo weiß alles über diesen Pass, bevor er ihn spielt, kennt das Tempo, die Richtung, den Schnitt, den Fleck, den er erreichen, ja selbst den Fuß, auf dem er ankommen muss. Er weiß, dass Grosso Linksfüßer ist und dass der Ball, wenn Grosso ihn direkt mit links nimmt und sauber trifft – dass er dann von der halbrechten Position elf, zwölf Meter vom Tor den perfekten Rechtsbogen nehmen wird, ins linke Eck, jenseits der Reichweite des Torwarts.

Und weil ein perfekter Pass immer auch die präzise Botschaft an den Empfänger ist, was mit ihm zu tun ist, tut Fabio Grosso, der eine Stunde vorher seine erste Chance nach Pirlo-Pass noch vertändelte, das Richtige. Er schießt direkt. Und trifft. Das Timing entscheidet alles. Erwischt der schwingende Fuß den rollenden Ball wenige Hundertstelsekunden eher, geht der Schuss am Tor vorbei; wenige später, Lehmann hält ihn. Und stoppt er ihn, ist Michael Ballack da, der einzige Deutsche, der die Gefahr durch Grosso erkannt hat, aber zu spät.

Zu spät, weil auf den No-Look-Pass der No-Look-Schuss folgt. Seitlich zum Tor, Blick auf den Ball, zielt Grosso »auf die Ecke, ohne das Tor zu sehen«. Stellt sich vor, »wo die Ecke ist«. Stellt erleichtert fest, »dass das Bild in meinem Kopf richtig war«. Und das Tor »am richtigen Platz«.

Zwei Deutsche standen beim Eckball zur Absicherung in den Torecken, die beiden Kleinsten, Lahm und Odonkor. Beide rückten dann, als der Ball aus dem Strafraum flog, ein paar Schritte vor. Als nun der Schuss kommt, den er dort einfach blocken könnte, stünde er noch da, kann ihn Odonkor nur noch ins Eck fliegen sehen, Zentimeter neben dem Pfosten. Und Lehmann fliegt vergeblich und weiß es schon im Flug.

Fabio Caressa weiß es auch. Die Sätze, die er auf »Sky Italia« ins Mikrofon brüllt, werden legendär. Sie sind ein wenig redundant, aber das Wichtigste im Leben kann man durchaus mehrfach sagen. Vor allem im Fußball.

Palla tagliata … Messa fuori … c'è Pirlo … Pirlo … Pirlo … ancora Pirlo di tacco … TIRO! … GOOOLLLLLL !!! … GOOOLLLLLL !!! … GOOOLLLLLL !!! … GROSSO !! … GROSSO !! … GOOOLLLLLL !!! … GOL DI GROSSO !! … GOL DI GROSSO !! … GOL DI GROSSO !! … MANCA UN MINUTO !! … MANCA UN MINUTO !!! … GOL DI GROSSO !!! … INCREDIBILE!!! … INCREDIBILE!!!

Im Deutschen heißt das, um Dopplungen bereinigt: Angeschnittener Ball, abgewehrt, Pirlo, immer noch Pirlo, Schuss, Tor, Grosso, Tor von Grosso, noch eine Minute, unglaublich. Im Italienischen ist es eine Oper.

Während er mit irrem Blick, den Kopf hin und her werfend, über den Platz läuft, fast wie Marco Tardelli nach seinem Tor im WM-Finale 1982 gegen Deutschland, brüllt Grosso: »Non ci credo!«, ich glaube es nicht. Ehe er zuckend zu Boden geht.

Eine Minute später ruft Caressa: »Packt eure Taschen! Fahren wir nach Berlin! Holen wir uns den Pokal!« Zumindest Noel Gallagher wird nicht viel zu packen haben. Del Piero hat per Konter in der 121. Minute das 0:2 geschossen und rennt zur Tribüne, um irgendwo da oben den befreundeten Sänger von »Oasis« zu grüßen. Finden wird er ihn erst später und ihm, aus Aberglauben, befehlen, beim Finale in Berlin dieselbe Kleidung wie in Dortmund zu tragen.

Es bringt Glück. Vor allem dem großen Glückspilz der WM. Im Finale gegen Frankreich ist Fabio Grosso, der Italien im Achtelfinale gegen Australien mit einem geschundenen Elfmeter rettete und im Halbfinale gegen Deutschland mit einem Schuss Glück, der letzte Schütze im Elfmeterschießen. Er verwandelt, macht Italien zum Weltmeister, tritt ins Mittelmaß zurück. Drei Märchen-Momente in drei Wochen – das reicht für ein Leben.

Nationalmannschaften – braucht man so etwas überhaupt noch? Sind sie in einer Welt kickender Wanderarbeiter nicht überflüssig geworden? Das haben viele erwartet. Das Gegenteil trat ein. Sosehr Spiel und Stil sich im Klubfußball international angleichen, so sehr zeigen dieselben Spieler im Einsatz für ihr Land einen Fußball, dem man nationale Besonderheit, gewachsene Tradition, eigenes Profil immer noch anmerkt. Das Nationalteam scheint wie ein Organismus mit festen Eigenschaften, die sich auf geheimnisvolle Weise vom Ganzen auf den Einzelnen übertragen. Gerade auf die deutsche, auf »La Mannschaft«, wie die Franzosen sie nennen. Die Geburt dieser deutschen Institution begann mit einem »blind date« auf einem Bahnsteig, mit Spielern, die sich erst im Zug kennenlernten und auf dem Platz »Sie« zueinander sagten. Und zumindest einer zahlte am Ende auch noch drauf.

19

Basel, 5. April 1908:
Debüt mit später Würze

SCHWEIZ – DEUTSCHLAND 5:3

SCHWEIZ: Dreyfus, Henneberg, Hug, Strauss, Megroz, Lehmann, Rubli, Pfeiffer, Kämpfer, Isenegger, Kobelt
DEUTSCHLAND: Baumgarten, Jordan, Hempel, Ludwig, Hiller, Weymar, Hensel, Förderer, Kipp, Becker, Baumgärtner
SCHIEDSRICHTER: Devitte (England); ZUSCHAUER: 3500
TORE: 0:1 Becker (6.), 1:1 Kämpfer (21.), 2:1 Jordan (28., Eigentor), 3:1 Pfeiffer (32.), 3:2 Förderer (52.), 4:2 Pfeiffer (57.), 4:3 Becker (69.), 5:3 Kämpfer (89.)

Ein Mann, ein Schuss, drei Wörter. An diesem 5. April 1908 in Basel fallen sie zum ersten Mal. Ihr Klang, beim Debüt zu Kaisers Zeiten, ist noch nüchtern, fast amtlich. Zwei Generationen und zwei Weltkriege später wird sich das anders anhören, bebend, ekstatisch. Wörter mit der Macht, ein Land zu euphorisieren – am 4. Juli 1954 in Bern, als Rahn aus dem Hintergrund schoss und die drei Wörter ins Ohr von Millionen drangen: »Tor für Deutschland.«

Basel 1908, Bern 1954. Zwei verregnete Schweizer Sonntage, zwei deutsche Fußball-Feiertage. Der Jüngling, der für den ersten zuständig ist, steht einen Tag vor seinem historischen Auftritt nervös am Frankfurter Hauptbahnhof. Fritz Becker ist Oberschüler, achtzehn Jahre alt – und Nationalspieler. Zumindest stand das in der Lokalzeitung, in einer Ankündigung des ersten Länderspiels einer deutschen Nationalmannschaft. Wie sie wohl auf ihn gekommen sind? Ein Jahr zuvor, im Mai 1907, erzielte er beim 2:6 einer Frankfurter Auswahl gegen Englands Meister Newcastle United beide Treffer. Irgendwer scheint sich daran erinnert zu haben.

Die offizielle Bestätigung hat lang auf sich warten lassen. Herumposaunt hat Becker es ohnehin nicht, schon gar nicht in seiner Schule, wo »die Kickerei nicht gern gesehen ist«, wie er weiß. »Ich hatte schon drei Stunden Karzer wegen verbotenem Fußballspiel abgesessen.« Auch Fritz Baumgarten hat seine Schule nicht über dieses Spiel informiert. Er schwänzt, um nach Basel zu reisen, den Unterricht im Gymnasium zum Grauen Kloster in Berlin.

Eine nervöse Woche lang wartete Becker auf eine Nachricht durch den DFB. Sie traf erst weniger als vierundzwanzig Stunden vor der Abreise ein. Die Aufforderung: sich am Samstag am Bahnsteig des D-Zuges Berlin-Basel einzufinden, um die Fahrkarte in Empfang zu nehmen. Unbedingt mitzubringen: ein Frack.

Dort steht dann also der Gymnasiast mit Frack im Gepäck, für zwölf Reichsmark auf die Schnelle in einem Kostümverleih geborgt, und sucht hektisch nach dem unbekannten Billett-Boten – »nicht wie ein stolzer Nationalspieler, sondern wie ein beinahe Verzweifelter«. Niemand zu sehen, die Dampflok faucht. Endlich taucht ein Mann auf, schweißgebadet wie er selbst. »Sind Sie das Beckerche aus Frankfurt?«, fragt er und händigt erleichtert den Fahrschein aus. Eilig besteigt man den Express, und das Beckerche aus Frankfurt macht die Reise seines Lebens.

Am Ziel verheißen zahlreiche Plakate das »internationale Match« der »elf besten Spieler Deutschlands gegen die elf besten Spieler der Schweiz«. Das mit den elf besten Deutschen ist gelogen. Es gibt noch keinen Trainer, der die Spieler nominiert. Weil die Elf »aus allen deutschen Gauen« zusammengesetzt sein soll, wird eine Mannschaft von elf Spielern aus elf Klubs zusammengepuzzelt. Keiner von ihnen hat je mit einem der anderen gespielt. Selbst auf dem Spielfeld werden die Fußballer sich siezen.

Wie die Nationalspieler des Jahres 1908 sich an einem Spieltag die Zeit bis zum Anstoß vertreiben, hält der offizielle Bericht des DFB fest: »Am Sonntag früh um 9 Uhr war Kleidungsapell bei Herrn Behm. … Das erste Frühstück ließen sich alle vortrefflich munden. Gegen 10 Uhr stellten sich die Schweizer Herren ein, um uns zu froher Fahrt durch die Stadt abzuholen. Im Anschluss daran wurde uns der Zoologische Garten gezeigt und beim Gläschen Bier wurden auch noch die Chancen für den Wettkampf besprochen.« Nach dem Frühschoppen unter Gegnern geht es zum Imbiss ins Hotel und schließlich »um 2.45 Uhr zum Platz, an endlosen Zuschauermassen vorbei«.

Die »endlosen« Massen sind knapp viertausend Menschen, darunter überraschend viele Frauen. Ein Schokoladenhersteller, der die neue Holztribüne auf dem Landhof zur Werbung nutzt (»Chocolade LUCERNA isst die ganze Welt!«), hat jeder Besucherin eine Gratis-Tafel versprochen. So ein großes Interesse haben die deutschen Kicker noch nicht erlebt.

»Kurz nach 3 Uhr traten die Deutschen, mit lauten Hurrarufen begrüßt, auf den Spielplatz, worauf die Schweizer folgten, ebenfalls freudigst begrüßt. Sofort wurde mit dem Spiel begonnen, und nun entwickelte sich auf beiden Seiten ein erfreuliches Arbeiten«, berichtet die Schweizer »National-Zeitung«. Das Blatt setzt lobend fort: »Die Spieler, die mit großer Gewandtheit ihrer Aufgabe oblagen, boten ein recht bestechendes Bild, und trotz dem einsetzenden Regenwetter hielten sie standhaft aus, was übrigens auch seitens des Publikums geschah.«

Sechs Minuten sind gespielt seit dem Anpfiff durch den englischen Schiedsrichter Devitte, der das Spiel im blauen Anzug mit steifem Hut leitet, da fliegt herein die Flanke des Rechtsaußen Gustav Hensel, Weinhändler aus Kassel. »Die Flanke fälschte unser Halbrechter Förderer zu einem Schuss ab, der knapp vorbeigegangen wäre«, schildert es Becker. »Der Schweizer Torwächter glaubte, nicht eingreifen zu müssen, er unterschätzte dabei aber meine Schnelligkeit, und ich konnte den Ball gerade noch ins Tor lenken.« Das erste aller deutschen Länderspieltore, erzielt durch einen aufgeweckten Achtzehnjährigen.

Ein Kinderspiel ist es nicht. Bald setzt Hagelschauer ein, dann Regen. »Der aufgeweichte, schlüpfrige Boden lässt ein sicheres Spiel nicht mehr aufkommen«, notiert das Fachblatt »Football Suisse«. Die Schweizer kommen besser damit zurecht. In der 28. Minute tritt Kapitän Siegfried Pfeiffer einen Freistoß scharf auf Stürmer Hans Kämpfer. »Ehe sie die Situation erkannten«, schildert »Kicker«-Chronist Joseph Michler den Fauxpas der deutschen Abwehr, »war Kämpfer zum Ball gleichsam emporgestiegen: ein scharfer Ruck des Kopfes, ein zweites Haupt taucht auf, kreuzt den Weg des Balls und stößt ihn mit energischer Drehung – ins eigene Netz!«

Ernst Jordan, genannt »Langmeier«, der mit seinen 1,90 Metern beim Mannschaftsfoto die Köpfe der Mitspieler und selbst die Zylinder der schnurrbärtigen Funktionäre überragte, ist erst wenige Tage vorher für den verletzten Heinrich Riso in den Kader aufgenommen worden. Das bewahrt den Malermeister aus Magdeburg nicht davor, zum amtlichen Schuldigen der ersten deutschen Niederlage erklärt zu werden. Das Urteil des Delegationsleiters Hugo Egon Kubaseck fällt vernichtend aus: »Falls nicht der Back Jordan so versagte, wäre es wohl möglich gewesen, ein unentschiedenes Resultat zu erringen.«

Der erste deutsche Eigentorschütze wird das Trikot mit dem Adler, der damals, auf schwarzer Brust mit weißen Ärmeln, fast die Größe des Balls hat, nie wieder tragen – der erste Torschütze allerdings auch nicht. Und das, obwohl Fritz Becker mit seinem zweiten Tor, dem Anschluss zum 4:3, das Spiel für zwanzig Minuten nochmals spannend macht, ehe Kämpfer kurz vor dem Ende den 5:3-Endstand besiegelt. Für die Schweizer ist es im dritten Länderspiel der erste Sieg, worauf »Football Suisse« ergriffen reimt: »Nach schwerem Kampfe hart und heiß weht stolz das Banner Rot und Weiß.«

Für Becker ist es vielleicht besser, es bei diesem einen Länderspiel belassen zu können. Vor allem billiger. Die Kosten der Zugfahrt, zu denen der DFB nur einen Teil, zwanzig Mark, beisteuert, die Miete für den Frack – viel Geld für einen Schüler, und es kommt noch dicker.

Nach der Partie geht es zum Bankett ins Hotel Metropol. In den Vorbesprechungen der Delegation hat die Taktik auf dem Spielfeld keine Rolle gespielt, umso mehr das Benehmen bei diesem Auftritt – »eine Art Anstandsunterricht«, so Becker. Es wirkt. Die Deutschen benehmen sich tadellos. Nur der Schweizer Torwart Dr. Ivan Dreyfus, ein Arzt aus Genf, fällt aus der Rolle. Unter Alkoholeinfluss stellt er zu später Stunde eine Parade nach und kippt einen Kelch mit Worcester-Sauce um. Sie frisst Löcher in Beckers Leihfrack. Die Kosten für Reparatur und Reinigung kommen noch teurer als die zwölf Mark Miete.

So bieder-gemütlich hat sie begonnen, die Geschichte der Nationalmannschaft – mit geschenkter Schokolade und geliehener Garderobe. Bis sie endgültig im Zentrum des Lebensgefühls der Nation landete, eines neuen, demokratischen Deutschlands, sollten ein Kaiserreich, eine demokratische Republik, eine faschistische Diktatur, zwei Weltkriege, eine Besatzung und eine Teilung stattfinden, all das in nur sechsundvierzig Jahren – und dann wieder eine Gruppenreise in die Schweiz. Vorher aber noch eine Dienstfahrt des Chefs nach England – mit dem Ziel, das zu lernen, was man noch wissen musste, um die Fußballwelt zu erobern.

20

London, 25. November 1953:
Die Welt wird zur Kugel

ENGLAND – UNGARN 3:6

ENGLAND: Merrick, Ramsey, Johnston, Eckersley, Wright, Dickinson, Matthews, Taylor, Mortensen, Sewell, Robb
UNGARN: Grosics, Buzánsky, Lóránt, Lantos, Bozsik, Zakariás, Budai, Kocsis, Hidegkuti, Puskás, Czibor
SCHIEDSRICHTER: Horn (Niederlande); ZUSCHAUER: 105 000
TORE: 0:1 Hidegkuti (1.), 1:1 Sewell (14.), 1:2 Hidegkuti (22.), 1:3 Puskas (25.), 1:4 Puskás (28.), 2:4 Mortensen (38.), 2:5 Bozsik (50.), 2:6 Hidegkuti (53.), 3:6 Ramsey (57., Elfmeter)

Ein Mittwoch, 14.15 Uhr, hundertfünftausend Zuschauer im vollen Wembley-Stadion. Schüler und Schichtarbeiter haben freibekommen für eine Partie, die als »Weltmeisterschaftsentscheidungsspiel« verkauft wird. Dabei steht gar kein WM-Pokal auf dem Spiel; nur der Ruf, Bester der Welt zu sein. Sind es die Engländer, daheim »seit 1066«, seit der Schlacht von Hastings, »ungeschlagen gegen kontinentale Konkurrenz« – oder die seit drei Jahren auf dem Fußballfeld unbesiegten Ungarn?

Die Ungarn werden wie alle zuvor ihre Lehrstunde bekommen, ja »wie ihre fetten Gänse aus der Pußta geschlachtet«, so der »Daily Mirror« – das ist die Erwartung des englischen Publikums mittags um Viertel nach zwei. Und die Erwartung der englischen Mannschaft. Beim Einlaufen ins Stadion wirft

Kapitän Billy Wright einen Seitenblick auf die Füße der Ungarn. Er sieht, »dass sie diese komischen leichten Schuhe tragen, die wie Slipper aussehen«, nicht wie die Stiefel der Engländer, die wie im vorigen Jahrhundert bis über die Knöchel reichen. »Wir sollten kein Problem mit ihnen haben«, sagt er zu Mittelstürmer Stan Mortensen. »Sie haben nicht mal richtige Schuhe.«

Um vier Uhr nachmittags wird alles anders sein: Die Fußballwelt ist von der Scheibe zur Kugel geworden. Wenn es einen Wendepunkt in der über hundertfünfzigjährigen Fußballgeschichte gibt, dann diese neunzig Minuten im Londoner Novembernebel: den Sieg von Wembley, der die Dominanz der Erfinder beendete und das Spiel neu erfand. Die Vergangenheit des Fußballs verliert gegen dessen Zukunft mit drei zu sechs.

1925 hatte man die Abseitsregel gelockert, weil das Spiel zu defensiv geworden war. Statt drei Gegenspielern mussten seitdem nur noch zwei (inklusive Torwart) zwischen Angreifer und Torlinie stehen. Diese Veränderung erst schuf jenes dynamische Spiel, das man bis heute als Fußball kennt. Zugleich machte es neue taktische Ordnungen erforderlich. Das lange Zeit erfolgreichste erfand Herbert Chapman, Trainer von Arsenal London: eine 3-2-2-3-Aufstellung, die nach ihrem grafischen Muster »WM-System« genannt wurde.

Ein Vierteljahrhundert später spielen die Engländer immer noch nach diesem Schema, das jedem Spieler (und jeder Rückennummer) Position und Rolle zuteilt. Auf dem Kontinent hat man sich jedoch weiterentwickelt, anderes probiert: Rollenwechsel, Verschiebungen, stürmende Verteidiger, verteidigende Stürmer. Die Ungarn haben noch etwas Neues: den »hängenden« Mittelstürmer. Die Engländer kannten so was nicht.

Um 14.16 Uhr kennen sie ihn. Fünfzig Sekunden und fünf Pässe nach dem Anpfiff trifft Nandor Hidegkuti zum 0:1. Er trägt die Nummer neun, spielt aber nicht in der Sturmmitte, sondern kommt, wie es fast zwanzig Jahre später für einen anderen Wembley-Eroberer formuliert werden soll, für Günter Netzer, aus der »Tiefe des Raumes«. Gegenspieler Harry Johnston empfindet »völlige Hilflosigkeit«. Hidegkuti ins Mittelfeld folgen? Dann wäre ein Loch in der Abwehrreihe. Johnston bleibt hinten, deckt niemanden und wartet. Das Debakel kommt schnell.

Die vollkommene Verwirrung des Fußball-Mutterlandes demonstriert das 1:3, das in England als eines der »Tore des Jahrhunderts« gilt. Kocsis, den die Engländer für den Halbrechten halten, der aber wie ein Mittelstürmer spielt, nimmt den Ball weit hinten auf; schickt Czibor, den Linksaußen, über den rechten Flügel; der spielt zu Puskás, nominell Halblinker, nun aber auf der rechten Strafraumseite; der zieht den Ball mit der Sohle nach hinten, dass Verteidiger Billy Wright ins Leere grätscht, ja »an ihm vorbeirauscht wie ein Feuerwehrauto auf dem Weg zum falschen Feuer«, wie es Geoffrey Green in der »Times« beschreibt. Der Ungar dreht sich in derselben blitzschnellen Bewegung um die eigene Achse und jagt den Ball ins Netz. Bis zu seinem Tod 2006 wird es Puskás von den mehr als siebenhundert Toren, die er in seiner großen Karriere erzielte, als sein Lieblingstor bezeichnen.

Es ist eine Demonstration: die Entwicklung des Fußballs vom Positions- zum Raumspiel, von einer statischen zu einer dynamischen Struktur. Die Ungarn führen nach 28 Minuten 4:1 und nach 53 Minuten 6:2, und danach wäre »niemand der Anwesenden überrascht gewesen, hätten sie am Ende zehn Tore erzielt«, schreibt der Reporter des »Guardian«. Wie kunstfertig sie den Ball in Dreiecken um die statischen Engländer herumpassen, ist berauschend. Gnädigerweise halten die »Magic Magyars«, wie sie von Englands Presse getauft werden, in der letzten halben Stunde den Ball vor allem in ihren Reihen und lassen es am Ende beim 6:3 bewenden. Mehr noch als das Ergebnis zeigt die Zahl der Torschüsse ihre Überlegenheit: 35:5.

Seit Wembley gelten sie als »Wunderteam«, unschlagbar. Auf der Rückreise per Zug werden sie in ganz Europa gefeiert, auf Zwischenstation in Paris von einem Landsmann, dem Bankier André Kostolany, auf rauschende Partys in den Lido und in »Les Follies« mitgenommen. Daheim jubeln Millionen Landsleute, für die der Sieg im Jahr von Stalins Tod als Zeichen des Aufbruchs gilt. Noch glaubt man an eine menschliche Form des Sozialismus. Trainer Gusztáv Sebes nennt das frei wechselnde Positionsspiel, dieses Beispiel für Genialität des Kollektiven, »sozialistischen Fußball«.

Dass dieser schöne Traum zerplatzen wird, dass den Ungarn am Ende nur der traurige Ruhm bleibt, die beste Mannschaft zu sein, die nie den WM-Titel gewann – das liegt auch daran, dass an jenem Novembertag in London zwei Männer aus Deutschland auf der Tribüne sitzen. Auch sie sind beeindruckt. Und doch sagt Sepp Herberger auf der Rückfahrt mit der Fähre über den Ärmelkanal zu seinem Spieler Jupp Posipal: »Ich weiß, wie es geht.«

Herberger hat schon vor dem Krieg in seiner berühmten »Breslau-Elf« mit einer Art »hängendem« Mittelstürmer operiert, Otto Siffling. Deshalb weiß er, dass nicht Mittelläufer Werner Liebrich gegen Hidegkuti spielen müsste, weil sonst die Abwehr entblößt wäre, sondern gegen Puskás, dafür Außenläufer Horst Eckel gegen Hidegkuti. Er sieht auch, wo die Schwäche der Ungarn liegt: auf deren rechter Seite, wo József Bozsik mit seinen Attacken als »sechster Stürmer« Lücken öffnet. Alle drei deutschen Tore im WM-Endspiel 1954 werden auf dieser Seite vorbereitet werden.

Kurz vor der WM in der Schweiz kommen die Engländer nach Budapest. Eine Revanche soll es werden für das Debakel in Wembley. Einige Klubtrainer, wie Matt Busby von Manchester United, haben erkannt, dass das englische Spiel sich ändern muss. Im Verband aber hält man die Niederlage für einen

»Ausrutscher« und beharrt auf der überholten Spielweise. »Nach wenigen Minuten war uns klar, dass die Engländer nicht mal ihre Taktik geändert hatten«, so Ferenc Puskás später. »Sie spielten einfach dasselbe. Es war die einzige Art, wie sie zu spielen wussten. Und sie blieben dabei.«

21

Budapest, 23. Mai 1954:
Besuch bei Außerirdischen

UNGARN – ENGLAND 7:1

UNGARN: Grosics, Buzánsky, Lóránt, Lantos, Bozsik, Zakariás, Tóth, Kocsis, Hidegkuti, Puskás, Czibor
ENGLAND: Merrick, Staniforth, Byrne, Wright, Owen, Dickinson, Harris, Sewell, Jezzard, Broadis, Finney
SCHIEDSRICHTER: Bernardi (Italien); ZUSCHAUER: 100 000
TORE: 1:0 Lantos (10.), 2:0 Puskás (17.), 3:0 Koscis (19.), 4:0 Koscis (57.) 5:0 Hidegkuti (59.), 6:0 Tóth (63.), 6:1 Broadis (68.), 7:1 Puskás (71.)

Mindestens hunderttausend Zuschauer drängen sich in dem neuen, beeindruckenden Nep-Stadion. Vor allem der Komfort der Umkleidekabinen verblüfft die Engländer, die aus heimischen Stadien keinen Luxus kennen. Ein großer, eichengetäfelter Raum mit dickem Teppich, bequemen Fauteuils, Vasen voller frischer Blumen – »wie ein Palast« kommt es Torwart Gil Merrick vor. Verteidiger Syd Owen nennt es »die luxuriöseste Kabine, die ich je sah«. Allerdings schwant ihm, es könnte vielleicht »zu komfortabel« sein. »In einem weichen Sessel zu sitzen ist nicht die beste Vorbereitung auf ein Länderspiel.«

Die Siege der Nationalelf haben ganz Ungarn elektrisiert. Eine Million Ticketwünsche gab es für dieses Spiel. Einige, die eine Eintrittskarte bekamen, bringen, wie sich Puskás erinnert, »Tauben mit, um das Ticket einem Freund außerhalb des

Stadions zu schicken«. Wer nicht im Stadion sein kann, hört das Spiel im Radio. Wer nicht Radio hören kann, findet andere Wege, nichts zu verpassen. Tramfahrer signalisieren sich den Spielstand. In den Kohleminen erneuert man nach jedem Tor mit Kreide das Resultat auf dem Käfig, der in die Stollen hinabgelassen wird.

Man hat viel zu tun, um auf dem Laufenden zu bleiben. Schon nach zwanzig Minuten liegt Ungarn 3:0 vorn. In der Frühsommerhitze hecheln die Engländer Ball und Gegner hinterher. Ivor Broadis beklagt später »einen Sonnenbrand auf der Zunge«. Als die nicht nur taktisch und technisch überlegenen, auch viel schnelleren und fitteren Ungarn Mitte der zweiten Halbzeit binnen sechs Minuten auf 6:0 erhöhen, fragt sich Torwart Merrick angesichts seiner »hilflosen« Abwehr, »wie gigantisch die Katastrophe wohl ausfallen wird«. Am Ende sind die Ungarn aber, wie schon zuvor in Wembley, gnädig. Das reicht, um die Engländer mit einem 7:1, der höchsten Niederlage ihrer Geschichte, heimzuschicken.

»Noch besser als in London«, findet Sebes das Spiel seiner Elf, die nun seit vier Jahren kein Match verloren hat. Mit 13:4 Toren hat sie das Fußball-Mutterland über zwei Partien demontiert. »Manchmal schienen sie untereinander in der Lage zu sein, Gedanken zu lesen«, staunt der beste Engländer, Tom Finney. Für ihn ist es »von allem, was ich je auf einem Fußballplatz sah, das, was Telepathie am nächsten kam«.

Kollege Owen findet sogar: »Es war, wie gegen Außerirdische zu spielen.« Dreieinhalb Wochen später aber müssen die Außerirdischen auf die Erde zurück – zur WM in die Schweiz.

Vor dem Spiel in Wembley hatten die Ungarn alles getan, um die Engländer zu studieren. Sie vermaßen den Platz, besorgten englische Bälle, arrangierten Trainingsspiele gegen Teams mit WM-System, beschafften sich bei ihrer Botschaft in London Informationen über englische Spieler. Und zehn

Tage vor der Partie täuschten sie beim 2:2 gegen Schweden sogar bewusst die englischen Späher. Sie agierten mit einer anderen Taktik als mit der, die für Wembley geplant war.
Nach den beiden Siegen gegen England aber sonnten sie sich im Gefühl der Überlegenheit – so dass sie, genau wie die Engländer vor Wembley, ihren Gegner vor dem WM-Finale von Bern nur flüchtig, nur ein einziges Mal studieren. Während die Fußballgeschichte also ihren großen Wendepunkt genommen hatte, im November 1953 in London, arbeitete Sepp Herberger schon an einem neuen, an seinem Meisterwerk. Die Ungarn hatten ihr Wunder vollbracht, es trug schon den Keim des Scheiterns in sich. Das der Deutschen stand noch bevor.

22

Bern, 4. Juli 1954:
Die Wunde von Bern

DEUTSCHLAND – UNGARN 3:2 (WM-Finale)

DEUTSCHLAND: Turek, Posipal, Kohlmeyer, Eckel, Liebrich, Mai, Rahn, Morlock, O. Walter, F. Walter, Schäfer

UNGARN: Grosics, Buzánsky, Lantos, Bozsik, Lóránt, Zakariás, Czibor, Kocsis, Hidegkuti, Puskás, Tóth

SCHIEDSRICHTER: Ling (England); ZUSCHAUER: 65 000

TORE: 0:1 Puskás (6.), 0:2 Czibor (8.), 1:2 Morlock (10.), 2:2 Rahn (16.), 3:2 Rahn (84.)

Hier sind alle Sender der Bundesrepublik Deutschland und West-Berlins, angeschlossen Radio Saarbrücken. Wir übertragen aus dem Wankdorf-Stadion in Bern das Endspiel um die Fußballweltmeisterschaft zwischen Deutschland und Ungarn. Reporter ist Herbert Zimmermann.

So beginnt die berühmteste deutsche Radioübertragung. Mehr als fünfzig Millionen hören zu. Einige tausend drängen sich gegen ein paar Groschen Eintritt vor flimmernden Fernsehern in verqualmten Wirtshäusern. »Der Sonntag, an dem ich Weltmeister wurde«: So wird der Schriftsteller Friedrich Christian Delius diesen 4. Juli 1954 vierzig Jahre später beschreiben. Es ist kurz vor 17 Uhr, als der Elfjährige im Wohnzimmer eines hessischen Pfarrhauses mit zitternder Hand die Sendernadel einstellt: »Frankfurt zwischen seltsamen Orten wie Hilversum, Monte Ceneri, Sottens und Beromünster, und als die Namen Fritz Walter und Rahn fielen und ein erster gewaltiger Schuss, den der Reporter mit einem wuchtigen Stimmstoß nachahmte, zuckte mir der rechte Fuß: das Wunder war da, es gab eine direkte Verbindung zum Spielfeld in Bern.«

Deutschland im Endspiel der Fußballweltmeisterschaft, das ist eine Riesensensation, das ist ein echtes Fußballwunder, ein Wunder, das allerdings auf natürliche Weise zustande kam.

Als die deutsche Elf beim Mittagessen in Spiez am Thuner See saß, stürmte Max Morlock hinein und meldete seinem Kapitän: »Fritz, Fritz, es regnet, dein Wetter.« Bei der Fahrt nach Bern, als der Scheibenwischer des Busses auf der schnellsten Stufe lief, legte Trainer Josef Herberger Walter die Hand auf den Oberschenkel und sagte: »Fritz, ich glaub, das ist Ihr Wetter.« Walter ist ein genialer Fußballer, aber auch ein Sensibelchen, das sich vor fast jedem Spiel übergeben muss, besonders bei Hitze, weil sie ihn an die Malaria erinnert, an der er im Krieg in Italien erkrankte. Aber Regen, das ist »dem Fritz sein Wetter«, wie sie daheim in Kaiserslautern wissen. Das einzige WM-Finale in mehr als achtzig Jahren, das im Regen stattfindet: Es muss das von Fritz Walter werden.

Den »Supertechnikern« aus Ungarn kommt das Wetter, kommt der tiefe Boden nicht entgegen. Auch die Schwarzhändler sind besorgt. Viele Schweizer bleiben zu Hause, weil es regnet oder weil sie im Radio die Falschmeldung gehört haben, das Stadion sei voll. Die Preise purzeln von dreißig auf zwanzig Franken. So sind nicht alle fünfundsechzigtausend Plätze besetzt, als das sensationellste Finale der WM-Geschichte beginnt.

Schlechtes Abspiel, Nachschuss, Tor! . . . Was wir befürchtet haben, ist eingetreten . . . der Blitzschlag der Ungarn.

Die Ungarn. Die »goldene« Mannschaft. Nach sechs Minuten trifft Puskás zum 1:0, nur zwei Minuten später erhöht Czibor auf 2:0, als er ein Missverständnis zwischen Torwart Turek und Kohlmeyer nutzt. Fritz Walter hebt die Hände, schüttelt den Kopf. Die deutschen Zuhörer werden an das 3:8 aus der WM-Vorrunde erinnert, als eine Elf, in der Herberger fünf Stammspieler schonte, von den Ungarn vorgeführt wurde.

Es ist ein großer Tag, es ist ein stolzer Tag. Seien wir nicht so vermessen, dass wir glauben, er müsste erfolgreich ausgehen. ... Und Tor! Tor für Deutschland! Tor! ... Gott sei Dank, es steht nicht mehr zwei zu null.

Morlock hat zwei Minuten nach dem 0:2 eine Flanke Rahns, von Bozsik abgefälscht, mit der Fußspitze erreicht und den Ball an Torwart Grosics vorbeigelenkt. Die Ungarn haben Chancen zu erhöhen, doch dann der überraschende Ausgleich.

Ecke für Deutschland, und ... Tor! Tor! Eckball von Fritz Walter, Tor von Rahn! Aus null zu zwei zwei zu zwei! Ja, ist es zu glauben, wir haben ausgeglichen, Kinder, ist das eine Aufregung, gegen Ungarn, die großartigste Technikerelf, die man kennt!

Vier Tore in nicht mal zwanzig Minuten, das ist atemraubend, aber nicht ungewöhnlich für diese WM, die als »Triumph des Angriffsfußballs« gefeiert wird, als »Abkehr von einer Fehlentwicklung«, weg von der »Überbetonung von Wucht, Schnelligkeit und Zerstörung«. Deutschland hat beim 6:1 im Halbfinale gegen Österreich binnen achtzehn Minuten vier Tore geschossen. Und die Ungarn haben in nur vier WM-Spielen fünfundzwanzig Treffer erzielt, elf allein durch Sándor Kocsis.

Eine Weltmeisterschaft ist im Jahre 1954 noch keine Mammutveranstaltung, hat nur fünfundzwanzig Spiele, und ist doch schon ein Zermürbungswettbewerb. Die Ungarn mussten beim 4:2 im Viertelfinale gegen Brasilien eines der brutalsten Spiele der WM-Geschichte überstehen, nach dem sich die Feindseligkeiten bis in die Kabine fortsetzten; und dann noch eine Verlängerung gegen Weltmeister Uruguay. Der entscheidende Verlust aber ist die Verletzung von Ferenc Puskás, den Werner Liebrich beim 3:8 in der Vorrunde mit einer brutalen Grätsche beim Stand von 1:5 »liquidiert« hat, wie es Verteidiger Jenö Buzansky nennt. Für den englischen Reporter Brian Glanville ist es »der Tritt, der die WM entschied«.

Puskás hat gegen Brasilien und Uruguay aussetzen müssen, will sich nun das Finale nicht nehmen lassen. Doch er ist nicht fit, und die »Neue Zürcher Zeitung« urteilt über einen der größten Torjäger nach diesem Spiel: »Im Abschluss gehörte Puskás zu den schlimmsten Versagern.« Trainer Gusztáv Sebes wird später wegen seiner Nominierung des »Majors« in der Heimat als Hauptschuldiger der Niederlage beschimpft. Es wird ihn bis an sein Ende verfolgen. »Er lag auf dem Totenbett«, schildert der Reporter György Szepesi ihre letzte Begegnung im Jahr 1986. »Er sagte: ›Wir haben verloren.‹«

Eckel der Windhund, Mai mit einem Kämpferherzen sondergleichen, Rahn aus Essen, Fritz ist überall . . . Turek, du bist ein Teufelskerl, Turek, du bist ein Fußballgott!

Dass Radioreporter Zimmermann den Torwart als »Fußballgott« pries, wird erst fünfundvierzig Jahre später nach gründlichen Archivrecherchen endgültig bewiesen sein. Die meisten Aufzeichnungen sind unvollständig. Auch die Erinnerung ist es. Weil in den Wochenschaubildern und Filmausschnitten zur Geschichte der Bundesrepublik immer nur die vier Tore der ersten zwanzig Minuten auftauchen und dann die letzten zehn Minuten und die Siegerehrung, unterlegt von der pathosgeladenen Radiostimme, findet die torlose, turbulente Stunde dazwischen im kollektiven Gedächtnis nicht statt.

Die Ungarn drängen auf die abermalige Führung. Hidegkuti trifft den Pfosten, mehrmals rettet Turek. Kurz vor der Pause beinahe die deutsche Führung durch Schäfer. Dann Halbzeit. Während in Deutschland Tanzmusik zu hören ist, brüllen sich die deutschen Spieler in der Kabine an. »Liebrich schimpfte mit einigen Stürmern«, wird sich Herberger erinnern, »Rahn hatte es mit Posipal, Turek schnauzte Kohlmeyer an. Da habe ich zum ersten Mal richtig gebrüllt. Jetzt ist aber Ruhe, habe ich gesagt. Wir können hier Weltmeister werden, und ihr kriegt euch in die Haare.«

Für Herberger ist es der kritischste Moment der WM, vielleicht seiner ganzen Karriere. Stets hat er seine Mannschaft zur »Opfergemeinschaft« erzogen, zu einem Männerorden, dessen Mitglieder sich rituell an den Händen fassen und Kampf bis zum Umfallen schwören – und nun dieser drohende Zerfall. Herberger herrscht sie an: »Kämpft! Einer für alle und alle für einen. Das war und ist unser Motto. So, und nun raus auf den Platz. Ihr wisst, um was es geht . . .«

Sie hörten das Tanzorchester des Hessischen Rundfunks unter der Leitung von Willy Berking . . . – Wir melden uns also wieder aus Bern.

Kaum noch Chancen für Deutschland. Zimmermann schildert, wie die »Angriffsmaschine« der Ungarn stürmt, stößt atemlos »die melodischen Namen der Pußta-Söhne« hervor. Kocsis köpft an die Latte, Hidegkuti ans Außennetz, Turek rettet gegen Kocsis, Puskás, Czibor. »Jeder dieser zischenden, tückischen Namen schmerzte wie ein Stich«, findet der fiebernde Schüler Delius. Doch die deutsche Abwehr hält dem Druck stand. Sie wird sich zum Lohn in der Tradition einer naiv-volkstümlichen Heldenverehrung wiederfinden, wie sie wenige Jahre zuvor noch U-Boot-Kapitänen und Jagdfliegern gegolten hat.

Liebrich rettet, rettet, rettet uns . . . Liebrich, Liebrich springt hoch wie ein Weltrekordspringer . . . Liebrich, Liebrich, wenn wir dich nicht hätten!

Nach mehr als achtzig Minuten Anrennen im Regen werden den Ungarn die Beine schwer. Bozsik verliert den Ball auf der rechten Seite gegen Schäfer. Schäfer flankt. Der Ball wird abgewehrt, vor die Füße von Rahn. Der täuscht einen Rechtsschuss an, lässt damit zwei Ungarn aussteigen und hat nun freie Bahn mit links.

Was dann passiert, wird Rahn Hunderte Male beschreiben

müssen. Ein Journalist hält es später in Rahns Essener Mundart so fest: »Ich zieh' ab mit den linken Fuß, und dat gibt so'n richtig gefährlichen Aufsetzer. Und wat dann passiert is, dat wisst ihr ja.« Doch noch wissen mehr als fünfzig Millionen Deutsche nur, was die erregte Stimme Zimmermanns erzählt.

Sechs Minuten noch, keiner wankt, der Regen prasselt unaufhörlich hernieder. Es ist schwer, aber die Zuschauer, sie harren aus ... Und Bozsik, immer wieder Bozsik, der rechte Läufer der Ungarn, am Ball. Er hat den Ball – verloren diesmal, gegen Schäfer, Schäfer nach innen geflankt, Kopfball – abgewehrt, aus dem Hintergrund müsste Rahn schießen. Rahn schießt – Tooor! Tooor! Toor! Toor! Tor für Deutschland! Linksschuss von Rahn. ... 3:2 führt Deutschland fünf Minuten vor dem Spielende. Halten Sie mich für verrückt, halten Sie mich für übergeschnappt!

So wie Zimmermann geht es Millionen Deutschen und auch dem elfjährigen Delius: »Während die schreiende, elektrisierte Stimme fast das Radio auseinanderriss, das versteckte Metall in dem Kasten von den Torschreien vibrierte und der Stoffbezug vor dem Lautsprecher zitterte, während das Gerät in allen Fugen knisterte und der Reporter schwieg wie erschossen, drangen aus dem Hintergrund Schreie, von Händeklatschen und Jubel unterstrichen, aus dem Berner Stadion an mein Ohr, und ich riss, obwohl ich noch nichts begriff, eher hilflos als triumphierend die Arme hoch und rief leiser, als ich wollte: Tor!«

Die Sensation ist zum Greifen nahe. Walter sagt: »Männer, ich bitte euch um alles in der Welt, macht jetzt keinen Quatsch mehr. Es darf nichts mehr passieren, es sind nur noch sechs Minuten.«

Und die Ungarn, wie von der Tarantel gestochen, lauern die Pußta-Söhne, drehen jetzt den siebten oder zwölften Gang auf.

Ein Tor von Puskás, zu dessen Entsetzen wegen Abseits vom englischen Schiedsrichter William Ling abgepfiffen – »ein einwandfreies Tor«, so der deutsche Ersatzmann Alfred Pfaff fünfzig Jahre später, »jetzt kann ich es ja sagen«. Ein Schuss von Czibor: Turek hält, Puskás trommelt mit den Fäusten auf den Boden. Nur noch Sekunden.

Die Ungarn erhalten einen Einwurf zugesprochen, der ist ausgeführt, kommt zu Bozsik. – Aus! Aus! Aus! Aus! Das Spiel ist aus! Deutschland ist Weltmeister, schlägt Ungarn mit 3:2 Toren im Finale in Bern.

Schlusspfiff! Und Anpfiff für den nimmermüden Mythos Bern vierundfünfzig. Was soll dieser Sieg nicht alles gewesen sein! Die »vorweggenommene Souveränität der Bundesrepublik« zum Beispiel, wie es in einem der zahllosen Bücher und Traktate heißt. Oder »die Lösung eines Gefühlsstaus«. Und natürlich der Beginn des »Wir sind wieder wer«. Der kleinste Nenner aller Deutungen sieht Bern als Geburtsort eines neuen nationalen Selbstbewusstseins unter neuen, demokratischen Bedingungen.

Nicht ganz so demokratisch allerdings kommt ausländischen Beobachtern vor, dass viele Zuschauer bei der Siegerehrung die erste Strophe der deutschen Nationalhymne singen. »Achtung! Achtung! Die Zehntausende von Deutschen erstarren«, schreibt die Pariser Zeitung »Le Monde«. »Die Musik intoniert ›Deutschland, Deutschland über alles‹. Die Menge singt mit. Die Erde zittert . . . Jung, fest, begeistert singen die Deutschen, machtvoll, auf dass es die ganze Welt höre und wisse, dass Deutschland wieder einmal über alles erhaben ist.«

Auch die Tischrede des DFB-Präsidenten Peco Bauwens, der von »Führerprinzip« und »der Fahne im Herzen« spricht, fällt peinlich auf. Doch mit väterlich mildem Tadel gelingt es Bundespräsident Theodor Heuss, den Unfug zu stoppen: »Wir wollen aber die guten Worte über diesen Sieg nicht überspannen. Man sollte nicht glauben, dass gutes Kicken schon gute Politik sei.«

Außenpolitische Folgen hat Bern jedenfalls nicht. Zu sehr ist die junge Republik schon Teil eines neuen Europa, als dass alte Ängste von einem Fußballspiel wiederbelebt werden könnten.

Wir wollen auch in diesem Augenblick nicht vergessen, dass es ein Spiel ist . . . Die Spieler gebärden sich, als wenn sie ein Schloss gewonnen hätten.

Sie gewinnen noch viel mehr. Die Spieler werden sich auf der langen Heimfahrt im blumengeschmückten Dieseltriebwagen vor den guten Gaben der Landsleute, vor Fresspaketen und Maggi-Würfeln und Schiesser-Unterhosen, kaum retten können. Man weiß noch, wie sich Hunger anfühlt, deshalb denken die Fußballhelden des Wirtschaftswunders erst einmal ans Essen. Als Walter im Regen von Bern mit der Coupe Jules Rimet zu seiner Mannschaft kommt, fragt er nur: »Alles klar?« Die Antwort: »Alles klar, Fritz.« Und dann reißt einer die anderen zehn aus dem stillen, noch schüchternen Jubel, indem er Rahns Parodie einer Essener Marktfrau anstimmt: »Leute, kauft goldgelbe Bananen, billig, beste Qualität!«

Danach heben sie den »Chef« auf ihre Schultern, den kleinen, zerfurchten Mann im durchnässten Trenchcoat über dem braunen Trainingsanzug – den Mann, der die Fußballwelt auf den Kopf gestellt hat. Und tatsächlich, sein größter Augenblick zaubert ein jungenhaftes Strahlen in die harten, listigen Züge von Sepp Herberger.

Das ist der Moment, in dem auch aus den Menschen zu Hause etwas herausmuss, nach dem klaustrophobischen Fieber in der Enge der Wohnstube, nur das Ohr in die Welt gerichtet. Den Menschen, die wie der Elfjährige in seinem nordhessischen Dorf »von der ungewohnten Wucht der Worte mitgerissen, aus den genormten Sonntagsbewegungen kippten und lachten und johlten«.

Hier sind alle Sender der Bundesrepublik Deutschland. Reporter war Herbert Zimmermann. Die Sendung ist beendet. Wir schalten zurück nach Deutschland.

Fußball verlangte schon immer die Fähigkeit, mit allen Bedingungen zurechtzukommen. Das erste WM-Tor, 1930 in Uruguay durch den Franzosen Lucien Laurent, fiel im Schneeregen – zu ihrer Überraschung waren die im Sommer eingeschifften Europäer am Ziel der Reise auf der Südhalbkugel im Winter gelandet. Die Deutschen gewannen schon bei ihrem WM-Debüt 1934 in Italien ihre erste Regenschlacht, 2:1 gegen Schweden. Spätestens seit dem Regenfinale von Bern 1954 gilt der deutsche Kicker als wetterfest, was er später auch bei Hitzeschlachten wie dem 3:2 gegen England in Mexiko 1970 unterstrich.

1974 im eigenen Land aber ist so viel Regenfestigkeit wie nie gefragt. Drei Tage vor dem letzten Endrundenspiel gegen Polen hat das Team im Düsseldorfer Dauerregen Schweden mit 4:2 besiegt – und aufgrund der besseren Tordifferenz nun den Vorteil, dass auch ein Remis gegen Polen zum Erreichen des Finales reicht. Es wird eine unvergessliche Rutschpartie.

23

Frankfurt, 3. Juli 1974: Wasserball

DEUTSCHLAND – POLEN 1:0 (WM, 2. Finalrunde)

DEUTSCHLAND: Maier, Vogts, Beckenbauer, Schwarzenbeck, Breitner, Hoeneß, Bonhof, Overath, Grabowski, Müller, Hölzenbein
POLEN: Tomaszewski, Szymanowski, Gorgoń, Żmuda, Musial, Maszczyk (80. Kmiecik), Deyna, Kasperczak (80. Ćmikiewicz), Lato, Domarski, Gadocha
SCHIEDSRICHTER: Linemayr (Österreich); ZUSCHAUER: 59 000
TOR: Müller (75.)

Heinos Sommerhit erscheint einen Monat vor der WM. Er kommt dann gegen das, was dort geboten wird, nicht ganz an. »Das Polenmädchen« erreicht nur Platz sechzehn der Hitparade. Die Polenjungen am Ball kommen weiter. Mindestens das Spiel um Platz drei ist ihnen schon sicher, als sie auf den WM-Gastgeber treffen. Sie haben während des Turniers Furore gemacht, mit ihren Toren und der Art, wie sie sie feiern.

»Sie war das allerschönste Kind, das man in Polen find'«, singt Heino angriffslustig, ehe er mangelnde Chancenverwertung beklagt: »Aber nein, aber nein sprach sie: Ich küsse nie.« Ganz anders also das Polenmädchen als ihre schnauzbärtigen Landsleute, die sich beim Torjubel schmatzend auf den Mund küssen. Bereits fünfzehnmal haben sie das tun können.

Noch feuchter als der Jubel ist allerdings das Geläuf, auf dem sie an diesem Nachmittag Halt finden müssen für die Chance ihres Lebens: die Chance, mit einem Sieg über Deutschland ins

WM-Finale einzuziehen. Vor dem geplanten Anpfiff hat sich vierzig Minuten lang ein solch ergiebiger Wolkenbruch über das Waldstadion ergossen, dass Frankfurt am Main hier fast wie Frankfurt im Main aussieht.

Die Spieler haben das Aufwärmen auf dem Rasen abbrechen müssen, weil es nur noch ein Aufsaugen war. So sitzt man nun »nervös in der Kabine«, wie es Bernd Hölzenbein beschreibt. Einige tigern durch den fensterlosen Raum. Andere spielen den Ball über ein, zwei Meter hin und her, »schießen ihn immer wieder gegen die Wand«. Sogar in der Dusche wird gekickt, allerdings ohne laufendes Wasser. Das taugt nicht als Vorbereitung. So gut wie in den trockenen Katakomben wird der Ball auf dem durchweichten Platz nicht gehorchen.

Draußen mühen sich barfüßige Helfer mit hochgekrempelten Hosenbeinen und dreckverschmierten Füßen, das vollgesogene Grün zu entwässern. Zu dritt, zu viert rollen sie tonnengroße Walzen über den Rasen, der eher ein Morast ist. Die Pumpen der Feuerwehr pumpen, was sie können. Der Regen hat aufgehört, doch bleibt ungewiss, ob man spielen kann. Der Anstoß wird erst um zehn, dann um zwanzig Minuten und dann nochmals weiter verschoben. Dabei kann sich etwa Günter Netzer inzwischen kaum vorstellen, »dass überhaupt noch gespielt wird«. Uli Hoeneß findet später: »Wenn nicht WM gewesen wäre, hätte man das Spiel nie anpfeifen dürfen.«

Es ist aber WM, ein Finale braucht Finalisten, so wird eben gespielt. Eine halbe Stunde nach dem zunächst geplanten Anstoßtermin steht also eine Polizeikapelle in glänzenden Regenmänteln im Sumpfgelände um den Anstoßpunkt und spielt »Noch ist Polen nicht verloren«, dann »Einigkeit und Recht und Freiheit«. Die Spieler stehen mit ihren wallenden Siebziger-Jahre-Frisuren in Reih und Glied stumm daneben. Noch verlangt niemand von Nationalspielern, dass sie mitsingen. Sie haben das ja schon vor der WM mit Udo Jürgens getan.

Dann wird Fußball gespielt. Oder etwas Ähnliches. An manchen Stellen im Waldstadion flitzt der Ball nur so über den Rasen. An anderen bleibt er plötzlich stecken, wie mit Sekundenkleber fixiert. Das führt zu Slapstick-Szenen wie bei einem der ersten Antritte von Paul Breitner, der den Ball vor sich her treiben will und, als dieser unvermittelt liegen bleibt, über das Spielgerät stolpert. »Auf so einem Platz darf man einfach nicht Fußball spielen«, schimpft er später. »Unfair beiden Seiten gegenüber. Ein Lotteriespiel.«

Gut für die Deutschen. Die Polen können ihr schnelles, präzises Kurzpassspiel, mit dem sie in der Qualifikation England und im Turnier Argentinien und Italien ausgeschaltet haben, nicht zeigen. Die Deutschen dagegen verlegen sich auf eine uralte, aber wettergemäße Idee: lange Bälle. Solange der Ball in der Luft ist, ist er wenigstens berechenbar.

Aber irgendwann fällt er wieder zu Boden. Und dort senst selbst ein Beckenbauer plötzlich über den Ball. Grzegorz Lato, bester Torschütze der WM, kommt frei zum Schuss, Sepp Maier blockt ihn im letzten Moment. Überhaupt wird es das Spiel des deutschen Torhüters, der in diesen neunzig Minuten seinen Spitznamen »Katze von Anzing« widerlegt. Denn jede Katze wäre an diesem Tag im Trockenen geblieben.

Zur Pause konstatiert TV-Kommentator Ernst Huberty mit besorgter Stimme »viel, viel Mühe mit dem quirligen Angriffsspiel der Polen«. Denn allmählich bessern sich die Platzbedingungen. Auch die Deutschen passen sich dem an und lassen nun den Ball laufen, sofern er nicht schwimmt.

In der 53. Minute übt Hölzenbein bereits seine eindrucksvolle Ausdruckskunst beim Sturz, die den Deutschen im Finale einen Elfmeter einbringen wird – wobei das Foul durch Jerzy Gorgoń klarer scheint als vier Tage später das von Wim Jansen. Doch Hoeneß scheitert per Elfmeter an Torwart Jan Tomaszewski.

Es ist kein gutes Fußballspiel, aber ein packendes – das einige der weltbesten Techniker zwingt, nicht nur mit Ball und Gegner, auch mit äußersten Widrigkeiten fertigzuwerden. Das hebt es heraus, macht es zu einem jener seltenen Spiele, die, unabhängig vom Ausgang, in der Erinnerung mehr Gewicht gewinnen als viele große Siege und Titel.

»Die legendäre Wasserschlacht von Frankfurt« nennt sie Hölzenbein. »Jedes Kind in Polen kennt dieses legendäre Spiel«, erklärt Lato Jahrzehnte später. Verschwörungstheorien, wonach die Platzwarte bewusst nur eine Hälfte des Spielfeldes vom Wasser befreit hätten, um Polen zu benachteiligen, verweist er ins Reich der Fabel: »So ein Quatsch. Erstens gab es ja einen Wechsel in der Pause und zweitens hatten wir die Seitenwahl.«

Abwehrkollege Władysław Żmuda behält zwar wie viele Landsleute ein stilles Was-wäre-wenn-Bedauern: »Zur WM fuhren wir als Aschenputtel, kamen weit und hätten es noch weiter geschafft, wenn nicht das Wasser gekommen wäre.« Doch weiß er auch, dass dann vielleicht kaum jemand mehr von ihnen reden würde: »Ich schaue mir die Bilder immer noch gerne an, obwohl wir verloren haben. So viel Wasser!«

Es ist gegen achtzehn Uhr in Frankfurt, als die Deutschen ihr Schäfchen ins Trockene bringen. Maier hat zwei Minuten zuvor einen gefährlichen Schuss von Spielmacher Kazimierz Deyna pariert. Gerade wird, wie nach jeder abgelaufenen Viertelstunde, über das ARD-Fernsehbild der transparente Dreiviertelkreis eingeblendet, der den Fortschritt der Spielzeit darstellt. »Noch sechzehn Minuten, null zu null«, sagt Reporter Huberty. »Noch ist die Tür zum Endspiel offen. Sechzehn Minuten noch.«

Dann schweigt er für sieben Sekunden, in denen Beckenbauer auf Verdacht den Ball aus der eigenen Hälfte steil nach vorn spielt. Der Ball rutscht durch zu Hölzenbein, der ihn weiterspielt, auf den in die Gasse startenden Bonhof.

In den sieben Sekunden, die Huberty schweigt, bis er endlich die drei Wörter »Müller am Ball« sagt, schwingt sich die

Stimme des Radio-Kollegen Oskar Klose von Besorgnis zu Begeisterung auf. »Jetzt müssen sie aufpassen, dass der Ball wegkommt, dass er nicht in des Gegners Besitz gelangt«, warnt er noch und sieht schon: »Der ist gut weggekommen, zu Hölzenbein, zu Bonhof, Bonhof, Overath schießt, Tor!« Overath ist ganz woanders, aber das Entscheidende ist ohnehin das letzte Wort, das »Tor«. Das 1:0, der Sieg.

Auch der polnische TV-Kommentator hat die entscheidenden Sekunden mit einer Zeitangabe eingeleitet: »Es läuft die letzte Viertelstunde«, sagt er und findet dann keine Zeit mehr für Verben, nur noch für deutsche Namen und polnische Fußballsubstantive. »Hölzenbein, Bonhof, der Strafraum, Müller, Tor!« Oder vielmehr »Gärd Millerr«, wie er den Namen dieses Schicksalsboten wehklagend ausspricht. »Ein einziges Mal haben seine Beschatter nicht auf den Mittelstürmer aufgepasst. Weder Żmuda noch Gorgoń sind da.«

Fünf Minuten später starten die Polen mit zwei Einwechslungen ihre letzte große Attacke auf die Nerven des deutschen Teams. Und auch auf die der deutschen Kommentatoren, die in diesem Moment nur hoffen können, dass weder Lesław Ćmikiewicz noch Kazimierz Kmiecik sich im restlichen Spielverlauf eine Namensnennung verdienen. Dann aber leitet Ćmikiewicz den Angriff ein, der um ein Haar den späten Ausgleich durch Kmiecik bringt.

Doch Maier hat ein Rezept gegen Zungenbrecher und zeigt eine der großartigsten Paraden seiner Karriere. Beckenbauer schüttelt ungläubig den Kopf und umarmt ihn, als hätte Maier das Siegtor geschossen. »Wir hatten viel Glück«, sagt Hölzenbein später, »und Sepp Maier im Tor, der uns gerettet hat.« Nicht nur er. Deutschland brauchte zwei Retter an einem Tag, an dem nicht nur Heino ohne polnische Küsse blieb: den Regen von Frankfurt und die regenfeste Katze von Anzing.

Regensommer sind gute Fußballsommer, jedenfalls in Deutschland, wo es im ganzen Juli 1974 etwa in Hamburg nur drei regenfreie Tage gibt und keinen einzigen mit Freibadwärme, so dass die »Welt« am Ende stöhnt: »Der Sommer fand an einem Montag statt«. Aber auch das ist Deutschland im nassen Jahr 1974: Kommissar Derrick löst den ersten Fall, VW bringt den ersten Golf heraus, Ikea eröffnet seine erste deutsche Möbelfiliale. Und deutsche Kicker besingen Schallplatten, wobei sie hellblaue Kunstfasertrainingsanzüge und ungünstige Haarschnitte tragen. Der WM-Song heißt »Fußball ist unser Leben«, beginnt mit der Textzeile »Ha! Ho! Heja heja he!« und endet auf Platz siebenundzwanzig der Hitparade. In der WM-Endwertung reicht es zum Glück zu einer besseren Platzierung. Sie rettet die Laune eines Landes ohne Sommer.

24

München, 7. Juli 1974: Cruyffs Schatten

DEUTSCHLAND – NIEDERLANDE 2:1 (WM-Finale)

DEUTSCHLAND: Maier, Vogts, Breitner, Schwarzenbeck, Beckenbauer, Bonhof, Hoeneß, Overath, Grabowski, G. Müller, Hölzenbein

NIEDERLANDE: Jongbloed, Suurbier, Rijsbergen (68. de Jong), Haan, Krol, Jansen, Neeskens, van Hanegem, Rep, Cruyff, Rensenbrink (46. van de Kerkhof)

SCHIEDSRICHTER: Taylor (England); ZUSCHAUER: 79000

TORE: 0:1 Neeskens (1., Elfmeter), 1:1 Breitner (25., Elfmeter), 2:1 Müller (43.)

Die niederländische Version dieser Geschichte sagt: Man kann ein Fußballspiel verlieren, indem man ein Tor schießt. Ein Tor, bevor der Gegner ein einziges Mal am Ball war. Ein Tor, das trügerische Sicherheit geben kann, ein Gefühl der Unverwundbarkeit. Und später, wenn es ein wichtiges Spiel war, ein WM-Finale zum Beispiel, ein Gefühl der Reue. Wie bei Johnny Rep: »Für uns wäre es besser gewesen, Deutschland hätte in der ersten Minute getroffen.«

Die deutsche Version sagt: Man kann ein Fußballspiel gewinnen, sogar Weltmeister werden, indem man ein Gegentor kassiert. Ein Gegentor, ohne ein einziges Mal am Ball gewesen zu sein. So wie Deutschland am 7. Juli 1974 um 16.01 Uhr, als die Niederlande den Ball vom Anstoß weg über sechzehn Stationen zu Johan Cruyff gebracht haben, der an Berti Vogts vorbeijagt, in den Strafraum eindringt und von Uli Hoeneß gefoult wird. Von Hoeneß, der die Nacht schlaflos mit 39 Grad Fieber im Bett verbracht hat, wovon er niemandem erzählte, damit man ihn aufstellte.

Den Elfmeter verwandelt Johan Neeskens, und die Führung macht die Holländer überheblich. Der deutschen Mannschaft aber schärft sie die Sinne, das Gespür dafür, wie es geht und wie nicht. Als Cruyff seinem Bewacher Vogts ein zweites Mal entwischt, der ihn dann foult und schon nach drei Minuten die Gelbe Karte erhält, weiß der Deutsche, dass der Plan von Trainer Helmut Schön nicht funktioniert: die Manndeckung des antrittsschnellen Regisseurs erst dreißig Meter vor dem Tor aufzunehmen.

Beim Training, als Günter Netzer das Cruyff-Double gab, hat es noch halbwegs geklappt. Wenn aber das Cruyff-Original nun aus der Raumdeckung im Mittelfeld heraus beschleunigt, kann ihm keiner folgen. Vogts läuft zur Außenlinie und ruft Schön zu: »Es geht nicht anders, ich mache das jetzt so, wie ich das will.« So bekommt Cruyff einen Schatten, den er beschimpft (»Hör auf, mir in die Knochen zu treten, und spiel endlich Fußball!«), aber nicht loswird. Der beste Spieler der WM ist gereizt. Aber das hat noch andere Gründe.

Fünf Tage vor dem Finale brachte die »Bild«-Zeitung die Schlagzeile »Cruyff, Sekt, nackte Mädchen und ein kühles Bad«. Später werden holländische Blätter die Vorlage aufnehmen und Cruyffs schwache Final-Leistung damit erklären, dass seine von den Weibergeschichten alarmierte Frau ihn in der Nacht vorher zu lange wach gehalten habe. Cruyff selbst behauptet in seiner Autobiographie, das sei gar nicht möglich gewesen – weil die Gattin im Ferienhaus in Andorra gewesen sei, ohne Telefon.

Was an alldem wahr ist, bleibt unergründlich. Doch die Stimmung ist vergiftet. Trainer Rinus Michels weigert sich nach der Veröffentlichung, in Pressekonferenzen auf Deutsch zu antworten: »Im Moment gibt es Krieg, und Krieg ist Krieg. Sonntag nach dem Spiel herrscht wieder Friede.«

Für viele Niederländer ist noch eine Rechnung offen. Krieg und Besatzung durch die Deutschen liegen erst drei Jahrzehnte zurück. Michels hat als Siebzehnjähriger den fürchterlichen »Hongerwinter« von 1944/45 durchgemacht, im Bett liegend, gegen das Verhungern und Erfrieren kämpfend. Der Vater von Ruud Krol hat als Widerstandskämpfer gegen die Nazis nur knapp überlebt. Willem van Hanegem verlor bei einem britischen Bombenangriff auf sein Heimatdorf Vater und Bruder. »Der Hass, er war immer da«, sagt er.

25 Minuten lang dominieren die Holländer wie nach Belieben. Ein wenig arrogant, technische Überlegenheit vorführend, aber ohne den Instinkt für den nächsten, den vielleicht entscheidenden Treffer. »Wir wollten uns einen Spaß mit den Deutschen machen, sie erniedrigen, das hat sie wütend gemacht«, räumt Rep ein. »Es war unsere Schuld.« Van Hanegem sagt, man habe die Deutschen »demütigen« wollen.

Dann wird der Name Hölzenbein mit einer einzigen Aktion zu einem Begriff im niederländischen Kollektivgedächtnis. Der Flügelstürmer dringt in den Strafraum ein, sieht das lange Bein von Wim Jansen flach am Boden, fährt den Fuß im Hinüberlaufen wie einen Schleppanker aus – und schafft es hängenzubleiben. Elfmeter durch eine Aktion, deren deutsche Bezeichnung hiervon ausgehend einen Platz im holländischen Wortschatz bekommen wird: Schwalbe.

Breitner nimmt den Ball und verwandelt zum Ausgleich. Wie immer im Fußball hängt die moralische Bewertung des Vorgangs von der Richtung ab, aus der man ihn betrachtet. Für die Holländer wurde Hölzenbein zum Schauspieler, der sie um ihren Lohn betrog. Für die Deutschen aber zum Schlitzohr, das die Tat nie wirklich zugab, aber vielsagend ironisch umschrieb: »Wenn ein englischer Schiedsrichter einen Elfmeter für eine deutsche Mannschaft gibt, muss es einer gewesen sein.« Oder: »Ich habe mich nicht gegen die Schwerkraft gewehrt.«

So nimmt seinen Lauf, was der Dramatiker Johan Timmers später so bezeichnet: »Das größte Trauma Hollands im zwanzigsten Jahrhundert, sieht man von der Flut 1953 und dem Zweiten Weltkrieg ab.« Die leichtfüßige Magie von Oranje, entzaubert von deutscher Sachlichkeit. Manndecker Vogts und Torwart Sepp Maier, der im holländischen Sturmlauf der zweiten Hälfte alles abwehrt, werden zu den besten Akteuren des Endspiels. Es ist die Reduktion aufs Wesentliche des Fußballs, aufs Tor. Deutschland hat die Besseren, um es zu verhindern. Und den Besten, um es zu schießen, Gerd Müller.

Den Siegtreffer erzielt er kurz vor der Pause, mit seinem achtundsechzigsten und letzten Tor für Deutschland – einem für ihn typischen. Kurze Drehung, Schuss. So schnell, wie TV-Reporter Rudi Michel gerade eben die Wörter »Müller« und »Tor« sagen kann. »Ja«, sagt Müller, »das war ein typisches Müller-Tor.«

Dass die Vorlage zum 2:1 von Rainer Bonhof kam, der noch fünf Jahre zuvor, als Sohn eines Holländers, einen niederländischen Pass hatte, schmerzt die Niederländer zusätzlich. Jahrzehnte später versucht ein Oranje-Fan namens Harry Walstra, den WM-Sieg aberkennen zu lassen, weil Bonhof, wie er meint, wegen des Wechsels der Nationalität für Länderspiele hätte gesperrt werden müssen. Ohne Erfolg.

»Natürlich war das Glückssache«, sagt Cruyff später. »Die Deutschen waren kein Stück besser als wir.« Glück vielleicht, aber kein Zufall: »Wenn es darauf ankam«, räumt er ein, »haben sie es immer geschafft.«

Während die Begeisterung über diesen Titel in Deutschland flüchtig bleibt und nie die über den glanzvollen EM-Sieg zwei Jahre zuvor erreicht oder gar die über das »Wunder von Bern«, hält sich in den Niederlanden sehr lange das Gefühl der ungerechten Niederlage. Erst dreißig Jahre nach dem Finale von

München wird der Autor Auke Kok in seinem ironisch betitelten Buch »Wir waren die Besten« am Denkmal von 1974 rütteln.

Er wirft den glorifizierten Helden von damals Überheblichkeit und mangelnde Professionalität vor. »Während die Westdeutschen sich optimal vorbereiteten, ließ es Oranje ruhig angehen«, schreibt er. »Eigentlich war das Ziel schon erreicht. Eine gründliche Analyse des deutschen Spiels gab es nicht.« Die erste Vorbesprechung von Michels mit seiner Mannschaft fand am Finaltag statt. »Und dann ging es schief. Ganz Holland brach in Tränen aus.« Das Tor fiel zu früh. Und dann war alles zu spät.

Fußball kann Nationen zumindest für neunzig Minuten, manchmal für mehrere WM-Wochen in einen kollektiven Takt bringen und Millionen in eine gleichartige Schwingung versetzen. Sie sozusagen emotional vereinigen. Aber geht das auch mit geteilten Nationen?

25

Leipzig, 6. Oktober 1956:
Walters Hacke

SC WISMUT KARL-MARX-STADT – 1. FC KAISERSLAUTERN 3:5

KARL-MARX-STADT: Steinbach, Glaser, Müller, Bauer, K. Wolf, S. Wolf, Wagner, Kaiser, Tröger, Günther (77. Freitag), Viertel
KAISERSLAUTERN: Hölz, Schmidt, Kohlmeyer, Mangold, Eckel, Bauer, Späth, F. Walter, O. Walter (77. Liebrich), Wenzel, Wodarzek (54. Scheffler)
SCHIEDSRICHTER: Reinhardt (Berlin); ZUSCHAUER: 110 000
TORE: 1:0 Wagner (10.), 1:1 O. Walter (15.), 1:2 F. Walter (24.), 1:3 F. Walter (29.), 1:4 O. Walter (33.), 2:4 Tröger (40.), 3:4 Tröger (40.), 3:5 Schmidt (78.).

Ein Bild, ein Ball, drei Männer; eine leuchtende Millisekunde aus grauer deutscher Vergangenheit. Sie zeigt einen dunklen Hintergrund, von über hunderttausend Zuschauern keiner zu sehen; davor, vom Kunstlicht zu einer seltsamen Gruppe fixiert, drei grobkörnige Gestalten. Der eine fliegt bäuchlings, die anderen zwei stehen wie erstarrt, darüber schwebt der Ball, der scheinbar mit allem nichts zu tun hat.

Damit man dieses seltsame Geschehen begreife, ist auf den Reproduktionen des Lichtbilds, das Fotograf Hans Peter Beyer für ein Honorar von 23 Mark festhielt, der Flug der Kugel von der fliegenden Ferse des fliegenden Menschen mit weißen Strichen fortgeführt – in jene Richtung, deren Resultat aufs Bild geschrieben ist: »Tor!« Nicht irgendeines. Sondern, wie es der DDR-Sportreporter Wolfgang Hempel ebenso wie das Gros der Augenzeugen schon damals nennt: das »Tor des Jahrhunderts«.

Der Herbst 1956 bringt die erste Flutlichtanlage Deutschlands, im Essener Georg-Melches-Stadion, sonst aber ist es kein Licht-Jahr für den deutschen Fußball. Meister Dortmund hat die erste Runde im Europapokal nach einem 1:2 bei Spora Luxemburg erst im Entscheidungsspiel überstanden. Die Nationalelf hat ihre schwarze Serie fortgesetzt, daheim gegen Sowjets und Schweizer verloren und dann 0:3 in Irland – die zwölfte Niederlage im siebzehnten Spiel seit dem »Wunder von Bern«. Nie hatte ein Weltmeister schlechtere Ergebnisse.

Und der 1. FC Kaiserslautern ist schon seit drei Jahren kein Meister mehr. Nach zwei verlorenen Endspielen (1:5 gegen Hannover 96, 3:4 gegen Rot-Weiß Essen) ist die Mannschaft im Frühjahr 1956 in der Ausscheidungsrunde nur Dritter hinter Karlsruhe und Schalke geworden. Doch der Ruf des Teams der fünf Weltmeister aus der Pfalz, von Fans »Waltermannschaft« genannt, strahlt immer noch weit über die Grenzen hinaus. Auch über die innerdeutsche.

»Das Fußballfieber hat breite Teile unserer Werktätigen gepackt«, schwärmt das Parteiorgan »Neues Deutschland« an jenem regnerischen Oktobersamstag, an dem weitere sechzigtausend im Walter-Ulbricht-Stadion in Berlin die Stadtauswahlteams von Moskau und Ost-Berlin sehen. Das Interesse an den Weltmeistern aus dem Westen beim Gastspiel in Leipzig ist ungleich größer. Das Blatt berichtet von dreihundertfünfzigtausend Kartenanfragen für die hunderttausend Plätze im riesigen, erst zwei Monate vorher eröffneten Zentralstadion.

Bei Anpfiff um 15.45 Uhr ist es völlig überfüllt, auch auf den Treppenaufgängen stehen Tausende. Augenzeugen schätzen die Zahl der dicht gedrängten Menschen im weiten Rund, errichtet auf einem 23 Meter hohen Wall aus 1,5 Millionen Kubikmetern Kriegstrümmern, auf hundertzehntausend, vielleicht mehr.

Vor dem Spiel umzingeln Tausende das Hotel Astoria, in dem Walters Elf in Leipzig einquartiert ist. Die Westdeutschen müssen den Hinterausgang nehmen, um rechtzeitig das Stadion zu erreichen. Dort empfängt sie das Publikum begeistert, immer wieder skandiert es die Namen der Weltmeister Fritz und Ottmar Walter, Werner Kohlmeyer, Horst Eckel und Werner Liebrich. »Die Stimmung war wie bei uns auf dem Betzenberg«, schreibt später der Spieler Gerhard Ahrens. »Es herrschten gesamtdeutsche freudige Erwartungen über dem Spiel und kein Klassenkampf, wie wir anfangs befürchteten.«

Der Kalte Krieg ist im Herbst 1956 gerade lau genug, dass DDR-Meister Wismut Aue (der sich auf höheren Befehl Wismut Karl-Marx-Stadt nennen muss) gegen Lautern antreten darf. Es ist das erste Duell zweier Klubmannschaften aus den beiden deutschen Nachkriegsstaaten. Doch in Zeiten zunehmender politischer Spannungen – nur zweieinhalb Wochen nach der Partie wird in Ungarn der Aufstand gegen die sowjetische Fremdherrschaft beginnen und bald brutal niedergeschlagen – wird es nicht mehr viele solcher »Freundschaftsspiele« geben.

Dieses eine aber reicht, dem deutschen Fußball sein vielleicht kunstvollstes Tor zu schenken. Kurz vor der Pause segelt eine Flanke herein, scheinbar unerreichbar für Fritz Walter. Er improvisiert auf geniale Weise. »Der von rechts kommende Flankenball senkte sich hinter meinem Rücken«, beschreibt er es sechs Jahre später in seinem Fußball-Lehrbuch »So habe ich's gemacht …«. »Da ließ ich mich nach vorne fallen, fast in den Handstand, und schlug mit der Hacke zu. Aus zwölf, fünfzehn Metern Entfernung flog der Ball haarscharf ins obere Toreck. Dass es ein Tor wurde, war Glück. Dass ich in dieser Situation aber überhaupt an den Ball kam und ihn traf, das war kein Glück.«

Ein Glück aber ist es für den Fotografen Beyer, der hinter dem Tor hockt. Das neue Stadion hat bereits eine Flutlichtanlage, die aber so schwach ist, dass in der Übertragung des DDR-Fernsehens kaum etwas zu erkennen ist. Auch die Arbeit des Fotografen stört das diffuse Licht. Beyer wählt Blende zwei, 1/250 Sekunde Belichtungszeit, viermal so lang wie die sonst beim Fußball übliche Tausendstel. Sein epochales Foto veröffentlicht er in der »Fußballwoche« der DDR. Mit Deckweiß kritzelt er Strichlinien der Flugkurve ein: »Die Leser hätten den Ball sonst für den Mond halten können.«

So schießt nicht nur Fritz Walter das »Jahrhunderttor«, auch der Fotograf schießt es. Sein Bild lässt es den Moment überdauern, es verewigt die magische Szene: Walters Hechtsprung, seine ausgestreckten Arme zum Abfedern der Landung, die rechte Ferse, die den Ball in Kopfhöhe trifft, während der Kopf fast unten in Fußhöhe ist. Fritz Walter, für immer schwerelos eingefangen, er und sein Tor, bäuchlings und hinterrücks und über Kopf erzielt, eine Art umgekehrter Fallrückzieher.

»Als dieses Tor fiel«, erinnert sich Ahrens, »ging der Aufschrei der Massen von oben nach unten wie eine La-Ola-Welle durch das Stadion.« Im Rückblick, Jahrzehnte später, will er darin ein historisches Vorzeichen erkannt haben: »Sowohl die Mannschaft von Wismut Aue als auch unsere Mannschaft wurde triumphal gefeiert, und es war damals schon spürbar, dass unser Land nicht auf Dauer teilbar war.«

So schießt Fritz Walter in grauer Nachkriegszeit ein funkelndes Tor, das Deutschlands Einheit spielerisch vorwegnimmt. Es vereint Deutsche in Ost wie West schon 1956 in grenzenloser Begeisterung.

Die gemeinsame Fußballfreude in beiden Teilen Deutschlands hält nicht lang an. Als die Auslosung für die WM 1974 in Westdeutschland stattfindet, die einzige, für die die DDR qualifiziert ist, ist das Land längst von einer waffenstarrenden Grenze getrennt, an der Menschen, die in den Westen fliehen wollen, befehlsmäßig ermordet werden. Und niemand will ein deutsch-deutsches Duell. Doch dann zieht der Schöneberger Sängerknabe Detlef Lange als Losfee beide deutschen Teams in dieselbe Gruppe – an einem Tag im Januar 1974, an dem am Berliner »Checkpoint Charlie« ein Mann auf der Flucht in den Westen erschossen wird. Das triste Vorspiel für ein bleigraues Stück Fußball, an dem am Ende nicht einmal die Sieger ihre Freude haben werden.

26

Hamburg, 22. Juni 1974: Ein innerdeutscher Schuss

BR DEUTSCHLAND – DDR 0:1 (WM-Vorrunde)

BR DEUTSCHLAND: Maier, Vogts, Breitner, Beckenbauer, Schwarzenbeck (68. Höttges), Cullmann, Hoeneß, Overath (69. Netzer), Grabowski, Müller, Flohe
DDR: Croy, Kische, Weise, Bransch, Wätzlich, Lauck, Irmscher (65. Hamann), Kreische, Kurbjuweit, Sparwasser, Hoffmann
SCHIEDSRICHTER: Ruiz (Uruguay); ZUSCHAUER: 61 000
TOR: 0:1 Sparwasser (77.)

Ein ganzes Fußballerleben lang hat er im Mittelpunkt gestanden, im Zentrum des Spiels, raumgreifend, mit wehendem Haar, unübersehbar. Um kurz vor 21 Uhr an diesem verfluchten Abend aber versucht Günter Netzer zum ersten und letzten Mal etwas ganz anderes: sich in einem vollen Stadion zu verstecken.

Der Spielmacher, der vor zwei Jahren beim deutschen EM-Sieg brillierte, ist, seit er von Mönchengladbach nach Madrid wechselte, nur noch zweite Wahl im deutschen Nationalteam. Fast ein Fremdkörper. Und ausgerechnet jetzt, in diesem völlig verkrampften, politisch beladenen Spiel gegen die DDR, hat Helmut Schön ihn zum Aufwärmen geschickt.

Der WM-Gastgeber hat bisher außer einem Pfostenschuss von Gerd Müller nichts zustande gebracht. Die Stimmung im Volksparkstadion ist mau, und die Zuschauer, die genug haben vom öden Kick, »fingen plötzlich an, nach mir zu schreien«, erinnert sich Netzer. »Wie ein Jahr vorher im Pokalendspiel.« Damals, als er nach seiner legendären Selbsteinwechslung das Siegtor schoss.

Und Bundestrainer Schön, unter großem Druck stehend bei der Heim-WM, hört auf Volkes Stimme. »Da war er schwach und sagte: Du gehst da rein. Ich wollte aber gar nicht. Ich sah die Unmöglichkeit, in diesem verkorksten Spiel etwas zu bewirken.« So trottet Netzer los, um seine Rumpfbeugen zu machen, nur möglichst weit weg von der deutschen Bank, »in der Hoffnung, dass sie mich nicht finden«. Doch der Platzwart kommt und sagt: »Geh weg, du machst mir hier die Aschenbahn kaputt.« Und dann, zwanzig Minuten vor Schluss, der Wink von der Bank. »Da hat Schön mich geopfert«, sagt Netzer bei einem Treffen 2016. Um zu zeigen, dass es auch mit Netzer nicht geht. Um Druck von sich selbst zu nehmen.

Netzer schildert das heiter, ohne jede Bitterkeit. »Und dann«, sagt er und lacht, »fiel ja sehr schnell das Tor, das uns die WM gerettet hat.« So habe er also »maßgeblich mitgeholfen«, den Titel zu gewinnen. Mehr noch hat nach dieser ironischen Logik natürlich ein anderer mitgeholfen: der Mann, der acht Minuten nach Netzers Einwechslung dem Osten das Tor zum Sieg schenkt, das dem Westen das Tor zum WM-Sieg öffnet.

»Sparwasser, Sparwasser«, skandieren die DDR-Fans nach dem Treffer den Namen, der um 21.03 Uhr am 22. Juni 1974 ein Begriff der deutschen Zeitgeschichte geworden ist. Dazu halten sie hämisch die »Bild«-Zeitung vom Tage hoch. Sie hat sich mit der Schlagzeile »Warum wir heute gegen die ›DDR‹ gewinnen«, DDR natürlich in Anführungsstrichen, noch mehr blamiert als das westdeutsche Team. Denn dessen Spieler wussten, wie schwer das würde, schließlich hat die DDR zuvor fünfzehn Spiele lang nicht verloren. Und auch in dieser Partie hat sie dank ihrer Athletik und der cleveren Blockadetaktik von Trainer Georg Buschner, mit sehr defensivem Mittelfeld und fünf

Manndeckern, dem formschwachen Favoriten schon früh den Wind aus den Segeln genommen.

So also schleppt sich Netzer, schleppt sich sein Team, schleppt sich das ganze Spiel wie ein Abbild des verkrampften politischen Neben- und Gegeneinanders der beiden Teilstaaten dem Ende, dem unvermeidlich scheinenden 0:0 entgegen. Siebenundzwanzig Millionen Menschen im Westen, sechs bis sieben Millionen im Osten, sechstausend sogar im Madison Square Garden in New York (Eintritt 12,50 Dollar) sehen, wie sich die Vettern aus West und Ost aneinander abarbeiten; hören, wie Funk- und Fernsehreporter sich damit abmühen, nicht wie gewohnt von der »deutschen« Mannschaft zu reden.

All das wäre längst vergessen, abgehakt als fade Fußnote der Fußballgeschichte – wäre nicht das, was in der 77. Minute geschieht.

»Wenn auf meinem Grabstein eines Tages nur ›Hamburg 74‹ steht«, sagt Jürgen Sparwasser Jahre später, als er der öffentlichen Rolle, auf die ihn dieser Tag ein Leben lang festlegt, längst müde ist, »dann weiß jeder, wer darunter liegt.« Die Rolle als Symbolfigur deutscher Geschichte, erhalten durch einen innerdeutschen Schuss, der nicht an der innerdeutschen Grenze fiel. Sparwassers blaues Trikot, das er erst nach der Ehrenrunde, erst im Kabinengang, mit Paul Breitner tauschte, weil es keine Fotos von DDR-Spielern in BRD-Trikots geben durfte, hängt seit 2003 im »Haus der Geschichte« in Bonn. Den Grund dafür hat er unzählige Male erzählen müssen.

Ein schneller Konter von unserer Seite, über drei Stationen. Abwurf Croy zu Hamann. Der spielte nach vorne. Ich bin hinter der Mittellinie in die Spitze gelaufen. Das schien aussichtslos, weil sich da vier Mann befanden: Höttges, Vogts, Cullmann und auf der linken Seite Beckenbauer. Ich habe den Ball ins Gesicht bekommen. Das war nicht vorhersehbar für Vogts und Höttges, die unmittelbar bei mir waren, so dass ich eine andere

Laufrichtung hatte. Und ich war natürlich im Vorteil. Sepp Maier kam denn raus. Ich hab angetäuscht, hab auf seine Reaktion gewartet. Er lag dann und konnte nichts machen. Ich hab den Ball aus acht Metern bloß drüber gehoben.

Welch ein großer, zugleich irgendwie grauer, ja freudloser Fußballmoment. Vogts und Höttges liegen danach herum wie Einrichtungsgegenstände. Schön, einst erster DDR-Auswahltrainer, dann wegen alter Kontakte zu Sepp Herberger abgesetzt und in den Westen geflohen, sitzt auf der Bank wie jemand, den seine ältesten Alpträume eingeholt haben. Und Sparwasser schlägt einen Purzelbaum über ein Tor, das er ein Leben lang nicht mehr loswird.

Dazu fast bleierne Stille im Stadion, durchbrochen nur vom linientreuen Jubel der eintausenddreihundertdrei ins »Feindgebiet« entsandten, stasigeprüften DDR-Fans (vorgeschriebener Jubelruf: »Sieben, acht, neun, zehn, Klasse!«). Genauer gesagt, waren es nur tausendneunundneunzig. Das Ministerium für Staatssicherheit ermittelte später, dass zweihundertvier der Sonderzug-»Touristen« für die falsche Mannschaft gejubelt hätten.

Erich Loest beschreibt es 1976 in seinem Krimi »Rotes Elfenbein« so: »Unten umdrängten Fotografen den lachenden Sparwasser, die DDR-Kolonie sang: So ein Tag, so wunderschön wie heute, ein Showmaster erfand den Slogan: Die bundesdeutschen Fußballer kochen auch nur mit Sparwasser.« In den Mitropa-Speisewagen der beiden Sonderzüge nach Ost-Berlin zurück von Hamburg-Dammtor, Abfahrt 22.41 Uhr und 22.47 Uhr, ordern die heimreisenden »Touristen« zur Feier des Tages reichlich Speis und Trank – Reiseleiterin Helga Heinicke werden später vierundachtzigtausend Ost-Mark in Rechnung gestellt.

Aber die DDR hat sich angeschmiert, wie schon zwei Monate vorher, als ihr »Kundschafter des Friedens« Günter Guillaume aufflog. Das Resultat gefällt der Stasi überhaupt nicht: Sie hatten zwar gerne einen Spion bei Willy Brandt, aber stürzen wollten sie den Kanzler nicht. Nun regiert der knurrige Helmut Schmidt.

Solch ein Pyrrhussieg ist auch das 1:0 von Hamburg, das man im Osten vorsichtigerweise nicht hochspielt. Titelthema der nächsten Ausgabe des »Neuen Deutschland« ist der »Tag des Bauarbeiters« in der DDR. Die Folgen des Erfolgs werden erst mit Verspätung deutlich. Schon bei Anpfiff waren beide Teams für die Zwischenrunde qualifiziert, aber erst am nächsten Abend wissen sie, gegen wen es weitergeht. Mit langen Gesichtern sehen die Ostdeutschen, wen der Gruppensieg ihnen eingebrockt hat: die Niederlande, Brasilien, Argentinien. Sie holen gegen diese Gegner einen Punkt.

Die DFB-Elf erwischt es mit Jugoslawien, Schweden und Polen besser. Und wird, nach Umstellung des Teams (Hölzenbein und Bonhof rein, Cullmann und Flohe raus), vorgenommen durch Franz Beckenbauer, »der das an sich gerissen hat«, so Netzer, und den »der Schön hat machen lassen«, fünfzehn Tage nach der Blamage von Hamburg Weltmeister. »Das Tor von Sparwasser hat uns aufgeweckt«, sagt Beckenbauer. »Sonst wären wir nie Weltmeister geworden.«

Netzer erlebt den 2:1-Finalsieg in München nicht mehr bangend auf der harten Bank, sondern bequem auf der Ehrentribüne. Nach dem DDR-Spiel, in dem ihm nur die Rolle des wirkungslosen Ersatz-Maestros blieb, des abgemeldeten Regisseurs, den Beckenbauer nicht mal mehr den Freistoß aus bester Position in letzter Minute schießen ließ, »hatte ich ein wunderbares Leben im VIP-Bereich«, sagt Netzer und lacht. »Das war meine WM.« Zwanzig Minuten als Austausch-Agent im deutsch-deutschen Duell.

Fünf Jahre vor dem kalten Fußballkrieg in Hamburg gab es einen echten Krieg, der mit einem Fußballspiel begann. Sein erster Schuss fällt nach hundert Spielminuten im Aztekenstadion von Mexiko. Die Waffe, die ihn abfeuert, ist die linke Fußspitze von Mauricio Rodríguez, genannt »Pipo«.
So wie ein Jahr später Karl-Heinz Schnellinger in demselben Stadion, ja an fast derselben Stelle desselben Strafraums den Ball treffen wird (und jene Verlängerung erzwingt, die aus dem WM-Halbfinale Italien gegen Deutschland das »Jahrhundertspiel« macht), genauso, in derselben Pose, in äußerster Streckung, in Querlage, erreicht Rodriguez den Ball. Deutlich vor seinem Körperschwerpunkt kreuzt die Kugel den Lauf des Linksaußen und kommt nur für einen Sekundenbruchteil in seine Reichweite. Das Bein flach über der Grasnarbe so lang wie möglich machend, stochert er ihn ins Tor.
»Ich würde alles noch mal so machen«, beteuert Rodríguez vierzig Jahre später, trotz der Folgen dieses Tores in seiner eigenen Biographie und der Geschichte seines Landes. »Ich war doch Stürmer, das war doch meine Aufgabe.« Während Schnellingers langes Bein die beste Verlängerung brachte, die ein Fußballspiel je hatte, brachte Rodriguez' langes Bein die schlimmste Verlängerung, die es für ein Fußballspiel je gab: die vom Spiel zum Krieg, zum »Fußballkrieg«.

27

Mexiko-Stadt, 26. Juni 1969: Fußball, Krieg

EL SALVADOR – HONDURAS 3:2 n. V.
(WM-Qualifikation, Halbfinale, Entscheidungsspiel)

TORE: 1:0 Martínez (8.), 1:1 Gómez (19.), 2:1 Martínez (28.), 2:2 Gómez (50.), 3:2 Rodríguez (101.)

Trägt er seinen Namen zu Recht? Diese Frage stellt damals niemand. Der Zusammenhang des Krieges zwischen El Salvador und Honduras mit den drei Fußballspielen zwischen El Salvador und Honduras, die ihm vorausgehen, ist zeitlich zu eng, um auf Anhieb nicht auch als ursächlich empfunden zu werden. Dabei ist das Spiel, ist sein eigenes Tor für »Pipo« Rodríguez im Rückblick nicht der wirkliche Auslöser, nur »der willkommene Anlass« für den Konflikt zwischen zwei von den USA abhängigen Militärdiktaturen. »Der Krieg war nicht aufzuhalten, er wäre so oder so gekommen.«

Vierzig Tage nur liegen zwischen dem Anstoß des ersten Spiels und dem Ende des Krieges. Ryszard Kapuściński, einer der berühmtesten Reporter der Nachkriegszeit, damals Lateinamerika-Korrespondent der polnischen Nachrichtenagentur, hat den Konflikt, den er auf honduranischer Seite an der Front erlebte, später in seinem Buch »Der Fußballkrieg« geschildert. »Als der honduranische Stürmer Roberto Cardona in der letzten Minute das Siegestor schoss«, so beschreibt er die Folgen des Hinspiels um die WM-Qualifikation am 8. Juni in Tegucigalpa,

»sprang in Salvador ein Mädchen namens Amelia Bolanios vom Fernseher auf, lief zum Schreibtisch ihres Vaters, der dort eine Pistole verwahrte, und entleibte sich durch einen Schuss durch die Brust«.

Die Verzweiflungstat der Generalstochter wird zur Munition für die Kanonen der Propaganda. Die Zeitung »El Nacional« feiert sie als »junges Mädchen, das es nicht verwinden konnte, dass sein Vaterland in die Knie gezwungen wurde«. Sie wird als Märtyrerin zu Grabe getragen. Hinter dem Sarg, in die Nationalflagge gehüllt, schreitet der Präsident mit seinen Ministern. Dahinter das Fußballteam, mit einer Sondermaschine aus Honduras heimgekehrt.

Die Spieler berichten von der feindseligen Atmosphäre, die sie dort empfing, von der randalierenden Menge vor ihrem Hotel, die Fenster einwarf, Böller abfeuerte, ein endloses Hupkonzert anstimmte, um ihnen vor dem Spiel den Schlaf zu rauben. Die Revanche folgt eine Woche später vor dem Rückspiel in San Salvador, wo ein salvadorianischer Mob den Schlaf der Honduraner sabotiert.

»Wir wurden von den Fans so empfangen, dass wir um unser Leben fürchteten«, beschreibt es später der honduranische Verteidiger Azulejo Bulnes. »Sie beschossen unser Hotel mit Raketen, warfen alle Scheiben ein.« Einige Spieler fliehen auf das Dach des Hotels. Nach schlafloser Nacht besteigen sie Panzer der salvadorianischen Armee, um unbeschadet ins Stadion »Flor Blanca« zu kommen. Dort hängt, wie Kapuściński berichtet, anstelle ihrer Nationalflagge ein »schmutziger, löchriger Fetzen am Fahnenmast«. Sie verlieren 0:3 und sind froh. Trainer Mario Griffin sagt: »Ein Glück, dass wir dieses Spiel verloren.«

Die fanatische Stimmung, in der das Spiel stattfand, beschreibt Rodríguez vier Jahrzehnte später so: »Stolz und Ehre Salvadors hingen an unseren Fußballstiefeln. Wir hätten jedes Spiel verlieren können, nur das nicht.« Nach dem Schlusspfiff kommt es zu Ausschreitungen. Zwei honduranische Zuschauer werden getötet. Die anderen fliehen laut Kapuściński unter einem »Hagel von Schlägen und Tritten« über die Grenze, die kurz darauf geschlossen wird.

Ein Entscheidungsspiel auf neutralem Boden ist nötig geworden. Es findet zehn Tage später im Aztekenstadion unter hohen Sicherheitsvorkehrungen statt. Neben nur fünfzehntausend Zuschauern verteilen sich fünftausend mexikanische Sicherheitskräfte, als Puffer zwischen beiden Fanlagern plaziert, im riesigen Stadion. Die gewalttätigen Tumulte, die dem Spiel außerhalb der Arena folgen, verhindern sie nicht.

Zweimal geht El Salvador durch Juan Ramón Martínez in Führung, zweimal gleicht Honduras durch Rigoberto Gómez aus. Dessen Treffer zum 1:1 ist ein wunderbarer Fallrückzieher. Doch für die Schönheit des Fußballs ist kein Platz in der erhitzten Atmosphäre. In ihr können die Nationalteams der beiden Länder sich auf dem Rasen noch so vorbildlich verhalten, auf böse Fouls verzichten, sich am Ende fair gratulieren, ja umarmen – ihnen bleibt keine andere Rolle als die des Brandbeschleunigers.

»Wir wurden für politische Zwecke benutzt«, sagt Rodríguez, der Schütze des 3:2. Hundert Minuten dauert es bis zum Siegtor, hundert Stunden dauert der Krieg, der auf dieses Tor folgt und mehr als zweitausend Menschen das Leben kostet. Er beginnt mit dem Angriff El Salvadors auf Honduras am 14. Juli und endet am 18. Juli mit einem Waffenstillstand, weil die Organisation Amerikanischer Staaten mit Sanktionen droht. Außerdem sind den beiden Militärdiktaturen rasch die Kriegsspielzeuge ausgegangen. Nach vier Tagen Luftkämpfen, den letzten der Kriegsgeschichte, die mit Propellerflugzeugen geführt worden sind (fast alle aus Weltkriegsbeständen der USA), haben die Luftwaffen beider Länder einander fast komplett zerstört.

In Wirklichkeit hatte der »Fußballkrieg« nicht viel mit Fußball zu tun. Und sehr viel mit Migrations-, also Machtpolitik. Die ungleichen Nachbarn – El Salvador hat vierzig Prozent mehr Einwohner als Honduras, aber nicht mal ein Fünftel von dessen Fläche – stritten schon lange über den Grenzverlauf. Und über dreihunderttausend verarmte, landlose Kleinbauern aus El Salvador, die illegal nach Honduras emigriert waren, um dort Brachland zu bewirtschaften – und dann, im Zuge einer Landreform, wieder vertrieben werden sollten. In dieser Situation, resümiert Kapuściński, habe der Fußball dazu beigetragen, »die chauvinistischen Emotionen und die hurrapatriotische Hysterie anzuheizen, deren es bedurfte, um einen Krieg auszulösen und die oligarchische Herrschaft in beiden Ländern zu festigen«.

Und nebenbei hing der Fußballkrieg auch mit den Interessen eines Landes zusammen, das sich gar nicht für Fußball interessierte. James William Fulbright, Vorsitzender des Außenpolitischen Ausschusses im US-Senat, befand, dass die Militärhilfe der USA für El Salvador und Honduras deren Krieg erst möglich gemacht hatte. »Wenn wir sie nicht mit Waffen versorgt hätten«, sagte er, »hätten sie vielleicht mit Fäusten und Füßen gekämpft.« Oder nur mit einem Ball.

In Europa haben nie Staaten Fußballkriege geführt. In Europa finden Fußballkriege im Kleinen statt, in und um Stadien, begrenzt auf Schlägertrupps und gewaltbereite Horden, aber manchmal unbegrenzt im Schrecken und Leid, die sie verbreiten. So wie an einem schönen Frühlingsabend in Brüssel, der aus dem Namen eines Stadions ein Synonym für die tödlichen Abgründe des Fußballs machte.

28

Brüssel, 29. Mai 1985:
Tod und Spiele

JUVENTUS TURIN – FC LIVERPOOL 1:0
(Europapokal der Landesmeister, Finale)

TURIN: Tacconi, Scirea, Favero, Brio, Cabrini, Bonini, Platini, Tardelli, Boniek, Rossi (89. Vignola), Briaschi (85. Prandelli)
LIVERPOOL: Grobbelaar, Neal, Lawrenson (4. Gillespie), Hansen, Beglin, Nicol, Whelan, Dalglish, Wark, Rush, Walsh (46. Johnston)
SCHIEDSRICHTER: Daina (Schweiz); ZUSCHAUER: 58 000
TOR: 1:0 Platini (58., Elfmeter)

21.40 Uhr. Nie ist ein Endspiel um den Europapokal später angepfiffen worden. Fünfundachtzig Minuten Verzögerung. Auch die Reue kommt verspätet. Mehrere, für die es der Höhepunkt ihrer Karriere sein sollte, werden sich später wünschen, dieses Spiel hätte nie stattgefunden. Oder sie wünschen es sich schon jetzt, da es endlich losgeht. Wollen sie? Oder müssen sie? »Wir wurden gezwungen«, behauptet Paolo Rossi.

Rossi und seine Kollegen von Juventus Turin sagen, sie seien nicht richtig im Bilde gewesen. Es stimmt: Sie haben die Bilder zu diesem Zeitpunkt noch nicht gesehen. Die Bilder des Grauens, die vor Anpfiff schon um die Welt gegangen sind. Bilder von »Menschen, eingequetscht wie Sardinen in der Dose«, wie sie sich Jacques van Camp einbrennen, dem Einsatzleiter des Roten Kreuzes. »Menschen, die schreien und weinen. Männer, die auf dem Boden kriechen, mit ausgekugelten Armen. Die Gesichter der Toten, blau vom langsamen Ersticken, gezeichnet von einem furchtbaren Todeskampf.«

Die Spieler harrten mit Trainer Giovanni Trapattoni in der Kabine aus und bekamen nichts davon mit, nur die beschwichtigenden Worte der Funktionäre. Bis ein paar italienische Fans plötzlich in ihre Kabine stolperten. »Manche hatten keine Schuhe mehr an, waren nur halb bekleidet, ich konnte sehen, wie geschockt und verängstigt sie waren«, so Antonio Cabrini. »Da wusste ich, es ist etwas Schlimmes passiert.«

So schlimm, dass Cabrini mit Marco Tardelli und Sergio Brio hinausgeht, um die Juve-Fans zu beruhigen. Die aufgebrachten Landsleute sagen ihm, »dass viele Menschen umgebracht wurden«. Zurück in der Kabine, schärft man ihnen ein, dass das Spiel trotzdem stattfinden müsse. »Sonst breche ein Bürgerkrieg aus«, so hörte es Angreifer Zbigniew Boniek.

Fußballkatastrophen gab es schon vorher. Diese aber ist die erste im Fernsehen, live in siebenundsiebzig Ländern. Viele Sender, wie das ZDF, schalten sich aus der Spielübertragung aus, berichten ausschließlich von der Katastrophe. Andere, wie das DDR-Fernsehen, zeigen das Spiel. Dessen Reporter Heinz Florian Oertel nennt das, was er sah, später »einen Kriegsschauplatz«.

Dieser heiße Frühsommertag, der den Fußball für immer verändert, hatte begonnen wie jeder andere Finaltag. Brüssel als eine von durchziehenden Armeen belagerte Stadt, so wie jede Stadt vor einem großen Fußballfinale. Aber zumindest Armeen ohne Waffen, wie man glaubte. Es wurde viel Alkohol getrunken, vor allem von den Engländern, es gab ein paar Pöbeleien und Provokationen, aber auch friedliche Verbrüderungen. Das übliche Spektrum.

Erst im Stadion gerät alles außer Kontrolle. Es ist, als wäre es der »perfekte Sturm«, wie es der Amerikaner Sebastian Junger in seinem Buch über ein meteorologisches Phänomen und seine bösen Folgen schrieb: das Zusammenkommen aller Voraussetzungen für eine maximale Katastrophe. Die marode Bausubstanz des Heysel-Stadions. Das fast völlige Fehlen von Einlasskontrollen, so dass viele Messer, Eisenstangen, Feuerwerkskörper, selbst Pistolen ins Stadion gelangen. Die Ignoranz der belgischen Politik, die alle Warnungen in den Wind schlug. Die Inkompetenz der Polizei, die der Tragödie hilflos, führungslos zuschaut. Und vor allem das Nebeneinander eines englischen und eines italienischen Fanblocks, nur von Maschendraht getrennt. Er hält dem Anrennen der Liverpool-Schläger nicht lange stand.

Dieser Block Z, neben dem Block der Engländer, ist eigentlich für »neutrale«, für belgische Fans vorgesehen. Doch sind viele Italiener auf dem belgischen Schwarzmarkt oder über heimische Reisebüros, bedient von Verbandsfunktionären, an Tickets gekommen, ebenso wie in Belgien lebende Juve-Fans. Dazu kommen die im Vorjahr beim hasserfüllten Finale in Rom entstandene Rachelust der Liverpool-Fans, die sich von der italienischen Polizei nicht geschützt fühlten, ihre Verstärkung durch Schlägertrupps anderer englischer Klubs und nicht zuletzt die Provokationen der Juve-Ultras, die schon lange vor Anpfiff Raketen und Schmährufe hinübergeschickt haben. All das zusammen wird zur tödlichen Mischung.

Gegen 19.15 Uhr haben die Engländer ein Loch in den Zaun getreten, stürmen in Block Z, prügeln auf Menschen ein. In Panik fliehen die Angegriffenen vor der Gewalt nach unten rechts, wo ihr natürlicher Fluchtweg, der aufs Spielfeld, aber von Absperrungen versperrt ist. Um 19.27 Uhr bricht unter dem Druck Hunderter drängender Menschen die Begrenzungsmauer zum Nachbarblock ein. Die meisten Opfer ersticken dort, an dieser Mauer, die sie begräbt.

Um 20.15 Uhr, als das Spiel starten sollte und nun die meisten TV-Übertragungen beginnen, sind bereits achtunddreißig Zuschauer tot. Ein weiterer stirbt kurz danach. Zweiunddreißig sind Italiener, darunter der junge Arzt Otello Lorentini, zu Tode getrampelt, als er einem Kind erste Hilfe leistete. Über vierhunderfünfzig Menschen sind verletzt. ZDF-Reporter Eberhard Figgemeier meldet sich »entsetzt, bestürzt und betroffen« aus Brüssel: »Der Sport, gedacht als eine Völkerverbindung, wurde hier zum Vehikel für bürgerkriegsähnliche Zustände.«

Erst eine spät eingetroffene Polizeiverstärkung treibt die Hooligans zurück. Juve-Kapitän Gaetano Scirea bittet deren auf Rache dürstende italienische Kollegen: »Lasst euch nicht provozieren. Wir wollen anfangen.« Die Polizei braucht aber noch bis 21.30 Uhr, ehe sie auch die Juve-Fans in ihren Block auf der anderen Stadionseite zurückgedrängt hat.

Erst während die Teams schon auf den Platz kommen, fürs Mannschaftsfoto posieren, sich zum Anstoß formieren, schafft die Polizei es, den Block der militanten Juve-Fans abzuriegeln. Das Spielfeld ist abgeschirmt von Hunderten Sicherheitskräften, die während der Partie hinter den Außenlinien Schulter an Schulter stehen. Die Toten, die im Innenraum lagen, zum Teil mit Juventus-Fahnen bedeckt, hat man inzwischen nach draußen geschafft. Im Block Z sind nur noch die Reste der Katastrophe verstreut, die Gegenstände, die nun niemandem mehr gehören. Vor allem die herrenlosen Schuhe.

Die Fußballer haben die ihren gut geschnürt. Um nun endlich das zu tun, wofür sie da sind. »Dieses Spiel musste ganz einfach stattfinden«, rechtfertigt es Cabrini später. Sonst hätte es »in dieser Nacht sicher noch mehr Tote gegeben.« Tardelli sagt: »Die UEFA entschied gegen unseren Willen, zu spielen. Eine surreale Partie. Die sportliche Spannung war weg, mit den Gedanken waren wir ganz woanders.«

Als aber der spätere UEFA-Präsident Michel Platini den Elfmeter verwandelt, der Juventus zum ersten Mal die wichtigste Trophäe des Klubfußballs sichert (die man ihnen am Ende verstohlen in der Kabine überreicht), da jubelt er laut und ausgelassen, fröhlich umringt von Fäuste schwingenden Kollegen. Eine Reaktion, die der Schweizer Schiedsrichter André Daina als »deplaziert« bezeichnet.

Sie selbst finden das auch, aber erst mit Verspätung. »Leider haben wir gejubelt nach dem Spiel«, sagt Tardelli dreißig Jahre nach ihrer Ehrenrunde, die sie im Stadion zu »Italia, Italia«-Rufen drehten. »Als wir in der Nacht im Hotel im TV gesehen haben, was wirklich passiert ist, waren wir schockiert. Und es war uns peinlich, dass wir gejubelt haben. Wir haben den Pokal nie als wirklichen Sieg bewertet.«

Auch Platini geht das so, weshalb er sich »betrogen« fühlt. »Du bist Kind und siehst Ajax und Bayern den Europacup gewinnen. Und dann bist du Spieler, und sie geben dir diesen Pokal in der Umkleide. Dafür bin ich nicht Fußballer geworden.« Wie die meisten Spieler, vor allem die von Juventus, ist er nie von der Darstellung abgerückt, die Dimension der Katastrophe »erst nach dem Spiel« erfahren zu haben.

Zu denen, die das anders schildern, gehört Teamkollege Boniek, der Mann, der den Elfmeter herausholte: »Wir wussten zu 99,9 Prozent, was geschah: die Toten, die Dynamik der Situation, die explosive Atmosphäre über dem Stadion. Ich wiederhole: Wir wussten es alle.« Auch der Liverpooler Kapitän Phil Neal sah das so: »Die Spieler wussten Bescheid, auch dass es Tote gab. Wir hätten nie spielen sollen.«

Spielen oder nicht spielen? Gab es ein Falsch oder Richtig? Was man auch tat, es wäre auf seine Art falsch gewesen. Der klassische Stoff für eine Tragödie. Eine, die Realität wurde. »Wir wollten diesen Sieg so sehr, der Europacup war die einzige Trophäe, die Turin noch fehlte«, schreibt Platini in seiner Autobiographie. »Ein Grund, für den es sich zu leben lohnt. Oder zu sterben, wie es unsere Tifosi in ihren Hymnen besangen.«

Ein Sieg als lohnender Grund zu sterben? In solchen Sätzen ist Fußball nicht mehr weit entfernt davon, als Krieg begriffen zu werden. Diese Nähe hat immer bestanden. Von den strategischen, taktischen, operativen Prinzipien ist die Aufgabe des Trainers der des Truppenführers verwandt – nur dass er seiner Truppe nicht den Einsatz des Lebens abverlangen muss. Und doch sollen sie so spielen, als ginge es um ihr Leben.

So sah Sepp Herberger Fußball als spielerischen »Krieg im Frieden«. Ein Vergleich, den auch andere Trainerkollegen nicht scheuten. »Hitler hat uns auch nicht angekündigt, wann er uns seine V2-Raketen rüberschicken würde«, so erklärte der Engländer Bobby Robson, warum er vor einem WM-Qualifikationsspiel seine Aufstellung nicht verraten wollte. Und der Kroate Miroslav Blažević erläuterte seine entscheidende Maßnahme nach dem Sieg gegen Deutschland bei der WM 1998 so: Wie die Alliierten einst Rommel in Nordafrika besiegt hätten, indem sie ihm die Treibstoffzufuhr abschnitten, so habe seine Truppe Oliver Bierhoff die Versorgung mit Flanken abgeschnitten.

Zum Glück ist das meist nur gespielter Krieg. Und zum Glück kommen Fußballer ohne Waffen auf den Platz. Außer wenn sie bereit sind, ihren eigenen Körper zur Waffe zu machen – und damit den Frieden zwischen Nachbarn ein bisschen auf eine Probe zu stellen.

29

Sevilla, 8. Juli 1982:
Auf Kollisionskurs

DEUTSCHLAND – FRANKREICH 3:3 n. V., 5:4 i. E. (WM-Halbfinale)

DEUTSCHLAND: Schumacher, Kaltz, Stielike, K. Förster, B. Förster, Dremmler, Breitner, Magath (73. Hrubesch), Briegel (97. Rummenigge), Littbarski, Fischer

FRANKREICH: Ettori, Janvion, Trésor, Bossis, Amoros, Genghini (51. Battiston/61. Lopez), Tigana, Platini, Giresse, Rocheteau, Six

SCHIEDSRICHTER: Corver (Niederlande); ZUSCHAUER: 60 000

TORE: 1:0 Littbarski (18.), 1:1 Platini (28., Elfmeter), 1:2 Tresor (93.), 1:3 Giresse (99.), 2:3 Rummenigge (103.), 3:3 Fischer (108.).

ELFMETERSCHIESSEN: 0:1 Giresse, 1:1 Kaltz, 1:2 Amoros, 2:2 Breitner, 2:3 Rocheteau, Stielike verschießt, Six verschießt, 3:3 Littbarski, 3:4 Platini, 4:4 Rummenigge, Bossis verschießt, 5:4 Hrubesch

Mexiko«, sagt Franz Beckenbauer, »ich habe nur an Mexiko gedacht.« Die Parallele zum zwölf Jahre zurückliegenden »Jahrhundertspiel« kommt vielen in den Sinn an diesem heißen Abend in Sevilla. Auch dieses WM-Halbfinale hat alles zu bieten, dieselbe Rezeptur wie das »Jahrhundertspiel« von 1970: Kampf und Kunst, Leidenschaft und Lässigkeit, brütende Hitze und brutale Härte; nur die Höhenluft fehlt. Zwar nur sechs statt sieben Tore, nur vier statt fünf in der Verlängerung, dafür ein Elfmeterschießen, das Mexiko noch nicht zu bieten hatte. Und in beiden Fällen scheitert der bessere Fußball und hinterlässt bei denen, die das Finale tragisch verpassen, ein bleibendes

Gefühl der Leere und Ungerechtigkeit, aber auch für die Einmaligkeit des Erlebten.

Ein Spiel, das es verdient, nicht auf eine Szene reduziert zu werden, nicht auf diese eine, die vor allem in Erinnerung bleibt. Man muss es erst einmal ohne sie erzählen. Und wird am Ende doch nicht an ihr vorbeikommen, nach hundertzwanzig Minuten eines großen Dramas, das letztlich in einer brutalen Sekunde entschieden, ja dauerhaft definiert worden ist.

Das Vorspiel hat nichts Großes erwarten lassen. Beide Teams haben sich ohne Glanz ins Halbfinale gearbeitet, vor allem die Deutschen, die sich mit dem »Nichtangriffspakt von Gijón«, dem 1:0 gegen Österreich, selbst zu Hause viele Sympathien verscherzten. Nach achtzehn Minuten bringt Pierre Littbarski Deutschland in Führung, ein Nachschuss durch die Beine von Torwart Jean-Luc Ettori. Schon acht Minuten später gleicht der überragende Michel Platini per Elfmeter aus. Es wirkt wie die Wende. Die Franzosen werden stärker, drängen auf die Führung.

Sie gelingt nicht innerhalb der neunzig Minuten, auch nicht in der letzten, als Manuel Amoros einen wuchtigen Weitschuss abfeuert. Er kracht an die Latte. Im Gegenzug fast die Entscheidung zugunsten der Deutschen, doch Ettori, der einen Schuss von Breitner nicht festhalten kann, wischt den Abpraller mit der Hand von Klaus Fischers Fuß.

In der Verlängerung zieht Frankreich auf 3:1 davon, durch Treffer von Verteidiger Marius Trésor und durch Alain Giresse, den Antreiber im Mittelfeld. Der Jubel des nur 1,63 Meter großen Giresse, im Spurt die kurzen Arme hin und her werfend, wird für viele Franzosen unvergesslich, auch für den zehnjährigen Zinédine Zidane. Für ihn wird es »das Bild dieser WM«, der schon damals gefühlte Weltmeistertitel, den in Wirklichkeit aber erst Zidane Frankreich bescheren wird.

Denn »im Glückstaumel«, wie es Stürmer Didier Six beschreibt, »haben wir wie die Idioten noch zwei Tore gefangen«.

In weniger als zehn Minuten ist der Vorsprung dahin. Der eingewechselte Rummenigge erzielt den Anschlusstreffer, dann Fischer per Fallrückzieher das »Tor des Jahres«, das 3:3.

So kommt es zum ersten Mal bei einer WM zum Elfmeterschießen. Uli Stielike scheitert. Umgehend macht Toni Schumacher das wett, als er den Schuss von Six hält. Dann pariert er auch gegen Maxime Bossis. Horst Hrubesch verwandelt den letzten Elfmeter, Deutschland steht im Endspiel.

In dieser Spielbeschreibung fehlt bisher eine Szene, die zu nichts führte, zu keinem Tor, keinem Elfmeter, keiner Roten Karte. Eine Szene in der Mitte dieser zwei Stunden Fußball – ohne die aber das ganze Spiel ein anderes wäre und das, was etwa Michel Platini darüber sagt, sinnlos.

»Meine beste Erinnerung wird immer dieses Spiel sein«, sagt Platini viel später, als er schon UEFA-Präsident ist. »Auch wenn wir verloren haben, so war ich doch Darsteller in einem großen Drama, das von gewaltiger Freude zu tragischer Trauer führte. Die Gefühle eines ganzen Lebens habe ich in der Dauer eines einzigen Fußballspiels erlebt.«

Rückblende – in die zwei, drei Minuten, in denen sich Platinis Gefühlswelt bündelt. Eine Stunde ist gespielt, als er einen Steilpass auf Patrick Battiston spielt. Battiston läuft, verfolgt nur von Manfred Kaltz, der ihn nicht einholen kann, zum Strafraum, dem aus der Höhe aufsetzenden Ball hinterher. Von seinem Tor aus startet auch Toni Schumacher. Der deutsche Torwart ist aber zu spät dran, er sieht es, ihm fehlen drei, vier Meter. Battiston kommt deutlich vor ihm an den Ball, spitzelt ihn vorbei – und wird im nächsten Augenblick von Schumacher gerammt, mit dem kumulierten Tempo eines Frontalzusammenstoßes von mehr als fünfzig Kilometern pro Stunde. Ohne Gurt, ohne Schutz.

Was dort geschah, wird dem TV-Zuschauer erst nicht bewusst. Die Führungskamera ist dem Lauf des Balls gefolgt, der knapp neben das deutsche Tor trudelt. Erst die Zeitlupe der

Hintertorkamera zeigt, was passiert, als der Ball schon Battistons Fuß verlassen hat und, noch entscheidender, ein paar Zehntelsekunden vorher: Während Battistons Augen den Ball verfolgen, um ihn gut zu treffen, fixiert Schumacher nur Battiston. Torhüter lernen, immer auf den Ball zu schauen. Schumacher interessiert er nicht. Ihn interessiert in diesem Moment nur die Kollision, die den anderen unvorbereitet trifft.

Schumacher stoppt nicht etwa ab oder weicht aus oder dreht sich zur Seite, sondern nimmt noch Energie auf. Er springt, sich in vorteilhafte Position für den Zusammenstoß bringend, hoch, dreht Hüfte und Ellbogen (nicht etwa, wie oft behauptet, Faust oder Knie) gegen Hals und Kopf des Franzosen – Crash.

Ein »Attentat« nennt man es tags darauf in Frankreich. Battistons Kopf schlägt nach hinten, er ist schon bewusstlos, als er am Boden ankommt. Mit Gehirnerschütterung, verletztem Halswirbel, drei zerstörten Zähnen. Schumacher steht demonstrativ unbeteiligt und kaugummikauend abseits, kickt ein wenig mit dem Ball herum, während Battiston behandelt wird; während der entsetzte Platini sogar befürchtet, Battiston sei tot, weil er dessen Puls nicht spüren kann. Six sieht, wie der ohnmächtige Kollege unkontrolliert zuckt.

Es ist diese Szene, nicht der Lattenschuss von Amoros, nicht der verschossene Elfmeter von Six, nicht der Fallrückzieher von Fischer – die Szene, die das Spiel entscheidet. Weil Battiston (neun Minuten vorher für Bernard Genghini gekommen) ausgewechselt werden muss, hat Frankreich sein Kontingent bereits erschöpft und kann in der Verlängerung nicht mehr tauschen. Deutschland kann es. Denn Schumacher hat keine Rote Karte bekommen. Und Frankreich keinen Elfmeter.

Der niederländische Schiedsrichter Charles Corver hat in die falsche Richtung geschaut. Dreißig Jahre später erklärt er sein Bedauern. »Ich habe diese brutale Kollision leider nicht gesehen, weil ich den Ball verfolgte, der knapp neben das Tor ging«, sagt Corver als Pensionär 2012. »Ich habe sofort meinen Assistenten befragt. Er sagte, nach seiner Ansicht sei es keine Absicht gewesen.« Leider, fügt er hinzu, »war es mir nicht möglich, die Bilder auf einem Monitor zu sehen«. Er habe deshalb die Niederlage Frankreichs »sehr bedauert«.

Schumacher, der von Beginn an sehr aggressiv agiert hat, tut alles, um den Schaden noch zu vergrößern. Als die französischen Fans hinter seinem Tor ihn auspfeifen, provoziert Schumacher sie, indem er tut, als wolle er sie mit dem Ball bewerfen. Als ihn ein Journalist nach dem Spiel darauf anspricht, dass er Battiston mehrere Zähne ausgeschlagen hat, kündigt er an, ihm »die Jacketkronen zu bezahlen«.

Als das Gewitter der Verachtung und Verurteilung über ihm niedergeht, nicht nur in Frankreich (L'Equipe: »Toni Schumacher, Beruf Unmensch«), auch in Deutschland (Hamburger Abendblatt: »Vorsätzliche schwere Körperverletzung«), fährt Schumacher eine Woche nach dem Spiel, um Schadensbegrenzung bemüht, nach Metz zu Battiston. Der empfängt ihn in einer Halskrause am Tag vor seiner Hochzeit.

Im Gepäck hat Schumacher einen Wimpel des 1. FC Köln und eine Entschuldigung. Es wird zum PR-Desaster. Angeblich ist Schumacher überrascht, dass viele französische Journalisten da sind. Dabei hat sein Agent, statt den Fußballverband anzurufen, »einen Journalisten nach meiner Telefonnummer gefragt«, wie Battiston verwundert feststellt.

Die Reue kauft dem Deutschen in Frankreich auch deshalb keiner ab. Seine Erklärung, es sei »keine Absicht gewesen«, klingt zu sehr nach Ausrede. Die Bewegung von Schumacher zu Kopf und Hals von Battiston ist so rücksichtslos, Kopf und Kragen nur des anderen riskierend, dass der Satz, mit dem der Franzose die Entschuldigung des Deutschen förmlich annimmt, »um die Sache zu beruhigen«, nicht aus der Luft gegriffen scheint: »Bis jetzt wusste ich nicht, dass man auf dem Fußballplatz sterben kann. Jetzt weiß ich es.«

Ein anderer, der die Erfahrung von Todesnähe auf dem Fußballplatz machte, äußert später eine deutliche Meinung über seinen Kollegen und Landsmann Schumacher. Bert Trautmann, vom deutschen Kriegsgefangenen zur englischen Fußball-Legende geworden, als er 1956 den Pokalsieg von Manchester City nach einem Zusammenprall mit gebrochenem Genick ins Ziel rettete, bezeichnet Schumachers Foul wenige Jahre vor seinem Tod 2013 als »abstoßend«. Sein Urteil: »Er tat es mit Vorsatz, und es widerte mich an. Schumacher ist kein guter Mann. Ich würde ihn nicht mal meine Schuhe zubinden lassen.«

Bundeskanzler Helmut Schmidt sendet am Tag nach dem Spiel, um die Wogen zu glätten, ein Telegramm an Frankreichs Präsident François Mitterrand: »Das Gottesurteil, das jedem Zweikampf getreu den klassischen Mythen eigen ist, hat es gewollt, dass das Glück im Spiel auf die deutsche Seite fiel. Wir fühlen mit den Franzosen, die den Sieg ebenso verdient hatten wie wir.« Die beiden veröffentlichen ein gemeinsames Kommuniqué.

Als Mitterrand allerdings Trainer Michel Hidalgo bittet, seine Spieler öffentlich erklären zu lassen, sie hätten kein Problem mit Schumacher, stößt er auf Ablehnung. »Soll ich sie bitten, die Deutschen in den Urlaub mitzunehmen?«, antwortet Hidalgo. Das Magazin »France Football« fragt darauf die Spieler, wohin sie Schumacher mitnehmen würden. Die Antwort von Trésor: »Zu einem Fallschirmsprung mit verzögerter Öffnung.«

Ein halbes Jahr lang fällt Battiston aus. Ein halbes Jahr lang hat der deutsche Torwächter zwei Leibwächter. Beim ersten Wiedersehen mit den Franzosen zwei Jahre später in Straßburg empfangen ihn ein Hagel von Eiern und Kartoffeln und eine Torwartpuppe an einem Galgen. Doch irgendwann hören die Morddrohungen auf, gibt Schumacher Platz eins bei den Umfragen nach dem in Frankreich verhasstesten Deutschen wieder an Adolf Hitler ab. Die nach dem Spiel aufgebrochenen alten Ressentiments gegen die »boches«, all die Vergleiche in Fußballberichten mit der »Gestapo«, »Panzern« oder »SS«, sind schon seit Herbst 1982 passé. Auch deutsche Urlauber haben bald wieder ihre Autos in Frankreich parken können, ohne platte Reifen oder kaputte Scheiben befürchten zu müssen.

Battiston fand die Reaktionen von Beginn an »völlig übertrieben«. Neun Minuten auf dem Platz in einer Partie, deren Ergebnis er als vermutlich letzter Franzose erst im Krankenhaus erfuhr, reichten ihm, um Teil der Lebensgeschichte von Millionen Franzosen zu werden. Er werde immer noch oft erkannt, sagt er mehr als dreißig Jahre später, und dann »fangen die Leute an, mir ihr Leben im Jahr 1982 zu erzählen, wie sie das Spiel erlebt haben, was sie machten, mit wem sie es schauten, was sie empfanden«.

Auch Platini hat ihm und anderen erzählt, wie er es erlebte, was er empfand. Das Foul habe das Team »psychologisch beeinflusst, aber in positiver Weise«, findet er. »Wir waren voller Wut: auf die Deutschen, auf den Schiedsrichter, auf alles. Es war der größte Moment in meinem Leben als Sportler. Ich würde sogar sagen, es ist meine großartigste Erinnerung im Fußball, obwohl wir verloren. Es war das außergewöhnlichste Spiel – es hatte alles, pures Drama. Besser als jeder Film, jedes Theater, jeder Roman. Ich bin immer noch glücklich, das erlebt zu haben. Es war unvergesslich.«

Am Ende des heißen andalusischen Abends ist Platini, ist der Rest seines Teams aber auch weit nach Mitternacht noch weit davon entfernt, das Positive sehen zu können. Während die Deutschen gleich zum Flughafen fahren, dort aber drei Stunden auf den Flug nach Madrid warten müssen (wo sie knapp drei Tage später das Endspiel kläglich gegen Italien verlieren), sitzen die Franzosen »alle, das ganze Team«, so Platini, »wütend, rasend, sprachlos, außer sich zwanzig Minuten lang« einfach nur in der Kabine. Die meisten heulen wie Kinder. »Später half mir das, die Dinge im richtigen Licht zu sehen. Ich konnte sehen, dass niemand getötet worden war, unsere Familien waren sicher, es war nur ein Fußballspiel. Aber ein einmaliges.«

So rasch und heftig die Missstimmung mit den Franzosen 1982 aufflammte – von allen deutschen Fußballrivalitäten bleibt die mit den Niederländern die seltsamste. Fast siebzig Jahre war sie, mangels holländischer Konkurrenzfähigkeit, praktisch nicht existent – und beschleunigte dann mit einem Spiel, dem WM-Finale 1974, von null auf hundert. Seitdem war es eine Hassliebe, die sich regelmäßig erneuerte. Der Wut der Holländer auf den Deutschen Hölzenbein folgte die der Deutschen auf den Holländer Leonardus van der Kroft, den Schiedsrichter, der Borussia Mönchengladbach im Europapokal gegen Real Madrid 1976 zwei reguläre Tore und den Sieg stahl, was der Trainer Udo Lattek als »Rache für München« sah. Bei der WM 1978 boxte Dick Nanninga Hölzenbein in den Magen, worauf dieser dem Holländer ins Gesicht griff. Bei der EM 1980 versetzte Johnny Rep Torhüter Schumacher einen Tritt in den Bauch. So hatte sich einiges hochgeschaukelt. Nur entladen konnte es sich nicht recht, weil der geeignete Anlass fehlte: ein Duell in einem großen K.-o.-Spiel. Bis zum längsten Tag des Jahres 1988.

30

Hamburg, 21. Juni 1988:

Die Fahrräder sind zurück

DEUTSCHLAND – NIEDERLANDE 1:2 (EM-Halbfinale)

DEUTSCHLAND: Immel, Herget (45. Pflügler), Brehme, Kohler, Borowka, Matthäus, Thon, Rolff, Mill (85. Littbarski), Klinsmann, Völler
NIEDERLANDE: van Breukelen, van Aerle, R. Koeman, Rijkaard, van Tiggelen, Vanenburg, Wouters, E. Koeman (90. Suvrijn), Muhren (59. Kieft), Gullit, van Basten
SCHIEDSRICHTER: Igna (Rumänien); ZUSCHAUER: 61 300
TORE: 1:0 Matthäus (55., Elfmeter), 1:1 R. Koeman (74., Elfmeter), 1:2 van Basten (89.)

Stationen einer Volksbefreiung: Koeman auf Wouters, Wouters auf van Basten, van Basten vorbei an Kohler und Immel, mitten hinein in einen Taumel in Orange. Die vorletzte Minute im EM-Halbfinale von Hamburg. Ein Land dreht durch. Schon vier Tage vor dem Finalsieg gegen die Sowjetunion, mit dem Wunder-Volley von Marco van Basten, der vierzehn Jahre nach der WM-Finalniederlage gegen Deutschland im Münchner Olympiastadion am selben Ort ein unerfülltes Versprechen einlösen wird, feiert Holland die größte Party seit dem Krieg.

Aus deutscher Sicht kann man sportlich nicht viel mäkeln. Außer vielleicht beim Elfmeter zum Ausgleich. Der rumänische Schiedsrichter Ioan Igna gibt Jahrzehnte später zu, dass er beim Zweikampf zwischen Kohler und van Basten nicht günstig stand, weil er nicht richtig laufen konnte – wegen einer Knieverletzung, die er aber »aus Egoismus« verschwiegen hatte. Nicht nur Spieler lügen über ihre Fitness, um ihren Platz nicht zu verlieren. Die Holländer wiederum hielten den Elfmeter, den er den Deutschen gab, auch für unberechtigt.

Nachdem Deutschland sich 1982 und 1986 mit antiquiertem Manndecker-Fußball glanzlos ins WM-Finale gewurstelt hat, ist nun eben mal die Glückssträhne zu Ende. Und die Holländer, so das Grundgefühl, waren auch mal dran. »Sie waren die bessere Mannschaft«, räumt Jürgen Klinsmann ein.

Doch die Reaktion der Sieger, ihre völlige Entfesselung, irritiert die Deutschen dann doch. Mitten im Volksparkstadion, schon während des Spiels optisch von Oranje-Fans und akustisch von einer holländischen Blaskapelle dominiert, nimmt sich Ronald Koeman nach Schlusspfiff das deutsche Trikot, das er beim Tausch von Olaf Thon bekommen hat, und wischt sich damit symbolisch den Hintern ab. »Eine Dummheit«, nennt er es später. Aber eben auch eine Wahrheit – über das, was er und wohl auch viele Landsleute in diesem Moment der ehrlichen Enthemmung empfinden.

In den Niederlanden strömt nach Ende des Spiels mehr als die Hälfte der Bevölkerung auf die Straßen und feiert. Es ist die größte Massenkundgebung seit der Befreiung von der deutschen Besatzung 1945, und das an einem Dienstagabend. In Amsterdam werfen Leute Fahrräder in die Luft und rufen: »Hurra, wir haben unsere Räder wieder!« Die Deutschen nahmen während des Kriegs den Holländern alle Räder weg, den »größten Fahrzeugdiebstahl der Geschichte« nennen diese es.

Den Lyriker Jules Deelder inspiriert das Spiel zu einem Gedicht, das er »21-6-88« nennt. Es endet, nach van Bastens Tor, mit den Zeilen: »Und unsere Gefallenen stiegen / Jubelnd aus ihren Gräbern«. Auf holländischen Straßen wird gesungen: »1940 kamen sie, 1988 kamen wir, holadije, holadio.« Der

Historiker Hermann von der Dunk spricht von »der zweiten Befreiung« und nennt Fußball »die Fortsetzung des Krieges mit fröhlichen Mitteln«. Doch so fröhlich sind die Mittel nicht immer, eher kriegerisch. Der betont aggressiv auftretende Torwart Hans van Breukelen rasselt im Spiel mit dem deutschen Kapitän Matthäus zusammen und zischt ihm eine böse Verwünschung zu: »Ich hoffe, dass du tierisch stirbst.«

Es ist ein Satz, für den er sich später entschuldigt, der aber die aufgeladene Grundstimmung spiegelt. Alles ist überdreht, überhitzt. Das hat auch Gründe, mit denen die Deutschen selbst gar nichts zu tun haben. »Das Spiel gegen Deutschland war für uns eine Gelegenheit, das Gemecker von Cruyff endlich mal wegzudrücken, denn die haben nie gegen Deutschland gewonnen«, sagt van Breukelen später. »Deshalb war ich so motiviert, bis aufs Messer.«

Der Rausch ist umso süßer, als man die Deutschen mit deren Mitteln geschlagen hat: Kraft, Einsatz, Disziplin, Realismus. Und einem fragwürdigen Elfmeter. Es ist das Gegenteil von 1974. »Endlich Rache«, jubelt die Tageszeitung »De Telegraaf«. Trainer Rinus Michels, vierzehn Jahre zuvor mit Cruyff und Co. im Finale gescheitert, auch an der eigenen Überheblichkeit, sagt erleichtert: »Nun kann das Gerede über 1974 aufhören.«

Man wäre sich wohl besser ein paar Jahre aus dem Weg gegangen, doch die Auslosung für die WM-Qualifikation brachte Deutsche und Niederländer binnen nur zehn Monaten weitere zwei Male in München und Rotterdam zusammen, jeweils ohne Sieger, dafür mit Großaufgeboten der Polizei und unschönen Begleittönen, etwa auf dem holländischen Fan-Transparent »Matthäus = Hitler«. Und dann gleich noch ein drittes Mal bei der WM 1990 in Italien. Im Rausch der bevorstehenden Wiedervereinigung (gegen die der niederländische Regierungschef Ruud Lubbers opponiert hatte) hat Deutschland eine starke Vorrunde gespielt. Die Niederländer, genervt von internen Querelen, gewannen nicht mal gegen Ägypten und wurstelten sich nur als Gruppendritter durch. Die Stimmung beider Seiten hatte sich in zwei Jahren gedreht, nicht aber die Stimmung gegenüber dem anderen. Das verhieß nichts Gutes.

31

Mailand, 24. Juni 1990:
Lama und Trauma

DEUTSCHLAND – NIEDERLANDE 2:1 (WM-Achtelfinale)

DEUTSCHLAND: Illgner, Augenthaler, Berthold, Kohler, Reuter, Littbarski, Matthäus, Buchwald, Brehme, Völler, Klinsmann (79. Riedle)
NIEDERLANDE: van Breukelen, van Aerle (68. Kieft), R. Koeman, Rijkaard, van Tiggelen, van't Schip, Wouters, Winter, Witschge (69. Gillhaus), Gullit, van Basten
SCHIEDSRICHTER: Loustau (Argentinien); ZUSCHAUER: 75 000
TORE: 1:0 Klinsmann (51.), 2:0 Brehme (85.), 2:1 Koeman (89., Elfmeter)

Schon die Schnauzbärte und Dauerwellen jener modisch verirrten Jahre sehen im Rückblick schlimm genug aus. Noch mehr aber gilt das für jene Szene, die, weil das menschliche Gedächtnis in seiner Wahl oft seltsamen Geschmack beweist, zum alles überlagernden Bild eines phantastischen Fußballspiels wird. Im Foto oder, schlimmer, im Film oder, am schlimmsten, in Superzeitlupe zeigt es in aller Breite und Länge den Flug des Speichels von Frank Rijkaards Lippen in Rudi Völlers Locken.

»Fußball kräftigt die Muskeln des ganzen Körpers. Indem er überschüssige Säfte nach unten befördert, sorgt er für einen klaren Kopf.« Das glaubte der Engländer Richard Mulcaster vor über vierhundert Jahren. Sein Zeitgenosse William Shakespeare brachte statt solch frommer Hoffnung lieber die menschliche Realität in Form einer rotverdächtigen Tätlichkeit auf die

Bühne. König Lear zu Oswald: »Wirfst du mir Blicke zu, du Hundsfott?« (Er schlägt ihn.) Oswald: »Ich lasse mich nicht schlagen, Mylord.« Kent (schlägt ihm ein Bein unter): »Auch kein Bein stellen, du niederträchtiger Fußballspieler?«

Die Niedertracht ist hier, an diesem Sommerabend in Mailand, eine niederländische Zutat. Auch sonst ist alles anders als sonst, anders als das Klischee, das vor allem die Holländer von sich und ihrem Fußball und dem der Deutschen hatten. Diesmal, in diesem WM-Achtelfinale, sind die Rollen vertauscht: die Deutschen locker und kreativ, die Holländer verbissen und destruktiv.

Besonders Frank Rijkaard wirkt von Beginn an sehr aggressiv. Als Mann vor der Abwehr, als »Staubsauger«, wie man das damals nennt, hat er bei der EM 1988 geglänzt und dann noch mehr, neben den Landsleuten Gullit und van Basten, im Team von AC Mailand, das Trainer Arrigo Sacchi durch die taktische Modernisierung des italienischen Fußballs mit niederländischen Ideen zum besten Klubteam Europas gemacht hat. Für das Spiel gegen Deutschland aber hat Beenhakker ihn, den Kreativsten unter den Defensiven und Defensivsten unter den Kreativen, mit einer destruktiven Aufgabe versehen – als Aufpasser für Rudi Völler.

Man sieht, dass Rijkaard es hasst. Nach neunzehn Minuten senst er Völler um und bekommt die Gelbe Karte. Noch bevor der Freistoß ausgeführt ist, sieht auch Völler Gelb, weil er Rijkaard mit erhobenem Zeigefinger beschimpft hat. Er ist empört und deutet gegenüber dem Schiedsrichter auf seine Haare. Erst die TV-Bilder werden zeigen, was darin gelandet ist: die erste Spuckattacke von Rijkaard, im Vorbeilaufen während der Spielunterbrechung.

Der Freistoß kommt an den Fünfmeterraum, Völler köpft, van Breukelen fängt den Ball, streift Völler mit dem ausgefahrenen rechten Bein, geht dann auf ihn los. Ihm assistiert Rijkaard, der den am Boden hockenden Völler am Ohr zieht. Eine

Abfolge vieler kleiner schmutziger Aktionen, Provokationen, Eskalationen, wie sie ein guter Schiedsrichter viel früher erkannt und unterbunden hätte. Der Argentinier Juan Loustau aber beendet die Situation, indem er bizarrerweise nicht nur Rijkaard, auch Völler vom Platz stellt. Im Weggehen bespuckt der Holländer den Deutschen noch einmal und läuft schnell weg. Völler holt ihn später ein und gönnt sich eine kleine Revanche im Kabinengang. Dort, wo kein Schiedsrichter und keine Kamera es mehr sehen kann, langt er Rijkaard eine.

»Das Spucken passte überhaupt nicht zu Rijkaard, der ein wirklich höflicher und liebenswerter Mensch ist«, so van Breukelen später, »es zeigte aber unsere ganze Frustration.« Rijkaard zeigt sich bald reuig, die Streithähne versöhnen sich. Sie lassen sich sogar für eine Werbekampagne gemeinsam im Bademantel beim Frühstück fotografieren (»Die Butter bringt sie wieder an einen Tisch«). Rijkaard sagt, der Frust im Team und private Probleme wegen der Trennung von seiner Frau hätten ihm so zugesetzt, dass er ausrastete.

Doch an diesem Abend, in der Hitze des Spiels, das nun, nach zwei Platzverweisen, noch aufgeladener ist, im Fluss von Schweiß, Adrenalin und Testosteron, ist noch kein Platz für einfühlsame Motivforschung. Das im Fernsehen reichlich wiederholte Bild vom spuckenden »Lama« in Orange kommt bei den Zuschauern in Deutschland nicht als privater Kontrollverlust an, sondern als offener Deutschenhass.

So wird es das am stärksten negativ aufgeladene Spiel der jüngeren deutschen Fußballgeschichte, gekrönt vom chauvinistischen TV-Kommentar von Heribert Fassbender (»Schickt diesen argentinischen Schiedsrichter in die Pampa!«). Das Auswärtige Amt kritisiert die »emotional maßlos überzogene und einseitige Reportage« und warnt vor einem »Vulgär-Nationalismus«, der »durch die Hintertür von Sportreportagen wiederkommen und so ein Überlegenheitsgefühl der Deutschen entwickeln kann«.

Die Deutschen auf dem Platz geben den besseren Kommentar ab, den der Tat. Vor allem durch die Schwaben Buchwald und Klinsmann, der nach Völlers Abgang als Solo-Stürmer das Spiel seines Lebens macht. Fünf Minuten nach der Pause gelingt Klinsmann das 1:0 – nachdem der als biederer Abräumer geltende Buchwald den Holländer Aron Winter per Übersteiger ausgespielt, die Vorlage gegeben und Fassbenders Mitkommentator Karl-Heinz Rummenigge »an einen Brasilianer erinnert« hat. Dafür ehren die Fans den braven Guido mit dem Ehrentitel »Diego«.

Als Andreas Brehme mit einem Schlenzer vom Strafraumeck fünf Minuten vor Schluss das 2:0 besorgt, ist die Partie entschieden, trotz des späten Anschlusstreffers durch Koemans Elfmeter. Die Emotionalität des Erfolgs wird auch vom Finalsieg gegen Argentinien nicht mehr übertroffen. Und wieder einmal sind die Holländer mit einem Team, das wie ein gefühlter Weltmeister auftrat, nicht Weltmeister geworden.

»Für die meisten von uns war die WM 1990 der Tiefpunkt unserer Karriere«, sagt van Breukelen später. »Wir haben so viel Energie in die falschen Dinge gesteckt.« Dinge wie den Hass auf die Deutschen.

Es lebe die Kommunikation unter Nachbarn. Ein Dialog aus Córdoba 1978. Rüdiger Abramczik zu Robert Sara: »Du Scheißkicker verdienst nicht mal ein Drittel von mir.« Sara zu Abramczik: »I hau dir in die Zähn, i hau dir in die Goschn.« Und ein Monolog, dreizehn Jahre später, durch den deutschen Torwart Claus Reitmaier, beim Wiener SC vor die Wahl gestellt zwischen Einbürgerung und Entlassung: »Lieber arbeitslos als Österreicher.«
Mit Inbrunst haben die beiden Nationen mit der gemeinsamen Sprache im Fußball stets das Trennende betont. Der Kabarettist Werner Schneyder (ein Österreicher) beschrieb es so: »Der deutsche Fußballer zeigt seinem Publikum freudig und gerne, dass er es sich leisten kann, geradezu aus Lust noch mehr zu laufen, als es der Spielverlauf erforderte. Der österreichische

Fußballer will vom Urbeginn an aus dem Stand gewinnen. Er hat nun erfahren müssen, dass das nicht geht. Also bringt er jetzt ein sichtbares Opfer – er läuft –, aber er besteht darauf, dass das Opfer als solches anerkannt wird.« Siebenundvierzig Jahre nach dem letzten Sieg gegen die Deutschen lohnt sich das Opfer endlich einmal.

32

Córdoba, 21. Juni 1978:
Der Krankl macht den Hitler wett

ÖSTERREICH – DEUTSCHLAND 3:2 (WM-Finalrunde)

ÖSTERREICH: Koncilia, Sara, Obermayer, Pezzey, Strasser, Hickersberger, Prohaska, Krieger, Schachner (71. Oberacher), Krankl, Kreuz
DEUTSCHLAND: Maier, Vogts, Dietz, Bonhof, Kaltz, Rüssmann, Abramczik, Beer (46. H. Müller), D. Müller (61. Fischer), Hölzenbein, Rummenigge
SCHIEDSRICHTER: Klein (Israel); ZUSCHAUER: 46 000
TORE: 0:1 Rummenigge (19.), 1:1 Vogts (59., Eigentor), 2:1 Krankl (66.), 2:2 Hölzenbein (68.), 3:2 Krankl (88.)

Córdoba, zweitgrößte Stadt Argentiniens. Nur einmal von der Historie berührt: an einem Samstagnachmittag 1978, mitten im argentinischen Winter. Und mitten in der finsteren Zeit einer Militärdiktatur, die die Weltmeisterschaft nutzt: als Opium fürs Volk und Valium für die Welt. Beim deutschen Kapitän Berti Vogts wirkt das. Er nennt Argentinien »ein Land, in dem Ordnung herrscht. Ich habe keinen einzigen politischen Gefangenen gesehen.«

Für Titelverteidiger Deutschland ist es eine verkorkste WM. Fünf Spiele, nur ein Sieg, dreimal 0:0. Die Ignoranz gegenüber den Morden der Junta hat schlechte Presse gemacht; das Lagerleben im Trainingscamp der argentinischen Luftwaffe schlechte Laune. »Vermutlich ist nie zuvor ein größerer Haufen Elend schärfer bewacht worden als die deutsche Nationalmannschaft in Ascochinga«, schreibt der Journalist Horst Vetten.

Innen wacht die GSG 9, außen Militär, dazwischen Geheimpolizei. Nur erlesene Gäste kommen hinein, wie der Alt-Nazi Hans-Ulrich Rudel, empfangen von DFB-Präsident Hermann Neuberger. Für die leichte Muse ist Franz Lambert als Lager-Organist zuständig. »Wir ödeten uns an«, klagt später Verteidiger Rolf Rüssmann. »Das Fernsehen konnte niemand verstehen, für einen Tross von hundert Personen gab es eine einzige Telefonleitung, die Kellnerinnen waren gegen sechzigjährige Männer getauscht worden. Das war kein Klima für Erfolg.«

Nach zwei Remis gegen Holland und Italien ist das letzte Zwischenrundenspiel gegen Österreich die letzte Chance, die Expedition zu retten. Deutschland muss mit fünf Toren Vorsprung gewinnen, um ins Finale einzuziehen, was nicht ausgeschlossen scheint: Die Niederländer haben 5:1 gegen Österreich gewonnen.

Doch nach 45 Minuten steht es nur 1:0, Torschütze Karl-Heinz Rummenigge. Die Partie droht ein Langweiler zu werden: ein müder Kick der Deutschen, für die es so kaum reichen dürfte; und für die Österreicher wieder kein Sieg in Sicht gegen den Nachbarn, wie schon seit 47 Jahren. Ingenieur Edi Finger, Hörfunkreporter des österreichischen Rundfunks, richtet zu Beginn der zweiten Halbzeit, die ihn daheim zur Legende machen wird, grundsätzliche Worte an seine Zuhörer.

Achtung. Achtung Achtung. – Bittschön aufpassn, ich möchte jetzt einige Worte an meine Landsleute, fünfzehntausend Kilometer von Argentinien entfernt, sagen: Na bitte, ich möchte Ihnen sagen, meine Damen und Herrn: Wenn es nicht geht, da kamma halt nix machen und so weiter, und so weiter – und wir wolln auf alle Fälle die Gerechtigkeit, die Gerechtigkeit, wo gibt's die schon, aber wir hoffen noch, denn – na, fürchterlich, Gotteswilln, bittschön, Leutln, reißts euch zsam, es wäre doch gelacht, das kann doch gar net sein, und – Gottseidank, Gottseidank, daneben, da kamma nix machen, was soll ma machen.

Nach 59 Minuten fliegt der Ball in den deutschen Strafraum. Vogts, in seinem letzten Spiel für Deutschland, befördert ihn ins eigene Tor. Der Ausgleich.

Eins zu eins – im Gewirr der Beine nehme ich alles zurück, aber wir wurden erhört, wir wurden erhört, bravo –

Die Österreicher drehen nun auf. Ihr Reporter auch.

Ja ja. Jetzt aber wieder unsre Burschen am Leder, herrlich, Prohaska, Hickersberger, Hickersberger zu Koncilia zu Schachner, Schachner wieder zuu Sara zuu Hickersberger, Hickersberger zu Hickersberger, Hickersberger zu Krieger zu Sara. Sara-Burli streichelt den Balli – das Balli. Da springt der Hicki, na, der Hicki brauch net springen. Die Deutschen sind nervös, und im Augenblick drücken die Österreicher unheimlich aufs Tempo. Und jetzt brauch ma a bissl a Masel noch, denn es geht jetzt um Sein oder Nichtsein 1978.

Der Ball kommt zu Krankl. Volleyschuss. 2:1 für Österreich in der 66. Minute.

Da steht der Krankl, der Hansiburli, ach also sein Papa, der Straßenbahner, wird sich freun, also schöner kammas gar net machen, da, da, da – da fehln mir die Worte, da müsst ich ein Dichter sein.

Es kommt noch besser. Doch zuerst, fast im Gegenzug, der Ausgleich. Gelegenheit für etwas Häme gegenüber dem Torschützen.

Hölzenbein, Hölzenbein, das Stolperbein.

Trotz des 2:2 hat sich die deutsche Elf längst damit abgefunden, dass das Finale verpasst ist. Ein Unentschieden wäre immerhin genug, das Spiel um Platz drei zu erreichen. Auch für die Österreicher, die ihre letzten drei Spiele gegen Brasilien, Holland und Italien verloren haben, wäre das Remis ein kleiner Erfolg. Doch sie wittern eine noch größere Chance.

Jetzt gehts noch drei Minuten, meine Damen und Herrn, wemma diese drei Minuten schon hinter uns hätten, ja dann, dann, dann, ich wage es gar nicht zu sagen, da würde mir wirklich ein Fels vom Körper – jetzt aber aufpassn! (starkes Geräusch) und jetzt kann Sara sich einen aussichtslos scheinenden Ball eh … erho… hereinholen, es gibt Beifall für ihn, da kommt Krankl – Toor!! Toor!! Toor!! Toor!! Toor!! Tor! I werd narrisch!! Krankl schießt ein! Drei zu zwei! Für Österreich!

Krankl zum 3:2. Das Tor löst zwölftausend Kilometer entfernt in zwei Ländern Europas völlig irrationale Szenen aus. Das Boulevardblatt »Bild« hält sie fest – und wird aus Rache auch Krankls Telefonnummer veröffentlichen. In Berlin springt ein Mann aus dem zweiten Stock und sagt dem Notarzt: »Ich bin so einsam, und dann spielen wir auch noch so grauenvoll.« In Tirol schneidet sich ein deutscher Urlauber die Pulsadern auf und sagt seinen Rettern: »Mein Leben hat keinen Sinn mehr.« Im Restaurant »Gut Neuhof« bei Frankfurt springt eine Nonne vom Orden der Barmherzigen Schwestern einem jubelnden Busfahrer an die Kehle. Wo in der Welt in diesem Moment Österreicher sind, gibt es kein Halten mehr. Vor allem in Córdoba.

Meine Damen und Herren, wir falln uns um den Hals, der Kollege Rippel, der Diplom-Ingenieur Bosch, wir bussln uns ab, drei zu zwei für Österreich, durch ein großartiges Tor unseres Krankl, er hat alles überspüt, meine Damen und Herrn, und wartens noch a bissl, wartens noch a bissl, dann kemma uns vielleicht a Viertel genehmigen, also das – das musst miterlebt haben. Jetzt bin i aufgestandn, geh, geh, geh, i glaub, jetzt hammas geschlagn, aufpassn –

Abramczik vergibt die letzte Chance.

Sieg, Sieg, Sieg … (dreizehnmalige Wiederholung)

Die »Frankfurter Allgemeine Zeitung« ordnet das Spiel zwei Tage später historisch ein: »1866: Preußen schlägt unter Moltke Österreich bei Königgrätz. 1939: Schalke 04 schlägt unter Szepan Admira Wien neun zu null in Berlin. 1954: Die Bundesrepublik schlägt unter Fritz Walter Österreich sechs zu eins – jetzt haben Krankl & Co. die Scharten ausgewetzt. ›Den Deutschen hammas zagt‹.«

Die Grazer »Kleine Zeitung« eröffnet einen weiteren geschichtlichen Zusammenhang: »Das Vaterland. Alles, was sich da so aufgestaut hat an Emotionen, seit der Zeit zwischen achtunddreißig und fünfundvierzig vielleicht noch, das hat der Krankl gerächt. Den Hitler, den Österreich hervorgebracht hat, den hat es mit Hansi Krankl wieder wettgemacht. Der eine aus Braunau. Der andere aus Wien.«

Doch dann, vier Jahre nach Córdoba, wo für Helmut Schön mit seinem Ende als Bundestrainer »eine Welt zusammenbrach«, durch die Niederlage gegen einen Gegner, der laut Schön »für viele Deutsche als gehobener Fußballzwerg gilt«, trifft man sich schon wieder bei einer WM. Und plötzlich laufen nun nicht mal die Deutschen. Sie verbrüdern sich mit den Österreichern im Nichtstun, im Nichtlaufen, im Nichteinsehen. Resultat ist ein Fußballspiel ohne Fußball und ein Schurkenstück ohne Reue.

33

Gijón, 25. Juni 1982:
Null ouvert

DEUTSCHLAND – ÖSTERREICH 1:0 (WM-Vorrunde)

DEUTSCHLAND: Schumacher, Kaltz, Stielike, K. Förster, Briegel, Dremmler, Breitner, Magath – Rummenigge (67. Matthäus), Littbarski, Hrubesch (69. Fischer)
ÖSTERREICH: Koncilia, Krause, Obermayer, Pezzey, Degeorgi, Prohaska, Hattenberger, Hintermaier, Weber, Schachner, Krankl
SCHIEDSRICHTER: Valentine (Schottland); ZUSCHAUER: 40 000
TOR: 1:0 Hrubesch (11.)

Der kürzeste Spielbericht, den je eine WM-Partie verdient hat, geht so: Deutschland greift an. Nach zehn Minuten das 1:0 durch Hrubesch.

Ende.

Danach: achtzig Minuten das reine Nichts. Querpässe, Rückpässe, Nichtstun, Trödeln, Zeitspiel – das komplette Repertoire des Nicht-Fußballs. Man kennt das von Spielen, in denen eine Mannschaft ein Ergebnis halten will. Hier wollen es beide.

Dieser Tag, dieser Null ouvert einer zynischen Truppe wird den deutschen Fußball mehr Sympathien kosten als jeder andere. Und das in aller Welt, vor allem aber im eigenen Land. Einer auf den Rängen zeigt es schon, während das Spiel noch läuft: Er zündet seine Deutschland-Flagge an.

Es ist das dritte und letzte Gruppenspiel bei der WM in Spanien. Deutschland hat sich gegen Algerien 1:2 blamiert, dann Chile besiegt und muss gewinnen, um weiterzukommen. Österreich hat beide Partien gewonnen und kann sich eine knappe Niederlage leisten. Der idiotische WM-Modus (der nach diesem Spiel für die Zukunft so geändert wird, dass alle Partien des letzten Spieltags einer Gruppe gleichzeitig stattfinden müssen) – zwang die Algerier schon tags zuvor, gegen Chile zu spielen. Weil sie nach 3:0-Führung noch zwei Gegentreffer kassierten, gibt es für Deutschland und Österreich ein Wunschresultat, das beide in die Endrunde bringen wird.

Es lautet 1:0 und ist schon nach zehn Minuten erreicht, als Hrubesch eine Flanke mit dem Oberschenkel ins Tor lenkt. Es folgen die ödesten achtzig Minuten der Fußballgeschichte. Ein Gaunerstück ohne Action: der »Nichtangriffspakt von Gijón«. Achtzig Minuten Standfußball ohne einen einzigen Versuch, noch ein Tor zu erzielen.

Das einzig Interessante geschieht auf den Tribünen. Das um eine Gegenleistung für seinen Eintritt betrogene Publikum beschimpft die Spieler. Die machtlosen Algerier wedeln mit Geldscheinen und weißen Taschentüchern. Am nächsten Tag berichtet die spanische Zeitung »As« vom »Diebstahl des Jahrhunderts«. »El Comercio« behandelt das Spiel im Polizeibericht, neben einem Fahrraddiebstahl.

Mindestens genauso skandalös wie das Spiel ist die Takt-, ja Schamlosigkeit, mit der die Spieler schon im Stadion über das Ereignis hinweggehen. Es ist jene zynische Zwischengeneration deutscher Fußballprofis, die nicht mehr den altmodischen Anstand der Altvorderen zeigt und noch nicht das professionelle Bewusstsein für öffentliche Wirkung, das zum Berufsbild kickender Medienprofis von heute gehört.

Das Desinteresse an der öffentlichen Resonanz, das fehlende Gespür für die Wirkung von Gesten zeigt sich darin, dass die Spieler den Ort der Peinlichkeit nicht etwa verstohlen verlassen, sondern Sieger und Besiegte sich minutenlang gratulieren und freundschaftlich tätscheln. »Es fehlte nur, dass sie sich küssten«, schreibt »El Pais«. Der französische Trainer Michel Hidalgo schlägt beide Teams für den Friedensnobelpreis vor. Edi Finger, der »I werd narrisch«-Reporter von Córdoba 1978, spricht von der »größten Verbrüderung seit 1938«.

Auch die Wirkung in der Heimat ist verheerend. »Schändlich« nennt Eberhard Stanjek das Spiel, das er für die ARD angewidert kommentiert: »Nicht alle Mittel heiligen den Zweck.« Der frühere Nationalspieler Willi Schulz spricht von einer »stillen Übereinkunft zwischen zweiundzwanzig sportlichen Ganoven«. Viele Deutsche, die bis dahin bei Weltmeisterschaften einen noch halbwegs unbeschwerten Patriotismus ausleben konnten, wenden sich innerlich ab – spätestens dreizehn Tage später nach Schumachers Foul an Battiston. Beim ersten Heimspiel nach der WM, einem 0:0 gegen Belgien, ist das Münchener Olympiastadion zu zwei Dritteln leer. Vierundzwanzigtausend Zuschauer bei einem Länderspiel sind Negativrekord nach dem Krieg.

Auch die Bundesliga bekommt das zu spüren. Der Besucherschnitt pro Spiel sinkt in der Folge der WM auf unter zwanzigtausend und wird sich davon erst in den neunziger Jahren wieder erholen. Der Schaden, den die deutsche WM-Expedition 1982 anrichtete, wirkt noch viele Jahre nach. Er ließ das Leichte, das Spielerische, das Gewinnende, das den deutschen Fußball der siebziger Jahre in seinen größten Spielen ausgezeichnet hatte, auf einen Schlag verschwinden.

»Der Anfang einer Krise«, ist es für Uli Hoeneß. Die Botschaft, die vom deutschen WM-Team ausgeht, beschreibt der junge Bayern-Manager, der wie viele andere von den Exzessen im Teamquartier gehört hat, wo sich viele Spieler arrogant gegenüber Personal, Fans und dem machtlosen Bundestrainer Jupp Derwall aufführten, so: »Man kann saufen und rauchen und trotzdem viel Geld verdienen.« Man trank bis weit in die Nacht, schlief bis in die Puppen und spielte dann auch noch zum Weglaufen. Die WM 1982, ein Super-GAU fürs deutsche Fußballimage.

Die Algerier reichen vergeblich Protest ein und müssen auf ihre nächste WM-Teilnahme 24 Jahre warten. Aber zumindest einer bekommt seine Revanche, und das schon fünf Jahre später. Rabah Madjer, der beim Vorrundensieg gegen die Deutschen traf, trifft auch 1987 im Endspiel des Europapokals der Landesmeister in Wien und gewinnt mit dem FC Porto 2:1 gegen den hohen Favoriten Bayern München. Mit der Hacke erzielt er eines der schönsten Finaltore der Geschichte. Und alle, die Österreicher im Stadion, die Deutschen im Strafraum, sind in diesem Moment so bewegungslos wie fünf Jahre zuvor in Gijón.

Dabei gibt es durchaus ein Beispiel dafür, wie ein »Nichtangriffspakt« am Ball auch eine gute Idee sein kann. Es ist über hundert Jahre alt. Niemand kennt die exakten Ergebnisse oder gar die Torschützen. Und doch wachsen Ruhm und Bekanntheit dieser wohl erstaunlichsten Begegnung, die internationaler Fußball hervorgebracht hat, immer weiter an.

34

Westfront, 24./25. Dezember 1914: Frieden spielen

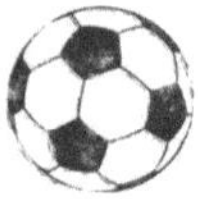

Sport ist Krieg ohne Schießen, fand George Orwell. Er schrieb das 1945, am Ende zweier Kriege, die Europa verwüstet hatten. Dabei gab es schon 1914, am Anfang dieser Kriege, ein sportliches Duell, das Orwells Wortsinn vollkommen bestätigte. Und seinen Hintersinn vollkommen widerlegte.

Es ist Heiligabend des ersten Kriegsjahres, als an den etwa vierzig Kilometern im Westen Belgiens, an denen sich Briten und Deutsche gegenüberliegen, Soldaten beider Lager ihre Schützengräben verlassen. An dem sie Hände schütteln, plaudern, Weihnachtslieder singen, sich Fotos zeigen, Witze erzählen, Geschenke machen – und auch: miteinander Fußball spielen. Dieser Fußball zwischen den Schützengräben an der Westfront in Flandern, er ist, ganz buchstäblich, Krieg ohne Schießen. Und doch etwas ganz anderes, als Orwell meint.

Als historisch erwiesen gilt, dass es an etwa zwei Dritteln des Frontabschnitts zwischen Mesen und Nieuwkapelle einen weihnachtlichen Waffenstillstand gegeben hat, wie ihn die Kriegsgeschichte sonst nicht kennt: gegen jeden Befehl von oben, zwischen Graben und Graben spontan und lokal abgesprochen und ausgehandelt. Viele kleine Frieden im großen Krieg – meist verbunden mit dem Vorschlag, sich doch einmal besser kennenzulernen.

Dabei spielt der Fußball nur eine Nebenrolle, aber eine sehr plakative. Nur an wenigen Stellen der Front, an der hunderttausend Briten und Deutsche für ein, zwei besinnliche Tage beschließen, einander nicht zu töten, wird an jenem klaren Heiligabend, an dem Sonne und Frost das wochenlang trübe und regnerische Wetter abgelöst haben, nachweislich auch Fußball zwischen beiden Feindeslagern gespielt. An den meisten anderen Orten sind es eher Spiele von Briten gegen Briten und Deutschen gegen Deutsche. Doch ist es das Spiel unter Feinden, das nicht in Vergessenheit gerät – als kleines Wunder, als Metapher für Menschlichkeit.

Viele junge Männer sind im Sommer 1914 in naiver Begeisterung in den Krieg gezogen – wie in ein Ferienabenteuer, eine Abwechslung vom Alltag, in den man in ein paar Monaten als siegreicher Held zurückzukehren glaubte. Nun ist Weihnachten, und man liegt fern der Heimat frierend und verlaust im Graben, der feucht und kalt ist wie ein Grab. Fast eine Million Soldaten sind schon umgekommen, und nichts bewegt sich. Der Krieg sitzt auf den vierhundert Kilometern vom Ärmelkanal bis zur Schweizer Grenze fest.

Aber noch ist es nicht der Abnutzungskrieg, das apokalyptische Gas- und Granaten-Gewitter der späteren Jahre. Das Niemandsland zwischen den Fronten, aus dem später kilometerbreite Todesstreifen werden, ist vielerorts keine hundert Meter breit, manchmal nur dreißig. Man liegt in Rufweite, kann die anderen noch als Menschen wahrnehmen.

Es ist auch noch nicht der Hungerkrieg der kommenden Jahre. Im Dezember 1914 kann man noch Geschenke verteilen. Weil man selbst noch welche bekommt. Jeder britische Soldat hat ein Päckchen des Königs mit Schokolade, Gebäck, Tabak und einer Grußkarte der Prinzessin Mary erhalten. Viele Deutsche bekamen aus der Heimat Wollsachen, Essen, Alkohol, Zigaretten. Die Oberste Heeresleitung hat per Feldpost Zehntausende Klapp-Tannen an die Front geschickt.

Diese mickrigen Bäumchen, postiert auf dem Rand der Schützengräben, lösen sentimentale Gefühle auf beiden Seiten aus. Berichten zufolge ist es ein deutscher Soldat, der die Briten als Erster rufend um eine Schusspause bittet, damit man Weihnachtslieder singen kann. Die Engländer stimmen ein und singen mit. Anderswo ruft ein sächsischer Soldat: »Wir sind Sachsen, ihr seid Angelsachsen. Warum sollen wir kämpfen?«

Ähnliches geschieht an anderen Frontabschnitten. Es entwickeln sich viele kleine Frieden. Eine durchgängige Verbrüderung gibt es nicht. An manchen Abschnitten werden Soldaten, die aus dem Graben kriechen, um auf die anderen zuzugehen, erschossen. Dort, wo man sich näherkommt, teilt und tauscht man bald Spezialitäten aus der Heimat. Drei Sachsen rollen ein Bierfass hinüber und erhalten dafür einige »Christmas Puddings«.

Der sächsische Leutnant Kurt Zehmisch hält im Tagebuch seinen Befehl fest, an Weihnachten nicht auf den Feind zu schießen. Am nächsten Tag, schreibt er, seien dann Briten mit einem Fußball aus ihrem Graben gekommen. An einem anderen Abschnitt berichtet der englische Sergeant Clement Barker von einer Waffenruhe, ursprünglich vereinbart, um die Toten zu bergen. »Dann wurde ein Ball aus unserem Graben gekickt, und Deutsche und Engländer fingen plötzlich gemeinsam an, Fußball zu spielen.« Fast immer kommt das Spielgerät von den Briten. »Wir schickten einen mit dem Fahrrad nach hinten in unsere Reservestellung, und der holte den Ball«, schreibt Harold Bryan, ein Soldat der »Scottish Guards«, in einem Brief an seine Eltern.

Der sächsische Leutnant Johannes Niemann hält schriftlich seine Überraschung fest, mit der er aus dem Graben sieht, wie seine Soldaten »Zigaretten, Schnaps und Schokolade mit dem Feind austauschen«. Und wie später »ein schottischer Soldat mit einem Fußball« erscheint und »ein richtiges Fußballspiel« beginnt – zwischen beiden Lagern, auf Tore, die durch Mützen markiert werden. »Viele Pässe fliegen zu weit«, notiert Niemann in seinem kritischen Spielbericht, übt aber Nachsicht: »Alle Fußballer, obwohl sie sehr müde sein mussten, spielten mit großem Enthusiasmus.« Und in der gefrorenen Kraterlandschaft, mit kiloschweren, harten Stiefeln an den Füßen, könnte wohl auch kein Best oder Beckenbauer ein sauberes Dribbling oder einen präzisen Flachpass produzieren.

Spielend erlebt man den Feind von ganz neuen Seiten. So winden sich die Deutschen vor Lachen, als ein Windstoß ihnen offenbart, »dass die Schotten keine Unterwäsche unter ihren Kilts tragen«, wie Niemann notiert. Das Spiel endet nach etwa einer Stunde, als der kommandierende Offizier von der Sache Wind kriegt und den Befehl gibt, in die Gräben zurückzukehren. Das Ergebnis? Dem deutschen Leutnant zufolge ein deutscher 3:2-Sieg, laut einem schottischen Sergeanten ein schottisches 4:1.

Der britische Offizier Robert Graves, später als Robert von Ranke-Graves Autor des berühmten historischen Romans »Ich, Claudius, Kaiser und Gott«, beschreibt ein halbes Jahrhundert nach dem »Christmas Truce« in einer Erzählung ebenfalls einen, allerdings fiktiven, 3:2-Sieg der Deutschen – wie überhaupt im Nachleben des Weihnachtsfriedens von 1914, bedingt durch Zensur der Behörden und Sentimentalität der Beteiligten, das Faktische und Fiktionale, das historisch Verbürgte und romantisch Verklärte ineinanderfließen. Was dieser großen, wahren Geschichte an Belegbarem fehlt, macht sie durch das Nacherlebbare wett. Symbolkraft schlägt Beweiskraft – und schafft schöne Spielwiesen für Politiker, Künstler, Vermarkter.

Zum hundertjährigen Jubiläum 2014 nimmt die Pop-Band »The Farm« ihren Hit »All together now«, in dem sie 1991 den »Christmas Truce« thematisiert hat, neu auf – mit einem Chor von elf- und zwölfjährigen Fußballern aus England und Deutschland. Die englische Premier League spendiert einen neuen Kunstrasen nahe der alten Todeszone. Und eine britische Supermarktkette inszeniert ein Mini-Filmepos rund um das mythische Match zwischen Schützengräben, an dessen Ende die friedensstiftende Werbewirkung der Sainsbury-Schokolade steht. Sie wurde in der Adventszeit 2014 im Retro-Look von 1914 verkauft.

»Der Fußball ist heute eine universelle Sprache, die unsere Herzen öffnet«, sagt UEFA-Präsident Michel Platini, als er 2014 an der früheren Front ein Denkmal enthüllt. »Er bringt die Menschen zusammen, über alle Grenzen hinweg.« Der britische Premierminister David Cameron würdigt »den einzigartigen Moment, als die Waffen ruhten und der Fußball die Menschen vereinte«.

Die Karrieren der beiden Herren haben nicht mehr lang gewährt, die eine wegen Blatter, die andere wegen Brexit. Die vereinende Kraft von Weihnachten 1914 allerdings auch nicht. Die Befehlshaber der Kriegsnationen sorgen dafür, dass der eigenmächtige Pazifismus ihrer Truppen sich nicht wiederholt. Er ist ohnehin längst nicht von allen an der Front geteilt oder gutgeheißen worden. Ein solches Verhalten, findet etwa der bei Ypern stationierte Meldegänger Adolf Hitler, dürfe »in der Kriegszeit nicht zur Debatte stehen«.

Als der »Mirror« zwei Wochen später die ersten Fotos mit gemeinsam Weihnachten feiernden britischen und deutschen Soldaten druckt, bedauert das Londoner Blatt bereits, dass diese schöne Idee nur eine Episode war – und »die Absurdität und die Tragödie« neu begonnen haben.

Diese Absurdität aber war die Normalität. Am zweiten Weihnachtstag 1914 war sie vorbei, die spielerische Auszeit vom Töten. Die kurze Zeit, in der das Einzige, womit man aufeinander schoss, ein Ball war. Man salutierte, feuerte ein paarmal in die Luft, dann war wieder Krieg.

In Deutschland wurde während des Krieges der Fußballbetrieb eingestellt, die Briten ihrerseits spielten munter weiter: die englische Liga bis 1915, die schottische während des ganzen Krieges. Dabei wurden auch, ganz pragmatisch, Spiel und Wehrdienst verbunden. So bestritten die Royal Engineers, der Klub der Pioniere der britischen Armee, der in den Gründertagen des Fußballs zu den besten Teams gehörte und 1875 mit einem Major im Tor und zehn Leutnanten im Feld den FA Cup gewann, Fußballspiele in Gasmasken und Uniform.
Im Zweiten Weltkrieg hörten auch die Deutschen nicht so schnell auf, Fußball zu spielen. Als im Juni 1941 das Endspiel um die deutsche Meisterschaft stattfindet, wirkt Berlin wie eine Stadt im Frieden. Aber genau an diesem Tag macht Hitler aus dem Krieg, seinem Krieg, die Götterdämmerung, von der er träumte: mit dem Überfall auf die Sowjetunion.

35

Berlin, 21. Juni 1941:

Bimbo und Barbarossa

RAPID WIEN – SCHALKE 04 4:3
(Endspiel um die deutsche Meisterschaft)

WIEN: Raftl, S. Wagner, Sperner, F. Wagner, Gernhardt, Skoumal, Fitz, Schors, Binder, Dvoracek, Pesser
SCHALKE: Klodt, Bornemann, Schweißfurth, Füller, Tibulski, Gellesch, Burdenski, Szepan, Eppenhoff, Kuzorra, Hinz
SCHIEDSRICHTER: Reinhardt; ZUSCHAUER: 95 000
TORE: 0:1 Hinz (5.), 0:2 Eppenhoff (8.), 0:3 Hinz (58.), 1:3 Schors (62.), 2:3 Binder (63., Elfmeter), 3:3 Binder (65., Elfmeter), 4:3 Binder (71.)

Finaltag in Berlin. Fußball, das Thema der Nation. Aber nur bis zu den Morgennachrichten. Dann ein anderes: NS-Deutschland bejubelt eine historische Nachricht. Seit den frühen Stunden dieses Tages, der die Welt verändert wie wenige andere im zwanzigsten Jahrhundert, stoßen mehr als drei Millionen deutsche Soldaten auf einer über zweitausend Kilometer breiten Front in das Gebiet der Sowjetunion vor. Das »Unternehmen Barbarossa«, der Beginn von Hitlers Lebensziel: dem Vernichtungskrieg gegen den »jüdischen Bolschewismus«. Er wird mehr als dreißig Millionen Menschen das Leben kosten.

Am Nachmittag dieses glühend heißen Sonntags treten zweiundzwanzig kräftige Männer im wehrfähigen Alter an einer ganz anderen Front an: zum Finale um die deutsche Fußballmeisterschaft im Olympiastadion von Berlin.

Nach den Neuigkeiten vom Morgen gab es Bedenken gegen die Austragung. Eine Verlegung wurde diskutiert, aus Vorsicht vor einem Vergeltungsschlag. Doch das wäre eine Botschaft der Schwäche. Die Partie muss stattfinden. Ein packendes Finale vor fast hunderttausend Menschen, darunter viele verwundete Soldaten in feldgrauen Uniformen, bewacht von Flakbatterien auf dem Stadionrund – ein wehrhaftes Kriegsvolk beim gelösten Sonntagsvergnügen. Das verspricht Bilder für die Propaganda.

Der große Favorit im Duell mit Rapid Wien heißt Schalke 04. Der Klub steht zum achten Mal in neun Jahren im Endspiel, hat fünfmal den Titel gewonnen. Als zwei Jahre vor Rapid das erste Team aus der »Ostmark«, dem früheren Österreich, das Endspiel in der Reichshauptstadt erreichte, Admira Wien, wurde es von den Schalkern mit einem 9:0 deklassiert. Der fünffache Torschütze Ernst Kalwitzki fehlt allerdings an diesem heißen Finalsonntag. Und die verschwägerten Anführer Fritz Szepan, dreiunddreißig, und Ernst Kuzorra, fünfunddreißig, sind in die Jahre gekommen.

Vor dem Spiel hat Rapids Torjäger Franz »Bimbo« Binder angekündigt, Revanche zu nehmen für die blamierten Kollegen von Admira: »Wir werden Wiens Fußballehre wiederherstellen.« Doch danach sieht es erst einmal gar nicht aus. Schon nach acht Minuten steht es 2:0 für Schalke durch Tore von Heinz Hinz und Hermann Eppenhoff. »Man glaubte zu träumen«, schreibt der »Kicker«. »So mühelos kreiselte Schalke ja nicht einmal Admira nieder.«

Rapid scheint in dieser Phase »für die wieselflinken Knappen zu langsam«, meldet »Sonderberichterstatter« Pepi Strabl, dessen »Drahtbericht« für die Wiener Ausgabe des »Völkischen Beobachters« am nächsten Morgen allerdings dem Überfall auf die Sowjetunion weit nach hinten weichen muss, bis auf Seite sechs. Die Titelseite trägt die Schlagzeile: »Das deutsche Schwert schlägt zu. Die Antwort auf Moskaus Verrat«.

Vier Minuten vor der Pause verpasst Binder die große Chance zum Anschlusstreffer. Er setzt einen Elfmeter neben das Tor. Als nach einer knappen Stunde das 3:0 durch Hinz fällt, scheint das Spiel entschieden. Tausende verhöhnen die Wiener. Sie rufen: »Neun zu null, neun zu null!«

Doch nun, da die Schalker sich wohl zu sicher fühlen, folgen die »sensationellsten neun Minuten in der Geschichte der deutschen Fußballmeisterschaft«, so der »Kicker«. Für Reporter Strabl wird es zu einem Spiel, das »in seiner dramatischen Steigerung in der zweiten Hälfte wohl einmalig dasteht«.

Zuerst trifft Georg Schors per Volley. Dann gelingt Binder zwischen der 62. und 70. Minute ein Hattrick: zwei Elfmeter, jeweils nach Foul an Schors, dann ein wuchtiger Freistoß aus dreißig Metern. Das Spiel ist gedreht. Rapid führt 4:3 und hält den Vorsprung. Schalke trifft nur noch den Pfosten und hadert wegen eines nicht gegebenen Elfmeters.

Nach dem Schlusspfiff weigert sich Kapitän Kuzorra, die Silbernadel für den Zweiten der Meisterschaft von Reichssportführer Hans von Tschammer und Osten entgegenzunehmen. »Dass wir hier verloren haben«, sagt er zu dem NS-Funktionär, »war Politik, kein Sport.« Obwohl ein Jahr später den Schalkern die Finalrevanche gegen einen anderen Wiener Klub gelingt, ein 2:0 gegen den First Vienna FC, fühlen sich viele von ihnen lebenslang verschaukelt. »Das Spiel war gesteuert«, behauptet Rechtsaußen Herbert Burdenski noch 1999, zwei Jahre vor seinem Tod. »Die Ostmark sollte einen Meister haben. Wie sonst ist zu erklären, dass Rapid zwei fragwürdige Elfmeter bekam?«

Die Verschwörungstheorie hat sich ebenso wenig durch Dokumente oder andere Beweise erhärten lassen wie die glorifizierende Darstellung des Sieges durch Rapid-Anhänger als Akt des Widerstands gegen das Hitler-Regime. Widerlegt ist auf jeden Fall der damit verbundene Mythos einer »außersportlichen Revanche«, wonach Rapid-Spieler zur Strafe für den

Spielausgang zur Wehrmacht eingezogen und an die Front geschickt worden seien.

Der Wiener Historiker David Forster fand Akten, »die deutlich zeigen, dass zwischen dem Finalsieg und einem Fronteinsatz kein Zusammenhang besteht«. Seinen Recherchen zufolge waren »die meisten Rapid-Spieler bereits eingerückt, in der Regel auf recht sicheren Posten in Wien, und wurden erst im weiteren Verlauf des Kriegs zu Kampfeinsätzen abkommandiert«. Ähnlich ergeht es damals den Schalkern, von denen die meisten offiziell als Bergleute und damit als »kriegswichtig« geführt werden – obwohl keiner von ihnen unter Tage arbeitet.

Erst nach der Kriegswende an der Ostfront und dem Ausrufen des »totalen Kriegs« im Februar 1943 landen die meisten Wiener und Schalker an der Front. Allerdings hat man auch bei der kämpfenden Truppe als arrivierter Fußballer, durch Beziehungen, Begünstigungen, Atteste, eindeutig größere Überlebenschancen als der durchschnittliche Rekrut.

Von den zweiundzwanzig Spielern, die den Start von »Barbarossa« am 22. Juni 1941 mit einem Fußball-Feuerwerk begleitet haben, fällt nur einer dem Krieg zum Opfer. Der Schalker Bernhard Füller, beim Finale neunzehn Jahre alt, kommt zwei Jahre später in der Ukraine um. Der einzige Tote, den Rapid während des Kriegs aus seinem Meisterteam zu beklagen hat, Verteidiger Heribert Sperner, ist kein Kriegsopfer: Er stirbt 1943 bei einem Bootsunfall auf der Donau.

Was darüber hinaus von jenem historischen Tag bleibt, sind schwelgerische Beschreibungen eines sportlichen Spektakels, während achthundert Kilometer weiter östlich ein apokalyptischer Krieg entfesselt wird. »Von diesem Spiel wird man noch in Jahrzehnten schwärmen«, schreibt der »Kicker«. »Ein Spiel von märchenhafter Dramatik, so berauschend schön und so begeisternd dramatisch; man hätte sich dieses Paradeendspiel nicht herrlicher malen und erträumen können.«

Noch schöner malt es Wolfgang Hagens Spielfilm »Das große Spiel«, der 1942 in die Kinos kommt. Er baut Farbaufnahmen des Endspiels in die fiktive Geschichte eines Klubs namens »Gloria« ein, der, trainiert von UFA-Star Gustav Knuth, das Endspiel gegen den FC Nord erreicht. Nach 0:2-Rückstand und Verletzung des Torjägers schafft Gloria in Unterzahl den Ausgleich – ehe in der Verlängerung der Torjäger, durch reine Willenskraft genesen, zurückkehrt und mit kaputtem Gelenk unter Schmerzen das heldenhafte Siegtor schießt.
So einfach kann das sein: das Leben als Wille, Kampf und Opfer. Und der Fußball als kleiner Bruder des großen Spiels namens Krieg. Vier Jahre später wird es als tödliches Endspiel nach Berlin zurückkehren.

Die Welt erobert hat dann aber nicht Hitler. Erobert haben sie Menschen, die nicht in dessen Rassentheorie passten. Sie trugen Namen wie José Leônidas da Silva, genannt Leônidas, wie Manuel Francisco dos Santos, genannt Garrincha, wie Edson Arantes do Nascimento, genannt Pelé, wie Ronaldo Luís Nazário de Lima, genannt Ronaldo, wie Ronaldo de Assis Moreira, genannt Ronaldinho. Oder, als Erster von ihnen, den schwarzen Weltstars des Fußballs, die bei ihren ersten Auftritten in Europa bestaunt wurden wie Naturwunder: der Uruguayer José Luis Andrade. In Paris wurde er zum gefeierten Star und Liebling der Frauen – bei jenem Turnier, das Fußball erstmals zum Weltereignis machte.

36

Paris, 9. Juni 1924: Kolumbus für Kicker

URUGUAY – SCHWEIZ 3:0 (olympisches Finale)

URUGUAY: Mazzali, Nasazzi, Arispe, Andrade, Vidal, Ghierra, Urdinarán, Scarone, Petrone, Cea, Romano
SCHWEIZ: Pulver, Reymond, Ramseyer, Oberhauser, Schmiedlin, Pollitz, Ehrenbolger, Pache, Dietrich, Abegglen, Fässler
SCHIEDSRICHTER: Slawick (Frankreich); ZUSCHAUER: 50 000
TORE: 1:0 Petrone (9.), 2:0 Cea (65.), 3:0 Romano (82.)

Es ist Olympia. Und alle reden von Fußball. Das geschieht zum ersten und letzten Mal 1924 in Paris. Die Massen strömen nur so in die Stadien, vor allem um ein Team und einen Spieler zu sehen, die vor den Spielen niemand kannte. Das Fußballturnier allein bringt ein Drittel der gesamten olympischen Erlöse ein.

Das Endspiel ist ausverkauft. Vor dem mit fünfzig-, vielleicht sechzigtausend Zuschauern überfüllten Stade de Colombes drängen sich Tausende, vergeblich auf Einlass hoffend. Auch den Radioreporter Edmond Dehorter lässt man nicht hinein – wegen der Proteste der Zeitungsjournalisten, die befürchten, der Mann vom neuen, schnellen Medium werde ihnen mit seinem Bericht zuvorkommen.

Doch so einfach lässt sich Dehorter, Frankreichs erster Radio-Sportjournalist, nicht abschütteln. Er hat einen Ballon gemietet, in dem er das Spiel von oben verfolgen will, um gleich nach der Partie seinen Bericht zu übermitteln – und das sogar bis in die Schweiz, wo man sich auf den Empfang seiner Stimme in der Zürcher Tonhalle technisch vorbereitet hat. Dort scharen sich viele Neugierige, denn die Schweiz erlebt an diesem Tag ihren bis heute größten Fußballerfolg – Finalist eines olympischen Turniers, das später von der FIFA den Rang einer Weltmeisterschaft bekommen wird.

So zwängt sich der füllige, schnauzbärtige Reporter vor Anpfiff mit dem Ballonführer in die enge Gondel des Ballons. Er steigt auf in der berechtigten Hoffnung, Historisches zu sehen.

Zum ersten Mal ist eine südamerikanische Mannschaft nach Europa gekommen, aus dem winzigen Uruguay auf dem Dampfer »Desirade« mit der dritten Schiffsklasse. Dritter Klasse wurden auch ihre Fußballkünste eingeschätzt, erst recht, als bekannt wurde, dass ein Schwarzer für sie spielen sollte. Als der Auftaktgegner Jugoslawien zwei Spione vorbeischickte, wurden sie erkannt und von den Uruguayern im Training an der Nase herumgeführt: mit stümperhafter Ballannahme, misslungenen Kopfbällen, Schüssen weit neben das Tor. Das gelang so mitleiderregend gut, dass die beiden Späher sich offenbarten und ihr Mitgefühl aussprachen: dafür, dass die Männer aus Südamerika nach solch einer weiten Reise schon nach nur einem Spiel wieder heimkehren müssten.

Das Spiel endet 7:0. Für Uruguay. »Und so kam es zu einer zweiten Entdeckung Amerikas«, schreibt der uruguayische Dichter Eduardo Galeano siebzig Jahre später. Es ist eine Offenbarung. Ein ganz anderer Fußball, als man ihn in Europa gekannt hat. »Nie hätte ich geglaubt, dass Fußball zu einer solchen Virtuosität gebracht werden könne, an die Grenze zur Artistik«, schreibt der spanische Reporter Enrique Carcellac. »Sie spielen Schach mit den Füßen.«

Der Ball wird von den Uruguayern nicht weggeschlagen, er wird kontrolliert bewegt, mit Kombinationen, Kurz- und Steilpässen, Flankenläufen. Besonders ihre Dribbelkunst, voller

Finten und Haken, verblüfft die Europäer. Die lustigen Uruguayer erklären es mit ihrer Übung zu Hause bei der Jagd nach Hühnern, die in den Kochtopf sollen. Die, sagen sie, schlagen auch solche Haken.

Nur dreitausend Zuschauer sind zu ihrem ersten Spiel gekommen, die Fahne Uruguays hing verkehrt herum am Mast, mit der Sonne nach unten, und anstelle der Nationalhymne erklang ein brasilianischer Marsch. Doch auf einen Schlag sind die Uruguayer Stadtgespräch in Paris. Die Leute drängen sich, um sie zu sehen, bei ihren Siegen gegen die USA, gegen Frankreich, die Niederlande. Zum Finale kommt die größte Zahl an Zuschauern, die es je bei einem Fußballspiel außerhalb Großbritanniens gab.

Vor dem Finale gibt es von ihrer Vermieterin, Madame Pain, einen Kuss für jeden Spieler, dann geht es zu Fuß von der großen Villa im Vorort Argenteuil die drei Kilometer auf die andere Seine-Seite zum überfüllten Stadion. Unterwegs zelebrieren die Uruguayer zur Einstimmung auf den Kampf eine »Murga«, die Aufführung von Gesang und Getrommel aus dem heimischen Karneval. Auch in der Kabine singen sie aus voller Kehle und wundern sich, dass die Schweizer nebenan so leise sind. Die wiederum beschweren sich beim Schiedsrichter über den Lärm.

Die Schweizer mussten betteln, um überhaupt hier sein zu können. Die sparsame Teamleitung erwarb in Erwartung eines frühen Ausscheidens eine billige Gruppenfahrkarte mit nur zehntägiger Gültigkeit. Dann machte das Tor zum 2:1, mit dem der Stürmer Max »Xam« Abegglen Italien sensationell aus dem Turnier warf, das Billett obsolet. Die Zürcher Zeitung »Sport« veröffentlichte einen Aufruf zum Spenden. Das brachte sechstausend Franken, mit denen der Aufenthalt im »Hotel Moderne« verlängert und neue Rückfahrkarten erworben wurden. Als die Schweiz dank zweier Tore von Abegglen auch Schweden im Halbfinale besiegte, wuchs der Optimismus so rapide an, dass die »Tribune de Genève« auch die Uruguayer für »verwundbar« erklärte.

Eine etwas voreilige Behauptung. Das Finale gegen die Schweizer, die danach bei Heimkehr am Bahnhof Basel von Tausenden immerhin als »Europameister« gefeiert werden, gerät zu einer einseitigen Angelegenheit. Auf den fünf überlieferten Filmminuten sind praktisch immer nur Uruguayer am Ball. Oft laufen sie Kringel um ihre hölzern wirkenden Gegenspieler.

Zwei Tage vor seinem neunzehnten Geburtstag schießt Pedro Petrone das frühe 1:0. Sturmkollege Pedro Cea, der vor Anpfiff in der Kabine unter großer Anteilnahme der Kollegen in einem französischen Sexheftchen blätterte und einen großen Lacherfolg erzielte mit dem dabei gefassten Vorsatz, »ein wenig Französisch« zu lernen, erhöht in der zweiten Halbzeit auf 2:0. Angel Romano besiegelt den Endstand von 3:0.

Nach dem Abpfiff erfinden die »Neuerfinder« des Fußballs auch die Ehrenrunde durch das Stadion, die seitdem in Lateinamerika «Vuelta Olimpica« genannt wird. Nicht nur das Publikum, auch die Presse feiert sie. »Dieser typisch europäische Sport hat seinen Meister gefunden«, schreibt die italienische »Gazzetta dello Sport«, »in einem Land, das vor zehn Jahren fast niemand kannte«. Auf den Herausgeber der französischen Sportzeitung »L'Équipe«, Gabriel Hanot, bis zu einem Flugzeugabsturz fünf Jahre zuvor selbst Nationalspieler, wirken die Uruguayer neben europäischen Gegnern »wie Vollblüter neben Ackergäulen«.

»Bei den Läufern vertrat ein waschechter Neger namens Andrade die exotische Note mit seiner Couleur«, meldet der Korrespondent des deutschen Fachblatts »Fußball« in die Heimat. »Ein zielbewussteres, taktisch vollendeteres Spiel lässt sich kaum denken. Sein fabelhaftes Können rief spontan Beifall hervor.« Andrade falle zudem durch sein »bevorzugtes Kopfballspiel auf«, schreibt der Reporter und kommt zu der anatomischen These: »Die Neger scheinen Schädel wie Kokosnüsse zu haben.«

Während die Kollegen nach Olympia per Schiff heimreisen, bleibt Andrade für einige Monate in Paris, eingeladen von unbekannten Gönnern oder vermutlich: Gönnerinnen. Er zieht mit Zylinder, Seidentuch, einem Spazierstock mit Silberknauf in der Hand, durch die Bars an der Pigalle, lässt sich feiern. Und glänzt mit Showtalent. Früher schlug er sich als Schuhputzer und Straßenmusiker durch, wurde dann aber nicht nur als Fußballer, auch als Tänzer und Musiker im Karneval von Montevideo in einer Band namens »Die armen kubanischen Neger« bekannt.

Sogar Colette, die »Grande Dame« der französischen Literatur, interessiert sich für den gutaussehenden Dreiundzwanzigjährigen. Die Dichterin, die sich um die Meinung der Öffentlichkeit nie groß scherte – 1907 simulierte sie auf der Bühne des Moulin Rouge Sex mit ihrer damaligen Geliebten, bis die Polizei eingriff, und 1919 machte sie ihren sechzehnjährigen und damit dreißig Jahre jüngeren Stiefsohn zu ihrem Liebhaber –, hat während der Spiele die Villa besucht, in der die Uruguayer den Sieg gegen die USA mit einer Tanz- und Grillparty feierten.

Gekommen, um einen Artikel für »Le Matin« zu verfassen, lässt sich die Colette von der Tanzdarbietung des kostümierten Andrade faszinieren. »Uruguayer sind eine eigenartige Mischung aus Zivilisation und Barbarei«, schreibt sie. Es klingt fast wie eine Beschreibung dessen, was bis heute die Magie des südamerikanischen Fußballs ausmacht. »Wenn sie den Tango tanzen, sind sie wundervoll, sublim, besser als der beste Gigolo. Aber sie tanzen auch afrikanische Kannibälentänze, die einen frösteln machen.«

Als erster Fußballer wird Andrade als Sexsymbol empfunden. Während der Spiele trifft er Josephine Baker, eine der Geliebten Colettes und laut Ernest Hemingway »die sensationellste Frau, die jemals jemand sah«. Der Uruguayer tanzt Tango mit der schönen, schwarzen Amerikanerin, die mit ihren Auftritten, bekleidet nur mit einem Bananenröckchen, ein Jahr später in der Pariser »Revue Nègre« zur Weltattraktion wird.

Als Andrade nach Montevideo heimkehrt, beklagen viele, er sei nicht mehr derselbe, ihm sei der Ruhm zu Kopf gestiegen. Mitspieler und alte Freunde behandelt er desinteressiert. Bei der Tour durch neun europäische Länder mit Nacional Montevideo 1925, die über achthunderttausend Zuschauer erleben, sondert er sich vom Team ab. Er sucht einen Arzt in Brüssel auf, der bei ihm Syphilis diagnostiziert. Trotz der Erkrankung spielt er auf hohem Niveau weiter Fußball, wiederholt den Olympiasieg 1928, wobei er sich im Halbfinale gegen Italien bei einer Kollision mit dem Pfosten schwer an einem Auge verletzt, auf dem er später erblindet. Und gewinnt mit Uruguay den Titel bei der ersten WM 1930.

Was aber hat der Reporter berichtet, der von allen Menschen den besten Blick auf dieses Fußballwunder hatte? Auf den Olympiasieg von Andrade und den anderen Uruguayern – den Beginn der Ära, in der ein kleines Land die größte Dominanz erreichte, die der Fußball je erlebt hat? Zuerst hat es noch ganz gut ausgesehen für den fülligen Franzosen im Korb. Der Ballon stieg wie gewünscht auf. Doch kaum nahte der Anpfiff, kam ein Wind auf. Er trieb ihn in die falsche Richtung. Dorthin, wo nur noch das Dach der Tribüne zu sehen war.

Schon vor Andrade gab es in Südamerika herausragende dunkelhäutige Spieler, wie dessen Landsmann Isabelino Gradín, den Torschützenkönig der ersten Südamerikameisterschaft, die Uruguay 1916 gewann (wobei Chile erfolglos protestierte, Uruguay sei »mit Afrikanern« angetreten). Und vor allem den Brasilianer Artur Friedenreich, dessen Tore die Tür für schwarze Spieler in seinem Land öffneten. Und damit für den Aufstieg der größten Fußballnation der Welt.

37

Rio de Janeiro, 29. Mai 1919: Ende der Sonnenfinsternis

BRASILIEN – URUGUAY 1:0 n. V.
(Südamerikameisterschaft, Entscheidungsspiel)

BRASILIEN: Marcos, Píndaro, Bianco, Sérgio, Amílcar, Fortes, Millon, Neco, Friedenreich, Heitor, Arnaldo
URUGUAY: Saporiti, Varela, Foglino, Naguil, Zibechi, Vanzzino, Pérez, Scarone, Romano, Gradín, Marán
SCHIEDSRICHTER: Barbera (Argentinien); ZUSCHAUER: 35 000
TOR: 1:0 Friedenreich (122.)

Wozu braucht man einen Trainer? Die Seleção hat keinen, als ihre große Erfolgsgeschichte mit einem Tor nach über vier Stunden Spielzeit beginnt. Es fällt an demselben Tag, an dem der Norden Brasiliens von einer fünfminütigen totalen Sonnenfinsternis verdunkelt wird. Die dabei gemessene gravitative Abweichung des Lichts bestätigt die von Albert Einstein vier Jahre zuvor aufgestellte Allgemeine Relativitätstheorie. Es ist ein Meilenstein in der Geschichte der Wissenschaft. Um die Finsternis der brasilianischen Fußballsonne zu beenden, braucht Brasilien aber keine Theorie. Auch keinen Trainer und keine Trainingslehre. Nur einen Mann, der die gängige Farbenlehre auf den Kopf stellt.

Als das Campeonato Sudamericano, heute Copa América genannt, 1919 erstmals in Brasilien stattfindet, haben im besten Team des Kontinents, Uruguay, das die ersten Austragungen des Turniers 1916 und 1917 gewonnen hat, schwarze Spieler längst einen festen Platz. Und das nicht nur im Fußball. Das kleine Nachbarvolk von kaum mehr als einer Million Einwohnern ist sozialpolitisch der Vorreiter Lateinamerikas – während im zwanzigmal größeren Brasilien, das die Sklaverei erst 1888 als letztes Land der Welt abgeschafft hat, noch die alten Feudalstrukturen bestehen.

Als Brasilien 1914 sein erstes offizielles Länderspiel bestreitet, sind dunkelhäutige Spieler noch unerwünscht. Nur einer in der »Seleção« unterscheidet sich in Haar und Hautfarbe von den hellhäutigen Mit- und Gegenspielern. Den Einsatz beim 2:0-Sieg gegen das Profiteam von Exeter City, das bald heim nach England in den eine Woche später beginnenden Ersten Weltkrieg muss, bezahlt er mit dem Verlust zweier Zähne.

Die Chance, im Nationalteam zu spielen, verdankt Artur Friedenreich der Herkunft seines Vaters Oscar, Sohn eines aus Holstein eingewanderten Deutschen. Diese Abstammung privilegiert den »Mischling« Friedenreich, dessen Mutter eine schwarze Wäscherin ist, ein wenig gegenüber den schwarzen Sklavensöhnen vom unteren Rand der Gesellschaft, von deren tänzerischer Spielfreude Brasilien noch nichts wissen will. Das Spiel, das der Anglo-Brasilianer Charles Miller 1894 aus England mitbrachte, als er mit zwei Lederbällen und den Spielregeln an Land ging, reklamiert die weiße Oberschicht allein für sich.

Nur weil er dank seines Vaters, eines erfolgreichen Kaufmanns, in São Paulo eine private Oberschule besuchen und dem SC Germânia, einem Klub für deutschstämmige Spieler, beitreten konnte, fand Friedenreich Zugang zum organisierten Fußball. Dass er es sogar ins Nationalteam schaffte, dafür hat er aber noch viel mehr liefern müssen, das stärkste Argument, das der Fußball hat: Tore. Viele Tore.

Laut Angaben der FIFA, die allerdings auch viele inoffizielle, nicht dokumentierte Spiele einschließen und deshalb wohl um etwa fünfzig Prozent übertrieben sind – ebenso wie die angeblich 1280 Tore von Pelé, dem Einzigen, der ihm später nahe kam –, hat Friedenreich im Laufe seiner 26-jährigen Karriere 1329 Tore geschossen.

Das wichtigste davon erzielt er am Tag der Finsternis, die in Rio die Mittagssonne nur teilweise verdeckt hat. Achtzehn Tage zuvor hat er beim 6:0 gegen Chile das erste Tor des Kontinentalturniers erzielt – und zugleich das erste im neuen Éstadio Laranjeiras, einem Ort, der mit den weißen Kuppelbauten und saftigen Palmen, die ihn idyllisch umringen, sonst der reichen Oberschicht von Rio vorbehalten ist. Friedenreich bringt in diese Umgebung etwas Neues.

»Dieser Mulatte mit den grünen Augen begründete die typisch brasilianische Art, Fußball zu spielen. Er brach mit allen englischen Lehrbüchern«, so beschreibt es später der uruguayische Dichter Eduardo Galeano. »In den feierlichen Ernst der weißen Stadien brachte Friedenreich die frech-vergnügte Unbotmäßigkeit der kaffeebraunen Jungen, die ihren Spaß dabei haben, in der Vorstadt einen Ball aus Lumpen zu treten.«

Er gilt als der erste Meister der individuellen Fußballtechnik: des Dribblings, der Finte, des Schusses mit Effet. »Und so wurde der schönste Fußball der Welt geboren«, so Galeano, »der aus dem Abknicken des Oberkörpers besteht, dem Schwingen des ganzen Körpers, den fliegenden Beinen, die von der Capoeira herkamen, dem Kriegstanz der schwarzen Sklaven, und den fröhlichen Tänzen aus den Armenvierteln der großen Städte.«

Eine andere Theorie seiner Kunst besagt, Friedenreich habe seine berühmten Körpertäuschungen und Finten entwickelt, um den vielen Fouls zu entkommen – die damals von manchen Schiedsrichtern nicht gepfiffen wurden, wenn sie von weißen an nichtweißen Spielern begangen wurden. In der Anfangszeit seiner Karriere hat Friedenreich sich vor Spielen das krause Haar glattbürsten oder mit einem Haarnetz bedecken müssen.

Andere bestäubten sich den dunklen Teint mit Reismehl, um heller zu wirken.

Doch im Mai 1919 wird Friedenreich zum Nationalhelden, zum ersten Fußballstar Brasiliens, einer Nation, die sich erstmals selbst feiert. Seine Klasse hat sich schnell herumgesprochen. Bei den Spielen des Heimteams drängen sich im offiziell nur für achttausend Zuschauer errichteten Stadion über zwanzigtausend, beim Finale sogar fünfunddreißigtausend Menschen, die vor allem ihn sehen wollen.

Das Turnier, das ursprünglich schon 1918 standfinden sollte, aber verschoben wurde wegen der Spanischen Grippe, die weltweit mindestens 25 Millionen Menschen tötete, mehr als der Erste Weltkrieg, dauert länger als geplant. Ein Endspiel war nicht vorgesehen. Doch es wird nötig, weil das Gruppenspiel zwischen Brasilien und Uruguay 2:2 ausgegangen ist. Uruguay war 1:0 in Führung gegangen, durch den ungeheuer schnellen, athletischen Isabelino Gradín, den ersten schwarzen Star des Fußballs, dem auch viele schwarze Brasilianer zujubeln.

Im Entscheidungsspiel können sie endlich auch einem schwarzen Landsmann zujubeln. Nach neunzig Minuten ist noch kein Tor gefallen, nach der ersten dreißigminütigen Verlängerung auch nicht. Erst in der zweiten Verlängerung schießt Friedenreich auf Vorlage von Neco in der 122. Spielminute das Tor, das Brasilien den Sieg bringt.

»In Rio stürzte das Volk auf die Straßen«, schreibt Galeano in »Der Ball ist rund und Tore lauern überall«, dem schönsten Buch über die lateinamerikanische Fußballpassion. »Der Festzug wurde wie mit einer Standarte von einem schlammbespritzten Fußballstiefel angeführt, den ein Schild zierte, auf dem geschrieben stand: »O glorioso pé de Friedenreich – Der ruhmreiche Fuß von Friedenreich«. Später wird der Schuh in einem Ladenfenster in Rio ausgestellt.

In der Heimat erhält er den Ehrennamen »Pé de Ouro« (»Goldfuß«). Auch beim unterlegenen Gegner ist die Bewunderung des Stürmers so groß, dass Uruguay ihm den Beinamen »El Tigre« (»der Tiger«) gibt. Und 1925, als Friedenreich auf einer Europareise mit Athletico Paulistano seine Künste erstmals außerhalb Südamerikas zeigen kann, kürt ihn die französische Presse zum »Roi des Rois du Football«, dem König der Könige am Ball.

Als Friedenreich 1935 mit 43 Jahren seine Laufbahn beendet, steht das Spiel auch den Abkömmlingen der Sklaven offen. Und so entwickelt sich das, was der brasilianische Autor Armando Nogueira so beschreibt: »Die Mischung der Rassen erschuf den wahren Tänzer, den brasilianischen Fußballer.«

Allerdings verlief diese Öffnung nicht ohne einen weiteren Umweg. Zwei Jahre nach seinem großen Triumph wird Friedenreich für das Campeonato Sudamericano 1921 in Argentinien nicht nominiert – auf Betreiben von höchster Stelle. Staatspräsident Epitácio Lindolfo da Silva Pessoa hat die Funktionäre gedrängt, nur weiße Spieler aufzubieten, weil sonst »Brasilien als unterentwickeltes Land betrachtet und sein Ruf beschädigt werden könnte.« Brasilien wird nur Zweiter. Viele protestieren. So wird Friedenreich für das Heimturnier 1922 zurück ins Team geholt. Brasilien gewinnt den Titel. Nie wieder hat es seitdem eine weiße Seleção gegeben. Und 1938 wird Brasilien erstmals auch in Europa zum Synonym für begeisternden Fußball – durch einen Stürmer, der seine dunkle Hautfarbe in einem unvergleichlichen Spiel sogar einmal zur Tarnung einsetzen konnte.

38

Straßburg, 5. Juni 1938:
Barfuß im Regen

BRASILIEN – POLEN 6:5 n. V. (WM-Achtelfinale)

BRASILIEN: Batatais, Machado, Hércules, Leônidas, Lopes, Martim, Perácio, Romeu, Zezé Procópio, Domingos, Afonsinho
POLEN: Madejski, Piec, Willimowski, Scherfke, Wodarz, Szczepaniak, Dytko, Piontek, Góra, Nyc, Gałecki
SCHIEDSRICHTER: Eklind (Schweden); ZUSCHAUER: 13 500
TORE: 1:0 Leônidas (18.), 1:1 Scherfke (23., Elfmeter), 2:1 Romeu (25.), 3:1 Perácio (44.), 3:2 Wilimowski (53.), 3:3 Wilimowski (59.), 4:3 Perácio (71.), 4:4 Wilimowski (89.), 5:4 Leônidas (93.), 6:4 Leônidas (104.), 6:5 Wilimowski (118.)

Auch ein Dreivierteljahrhundert später wird sich Noah Klieger in hellsten Farben an das Spiel seines Lebens erinnern. Und nicht nur seines. »Ich habe 1938 bei der WM in Frankreich in der Straßburger Meinau das beste Fußballspiel aller Zeiten gesehen«, so erzählt der Achtundachtzigjährige bei einer Begegnung in Berlin 2014. »Brasilien gegen Polen, 6:5 nach Verlängerung. Mit dem besten Spieler aller Zeiten, Leônidas da Silva. Den kannte niemand vorher, es gab kein Fernsehen, und kein Brasilianer spielte in Europa.«

Es ist der zweite Tag der WM in Frankreich, der letzten, die von der ersten bis zur letzten Runde im K.-o.-Modus ausgetragen wird – wie ein Pokalwettbewerb. Wer ein Spiel verliert, ist draußen.

Die Erwartungen an die Brasilianer sind groß in dem kleinen Stadion in Straßburg, auch beim zwölfjährigen Klieger, der das Spiel in seiner Heimatstadt mit seinem Vater besucht. Brasilien ist in der WM-Geschichte als einziges Land von Beginn an bei allen Turnieren vertreten gewesen. Doch erst hier, bei der dritten Teilnahme, hat man ein Nationalteam am Start, das den Namen verdient.

1930 und 1934 war die Zusammenstellung des Kaders von regionalen Streitigkeiten überlagert. So fehlten am Ende einige der besten Spieler, wie Friedenreich. Und Brasilien scheiterte jeweils in der ersten Runde.

Ademar Pimenta ist 1938 der erste Trainer, der tatsächlich die besten Spieler des Landes auswählen kann. Schon im April reiste die Seleção für einen Monat zur Vorbereitung in die Stadt Caxambu im Bundesstaat Minas Gerais, bekannt für ihr Heilwasser, und traf nach fünfzehntägiger Schiffspassage bereits drei Wochen vor dem Turnier ein – während die polnischen Amateure, die für die WM Urlaub nehmen mussten, erst eine Woche vor dem Spiel anreisen konnten.

Alle Kosten übernimmt Brasiliens Regierung, die erstmals Fußball als Mittel der Politik erkennt. Präsident Getulio Vargas, der 1930 die politische Beherrschung des Landes durch die Agrar-Oligarchen aus den Bundesstaaten São Paulo und Minas Gerais per Staatsstreich beendete, nutzt das populäre Spiel als Instrument des von ihm gewünschten verbindenden Nationalgefühls namens »brasilianidade«: eine Klammer für alle Brasilianer, weiße, schwarze, indigene. Dieser politische Wandel bringt dem Fußball sehr rasch jene multiethnische Mischung, die noch zehn, fünfzehn Jahre vorher verhindert wurde – und schon bald die große Anziehungskraft der Seleção ausmachen wird.

Vor allem schwarzen Spielern bietet das Spiel inzwischen ein Sprungbrett für sozialen Aufstieg, dank der Einführung des Profifußballs Mitte der dreißiger Jahre. So verfügt Pimenta in seinem Kader über eine starke Auswahl, aus der er vor dem Turnier nicht nur eine, sondern zwei Mannschaften gebildet hat, um bei der WM auf unterschiedliche Anforderungen und Spielweisen reagieren zu können. Das »blaue« Team mit kraftvollen, zweikampfstarken Spielern. Das »weiße« mit wendigeren, technisch besseren. Nur einer ist in beiden unverzichtbar: Leônidas da Silva.

Seit siebzehn Uhr am Pfingstsonntag läuft das Spiel, die Sonne scheint über Straßburg, und das »blaue« Team der Brasilianer, die sich unter diesen Bedingungen sichtlich wohl fühlen, zieht ein gekonntes Lauf- und Kombinationsspiel auf. Nach achtzehn Minuten trifft Leônidas mit einem Linksschuss in den Winkel zum 1:0. Fünf Minuten später zeigt sich erstmals sein großer Gegenspieler, denn an diesem Tag stehen sich zwei der größten Torjäger des Jahrhunderts gegenüber.

Ernst Willimowski, genannt »polnischer Stier«, stürmt Richtung Tor und wird im Strafraum von einem Brasilianer namens Hércules niedergerungen, der sich gebärdet wie sein antiker Namensvetter bei einer seiner zwölf mythischen Heldentaten, dem Bändigen des wilden kretischen Stiers. Der fällige Elfmeter führt zum Ausgleich. Doch die Brasilianer bleiben überlegen und gehen, gefeiert von den französischen Zuschauern, am Ende der ersten Halbzeit mit einer 3:1-Führung in die Kabine.

Während der Pause zieht ein kräftiges Gewitter über das Stadion. Es verzögert den Anpfiff der zweiten Halbzeit. Als das Spiel fortgesetzt wird, sind Blitz und Donner weitergezogen, doch immer noch prasselt der Regen und verwandelt den Rasen in eine Schlammwüste.

Die Brasilianer kommen mit dem glatten Geläuf nicht zurecht. Ihr Schuhwerk taugt dafür nicht. Die Polen gleichen durch zwei Tore von Willimowski aus. »Wir wussten nicht mehr ein noch aus«, so Leônidas später, »weil der Platz überschwemmt war und wir keinen Halt mehr fanden.« Pimenta sagt nach dem Spiel: »Die Polen waren ohne Zweifel starke Gegner. Aber der schlimmste Gegner war der Regen.«

Beim Stand von 3:3 beschließt Leônidas, die Schuhe auszuziehen und wie in seinen Kindertagen in einem armen Randbezirk von Rio barfüßig zu spielen. Das widerspricht den Regeln. »Ich sehe noch immer den langen Schiedsrichter vor mir, der von mir verlangte, dass ich sofort wieder meine Schuhe und Strümpfe anziehe«, heißt es in seinen Erinnerungen. »Ich hatte mich ihrer entledigt, weil ich mir vorkam wie ein neugeborenes Kind – es war einfach unmöglich, sich dort zu bewegen. Sooft man sich drehen wollte, rutschten einem die Beine weg.«

Erst als der Regen aufhört und der Boden zu trocknen beginnt, kommen die Brasilianer wieder besser in Tritt. Perácio erhöht auf 4:3, ehe Willimowski mit seinem dritten Treffer eine Minute vor Ende der regulären Spielzeit zum 4:4 ausgleicht.

Das bedeutet Verlängerung – sie macht Leônidas zur Legende in der Heimat. In Südamerika ist er schon lange ein Begriff, seit er 1932 als Neunzehnjähriger beide Tore zum 2:1-Sieg Brasiliens bei Weltmeister Uruguay erzielte. Doch erst das Spiel in Straßburg, das als erste WM-Partie live im brasilianischen Radio übertragen wird, macht ihn zum überhöhten Helden – fast wie jenen Spartaner, der mit dreihundert Mann dem ganzen persischen Heer standhielt und Leônidas seinen Namen gab. In manchen Berichten der Schlacht von Straßburg erscheint der Brasilianer wie ein übermenschlicher Held aus der antiken Mythologie. So glaubt ein französischer Reporter, an ihm gleich »sechs Beine« erkannt zu haben.

Die Verlängerung läuft drei Minuten, da hören die Ohrenzeugen in der Heimat im Radio die erregte Schilderung des 5:4 durch Leônidas da Silva, garniert mit den landesüblichen Ausschmückungen und dramatischen Überhöhungen. Doch auch nach Berichten vieler anderer, sachlicherer Augenzeugen hat der Schütze dieses Tor auf sagenhafte Weise erzielt: nämlich barfuß.

Also irregulär, was aber, so Zuschauer Noah Klieger sechsundsiebzig Jahre später, zunächst unbemerkt blieb. »Er war schwarz, und im Schlamm waren die Füße sowieso schwarz. So hat der Schiedsrichter erst nach einer Viertelstunde bemerkt, dass er keine Schuhe anhatte. Inzwischen hatte Leônidas barfuß schon sein Tor geschossen.« Ob er auf dem Weg dorthin den rechten Schuh nur versehentlich im Morast verlor oder gar beide oder ob er das freiwillig tat, bleibt mangels weiterer Beweise ein Stoff für den Sagenschatz des Fußballs.

In der hundertvierten Minute erhöht er mit seinem dritten Tor nach einem Solo auf 6:4. Das Spiel scheint entschieden, doch Willimowski schafft zwei Minuten vor Schluss noch den Anschlusstreffer, worauf Mitspieler Erwin Nyc mit einem Lattenschuss fast noch ein Wiederholungsspiel erzwingt. Willimowski erhält nach seinen vier Treffern ein Angebot aus Brasilien, bleibt aber in Polen und nimmt im Krieg die deutsche Staatsangehörigkeit an, um für Sepp Herbergers Nationalteam anzutreten. Mitspieler Fritz Walter preist ihn als »Wunder im Ausnutzen von Torchancen«.

Der Fußball hat an diesem Tag zwei Superstars gefunden, die aber bald wieder fast in Vergessenheit geraten. Der Zweite Weltkrieg raubt ihnen die Bühne ihrer Kunst. Die nächste WM findet erst zwölf Jahre später statt.

Wenigstens der Ruhm bleibt. »Paris Match« bezeichnet Leônidas als »Gummimann«. Eine brasilianische Zeitung schreibt: »Er war unsere Dynamitstange. Jedes Mal, wenn er den Ball berührte, zuckte ein Blitz voller Enthusiasmus durch die Menge.« Auch Klieger durchfuhr der Blitz. »Ich war überzeugt, die Brasilianer kommen ins Finale«, erinnert er sich. »Deshalb überredete ich meinen Vater, Karten fürs Endspiel zu kaufen.«

Nach dem Sieg über Polen setzt sich Brasilien auch gegen die Tschechoslowakei durch. Nach einem knochenharten 1:1 mit der »blauen« Elf gelingt der »weißen Elf« im Wiederholungsspiel ein 2:1-Sieg. Nur Leônidas spielt in beiden Teams und trifft in beiden Partien. Dann allerdings, im Halbfinale, steht er nicht auf dem Platz. Warum, bleibt unklar: Erschöpfung? Verletzung? Schonung fürs Finale? Ohne ihn verliert Brasilien 1:2 gegen Titelverteidiger Italien, der dann im Endspiel Ungarn besiegt. Erst beim 4:2 gegen Schweden im Spiel um Platz drei ist Leônidas wieder dabei. Er erzielt zwei Treffer und wird mit sieben Toren in vier Spielen Torschützenkönig.

So hat Noah Klieger den »besten Spieler aller Zeiten«, den er 1938 als Kind sah, nie wiedergesehen. Klieger wurde 1943 nach Auschwitz deportiert. Er überlebte das Vernichtungslager als Mitglied der legendären Boxstaffel von Auschwitz und wurde einer der bedeutendsten Journalisten Israels, der noch mit neunzig Jahren Leitartikel schrieb. Und die Finaltickets, die sie damals hatten? »Wir sind trotzdem hingefahren zum Endspiel in Paris im Parc des Princes«, sagt er. »Sieben Stunden mit der Bahn, wir hatten ja bezahlt.«

Fünfzehn Tage hat das Turnier gedauert, genauso lange dauert die Heimreise für Leônidas. Als er ankommt, ist der Sohn einer schwarzen brasilianischen Köchin und eines weißen portugiesischen Seemanns der größte Star des Landes. Als erster farbiger Fußballer kann er, anders als die Uruguayer Gradín und Andrade, die in Armut sterben, seinen Ruhm in Wohlstand und Prominenz ummünzen. Man bietet ihm Filmrollen und Werbeverträge an. Die nach ihm benannte Schokolade »Diamante Negro« ist bis heute eine der beliebtesten Süßwaren Brasiliens. Er wird einer der bekanntesten Radio- und Fernsehkommentatoren Brasiliens.

Und die Menschen reißen sich um ihn, schon bei der Rückkehr aus Frankreich. »Als wir durch Salvador kamen, wurde ich von der Menge fast erdrückt«, schreibt er später. »Ich musste mir meinen Weg so mühsam bahnen, dass ich sogar einen Schuh verloren habe« – fast wie in seinem größten Spiel.

Zwanzig Jahre später wird Brasilien endlich Weltmeister. Oder ist das nur eine Halluzination? Hat die WM 1958 in Schweden wirklich stattgefunden? 2002 drehte der schwedische Regisseur Johan Löfstedt einen Film über diese Frage. Im Mittelpunkt der Historiker Bror Jacques de Waern, der anhand des Schattenfalls auf Fotos und Filmen, der Heiterkeit des deutschen Torwarts nach dem dritten Gegentor im Halbfinale und ähnlicher Indizien herausgefunden haben will, dass die WM 1958 ähnlich der Mondlandung 1969 »ein gigantisches Luftschloss« gewesen sei – in Hollywood »inszeniert vom CIA, der FIFA und der TV-Industrie«, als »Test der Amerikaner, im Kalten Krieg festzustellen, wie weit man mit Fernsehbildern Menschen beeinflussen konnte«. Der Film ist eine satirische Schein-Dokumentation, führte aber zur Bildung von Gruppen, die das darin fiktiv Dargestellte als real betrachten (und damit die WM als irreal) und als Verschwörungstheorie weiterverbreiten.

Für Boris Kusnezow, gestorben 1999, kam der Film zu spät. Er hätte ihm vielleicht helfen können, die Verwirrung loszuwerden, in die ihn an einem Tag im Sommer 1958 ein krummbeiniger Kerl aus Brasilien stieß. Kusnezow umspielte er schon in der ersten Spielminute viermal. Später deckten sie ihn zu zweit, zu dritt, zu viert, einmal sogar zu fünft. Vergeblich. Aber vielleicht hat es diese WM ja gar nicht gegeben. Und nicht das Spiel Brasilien gegen Sowjetunion. Und nicht das, was Kusnezow durchmachte als Gegenspieler von Garrincha. Was jedoch sehr schade wäre, denn dann wäre der Welt etwas Großes entgangen: das WM-Debüt zweier Spieler, wie man sie nie gesehen hatte. Und die besten ersten drei Minuten in der Geschichte des Fußballs.

39

Göteborg, 15. Juni 1958: Brasiliens Sputnik

BRASILIEN – SOWJETUNION 2:0 (WM-Vorrunde)

BRASILIEN: Gilmar, De Sordi, Bellini, Orlando, Nílton Santos, Zito, Didi, Garrincha, Vavá, Pelé, Zagallo
SOWJETUNION: Jaschin, Kessarew, Krischewski, Kusnezow, Woinow, Netto, V. Iwanow, Simonjan, Iljin, Zarjow, A. Iwanow
SCHIEDSRICHTER: Guigue (Frankreich); ZUSCHAUER: 51 000
TORE: 1:0 Vavá (2.), 2:0 Vavá (65.)

Mitten auf dem Spielfeld steht Didi am Ball und amüsiert sich. So, wie sich nur ein Brasilianer am Ball amüsieren kann: über die Russen, darüber, wie schreckhaft sie auf Sicherheitsabstand zu ihm bleiben. Wie sie zucken, wenn er sie mit kleinen Körpertäuschungen testet.

Schon vor dem Turnier hat Didi sich amüsiert: über die Diskussion, ob man ihn überhaupt mitnehmen solle zur WM nach Schweden. Weil er schon dreißig ist. Weil er mit einer weißen Frau verheiratet ist. Als ob man ohne ihn, den Spielmacher, auskäme! Ihn, der Brasilien gegen Peru erst zur WM schoss, mit seinem Markenzeichen, dem Freistoß namens »folha seca«, über die Mauer gedreht, dann herabsinkend wie das »fallende Blatt«, nach dem er benannt ist. »Es wäre verrückt, wenn sie mich zu Hause ließen«, sagte er, »nachdem ich ihr Ticket bezahlt habe.«

Und nun löst er auch das Ticket für die K.-o.-Runde und

schickt Vavá los, es zu holen. Eine gefühlte Ewigkeit hat Didi dagestanden, fintiert, die Schultern gedreht, wie ein Boxer, der den Gegner locken will. Sich nicht vom Fleck bewegt. Wie hypnotisiert starren die Sowjets ihn an. Sieben Sekunden lang. Dann endlich startet Vavá in die Spitze, Didi schlägt den kleinen Haken nach links, um sich den Passweg zu öffnen. Dann schlägt er mit dem Außenrist den Ball in den Lauf des Mittelstürmers, und der lässt Lew Jaschin, dem besten Torwart der Welt, keine Chance.

Das 1:0 ist die logische Folge drückender Überlegenheit. Eigentlich müsste es schon 3:0 stehen. Na gut, es sind erst drei Minuten gespielt. Aber es sind »die drei besten Minuten Fußball, die je gespielt wurden«. Der das sagt nach diesem Spiel, ist nicht irgendjemand. Es ist der berühmteste Sportjournalist Europas: Gabriel Hanot, Herausgeber von »L'Équipe« und Erfinder des Europapokals.

Die Sowjetunion hat 1957 den ersten Satelliten ins Weltall geschickt und den Sputnik-Schock gleich mit. Die Furcht geht um: Wird der Kommunismus den Rest der Welt technologisch abhängen? Auch im Fußball, so geht die Sage, sei das Sowjet-Team auf der Höhe der Wissenschaft, eine perfekt trainierte, nie ermüdende Maschine. Zwei Jahre nach dem Olympiasieg zählt sie zu den WM-Favoriten.

Aber auch Vicente Feola, der brasilianische Trainer, setzt auf moderne Methoden. Seine Spieler schickte er vor dem Turnier allesamt zum Zahnarzt, der ordentlich zu tun bekam: 470 Zähne wurden behandelt, 32 gezogen. Und Feola nahm einen Psychologen mit nach Schweden, Dr. João Carvalhaes, der die Spieler Fragebögen ausfüllen und Bilder malen ließ. Nach deren Auswertung liegt der Doktor vor dem Spiel gegen die Sowjets allerdings über Kreuz mit Feola. Er ist gegen den Einsatz von Pelé, den er für unreif, und von Garrincha, den er für strohdumm hält. (Bei einer späteren Reise nach Japan wird Garrincha sein Kofferradio wegschmeißen – er hält es für kaputt, weil es nur noch Unverständliches von sich gibt.) Beide seien »mental ungeeignet für Drucksituationen«.

Feola hat sie in den ersten zwei Vorrundenspielen nicht eingesetzt. Es gab ein 3:0 gegen die schwachen Österreicher, aber nur ein 0:0 gegen die Engländer. Vor der Physis der Sowjets hat Feola großen Respekt. Er kommt zu dem Schluss, dass sein Team den Gegner von Beginn an mit Ballkunst einschüchtern müsse.

Deshalb entscheidet er sich für die beiden Jungstars. Für Pelé, der schon mit siebzehn als größtes Talent des Landes gilt, aber angeschlagen in die WM ging; und für Garrincha, den Hallodri, der noch in der Kabine vor dem Spiel nicht sagen kann, gegen wen man überhaupt spielt. Jede taktische Anweisung ist bei ihm vertane Zeit. Das Einzige, was man Garrincha geben muss, ist der Ball. Laut Pelés Memoiren hörte Feola also »auf seinen Instinkt«. Und sagte dem Psychologen, dass er vielleicht sogar Recht habe mit der Einschätzung der beiden Spieler: »Aber fest steht, dass Sie nichts von Fußball verstehen.«

Die Fußballgeschichte wird ihm Recht geben. Wenn Pelé und Garrincha gemeinsam spielen, diese beiden mental »Ungeeigneten für Drucksituationen«, wird Brasilien nie verlieren: sechsunddreißig Siege, vier Unentschieden.

»Denk dran«, hat Feola Spielmacher Didi eingetrichtert, »der erste Ball geht zu Garrincha.« Der erste geht schon nach knapp zwanzig Sekunden. Kusnezow kommt entgegen, Garrincha täuscht links, geht rechts vorbei. Wartet dann, bis Kusnezow wieder aufgestanden ist. Umspielt ihn noch mal. Dann vorbei an Juri Woinow, und dann, aus sechs, sieben Metern, ein krachender Schuss an den Pfosten. Wenige Sekunden später kommt der Ball wieder in den Strafraum, Garrincha nimmt ihn volley, fast quer in der Luft liegend. Knapp vorbei. Das war Minute eins.

Immer auf Garrincha. Nun versuchen die Sowjets ihn zu doppeln. Doch mit seinen schiefen Beinen, die bei der Geburt ebenso wie sein Rückgrat verkrümmt waren und von denen nach mehreren korrigierenden Operationen das rechte Bein nach innen gebogen ist und das linke, sechs Zentimeter kürzere nach außen, bringt er sie völlig durcheinander. O-Beine haben viele Fußballer, manche auch X-Beine. Aber dieser Mann mit einem X- und einem O-Bein ist nicht zu greifen. Diesmal profitiert davon Pelé, der zum ersten Mal gefährlich an den Ball kommt. Auch er trifft den Pfosten. Das war Minute zwei.

Und dann, als die Sowjets hypnotisiert vor Didi stehen bleiben, weil sie wohl denken, dass auch er wie Garrincha wie der Blitz links-rechts an ihnen vorbeijagt, wenn sie nur einen falschen Schritt machen, spielt Didi einmal nicht auf Garrincha. So macht Vavá das 1:0. Eine Minute später ist das Ziel wieder Garrincha, und beinahe fällt das 2:0. Auf Vorlage des Rechtsaußen schießt Vavá knapp vorbei.

»In diesen phantastischen ersten Minuten war ich nur ein Zuschauer auf dem Feld«, erinnert sich Mário Zagallo, der Linksaußen, fünfzig Jahre später. »Der Ball war ständig auf der rechten Seite, bei Garrincha, Pelé und Didi. Die Sowjets begriffen nicht, was geschah.«

Dabei wohnen die Sowjets gleich nebenan, nur zweihundert Meter entfernt von den Brasilianern im idyllischen Hindas bei Göteborg. »Manchmal, wenn sie nicht fischen waren, kamen sie aus dem Wald getrottet wie Bären, um den Brasilianern bei ihrem fröhlichen Training zuzuschauen«, beschrieb es der englische Journalist Brian Glanville. Aber auch die Brasilianer haben ein bisschen spioniert. »Unser Gebäude war zweistöckig, vor dem Spiel habe ich sie von dort oben beobachtet«, so Zagallo. »Ich sah die roten Hemden morgens unermüdlich rennen, ich sah sie abends unermüdlich rennen. Und sagte mir: Lieber Gott, tun die nichts anderes als trainieren?«

Nach diesen drei Minuten aber sind die roten Hemden völlig durch den Wind. Nur ein einziges Mal in neunzig Minuten zwingen sie Brasiliens Torwart Gilmar zu einer Parade. Die

Brasilianer dagegen kommen auf sechsunddreißig Angriffe, die Hälfte davon gefährlich. Wäre nicht Pelé, wie er in seinen Memoiren zugibt, so nervös, dass er zwei Riesenchancen vergibt, das Spiel wäre längst entschieden. »Die Anspannung löste sich erst, als Vavá sein zweites Tor schoss«, so Pelé. »Eine Erlösung.« Sie geschieht in der 77. Minute nach Freistoß von Garrincha auf Pelé, der einen doppelten Doppelpass mit Vavá folgen lässt. Der Endstand im wohl einseitigsten WM-Spiel, das je 2:0 endete.

Nach dem Tor hüpft Pelé wie ein Flummi auf und ab, holt den Ball aus dem Netz und schießt ihn noch einmal hinein, als wolle er fürs nächste Spiel üben, wie das geht. Vier Tage später, im Viertelfinale gegen Wales, weiß er es, trifft zum 1:0-Sieg, schießt dann, beim 5:2 gegen Frankreich, drei Tore und schließlich beim 5:2 im Finale gegen Schweden weitere zwei – darunter eines der schönsten aller Zeiten, einen Ball, mit der Brust gestoppt, über den Gegner gelupft, volley ins Netz. Von da an wird er als das neue Weltwunder des Fußballs gelten.

Garrincha ist es schon jetzt, nach dem Sieg gegen die Sowjetunion, deren Abwehrspieler er einen nach dem anderen düpiert hat. »Wer kann Brasilien stoppen?«, fragt eine schwedische Zeitung und zeigt Garrincha als Comic-Figur, die den riesigen Russen durch die Beine flitzt. »Ihr stolzer ›wissenschaftlicher‹ Fußball war nie zuvor so demoralisiert worden, und das durch einen armen Jungen vom Land, dunkelhäutig, klein, schielend, mit lächerlich krummen Beinen«, schreibt Garrinchas Biograph Ruy Castro. »Garrincha war ein perfektes Beispiel für Anti-Wissenschaft. Der Anti-Sputnik.«

Ihn nennen sie daheim, im Jubel über den Titel, bald »Alegria do Povo«, Freude des Volkes. Es bezeichnet sehr gut den Unterschied zwischen ihm und Pelé, den man »O Rei«, den König, nennt. Pelé wird bewundert, Garrincha geliebt. Pelé wird beschenkt, Garrincha bestohlen – von den Klubbossen, die seine Naivität ausnutzen, was ihn ruiniert, das und der Alkohol und die Alimente für die dreizehn Kinder, die er mit fünf Frauen zeugte. Darunter ein kleiner blonder Schwede, eine sehr lebendige Erinnerung an jenes »Jahr, das nie enden sollte«. So heißt das Buch, in dem der Historiker Joaquim Ferreira dos Santos Brasiliens kollektives Glück von 1958 beschrieb.

Pelé ist reich geworden, Garrincha bettelarm gestorben, 25 Jahre nach dem Tag, an dem er als Anti-Sputnik über die Sowjets kam.

Während Garrincha nach seiner einzigen Niederlage mit Brasilien, dem 1:3 gegen Ungarn bei der WM 1966, als zweifacher Weltmeister aufhört, vollendet Pelé 1970 seine Karriere mit dem dritten WM-Sieg. Es heißt, das habe nur er geschafft, aber das stimmt nicht ganz – Pelé ist nur der Einzige, der es auch wusste. Denn weil die FIFA vor der WM-Premiere 1930 auch schon die beiden olympischen Fußballturniere 1924 und 1928 organisierte, hat sie diese beiden Veranstaltungen nachträglich als »Weltmeisterschaften« anerkannt. Die offizielle FIFA-Geschichte führt deshalb Uruguay nicht nur als Weltmeister der Jahre 1930 und 1950, auch für 1924 und 1928. Pelé ist also nicht der einzige Spieler mit drei WM-Titeln. Auch José Luis Andrade, José Nasazzi, Pedro Cea, Pedro Petrone, Hector Scarone und Santos Urdinarán haben das erreicht. Und ihre Nachfolger im Nationalteam sind offiziell berechtigt, vier goldene Sterne auf dem Trikot zu tragen – wie sonst nur Deutschland und Italien. Nur Brasilien hat noch einen mehr. Sofern es die WM 1958 wirklich gegeben hat. Die von 1970 jedenfalls gab es – jeder konnte sie sehen, in Farbe.

40

Mexiko-Stadt, 21. Juni 1970:
Der Karneval beginnt

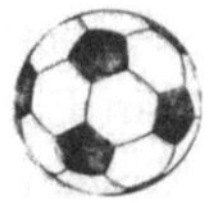

BRASILIEN – ITALIEN 4:1 (WM-Endspiel)

BRASILIEN: Félix, Carlos Alberto, Brito, Piazza, Everaldo, Clodoaldo, Gérson, Rivelino, Jairzinho, Pelé, Tostão
ITALIEN: Albertosi, Burgnich, Cera, Rosato, Facchetti, Domenghini, Mazzola, Bertini, De Sisti, Boninsegna (84. Rivera), Riva
SCHIEDSRICHTER: Glöckner (DDR); ZUSCHAUER: 107 000
TORE: 1:0 Pelé (18.), 1:1 Boninsegna (37.), 2:1 Gérson (66.), 3:1 Jairzinho (71.), 4:1 Carlos Alberto (87.)

Social Media und Fake News sind noch nicht erfunden, als der Fußball sein großartigstes Turnier feiert. Man braucht sie auch noch nicht. Die WM in Mexiko liefert der Welt genug grandiose Spiele und Geschichten für die Ewigkeit. Nicht zuletzt ist das durch die Deutschen geschehen, mit ihren unvergesslichen Duellen gegen England und Italien. Aber auch die Engländer schwärmen immer noch von der »Parade des Jahrhunderts«, als Torwart Gordon Banks einen Kopfball von Pelé wie aus dem Nichts herbeifliegend von der Linie über die Latte lenkte.

In Brasilien hat man ebenfalls Phantastisches von jenem Vorrundenspiel erfahren können. Nach dem 1:0-Sieg der »Seleção« gegen England schrieb das »Jornal dos Sportes«: »Jedes Mal, wenn der Ball in Richtung unseres Tores geflogen kam und ein Tor unvermeidlich schien, streckte Jesus sein Bein aus den

Wolken und beförderte den Ball ins Aus.« Eine beigefügte Zeichnung illustrierte diese übernatürliche Erscheinung.

Kein Wunder, dass erst recht das Finale, mit dem Brasilien das Turnier krönt, eine Legende schaffen wird. Die Legende des besten Weltmeisters, den es je gab. Und die eines Tores, das am Ende die Exzellenz dieser Mannschaft in einem einzigen Spielzug abzubilden scheint.

Und vor allem ist dieses Spiel die Krönung von Pelé, der eine zentrale Rolle als geistiger Urheber jenes finalen Treffers spielen wird – nach achtzehn Minuten aber erst einmal selbst das 1:0 erzielt. Italien ist besser gestartet, hat zwei gute Chancen durch den kraftvollen Stürmer Luigi Riva. Dann aber fällt aus scheinbar harmloser Situation urplötzlich das Tor, als Schauspiel brasilianischer Explosivität. Tostão wirft nahe der Eckfahne ein, Rivelino schlägt den auftickenden Ball hoch und scharf vors Tor, und dort, am hinteren Pfosten, taucht, ähnlich den übernatürlichen Erscheinungen aus dem England-Spiel, wie aus dem Nichts der sonnengelb leuchtende Mann mit der 10 auf dem Rücken auf. Scheinbar in der Luft stehend, die Schwerkraft ignorierend, eine Etage über Tarcisio Burgnich, wuchtet er den Ball per Kopf ins Netz.

Es ist Pelés vierte WM. Seine Athletik und Akrobatik sind immer noch atemberaubend. 1958, als Brasilien erstmals Weltmeister wurde, war er eine siebzehnjährige Weltsensation. 1962 verletzte er sich im ersten Spiel, an seiner Statt schenkte Garrincha Brasilien den zweiten WM-Titel. 1966 traten jagende Bulgaren und Portugiesen ihn aus dem Turnier, und Pelé schwor, nie wieder eine WM zu spielen. 1970 ließ er sich noch einmal überreden und überstrahlte alles.

Zwölf Jahre zuvor hatte der schüchterne Knabe namens Edson, benannt nach dem berühmten Erfinder Edison, dann umbenannt in Pelé, sich am Tag nach seinen beiden Traumtoren beim 5:2-Finalsieg gegen Schweden brav in der Schlange vor dem einzigen Telefon angestellt, um den Vater anzurufen, dessen Tränen über das »Maracanazo«, die 1:2-Niederlage gegen Uruguay bei der Heim-WM 1950, ihn als Kind so erschüttert hatten. Er wollte ihn glücklich machen, ihm sagen, dass Brasilien diesmal gewonnen hatte. »Ich sagte: ›Hallo? Champions! Wir sind Champions!‹«

1970 in Mexiko muss er sich um die Verbreitung seiner Taten keine Gedanken mehr machen. Die Kollegen heben ihn hoch in jenem Trikot, das man nach dem Trauma von 1950, erlitten im als »unpatriotisch« geschmähten Weiß, neu in den Farben der brasilianischen Flagge gestalten ließ. Die WM in Mexiko, die erste, die weltweit in Farbe übertragen wird, macht das satte Gelb zur leuchtenden Farbe des »jogo bonito«, des schönen Fußballs.

Für die Zahl auf Pelés Rücken gab es vor dem Turnier auch andere Kandidaten, lauter Spielgestalter – und deshalb Bedenken im Land gegen die Personalauswahl durch Trainer Mário Zagallo. »Vor dem Turnier schoss sich die Presse auf uns ein«, so Pelé im Rückblick. »Pelé, Tostão, Rivelino, Gerson – diese Spieler sind alles Zehner, das wird nicht funktionieren, hieß es. Und dann wurden wir das beste brasilianische Team aller Zeiten!«

Während in der deutschen Mannschaft der siebziger Jahre nur Platz für einen ist, entweder Overath oder Netzer, weil »jeder von uns jeden Ball haben wollte«, so Netzer, der 1970, offiziell verletzt, lieber zu Hause blieb, schaffen die Brasilianer das Kunststück, gleich vier Spielmacher harmonieren zu lassen. Der filigrane Tostão in der Position des Mittelstürmers; der geschmeidige Pelé dahinter; noch weiter zurück Gerson als Gestalter aus der Tiefe; und auf der linken Seite Rivelino, der Mann mit dem mächtigen Schnauzbart und dem mächtigen Schuss, dessen Erscheinung auf das Fußballmagazin »FourFourTwo« wirkt, »als könne er jede Kneipenschlägerei mit einem einzigen harten Blick beenden«.

Diese vier und dazu noch Jairzinho, den manche irrtümlich

auch noch zu den angeblich fünf »Zehnern« von Brazil '70 zählen, der aber bei Botafogo ebenso wie in der Seleção als torgefährlicher Rechtsaußen spielt: Sie bilden eine Offensive, deren Spielkunst nie übertroffen worden ist.

Allerdings gibt es auch in der Defensive Brasilianer mit der Attitüde eines Spielmachers. Nach 37 Minuten spielt Clodoaldo tief in der eigenen Hälfte aus Angeberei einen Pass mit der Hacke, der nie ankommt. Roberto Boninsegna fängt ihn ab und trifft nach zwei Haken durch die überrumpelte Abwehr zum 1:1 ins leere Tor.

Diese Szene, wie einige andere, die noch folgen, ehe den Italienern vier Tage nach dem 4:3-Drama gegen Deutschland die Kräfte ausgehen, widerspricht der These von Brasilien 1970 als »bestem Team der Geschichte« – weil es nur eine mittelmäßige Abwehr hat. Vielleicht ist es sogar die schwächste, mit der je ein Team Weltmeister wurde. Womit Pelé & Co. durch ihre schiere Offensivkunst noch einer anderen These widersprechen: dass man einen WM-Titel in der Abwehr gewinne. Dieses Team erobert die Welt im Sturm.

Nach sechsundsechzig Minuten trifft Gerson aus achtzehn Metern zum 2:1. Fünf Minuten später besorgt Jairzinho nach Kopfballvorlage von Pelé die Entscheidung – er hat damit in sechs von sechs Spielen getroffen, der Einzige, dem das bei einer WM je gelungen ist.

Und dann die Krönung, vier Minuten vor Ende, ein Tor, das legendär wird. »Einen Spielzug, der alles repräsentierte, was jene Elf verkörperte«, nennt ihn der, der ihn vollendete, Kapitän Carlos Alberto.

Es beginnt damit, dass Tostão, der Mittelstürmer, weit zurückgeeilt ist und den Ball auf der linken Abwehrseite gewinnt. Von ihm geht er zu Verteidiger Piazza, weiter zu Clodoaldo, Pelé, Gerson, zurück zu Clodoaldo, der nun, so Carlos Alberto, »den Karneval beginnt«. Immer noch in der eigenen Hälfte, umdribbelt Clodoaldo vier Italiener, ohne großen Raumgewinn, aber unter Sonderbeifall des Publikums. Er gibt den Ball weiter zu Rivelino, an der linken Außenseite, in Höhe der Mittellinie.

»In diesem Moment begann ich loszulaufen, langsam«. Carlos Alberto befindet sich, als er startet, rund fünfzig Meter vom Ball entfernt auf der rechten Abwehrseite, ohne Gegenspieler, weil die Italiener ohne Linksaußen agieren. Rivelino spielt zwanzig Meter nach vorn, auf Jairzinho, der auf den linken Flügel gewechselt ist. Jairzinho dreht sich und zieht nach innen, vor den Strafraum. Legt quer auf Pelé. Und der macht erst einmal eine Pause – jene Pause, die das Ganze erst zum Kunstwerk macht.

»Als Jairzinho den Ball von Rivelino bekam und ihn zu Pelé gab, war der Flügel vor mir völlig offen, und Pelé wartete ein paar Sekunden auf mich«, so Carlos Alberto. »Er wusste, dass ich kam, weil wir vor dem Spiel von dieser Situation gesprochen hatten, wenn Jairzinho auf den linken Flügel wechseln würde.«

Erst dann, entspannte zwei Sekunden nach der Ballannahme, spielt Pelé den kleinen, präzisen Pass in den Lauf des diagonal in den Strafraum stoßenden Rechtsverteidigers. Und der Ball, als wahrer Freund des schönen Fußballs, hoppelt in der alles entscheidenden Zehntelsekunde auf sehr freundliche Weise nur ein paar Zentimeter hoch. Eine Handbreit mehr, und der Angriff hätte sein Ende auf der Tribüne und in der Vergessenheit gefunden. So aber jagt Carlos Albertos Direktschuss aus dem Lauf, Vollendung eines vollendeten Angriffs, ins lange Eck.

»Erst nach dem Spiel«, so der Schütze, »begriffen wir, wie schön dieses Tor war.« Das perfekte Team-Tor. Ein Destillat all der vielen kleinen Künste, deren Addition die Größe des Fußballs ausmacht. Allen voran die größte Kunst: der echte, selbstlose Teamgeist, die stete Suche nach dem besser postierten Mann.

Daran ändert auch nichts, dass der Treffer ganz so unvergleichlich, wie er in weltweiter Glorifizierung seitdem dargestellt wird, in Wirklichkeit nicht ist. Dass alle elf Spieler den Ball berührt hätten, zum Beispiel, ist ein Märchen, es sind nur acht – Torwart Felix und die Verteidiger Brito und Everaldo bleiben Zuschauer. Auch ist es ein Angriff ohne Tempo, weil der müde, resignierte Gegner nicht mehr läuft. Niemand muss spurten in der gemütlichen halben Minute dieser Stafette, nicht mal Carlos Alberto. Von dem Moment an, da er nach vorn zu laufen beginnt, bleiben ihm rund zwölf Sekunden für eine Strecke von sechzig, maximal siebzig Metern.

Ein Traum-Tor bleibt es trotzdem – eines im Jogging-Tempo. Und gerade deshalb ein Sinnbild dafür, wie sich hier Talent und Teamgeist, Hitze und Höhenluft perfekt ergänzen. Mit Laufen allein ist im Fußball, besonders bei dieser WM, nichts zu gewinnen. Man muss den Ball laufen lassen. Dieser Idee haben sie mit dem letzten Tor der schönsten WM der Geschichte ein Denkmal gesetzt.

Pelés Gegenspieler Burgnich erzählte später, er habe sich vor dem Spiel zu beruhigen versucht, indem er sagte: »Pelé ist aus Fleisch und Blut wie wir alle.« Später, so der Italiener, »merkte ich, dass ich mich geirrt hatte«.
Eine ähnliche Überhöhung hatten zuvor nur ein anderes Team und ein anderer Spieler erfahren. Beide schienen ähnlich unerreichbar: Real Madrid mit Alfredo di Stéfano. Über das Spiel, in dem die »Königlichen« sich zum fünften Mal in Folge die Krone Europas sicherten und einen neuen Gipfel der Spielkunst erklommen, zehn Jahre vor den Brasilianern in Mexiko, sagte Bobby Charlton, der spätere englische Weltmeister: »Mein erster Gedanke war, dieses Spiel ist ein Schwindel, geschnitten, ein Film. Weil diese Spieler Dinge taten, die nicht möglich sind, nicht real, nicht menschlich.«
Noch dreizehn Jahre später erging sich das »Zeit«-Magazin in ironischer Schwärmerei: »Canário – Del Sol – Di Stéfano – Puskás – Gento. Nie wieder wird es einen solchen Sturm geben. Zehn Superfüße, hundert Hyperzehen. Um das in einer anderen Dimension zu verdeutlichen, muss man sich vorstellen, Bach, Mozart, Beethoven, Haydn und Händel hätten alle zusammen

für den Fürstbischof von Salzburg komponiert. Zur gleichen Zeit, das gleiche Concerto, am gleichen Klavier. Mit Brahms auf der Reservebank.« Nur dass es leider zu Zeiten von di Stéfano und Puskás noch keine Einwechslungen gab. Der arme Brahms.

41

Glasgow, 18. Mai 1960:

Eine andere Welt

REAL MADRID – EINTRACHT FRANKFURT 7:3
(Europapokal der Landesmeister, Finale)

MADRID: Domínguez, Marquitos, Pachin, Vidal, Santamaría, Zárraga, Canário, Del Sol, Di Stéfano, Puskás, Gento

FRANKFURT: Loy, Lutz, Höfer, Weilbächer, Eigenbrodt, Stinka, Kreß, Lindner, Stein, Pfaff, Meier

SCHIEDSRICHTER: Mowatt (Schottland); ZUSCHAUER: 134 000

TORE: 0:1 Kreß (18.), 1:1 di Stéfano (26.), 2:1 di Stéfano (29.), 3:1 Puskás (45.), 4:1 Puskás (53., Elfmeter), 5:1 Puskás (60.), 6:1 Puskás (68.), 6:2 Stein (71.), 7:2 di Stéfano (72.), 7:3 Stein (75.)

Die Zeit verdichtet sich, und heute ist zugleich heute und gestern und vorgestern«, schrieb Javier Marías, einer der bekanntesten Schriftsteller Spaniens und Fan von Real Madrid. »Der zeitliche Unterschied existiert nicht«, behauptete er und berief sich auf einen berühmten Kollegen: »Marcel Proust hat mit einem Roman den Beweis dafür geliefert.«

Auch der Fußball kennt sie, die »Suche nach der verlorenen Zeit«, die Proust beschrieb. Auch der Fußball liefert ihn, den Beweis, Spieltag für Spieltag. Im Leben des dichtenden Real-Fans, im Leben jedes Fans.

Heute ist nicht nur heute. Es ist beispielsweise auch der 18. Mai 1960. Ich bin acht Jahre alt, und meine Mutter hat bei den Nachbarn, die schon Fernsehen haben, angefragt, ob mein Bruder Fer-

nando und ich zu ihnen kommen können, um das Spiel von Real Madrid zu sehen, das fünfte Europapokal-Endspiel gegen Eintracht Frankfurt. Die Quesadas – so war wohl ihr Name – haben Gott sei Dank eingewilligt. Real Madrid schießt ein Tor, und außerdem gibt es eine Bildstörung; doch mein Bruder und ich wissen mehr aus Überzeugung denn aus Erfahrung, dass Madrid gewinnen wird.

Aus der Erfahrung, dass Madrid immer gewinnt. Alle vier Europapokale seit 1956 und natürlich auch diesen. Die Übertragung, die er als achtjähriger Junge sieht, brennt sich Marías trotz des vierminütigen Bildausfalls in der ersten Halbzeit ein. Und zur Sicherheit gibt es für später noch die Aufzeichnung: »Wenn wir Madrid-Fans ein Video aufbewahren, dann das vom 7:3 gegen Eintracht Frankfurt.«

Heute ist also nicht nur heute, es ist auch der 18. Mai 1960, es ist kurz nach neunzehn Uhr, und der große Held des Videos, das in wenigen Minuten gedreht wird, sitzt tief im Bauch eines Stadions, durch dessen Beton die Bewegungen, Schwingungen, Erwartungen von hundertvierunddreißigtausend Menschen bis in die Umkleide dringen. Sitzt dort und zweifelt. Er ist sonst kein ängstlicher Mensch, er ist einer der größten Fußballer der Geschichte. Aber nun ist er dreiunddreißig. Und hat Angst vor seinem ersten Europapokalendspiel. Davor, dass es zu spät für ihn kommen könnte.

Ferenc Puskás, der Kapitän der »goldenen Mannschaft«, die das WM-Finale 1954 als hoher Favorit gegen Deutschland verlor, ist zwei Jahre später nach der Niederschlagung des Aufstands der Ungarn durch die sowjetischen Besatzer im Westen geblieben. Die FIFA sperrte ihn deshalb anderthalb Jahre lang. Was aber ist ein großer Fußballer, der keinen Fußball spielen darf? Ein Ex-Fußballer, einer von gestern.

Und einer mit irgendwann fast zwanzig Kilo Übergewicht, weil er schon immer, schon damals, als Onkel Joszef, der Metzger, dem kleinen Ferenc nach schönen Toren ein paar von den geliebten scharfen ungarischen Würstchen zusteckte, ein hemmungsloser Esser war; berüchtigt dafür, bei den Banketten nach großen Spielen die Büfetts zu plündern. Dann aber, mit 1,66 Metern und fast hundert Kilo, sah er irgendwann aus, als habe er auch den Fußball verschluckt.

Die Klubs in Italien, wo er als Exilant lebte, riskierten nicht, ihn zu verpflichten, obwohl er nach Ablauf der Sperre ablösefrei zu haben war. Nur Santiago Bernabéu, der Präsident von Real Madrid, wagte es. Als sie sich trafen, in Zeichensprache unterhielten, schaute Puskás ihn fragend an, zeigte auf seinen Bauch, und Bernabéu sagte gestikulierend: dein Problem, nicht meins. Und schickte ihm den Vertrag.

Es war der Beginn der größten Zweitkarriere in der Geschichte des Fußballs. Bis zum Alter von neununddreißig wird Puskás für Real spielen, dreimal den Europapokal der Landesmeister gewinnen, sechsmal Meister werden, viermal die Torjägerkanone der spanischen Liga bekommen, in 372 Spielen 324 Tore für Real schießen.

Noch aber sitzt er in der Kabine und zweifelt. Schlank ist er immer noch nicht und wird es nie sein. Wenigstens das Übergewicht ist weg und das Tempo wieder da und die alte Torgefahr. Dennoch: »Vor dem Spiel war ich tief besorgt. Mit dreiunddreißig fühlte ich mich alt. Ich hatte ein schlechtes Gefühl im Bauch. Ich dachte: Du bist keine zwanzig mehr. Bist du dem gewachsen?«

Dann läuft er auf den Rasen des Hampden Park und erlebt, was er später »meinen größten Moment« nennt. »Es war wie Magie, kaum betrat ich den Platz, waren all die schlechten Omen weggewischt.«

Anders als andere Weltklassespieler, wie der Franzose Raymond Kopa oder der Brasilianer Didi, deren Zeit bei den »Königlichen« ein Intermezzo blieb, hat Puskás es von Beginn an verstanden, sich mit dem entscheidenden Mann bei Real zu arrangieren, mit Alfredo di Stéfano. Schlau sagte er: »Du bist der General, ich bin dein Soldat.«

Am Ende seiner ersten Saison, als sie vor dem letzten Spiel gegen Granada gleichauf in der Torjägerliste vorn lagen, überließ er, in bester Position, Don Alfredo den Ball, damit der die Torjägerwertung gewann. »Ich dachte, wenn ich das Tor selber mache, spricht er nie wieder ein Wort mit mir.« Und auch an diesem Abend in Glasgow, in einem Spiel, das für viele, die es live erleben und beschreiben, »das beste aller Zeiten« sein wird, werden sie am Ende ein Privatduell um die Torjäger-Wertung bestreiten.

Auch wenn es danach in den ersten zwanzig Minuten keineswegs aussieht. »Kaum einer im Klub wusste etwas über diese Deutschen«, so Puskás. Es ist ein Team aus vielen Unbekannten. Selbst der großartige Spielmacher, der 33-jährige Gastwirt Alfred Pfaff, ist Puskás kein Begriff, obwohl Pfaff 1954 Weltmeister mit Deutschland war. Doch an Fritz Walter ist Pfaff nie vorbeigekommen, spielte deshalb auch nicht im WM-Finale von Bern.

Trainer Paul Oswald hat aus Spielern der Region eine glänzend eingespielte Mannschaft geformt, die im Halbfinale die favorisierten Glasgow Rangers 6:1 und 6:3 deklassiert hat. Und auch jetzt spielt sie munter auf. Erich Meier trifft schon in der ersten Minute die Latte des Real-Tores. Immer wieder kommen die Frankfurter mit Tempo über rechts, auch in der 18. Minute, als Erwin Stein bis zur Grundlinie stößt und seine Hereingabe von Richard Kress ins Tor verlängert wird.

Aber di Stéfano, der Allgegenwärtige, der jede Position im Real-Spiel persönlich zu besetzen scheint, Ausputzer, Regisseur, Torjäger, braucht kaum zehn Minuten, um das Spiel mit zwei Toren zu drehen – das fünfte Europapokalfinale in Folge, in dem er trifft, ein Rekord für die Ewigkeit. »Was immer sie ihm zahlen«, sagt Kenneth Wolstenholme, der Kommentator der Live-Übertragung, die die BBC jedes Jahr in der Weihnachtszeit wiederholt, »sie zahlen nicht genug«.

Die Eintracht hält tapfer dagegen, doch Real brennt zunehmend ein Feuerwerk ab, mit Raunen und Sonderbeifall bedacht vom schottischen Publikum, das so etwas nicht kennt. Linksaußen Francisco Gento zeigt eine »rabona« (das Schießen des Balles mit dem »falschen Fuß« hinter dem Standbein), leitet ein anderes Mal mit der Hacke einen Pfostentreffer von José María Vidal ein. Di Stéfano zelebriert Übersteiger und No-Look-Pässe und später einen Fallrückzieher, worauf Gento den Pfosten trifft. Sogar der Verteidiger Marquitos klärt einmal als letzter Mann mit der Ferse. Und das Tempo, mit dem Real den Ball bewegt, ist im Jahr 1960 ein Blick in die Zukunft.

Für Puskás ist es »einer dieser Tage, an denen wir beinahe so etwas wie Fußballperfektion erreichten«. Gento spürt schon während des Spiels, »dass es etwas ganz Besonderes ist«. Sein Gegenspieler Friedel Lutz findet fünfzig Jahre später: »Wir hätten sogar 3:0 führen können, und doch hätten wir verloren.« Die Wirkung von di Stéfano und Puskás schildert er so: »Die zwei waren nicht zu halten, die holten sich den Ball schon am eigenen Strafraum, und plötzlich waren sie in unserem Rücken und schossen ein. Das war eine andere Welt.«

Die beiden sind auch dafür zuständig, dass das große Schauspiel am Ball nicht zum Selbstzweck wird, sondern zielgerichtet bleibt. Binnen fünfundzwanzig Minuten erhöht Puskás mit vier Toren auf 6:1, mehr als je ein anderer in einem Europacup-Endspiel schoss. Zwei davon in den oberen linken Winkel, mit seinem berühmten linken Fuß. Dann gleicht di Stéfano die private Torwertung mit dem siebten Real-Tor und einem Pfostentreffer fast noch aus. Für die tapferen, ebenfalls wunderbar offensiven und deshalb völlig chancenlosen Frankfurter trifft Stein noch zweimal.

Jedes Mal, wenn Javier Marías das Video anschaut, wundert er sich, wie wenige Unterbrechungen es gab und dass die Frankfurter »nicht mal nach dem ungerechtfertigten Elfmeter« zum 4:1 protestierten. Das Spiel hat auch beim Blick aus der immer schneller gewordenen Zukunft keine Längen. Kaum Fouls, nur winzige Unterbrechungen, weil niemand Zeit vernichten, sondern spielen will – und kein Theater, sondern Fußball. Es ist, im Abstand von über einem halben Jahrhundert betrachtet, nicht nur ein Spiel aus einer anderen Zeit. Sondern ein anderes Spiel.

Purer Fußball. Fußball ohne Firlefanz, auch nach Schlusspfiff. Ohne Glitzerkanonen und kitschige Musik. Der Pokal wird am Spielfeldrand überreicht. Achtzig Sekunden nach Schlusspfiff ist er in den Händen der Sieger. Die Unterlegenen bieten ihnen ein Ehrenspalier dar (und werden am nächsten Nachmittag daheim in Frankfurt von mehr als hunderttausend Menschen gefeiert). Das Publikum ist so begeistert, dass Zehntausende bis lang nach Ende im Stadion bleiben – das Gefühl auskostend, das Spiel ihres Lebens gesehen zu haben.

Auf der Tribüne in seiner Heimatstadt Glasgow sitzt auch ein Achtzehnjähriger namens Alex Ferguson – der 1999 ein ähnlich legendäres Finale auf der Trainerbank erleben wird. An diesem Abend beschließt er, Fußballprofi zu werden. Und begreift, dass mit Real Madrid etwas völlig Neues entstanden ist, etwas, das er später mit Manchester United fortsetzen wird. Real Madrid, sagt er, längst selbst zur Fußballlegende geworden, »erfand die Idee eines modernen Fußballklubs, der die besten Spieler unabhängig von ihrer Nationalität verpflichtet, zum Synonym für eine bestimmte Art von Fußball wird und durch den Europapokal eine Weltmarke des Fußballs kreiert«.

Es ist die Vision von Santiago Bernabéu, die Vision einer permanenten, hochbezahlten Weltelf. Mit Spielern wie dem Argentinier di Stéfano, dessen Landsmann Rogelio Domínguez im Tor, dem Brasilianer Canário, dem Uruguayer José Santamaría, dem besten Mittelläufer seiner Zeit. Und natürlich einem kleinen, dicken Ungarn. Real Madrid als Vorreiter der offenen Grenzen, des Arbeitsmarkts mobiler Migranten, im Fußball und anderswo. Es ist nicht nur die Zukunft des Fußballs, die sich am Abend des 18. Mai 1960 in Glasgow gezeigt hat.

So ist die Geschichte von Real Madrid auch die des Beginns der Globalisierung des Fußballs, eine Geschichte der Migration. Mit Spielern wie di Stéfano und Puskás, die fern der Heimat die geistige Heimat ihres Fußballgenies fanden. Mit Migrantenkindern wie Zinédine Zidane, mit emigrierten Karriere-Kindern wie Cristiano Ronaldo. Oder, in Barcelona, Lionel Messi. Nicht nur in dieser Hinsicht, dem grenzenlosen Transfer von Träumen und Talenten, war der Fußball schon immer das Experimentierfeld für ein Denken jenseits nationaler Grenzen. Ein Spielfeld für Europa. Mit der französischen Idee des Europapokals, der seit 1955 den Horizont erweitert hat. Mit der spanischen Idee eines Klubteams als permanente Weltelf.

Und schon weit vorher nahm der Fußball einen Wissens- und Experten-Transfer vorweg, der Eigenheiten und Geheimnisse des Spiels über Grenzen hinweg verbreitet. Diese missionarische Tätigkeit begann mit dem Engländer Jimmy Hogan, der von 1913 bis 1933 einen damals in seiner Heimat verpönten und bis heute modernen Fußball mit kurzen Pässen und viel Bewegung ohne Ball verbreitete – in Ländern wie den Niederlanden, der Schweiz, Österreich, Frankreich und Ungarn. »Wir spielten so, wie Jimmy Hogan es uns lehrte«, sagte Trainer Gusztáv Sebes nach dem 6:3-Sieg der Ungarn in England 1953. Auch in Deutschland, wo Hogan den Dresdner SC mit dem späteren Bundestrainer Helmut Schön trainierte und zahlreiche Trainer ausbildete, war die Wirkung so nachhaltig, dass der DFB nach seinem Tod 1974 im Beileidsbrief an seinen Sohn schrieb, Hogan sei »der Vater des modernen Fußballs in Deutschland«.

Dank Hogan und der vielen anderen Wandervögel des Spiels hat Kontinentaleuropa im Fußball schon seit über hundert Jahren eine gemeinsame Währung – eine verbindende Idee des Spiels, vielfältig ausgestaltet. 1932 führte Hogan sie in seiner Heimat mit Österreichs »Wunderteam« vor. Um ein Haar hätten die Engländer schon da ihr blaues Wunder erlebt. Vielleicht wäre es besser für sie gewesen.

42

London, 7. Dezember 1932: Nicht schlecht, Majestät

ENGLAND – ÖSTERREICH 4:3

ENGLAND: Hibbs, Goodall, Blenkinsop, Walker, Strange, Keen, Jack, Hart, Crooks, Houghton, Hampson
ÖSTERREICH: Hiden, Smistik, Rainer, Sesta, Gall, Nausch, Zischek, Vogl, Sindelar, Schall, Gschweidl
SCHIEDSRICHTER: Langenus (Belgien); ZUSCHAUER: 42 000
TORE: 1:0 Hampson (5.), 2:0 Hampson (27.), 2:1 Zischek (51.), 3:1 Houghton (77.), 3:2 Sindelar (80.), 4:2 Crooks (82.), 4:3 Zischek (87.)

Für ein Wunderteam ist der Heldenplatz der rechte Ort. Auf dem stehen an einem kalten Dezembernachmittag an die zehntausend Menschen, mitten in Wien, um einer Stimme zu lauschen. Der Stimme von Professor Willy Schmieger, die von der Stamford Bridge in London per Unterseekabel die Begegnung England gegen Österreich schildert. Weitere Tausende sammeln sich in Wien in Kinos, Cafés, Gasthäusern, auf Fußballplätzen und der Kunsteisbahn Engelmann, um den Ball rollen zu hören. Sogar im Parlament, dessen Finanzausschuss seine Sitzung unterbricht.

Es ist mehr als nur ein Länderspiel. England hat daheim gegen Teams vom Kontinent nie verloren, nie mehr als ein Gegentor kassiert, nie den Glauben verloren, immer noch den besten Fußball der Welt zu spielen. Dabei sitzt auf der Bank der Österreicher nun ein Engländer, der seit zwanzig Jahren in halb

Europa mehr als jeder andere getan hat, um diesen Glauben zum Irrglauben zu machen. Nicht etwa, weil er kein Patriot wäre. Sondern weil er mit seiner Idee vom Fußball in der Heimat kein Gehör fand.

In England setzt man wie eh und je auf Kraftfußball, Athletik, Wucht, hohe Bälle. Jimmy Hogan aber hat halb Europa eine andere Art zu spielen gelehrt, eine, die die Welt erobern wird: in der man den Ball gut behandeln muss.

Seine Idee: das »schöne Passspiel«. Und nun coacht er hier ein Team, das diesen Fußball verinnerlicht hat wie kein anderes in Europa: das österreichische »Wunderteam«. Geholt hat ihn Hugo Meisl, der große Visionär des europäischen Fußballs zwischen den Weltkriegen, der 1924 in Österreich die erste Profiliga auf dem Kontinent gründete, den Mitropacup schuf, Vorläufer des Europapokals, und den International European Cup, Vorläufer der Europameisterschaft.

Der Schöpfer des »Wunderteams« ist Meisl auch. Im Mai 1931 hat er als »Verbandskapitän« den Forderungen der Journalisten nachgegeben und Matthias Sindelar, den »Papierenen«, ins Sturmzentrum zurückgeholt, dazu die Flügelstürmer Karl Zischek und Adolf Vogl als Debütanten nominiert. Mit den legendären Worten »Da habt's ihr euer Schmieranski-Team« knallte er ihnen im Ring-Café die Aufstellung für die Partie gegen Schottland auf den Kaffeehaustisch.

Da staunten die »Schmieranskis«, die »Schreiberlinge« auf Wienerisch. Und noch viel mehr Menschen staunten, wie diese Elf die Schotten 5:0 wegfegte. Und dann die Deutschen, die vorher 3:3 gegen England gespielt hatten: 6:0 in Berlin, 5:0 in Wien. Da war der Begriff »Wunderteam« schon präsent. Und die Hoffnung auf ein Wunder, wenigstens im Fußball, in einem Land, in dem in der Weltwirtschaftskrise Unzählige in Not geraten waren.

Es folgten anderthalb Jahre ohne Niederlage, ein 8:2 gegen Ungarn, 8:1 gegen die Schweiz, 2:1 gegen Italien – bis zur letzten, maximalen Prüfung, der Partie in England. Sechs Tage vor dem Spiel ist das Team am Westbahnhof von sechstausend Anhängern verabschiedet worden. Mit dabei: der Engländer Hogan, der schon von 1913 an in Meisls Auftrag die Grundlagen des modernen Fußballs in Wien legte. Nun hat Meisl ihn ein zweites Mal verpflichtet, als Coach für dieses große Spiel.

Aus dem Londoner Nebel hat die kratzende Radiostimme über die Lautsprecher am Heldenplatz zunächst noch keine Heldentaten zu vermelden. Der einzige Nicht-Wiener im »Wunderteam«, der aus Graz stammende Torwart Rudi Hiden, verursacht nach fünf Minuten eine unnötige Ecke. Ecken sind eine sehr englische Art, ein Tor zu erzielen. Jimmy Hampson tut es zum 1:0. Zwanzig Minuten später erhöht er mit einem Weitschuss auf 2:0.

Doch nach einer knappen halben Stunde beginnen die Österreicher ihre Unsicherheit abzulegen und Ball und Gegner zu beherrschen. Bis zur Pause noch ohne Torerfolg. »Spüts euer Spüü!«, so bestärkt Meisl sie dann. Und mit ihrem »Scheiberlspiel«, dem kunstvollen Mix von Passen, Freilaufen, Finten und Tricks, schaffen sie früh in der zweiten Halbzeit nach Kombination über Sindelar und Schall den Anschlusstreffer durch Zischek. Wie die Österreicher die englische Abwehr mit ihren Spielzügen auseinanderziehen, wird vom Publikum mit Szenenapplaus bedacht. Dann um ein Haar der verdiente Ausgleich, doch der Schuss von Walter Nausch landet am Pfosten.

Stattdessen kassiert die Austria-Elf ein unglückliches Gegentor. Karl Sesta fälscht einen Freistoß von Eric Houghton unhaltbar ins eigene Netz ab. In der dramatischen Schlussphase verkürzt Österreich durch ein schönes Tor von Sindelar zum 3:2, kassiert das 4:2 durch Sammy Crooks, erzielt durch Zischek in der 87. Minute zum dritten Mal den Anschlusstreffer, das 4:3 – doch trotz einer letzten großen Chance durch Vogl reicht es nicht zum Ausgleich.

Auf dem Heldenplatz ist die Übertragung aus London zu Ende. Zum ersten Mal seit anderthalb Jahren hat das »Wunderteam«, letztmals in Originalbesetzung spielend, verloren. Es wird gefeiert wie nach einem Sieg. Auf der Rückreise besiegt es Belgien in Brüssel 6:1. Bei der Heimkehr wird es von Tausenden bejubelt und von der Regierung empfangen.

Besonders gefeiert wird Verteidiger Karl Sesta. Es verbreitet sich die Geschichte vom Prince of Wales, dem späteren König George VI., der bei seiner Begrüßung der Spieler den gelernten Hufschmied beglückwünschte, er habe als Fußballer »einen schönen Beruf«. Worauf Sesta entgegnete: »Sie, Majestät, hobn a ka schlechte Hock'n.« Wienerisch für: Sie, Majestät, haben auch keinen schlechten Job.

Und die Kunstfertigkeit durch dieses Körperteil weiß der echte Wiener nun mal mindestens genauso zu schätzen wie die durch den Fuß: das Mundwerk.

Die englische Presse feierte die Österreicher als das bessere Team. Die »Daily Mail« nannte ihren Angriff eine »Offenbarung«. Die »Times« schwärmte von ihrer »Kombinationsgabe und Schnelligkeit« und sah das Ende der englischen Hegemonie nahen. Als dieses Ende einundzwanzig Jahre später wirklich kam, beim 3:6 gegen Ungarn, erlebte Hogan es als 71-jähriger Nachwuchstrainer von Aston Villa auf der Tribüne von Wembley mit. Ein Spiel, nach dem die Ungarn durch Verbandschef Sándor Barcs erklärten: »Alles, was wir über Fußball wissen, hat uns Jimmy Hogan beigebracht« – ihn also, einen Engländer, den in England niemand kannte, als eigentlichen Vater ihres Fußballs feierten.

Auf ihn folgte ein anderer Ungar, ein Hogan-Schüler und Trainer-Globetrotter, der den Stab aufnahm und das Knowhow des besten Fußballs in über einem Dutzend Ländern verbreitete. Besonders folgenreich war das in Brasilien, wo er beim FC São Paolo die ungarische 4-2-4-Formation installierte, mit der Brasiliens Seleção zwei Jahre später zum ersten Mal Weltmeister wurde. »Béla Guttmann brachte den Brasilianern viel von unserem Fuß-

ballstil bei«, sagte sein früherer Schüler Ferenc Puskás. »Und dann gewannen sie drei der vier nächsten WM-Titel.« Und schließlich, auf seiner erfolgreichsten Station, beendete Guttmann auch noch die Dominanz des »weißen Balletts« von Real Madrid, des Teams von Puskás.

43

Amsterdam, 2. Mai 1962:

Der Fluch des Dompteurs

BENFICA LISSABON – REAL MADRID 5:3
(Europapokal der Landesmeister, Endspiel)

LISSABON: Costa Pereira, Cruz, Germano, Martins, João, Coluna, Simões, Cavém, Águas, Eusébio, Augusto
MADRID: Araquistáin, Pachín, Santamaría, Casado, Miera, Del Sol, Felo, di Stéfano, Gento, Puskás, Tejada
SCHIEDSRICHTER: Horn (Niederlande); ZUSCHAUER: 61 000
TORE: 0:1 Puskás (17.), 0:2 Puskás (23.), 1:2 Águas (25.), 2:2 Cavém (34.), 2:3 Puskás (38.), 3:3 Cavém (51.), 4:3 Eusébio (63., Elfmeter), 5:3 Eusébio (69.)

Amsterdam, die Stadt, in der wenige Jahre später der moderne, der »totale Fußball« erfunden wird, scheint im Frühjahr 1962 noch Lichtjahre entfernt von jener Rolle, die Trainer Rinus Michels und Spielmacher Johan Cruyff Ende der Sechziger begründen werden. Vor dem Europapokalfinale in Amsterdam redet noch niemand von Ajax. Man redet von Real und dem letzten Aufbäumen des »weißen Balletts« und des vielleicht besten Offensivduos, das je in einem Klubteam Fußball gespielt hat: di Stéfano und Puskás.

Die ersten fünf Europapokale hat Real gewonnen, dann den sechsten mit einer Halbfinalniederlage gegen FC Barcelona verpasst – worauf Barça überraschend das Finale gegen ein bis dato unbekanntes Team verlor: Benfica Lissabon.

Ein Jahr später ist aus der Eintagsfliege aus Portugal eine Größe des europäischen Fußballs geworden – wieder steht Benfica im Finale, hat den deutschen Meister 1. FC Nürnberg 6:0 besiegt und den englischen Double-Gewinner Tottenham Hotspur im Halbfinale ausgeschaltet. Real gegen Benfica, es ist ein ganz besonderes Finale, wie ein Revanchekampf unter Schwergewichtsweltmeistern: Der von einem anderen entthronte Seriensieger fordert den, der sich inzwischen die Krone gesichert hat, im Kampf um den Titel des Meisters aller Klassen heraus – zum Championat der Champions.

Auch mit fast sechsunddreißig Jahren gilt di Stéfano noch als der beste Spieler der Welt. Er überrascht die Portugiesen in der ersten Halbzeit des Endspiels mit einer zurückgezogenen Rolle, als Spielmacher vor der Abwehr. Nach achtzehn Minuten schlägt er volley einen Steilpass auf Puskás, der den Ball aus der Luft perfekt in den Lauf mitnimmt, dreißig, vierzig Meter durchs Zentrum spurtet und allein vor dem Torwart flach ins rechte Eck trifft. Fünf Minuten später das 2:0, wieder Puskás mit links. Sein Schuss aus fünfundzwanzig Metern setzt im Dreck am Fünfmeterraum auf und lässt Torwart Costa Pereira ins Leere hechten. Es ist das erste von vier Toren aus der Distanz in dieser »Nacht der langen Schüsse«.

Nur zwei Minuten später schlägt Benfica, schlägt Afrika zurück. Eusébio, in Mosambik geboren, schießt einen Freistoß an den Pfosten, Kapitän José Águas, aus Angola stammend, drückt den Abpraller ins leere Tor. Und nach 33 Minuten ist es wieder der junge Eusébio, der den Ausgleich vorbereitet, wenngleich unfreiwillig. In Bedrängnis versucht er den Ball mit der Brust anzunehmen, was misslingt, die Real-Spieler reklamieren Handspiel, Domiciano Cavém hat eine bessere Idee und trifft aus dem Rückraum zum 2:2 in den Torwinkel.

Ein Jahr zuvor, als Benfica mit viel Glück das Endspiel gewann (Barça traf in der letzten halben Stunde dreimal Latte und Pfosten und ein weiteres Mal sogar beide Pfosten mit demselben Schuss), stand Eusébio noch nicht im Team. Nun bestreitet der Zwanzigjährige sein erstes großes Finale. Und beginnt es zu seinem Spiel zu machen, zu dem des »schwarzen Panthers«, wie ihn ein englischer Journalist tauft.

Aber noch hat der alte »blonde Pfeil« etwas dagegen, auch wenn er nicht mehr viele blonde Haare auf dem Kopf trägt. Mit einem präzisen Pass durchschneidet di Stéfano die Abwehr von Benfica. Und natürlich Puskás, natürlich mit links, trifft aus fünfzehn Metern zur 3:2-Pausenführung.

Béla Guttmann, der Trainer von Benfica, hat zu diesem Zeitpunkt längst erkannt, dass die wahre Gefahr nicht von Puskás ausgeht, sondern von di Stéfano, der sich durch sein Zurückweichen dem Zugriff des Gegners entzieht und so das Spiel dominiert. So befiehlt er Cavém, den Boss von Real in der zweiten Halbzeit in Manndeckung zu nehmen. Ein Plan, der aufgeht – binnen fünfundzwanzig Minuten entscheidet Benfica die Partie.

Mit einem wuchtigen Schuss aus fast dreißig Metern trifft Mário Coluna flach ins linke Eck, dann übernimmt Eusébio frech einen Elfmeter, den sich ein erfahrener Kollege schon zurechtgelegt hat, und verwandelt sicher. Und schließlich macht sich Eusébio endgültig zum neuen Star Fußball-Europas, als er einen quergelegten Freistoß aus über zwanzig Metern an der Mauer vorbei zum 5:3 ins Eck jagt.

Nach dem Schlusspfiff spurtet der junge Torjäger los, damit ihm ja keiner zuvorkomme, zu Puskás, der ihm in einer großen Geste im Tausch sein Trikot überreicht. Dann packen ihn einige der vielen hundert Fans, die aufs Spielfeld strömten, und tragen ihn durchs Stadion.

Eusébio steht am Anfang, sein Entdecker Guttmann aber auf dem Gipfel seiner Karriere. Nach dem doppelten Meisterstück, erst den FC Barcelona, dann Real Madrid im Finale besiegt zu haben, fordert er eine Belohnung. Und das nicht zu Unrecht: Bevor Guttmann kam, waren portugiesische Mannschaften nie über die erste oder zweite Runde des Europapokals hinausgekommen.

Man muss sich Guttmann als eine Art Mourinho seiner Tage vorstellen: brillant, elegant, bisweilen arrogant. Einer, der nicht nur immer und überall Erfolge liefert, sondern auch eine gute Show. »Die dritte Saison ist fatal«, hat er irgendwann in seinen vierzig Trainerjahren mit fünfundzwanzig Stationen in dreizehn Ländern festgestellt. Er wurde der große Globetrotter des professionellen Fußballs, der das Spiel globalisierte, als noch niemand dieses Wort kannte. Und er lieferte dem Fußball das Vorbild für einen bestimmten, schillernden, weltgewandten Trainertypus, der den modernen Kult um die taktischen Superhirne, die Maestros an der Linie, vorwegnahm.

Doch Guttmann bekommt keinen Bonus von Benfica. Dafür bekommt Benfica etwas von Guttmann: den Guttmann-Fluch. Er wirkt, so glauben sie in Lissabon, bis heute. Hundert Jahre, so verkündet der Ungar, als er Portugal im Zorn über die Zurückweisung verlässt, werde man kein europäisches Finale mehr gewinnen.

Seit dem verfluchten Erfolg von 1962 hat Benfica von acht erreichten europäischen Endspielen bis 2017 kein einziges mehr gewonnen – fünf bei den Landesmeistern, eins im UEFA-Cup, zwei in der Europa League. Und nicht einmal Eusébios Wallfahrt im Jahr 1990 zu Guttmanns Grab auf dem Zentralfriedhof von Wien, wo der Trainerpionier zweiundachtzigjährig gestorben war, half. Die Bitte des Torjägers an den toten Trainer um einen Fluch-Rabatt blieb unerfüllt. Einen Tag später verlor Benfica das Landesmeister-Endspiel im Praterstadion 0:1 gegen Milan.

Mit Eusébio hatte die Migration des Fußballs Richtung Europa eine neue, reiche Quelle gefunden. Er war der erste Weltstar, der aus Afrika kam. Der Stürmer aus Mosambik, das bei seiner Geburt noch Portugiesisch-Ostafrika hieß, wurde Europas Fußballer des Jahres 1965 und WM-Torschützenkönig 1966. Dreißig Jahre nach Eusébio kommt ein anderer Afrikaner nach Europa, den man nicht vergessen wird. Nicht weil er so viele Tore schoss, solch große Titel gewann, sondern weil er Europas Fußball, auf Disziplin und Effizienz getrimmt, einige Augenblicke der fast vergessenen kindlichen Freude schenkte, die dieses Spiel, jedes Spiel, in seinem Ursprung ausmacht.

Die meisten der Menschen, die seinen größten Moment später zum »Tor des Jahres« wählten (in späteren Umfragen wird es meistens sogar zum schönsten der Bundesliga-Historie erklärt), erlebten den Treffer nicht live, nicht ungefiltert, sondern in der nachträglichen Dramatisierung der später kommentierten Spielzusammenfassung. In den frühen Neunzigern, als die ARD mit ihrer »Sportschau« die Bundesliga-Rechte an Sat.1 mit »ran« verloren hatte, kam die Bundesliga bei dem Privatsender oft als krampfhaft lockere, künstlich spektakuläre Inszenierung ins Wohnzimmer. In diesem Fall aber wirkte die Begeisterung, mit der das Kommende, das in Wahrheit schon eine Stunde zurücklag, gefeiert wurde, sehr glaubwürdig.

44

Frankfurt, 31. August 1993:
Schieß doch endlich

EINTRACHT FRANKFURT – KARLSRUHER SC 3:1
(Bundesliga, 5. Spieltag)

FRANKFURT: Stein, Binz, Roth, Tskhadadze, Bommer, Gaudino, Bein, Falkenmayer, Komljenovic, Yeboah, Furtok
KARLSRUHE: Kahn, Nowotny, Reich, Bilić, Klinge, Shmarov, Rolff, Schmidt, Bender, Schuster, Kiryakov
SCHIEDSRICHTER: Krug; ZUSCHAUER: 32 000
TORE: 1:0 Bein (47.), 1:1 Schmitt (65.), 2:1 Bein (77.), 3:1 Okocha (87.)

So, liebe Zuschauer. Stehen Sie in Ruhe auf. Stellen Sie den Ton des Fernsehers lauter. Kommen Sie nahe an den Monitor heran. Und genießen Sie!« Die Worte, die Jörg Dahlmann an diesem späten Dienstagabend seinen Zuschauern zuruft, sind diesmal nicht die übliche Marktschreierei des routiniert aufgeregten TV-Reporters. Sondern ein nützlicher Hinweis. Vielen auf ihrem Sofa Weggedösten wird dieser Weckruf den Abend und die Laune retten. Es gibt nichts Ärgerlicheres, als vor einem laufenden Fernseher etwas zu verpassen, von dem am nächsten Morgen jeder reden wird. Und mancher noch Jahrzehnte später.

Fünfter Spieltag der Bundesliga, ein Sommerabend im Waldstadion. Die Eintracht, nach gutem Saisonstart Tabellenführer, ist kurz nach der Pause durch Uwe Bein 1:0 in Führung gegangen. Doch nach fünfundsechzig Minuten gleicht der

Karlsruher SC durch einen noch wenig bekannten Stürmer mit dem Allerweltsnamen Schmitt aus.

Zwei Monate später wird Schmitt sich im deutschen Fußball verewigen, als er im UEFA-Pokal den KSC mit vier Toren zwischen der 29. und 63. Minute zum 7:0-Sieg gegen den spanischen Tabellenführer FC Valencia führt. Eines jener seltenen Spiele, die Namen wie Filmtitel erhalten, »Wunder vom Wildpark«, und Stars produzieren, die wie Western-Helden klingen: »Euro-Eddy«. Das Drehbuch sieht in diesem Fall die besonders unwahrscheinliche, aber wahre Pointe vor, dass sich der Held eine Woche vor seinem Vierer-Pack viermal mit dem Auto überschlagen hat.

Doch nun, an diesem Abend in Frankfurt, ist erst einmal ein anderer bereit für einen Stammplatz in der Fußball-Folklore. Er braucht dafür nicht vier Tore, nur eins. Nicht vierunddreißig Minuten, nur elf Sekunden.

Noch jubeln die Karlsruher über den Ausgleich, schon winkt Eintracht-Trainer Klaus Toppmöller ihn herbei, den Jungprofi, den er kurz nach der Pause zum Aufwärmen an die Außenlinie geschickt hat. Hinaus geht Jan Furtok, hinein kommt: Augustine, genannt Jay-Jay, Okocha. Und der Nigerianer, vor zwei Wochen erst zwanzig geworden, führt sich gut ein. Nach zwölf Minuten bereitet er das 2:1 durch Uwe Bein vor.

Karlsruhe drängt nun auf den Ausgleich und öffnet dem Gegner Räume. Drei Minuten vor Ende ein Konter, die Chance für Frankfurt, mit zwei, drei Zügen schnell das Mittelfeld zu überbrücken. Ein Steilpass von der linken Seite erreicht am Strafraum den freien Bein. Doch dem Spielmacher springt der Ball ein wenig nach rechts, so dass der herausstürzende Torwart Oliver Kahn ihm den Schusswinkel verkürzen und den Weg zum Tor versperren kann.

Bein improvisiert und legt drei, vier Meter zurück auf den mitgelaufenen Okocha. Kahn stürzt nun diesem entgegen. Die Absicht des späteren »Welttorwarts« ist nachvollziehbar: dem

Angreifer Raum, Zeit, Optionen nehmen. Ihn unter Stress setzen. Er weiß noch nicht, dass so etwas bei Okocha nicht funktioniert. Deshalb hat Kahns Plan einen Haken. Genau genommen sind es fünf.

Den ersten schlägt Okocha nach links. Kahn springt, der Bewegung folgend, in dieselbe Richtung – ins Leere. Es war nur eine Finte Okochas. Der Ball liegt unbewegt an seinem Fuß. Der zweite Haken, nun ein echter, nach rechts. Wieder folgt Kahn, ist schnell genug, um zu folgen. Er hechtet mit ausgestreckten Händen, um dem Schuss, zu dem Okocha nun ansetzt, den Weg zu verstellen. Aber dieser Schuss ist auch nur ein Fake. Okocha macht den dritten Haken, nun wieder nach links, und Kahn rappelt sich abermals auf. Er ändert nun den Plan, hat Unterstützung durch Burkhard Reich bekommen, der sich Okocha in den Weg stellt. So eilt Kahn zurück in sein Tor. Slaven Bilić, der ihn dort kurzfristig vertrat, rennt nach vorn, um sich der Jagd auf Okocha anzuschließen.

Quer zum Tor Richtung Elfmeterpunkt laufend, umkurvt Okocha den Verteidiger Reich, dessen Grätsche ins Leere geht. Aber nun sieht es fast aus, als habe er es übertrieben und die Chance zum Abschluss vertan. Die Verteidiger Bilić, Reich, Lars Schmidt sind nur noch ein, zwei Schritte entfernt. Sie verengen seinen Spielraum rasend schnell. Okocha bleibt stehen, dreht sich um neunzig Grad frontal zum Tor und schlägt den vierten Haken, nach rechts, dann den fünften, nach links – beide, ohne sich oder den Ball vom Fleck zu bewegen, aber ausreichend, um die von den vielen Finten seiner schwingenden Hüften verwirrten Abwehrspieler einzufrieren wie Statisten in einem Computerspiel.

Als die Szenerie nach zehn Sekunden Hin und Her zum Stillstand gekommen scheint, verwandelt Okocha das Standbild mit seinem allerletzten Farbtupfer in ein lebendiges Kunstwerk. Zwischen Bilić und Schmidt hindurch, an Kahn vorbei schießt er den Ball ins Netz.

»Ekstase im Waldstadion«, sagt TV-Mann Dahlmann und hält noch eine zweite Kurzansprache an sein Publikum: »Liebe Zuschauer! Die Zeit für meinen Bericht ist zwar abgelaufen, aber egal. Sollen sie mich rausschmeißen. Ich zeig ihnen die Szene bis zum Umfallen.«

Der fachlichste Teil seiner Eloge lautet: »So etwas haben wir seit Libuda nicht mehr erlebt.« Seit den sechziger Jahren also, der Zeit der großen Dribbler. Damals hatten dribbelstarke Stürmer die Prokura, egoistisch zu sein. Ball bekommen, losrennen, Haken schlagen, fintieren, Gegner narren, Zuschauer begeistern.

Nur die Trainer sahen das irgendwann nicht mehr so gern im modernen Pass- und Positionsspiel. Meistens jedenfalls. Als Okocha jubelnd zur Außenlinie rennt, sein Trikot herunterreißt, einen Hüftwackler tanzt wie drei Jahre zuvor bei der WM der Kameruner Roger Milla, nur ohne Eckfahne – da ist nach dem Mitspieler Maurizio Gaudino der erste Gratulant im sich rasend schnell türmenden Jubel-Pulk um Okocha: Trainer Klaus Toppmöller.

Nach dem Spiel wird Toppmöller ihm sagen, dass Okocha unter ihm »nie wieder gespielt hätte, wenn der Ball nicht reingegangen wäre«. Der Presse schildert der geschaffte Chef seine Leiden an der Linie während der elf Solo-Sekunden mit den fünf Haken so: »Schieß endlich, schieß, habe ich acht-, neunmal gebrüllt.«

»Sei froh, dass du den reingemacht hast«, sagt Kollege Bein, »sonst hätte es mal richtig gerauscht.« Der am Ball geniale, aber oft verspielte Nigerianer kam mit siebzehn eher zufällig nach Europa und steht mit den dort von klein auf eingetrichterten Verhaltensmustern noch auf Kriegsfuß. Seine Eltern schenkten ihm zum Abitur eine Europa-Reise, ein Freund nahm ihn zum Vorspielen bei Borussia Neunkirchen mit, dritte Liga, und dort entdeckte ihn Eintracht-Trainer Dragoslav Stepanović.

»Mit Okocha gab es am Anfang ein bisschen Stress«, schildert später Bein dessen schwierige Eingewöhnung im Team. »Weil er sich die Kugel nahm und meinte, der Ball ist jetzt ihm.« Bein sagte: »Jay-Jay, wenn du den Ball hast, kannst du ihn auch mal wieder zurückgeben, du kriegst ihn ja wieder.« Das hat er dann aber manchmal wieder vergessen, zum Beispiel in jenem magischen Moment, »als er drei Abwehrspieler und den Olli vernascht hat«.

Der vernaschte Kahn liegt, während die Frankfurter jubeln, reglos am Boden, wie erschossen. Die Tatwaffe gleich neben sich, den Ball, der auch noch sichtlich durcheinander ist. Ihm sei »immer noch schwindlig« davon, behauptet Kahn dreiundzwanzig Jahre später. Und erzählt der Zeitschrift »11 Freunde«, dieses »geniale« Tor sei ihm »mit einem Schmunzeln in Erinnerung geblieben«.

Okocha glaubt das nicht. «Kahn mag mich nicht, er hat das persönlich genommen«, sagt er Ende 2016 einer Zeitung in Nigeria. Dabei habe er den Ball gar nicht so lange halten wollen – also das tun, was Kahn in dieser längst weltberühmten Szene aussehen lässt wie den trotteligen Kater Tom, der der frechen Zeichentrick-Maus Jerry immer wieder vergeblich nachjagt. Und doch ist es ein Glück für Okocha. Dasselbe Tor gegen einen zweitklassigen Gegner oder, schlimmer, einen mittelmäßigen Torwart, es wäre nur die Hälfte wert.

Schon unmittelbar nach dem Spiel erklärt Okocha damals, dass er »nur das Loch gesucht« habe. Tatsächlich hatte er in jeder Wendung seines Solos nur einen kleinen Vorsprung vor dem Gegenspieler, nie genug für wirklich freie Bahn, fürs todsichere Tor. Erst als es fast zu spät schien, hat er es gefunden, das Loch für den Ball. Und ein Stückchen Fußballglück für graue Tage.

Als irgendwann sogar die Brasilianer begannen, »europäisch« zu spielen, da entdeckten Fußballromantiker den afrikanischen Fußball als neuen Quell der Freude und der Hoffnung. Selbst Pelé tat das und prophezeite,

noch vor dem Jahr 2000 werde ein afrikanisches Land Weltmeister. Das war nach der WM 1990, als der alte Roger Milla Torwart René Higuita den Ball klaute und die Eckfahne betanzte.
Doch dann schied Kamerun trotz begeisternden Spiels gegen England aus, so wie 1994 Nigeria mit Okocha und ihrem naturbelassenen Angriffsfußball gegen die eiskalten Italiener und 2002 Kamerun gegen die dezimierten Deutschen. Stattdessen machte Afrikas Fußball fast immer die falschen Schlagzeilen. Mit korrupten Funktionären, chaotischer Reiseplanung – oder mit einem Spiel, in dem zu viele Tore fallen.

45

Toamasina, 31. Oktober 2002:
Hauptsache, zu null

AS ADEMA – STADE OLYMPIQUE DE L'EMYRNE 149:0
(madegassische Meisterschaft, Finalturnier)

Ein ländliches, palmenumsäumtes Stadion, nicht weit vom wogenden Indischen Ozean. Kann man an einem solchen Ort die Welt des Fußballs auf den Kopf stellen? Man kann. Wenn man einen Trainer hat, der sich leicht auf die Palme bringen lässt. Und dann noch einen ziemlich cholerisch klingenden Namen trägt: Ratsimandresy Ratsarazaka.

Ein paar Minuten lang könnte man die Partie zwischen AS Adema und Stade Olympique de l'Emyrne für ein ganz normales Fußballspiel halten. Doch dann treibt ein Pfiff Ratsarazaka zum Äußersten. Der Rest ist Geschichte. Die Geschichte des torreichsten und einseitigsten Fußballspiels der Weltgeschichte. Mit einem Sieger, der 149:0 gewinnt, ohne ein Tor zu schießen.

Madagaskar, der zweitgrößte Inselstaat der Welt, ist bis dahin im Fußball nicht weiter aufgefallen. Immerhin, Stade Olympique de l'Emyrne, der Klub aus der Hauptstadt Antananarivo, im Lande als SOE bekannt, ist in jener Saison als Landesmeister erst im Achtelfinale der afrikanischen Champions League ausgeschieden. Es wurde als Sensation gefeiert. Doch die Nationalmannschaft, »Skorpione« genannt, ist niemals auch nur in die Nähe der Qualifikation für eine Afrika- oder gar Weltmeisterschaft gekommen. Ihr größter Erfolg: Der Sieg bei den Spielen der Inseln des Indischen Ozeans 1993. Seitdem hat man stets den Kürzeren gezogen, gegen Kleininseln wie Mauritius, La Réunion und die Seychellen.

In einem Punkt aber ist Madagaskar weit vorn. Die Landesmeisterschaft nennt sich ebenfalls »Champions League«. Und der Titel wird in einem »Final Four« vergeben, einem Finalturnier der besten vier Teams aus der Punkterunde. Darin also kämpft in den Frühlingstagen 2002 in der Hafenstadt Toamasina im Osten Madagaskars Meister SOE gegen die Herausforderer AS Adema, Domoina Soavina Atsimondrano und US Ambohidratrimo, im Lande praktischerweise als ASA, DSA und USA abgekürzt.

Bis zum Rekordspiel ist es für den Titelverteidiger nicht gut gelaufen. Das doppelrundige Turnier zehrt an Kräften und Nerven, sechs Spiele für jedes Team in nur elf Tagen. Am vorletzten Spieltag, in der Partie gegen DSA, brauchte SOA einen Sieg, um in der letzten Partie im direkten Duell den Tabellenführer ASA noch überholen zu können. Zunächst sah es auch gut aus für das Team von Ratsimandresy Ratsarazaka, für dessen wie Schnellfeuer ratternden Namen die Madagassen im Hausgebrauch ebenfalls eine Kurzform gefunden haben. Jeder kennt ihn als Zaka Be.

Zaka Bes Team führt 2:1, nur noch wenige Minuten zu spielen, da gibt Schiedsrichter Benjamina Razafintsalama einen Elfmeter für den Gegner. Nach minutenlangen Protesten von SOA führt er zum 2:2. Der Endstand. Der Titel ist weg. AS Adema ist Meister. Zaka Be feuert los: Betrug, schreit er.

Vier Tage später, alter Meister gegen neuen Meister. Fußballer hassen solche Spiele: alles schon entschieden. Man spielt, wie man im Deutschen sagt, um die »goldene Ananas«. Die Ananas passt schon wegen ihrer vielen A gut zu Madagaskar, einem Land, in dem andere Vokale leicht depressiv werden könnten. Weil sie ganz weggelassen werden, wie bei Trainer Ratsarazaka. Oder zumindest immer in Unterzahl sind, wie bei seinen

Spielern Razafindrakoto, Andrianiaina, Rakotoarimanana und Rakotonandrasana – für deren weitere Karriere dieses 149:0 oder vielmehr 0:149 übrigens nicht gut ausgehen wird.

Aber im Grunde ist die goldene Ananas ein unsinniges Wortbild. Eine Ananas aus Gold ließe sich ja gut versilbern. Sie lohnte also das Spielen. Im Französischen, der zweiten Amtssprache von Madagaskar neben dem Malagasy, heißt das anders und besser: Dort spielt man, wenn es um nichts mehr geht, »pour du beurre«, für Butter. Die will keiner.

So kickt man nun also ein paar Minuten vor sich hin. Dann ein Pfiff. Eine Entscheidung gegen das Team von Zaka Be, nichts Gravierendes. Dieser Moment ändert alles. Zaka Be diskutiert heftig mit dem Schiedsrichter. Dann überlegt er es sich anders. Herrisch winkt er einige Spieler zu sich, schärft ihnen etwas ein.

Was das ist, sehen die verblüfften Zuschauer und Gegenspieler wenige Sekunden später. Die Spieler von SOE spielen den Ball plötzlich nicht mehr nach vorn. Sie spielen ihn zurück zum eigenen Tor. Und nicht nur das: Sie schießen ihn auch hinein. Das 1:0 für den neuen Meister, erzielt vom alten.

So geht das nun weiter. Noch weit über achtzig Minuten. Noch einhundertachtundvierzigmal. Die meisten Treffer fallen durch den eigenen Torwart, Dominique Rakotonandrasana. Bisher war es eine akademische Frage, nun wird es eine ganz praktische: Wie viele Tore lassen sich in einem Fußballspiel erzielen? Inklusive der Unterbrechung, die auf jedes Tor folgt, bis der Jubel verebbt, jedes Team wieder in seiner Hälfte und der Ball auf dem Anstoßpunkt ist?

Dieses Spiel gibt die Antwort. In ihm fällt im Durchschnitt alle sechsunddreißig Sekunden ein Tor. Diese irre Schlagzahl ist nur möglich, wenn niemand stört, vor allem kein Gegner, was hier durch die Verkehrung der Zielrichtung garantiert ist. Weil der Gegner ja bei Anstoß in seiner eigenen Hälfte sein muss und von dort aus den immergleichen Ablauf der Eigentore, selbst wenn er wollte, gar nicht stören könnte: das Antippen des Balles im Mittelkreis durch einen Spieler, den Rückpass eines zweiten vors eigene Tor und dort das Eigentor eines dritten.

Zeit fürs Jubeln und Zurücklaufen in die eigene Hälfte wird auch nicht verplempert. Die einen schießen grimmig ihre Eigentore, die anderen schauen amüsiert distanziert zu. Und keiner verlässt seine eigene Hälfte, als wär's Volleyball oder Tennis ohne Netz. Nur, dass hier der Ball immer in derselben Hälfte bleibt. Ein Team schlägt sich selbst; das andere kann nur zuschauen.

So hat an jenem tropischen Tag im südlichen Indischen Ozean ein leicht durchgeknallter Trainer in einem Anfall von sportlichem Tropenkoller den effizientesten Fußball aller Zeiten ersonnen. Kein einziger Fehlpass. Kein Ballverlust. Kein Zeitverlust. Immer der kürzeste Weg zum Tor. Hundert Prozent Ballbesitz. Hundertprozentige Chancenverwertung. So, nur so schießt man hundertneunundvierzig Tore.

Eine Filmaufzeichnung von diesem historischen Tag gibt es nicht. Auch keine verlässliche Aufzählung der Torschützen. Ja, selbst das Ergebnis könnte Fehler enthalten. Wer, außer dem bedauernswerten Schiedsrichter, hat schon mitgezählt? Die Zuschauer nicht, sie toben und buhen. Viele verlangen ihr Geld zurück.

Schon zwei Tage nach dem bizarren Schauspiel leitet der nationale Fußballverband eine Ermittlung ein. Am Ende verbietet er Trainer Ratsarazaka alias Zaka Be drei Jahre lang das Betreuen eines Teams und Betreten eines Stadions. Seine Spieler Mamisoa Razafindrakoto, Manitranirina Andrianiaina, Nicolas Rakotoarimanana und Dominique Rakotonandrasana erhalten Sperren für den Rest der Saison. Dass diese Anekdote der einzige Beitrag Madagaskars zum Weltfußball bleibt, ist das große Glück aller Radioreporter.

Die Idee aus Madagaskar sprach sich offenbar auch in anderen sonst unauffälligen Fußballnationen herum. Im Kampf um den Aufstieg in die indische Premier League fielen nur anderthalb Jahre später in der Provinz Goa in zwei gleichzeitig stattfindenden Spielen zusammen hundertachtzehn Tore, hundertzehn davon in der zweiten Hälfte. Die Teams namens Curtorim Ghymkana und Wilred Leisure, die im Wettlauf um die entscheidende bessere Tordifferenz ihre Partien 61:1 und 55:1 gewannen (und das weitgehend ohne Eigentore), und ihre Gegner Sangolda Lightening und Dona Paula Sports Club wurden vom Verband suspendiert, weil sie »den Fußball der Lächerlichkeit preisgegeben« hätten.

Hingegen wird es beim höchsten Sieg der deutschen Nationalmannschaft bestimmt mit rechten Dingen zugegangen sein – schon deshalb, weil es um nichts mehr ging.

46

Stockholm, 1. Juli 1912:
Zehn vergessene Tore

DEUTSCHLAND – RUSSLAND 16:0 (olympisches Turnier, Trostrunde)

DEUTSCHLAND: Werner, Reese, Hempel, Glaser, Burger, Fuchs, Förderer, Thiel, Ugi, Uhle, Oberle.
RUSSLAND: Faworski, Rimscha, Sokolow, Jakowlew, Umerski, Chromow, Butusow, Smirnow, Nikitin, Filippow, Schitarew
TORE: 1:0 Fuchs (2.), 2:0 Förderer (6.), 3:0 Fuchs (9.), 4:0 Fuchs (21.), 5:0 Förderer (27.), 6:0 Fuchs (28.), 7:0 Burger (30.), 8:0 Fuchs (34.), 9:0 Fuchs (46.), 10:0 Fuchs (51.), 11:0 Förderer (53.), 12:0 Fuchs (55.), 13:0 Oberle (58.), 14:0 Fuchs (65.), 15:0 Förderer (66.), 16:0 Fuchs (69.)

Auf nach Norden, die erste Turnierreise einer deutschen Nationalelf. Für die Schuhe im Gepäck müssen die Spieler selbst sorgen. Die Funktionäre liefern warme Worte dazu: »Dass wir auf dem Festland keine Ländermannschaft zu fürchten brauchen und in Stockholm bei den Olympischen Spielen ein beachtenswerter Gegner sein werden.«

Grund für den Optimismus des DFB-Spielausschusses ist ein Spiel in Zwolle drei Monate zuvor. Das 5:5 gegen die Niederlande gilt als das bis dahin beste Spiel einer deutschen Mannschaft. Vier Tore schoss Julius Hirsch, das fünfte Gottfried Fuchs. Beide Stürmer, beide Karlsruher – und beide Juden. Die ersten Juden, die für Deutschland spielten, wofür Deutschland ihnen nicht danken wird. Den einen treibt sein Land in die Gaskammer, den anderen in die Fremde. Und tilgt beide aus der Erinnerung.

Im strahlenden nordischen Sommer von 1912 gehören Hirsch und Fuchs zu den Hoffnungsträgern jener Delegation, die aus Berlin per Bahn und Schiff in Stockholm eintrifft. Als Erstes wird der schwedischen Königin Viktoria, aus dem Hause Baden stammend, eine schwülstige Ehrenbezeigung überbracht: »Eurer Majestät legen die deutschen olympischen Fußballspieler, darunter zehn Badener, ehrerbietigsten Gruß zu Füßen.«

Der Star dieser Spiele, der Amerikaner Jim Thorpe alias Wa-Tho-Huck, überlegenster Zehnkampf-Olympiasieger der Geschichte, drückt dasselbe einige Tage später in der lakonischen Würde seiner indianischen Ahnen etwas knapper aus. Als Viktorias Gatte, König Gustav V., Thorpe die Goldmedaille überreicht und sagt: »Sir, Sie sind der größte Athlet der Welt«, sagt Thorpe: »Thanks, King.« Danke, König.

König Fußball hat noch nicht viel zu melden. Während Zehntausende zu Leichtathletik und Turnen ins Olympiastadion strömen, finden die meisten Fußballpartien etwas außerhalb vor kleinem Publikum statt. So spielt zum Beispiel Russland vor nicht mal zweihundert Zuschauern das erste Länderspiel seiner Geschichte. Es ist ein Spiel gegen sich selbst. Finnland ist Teil des Zarenreichs, das deswegen gegen die Olympiateilnahme der Finnen protestierte – mit dem Resultat, dass die russische Flagge, unter der die Finnen starten, etwas kleiner am Mast hängen muss als die russische der Russen. Die mit der kleineren gewinnen 2:1.

Für die Deutschen sieht es zunächst gut aus. Zur Pause führen sie 1:0 gegen Österreich. Dann kollidiert Torwart Albert Weber mit dem Torpfosten. Benommen kassiert er binnen zehn Minuten zwei Treffer und fällt in Ohnmacht. Zwar kann ein verletzter Torwart getauscht werden – aber nur, wenn der Gegner zustimmt. Die Österreicher tun es nicht, was ihnen neben dem Zorn der Deutschen, die in Unterzahl mit Stürmer Willi Worpitzky im Tor spielen, drei weitere Treffer zum 5:1 sichert.

Für die Deutschen ist die Medaillenchance schon dahin. Weil teilnehmen aber wichtiger ist als siegen, haben die Organisatoren eine »Trostrunde« geschaffen. Diese schöne olympische Idee führt zwei Tage später zum erstaunlichsten Ergebnis der deutschen Länderspielgeschichte.

Die Umstände sind kurios genug. Von den zweiundzwanzig Spielern der deutschen Delegation haben elf das erste Spiel bestritten, darunter Hirsch. Nun spielen die anderen elf, darunter Fuchs, das zweite, gegen Russland. Was die Russen wiederum bis dahin gemacht haben, weiß keiner. Mit Fußball hatte es wohl nicht viel zu tun, wie man bald sieht. In diversen Berichten heißt es bis heute, sie seien Läufer oder Ruderer, die man zum Fußball geschickt hat.

Das wäre nicht so unwahrscheinlich, wie es klingt. Noch zwei Jahre zuvor konnte man durch Armheben deutscher Fußballnationalspieler werden. Als der DFB an Pfingsten 1910 ein Länderspiel gegen Belgien ansetzte, nur einen Tag nach dem Endspiel um die deutsche Meisterschaft (in dem Fuchs und Hirsch mit dem Karlsruher FV den Titel gewannen), blieben die Finalisten dem Länderspiel verständlicherweise fern. Bis kurz vor Anpfiff erschienen nur sieben Spieler. In der Not wurde im Publikum nach Ersatz gesucht – Freiwillige vor. So kamen vier Duisburger namens Alfred Berghausen, Lothar Budzinski-Kreth, Christian Schilling und Andreas Breynk zu einer kurzen Karriere als Nationalspieler.

Als angebliche Erklärung für das 16:0 ist immer wieder auch von einem sagenhaften Gelage auf dem russischen Schiff in den Stockholmer Schären zu lesen, auf dem die zaristischen Sportler logierten – ein Bordfest, das die Deutschen, sofern es wirklich stattfand, wohl deutlich besser überstanden haben. Vor allem Gottfried Fuchs. Er macht tags darauf auf dem Nebenplatz des Rasunda-Stadions das Spiel seines Lebens, mit zehn Toren zwischen der zweiten und neunundsechzigsten Minute.

Diese bis heute einmalige Leistung wird damals weitgehend ignoriert. Die Berliner »BZ am Mittag« berichtet: »Deutschland schlug Russland ganz überlegen 16:0. Hirsch trat acht, Förderer fünf Tore.« Weder stimmt Zahl noch Name. Hirsch spielte nicht mit. Im DFB-Jahresbericht 1912 wird das Spiel in einem einzigen Satz und völlig ohne Torschützen abgehandelt.

Die beiden Länder begegnen sich im Fußball erst 1955 wieder – in einem politisch bedeutsamen Spiel zwischen Weltmacht UdSSR und Weltmeister Deutschland in Moskau, drei Wochen bevor Bundeskanzler Adenauer dort die Freilassung der letzten zehntausend Kriegsgefangenen aushandelt. Von dort schreibt Bundestrainer Sepp Herberger eine Karte nach Kanada. Adressat: ein gewisser Godfrey E. Fochs. Anders als Hirsch, der im März 1943 mit dem letzten Transport Karlsruher Juden nach Auschwitz deportiert wurde, ist Gottfried Fuchs 1940 die Flucht gelungen.

Herberger und Fuchs, »der Beckenbauer meiner Jugend«, pflegen fortan eine Brieffreundschaft. Als 1972 das Münchner Olympiastadion mit einem Länderspiel gegen die Sowjetunion eingeweiht wird, schlägt Herberger dem DFB vor, Fuchs als Ehrengast einzuladen, »als ein Versuch der Wiedergutmachung willfahrenen Unrechtes«.

Die Antwort des DFB, in dessen damaligem Präsidium zwei ehemalige NSDAP-Mitglieder und ein alter SS-Mann sitzen, ist eine kühle Ablehnung – aus Kostengründen. Weil sonst »ein Präzedenzfall geschaffen würde, der auch für die Zukunft noch erhebliche Belastungen mit sich bringen könnte«. Der Brief des tief beschämten Herberger, der Fuchs die Absage mitteilt, erreicht diesen nicht mehr. Gottfried Fuchs, der letzte noch lebende Jude, der für Deutschland spielte, ist kurz zuvor gestorben.

Hundert Jahre nach dem 16:0 kommt es, nur ein paar Kilometer entfernt von jenem Fußballplatz, auf dem Fuchs seine zehn vergessenen Tore schoss, zu vier Toren eines Spielers, von denen zumindest das letzte niemand je vergessen wird. Es ist einer jener schwerelosen Momente, in denen Mannschaftssport zur Bühne eines grandiosen Solisten wird. Mit dem Ball und mit seinem Körper tut er etwas, das man sich so nicht hätte vorstellen können – bis man es sah.

47

Solna, 14. November 2012:

Zlatans Arena

SCHWEDEN – ENGLAND 4:2 (Eröffnungsspiel der »Friends Arena«)

SCHWEDEN: Isaksson, Lustig (73. Sana), J. Olsson, Granqvist (73. Antonsson), M. Olsson (46. Safari), Elm, Larsson (85. Jansson), Källström (61. Svensson), Ibrahimović, Ranégie (89. Wernbloom), Kacaniklic
ENGLAND: Hart, Johnson (74. Jenkinson), Baines, Gerrard (74. Shawcross), Cahill, Caulker (74. Huddlestone), Sterling (84. Zaha), Osman, Welbeck, Cleverley (61. Wilshere), Young (61. Sturridge)
SCHIEDSRICHTER: Moen (Norwegen); ZUSCHAUER: 50 000
TORE: 1:0 Ibrahimović (20.), 1:1 Welbeck (35.), 1:2 Caulker (38.), 2:2 Ibrahimović (77.), 3:2 Ibrahimović (84.), 4:2 Ibrahimović (90.+1)

Wenige Minuten nach einem nicht ganz alltäglichen Treffer fragt ein aufgewühlter Reporter den, der ihn erzielte, was er sich denn dabei gedacht habe. Es wird also, kurz gefasst, ein Torschütze gefragt, was er beim Torschuss vorhatte. Na, was schon? Könnte man zurückfragen. Die Frage klingt blöd und die Antwort erst einmal auch. Geduldig erklärt der Gefragte seinen Plan. »Tor«, sagt er eindringlich. »Ich wollte ein Tor schießen.«

Genau das ist aber das eigentlich Unglaubliche. Und die Frage deshalb mehr als berechtigt: Wie kann jemand auf diese Weise ein Tor schießen und das auch noch so wollen?

Wahrscheinlich wären auch die anderen einundsechzig Tore, die Zlatan Ibrahimović in seiner Karriere für Schweden schoss, ja vielleicht schon die drei herrlichen Tore, die er bereits vorher an diesem Abend erzielte, genug, um die 2,70 Meter große Statue zu verdienen, die man fünf Jahre später vor demselben Stadion für ihn errichten wird. Vor dem neuen Nationalstadion, der »Friends Arena«, deren Eröffnungsspiel er zu einem unvergesslichen Ereignis gemacht hat. Aber dieses vierte Tor, zum 4:2 gegen England, begründet noch ganz andere Ansprüche. Sie machen es zu seinem Stadion, findet er: »Man sollte die Arena auch gleich nach mir benennen.«

Am 14. November 2012 ist sie das schon, die Zlatan Arena. Vier Wochen vorher, in der WM-Qualifikation, hat Ibrahimović den Favoriten Deutschland geschockt. Die Deutschen führten nach einer Stunde 4:0, dann köpfte er das 4:1, holte, statt zu jubeln, den Ball aus dem Netz und rannte mit ihm zurück zum Anstoß, die übliche Geste für: Aufholjagd! Hier geht noch was – was mitleidiges Lächeln auf deutscher Seite auslöste. Als in der Nachspielzeit das 4:4 fiel, gab es kein Mitleid mehr, nur noch Schadenfreude. Einen solchen Vorsprung hatte Deutschland in einhundertvier Jahren und achthundertsiebenundsechzig Länderspielen nie hergegeben.

In Berlin überließ Ibrahimović drei der vier Tore noch seinen Mitspielern. In Solna macht er alles selbst. Ein Kontertor zum 1:0 nach zwanzig Minuten. Einen Volleyschuss nach Annahme mit der Brust zum 2:2 nach sechsundsiebzig. Einen Freistoß aus dreißig Metern zum 3:2 nach vierundachtzig.

Ein Hattrick. Und nur ein Vorspiel. Die Nachspielzeit: Ein langer Schlag aus der eigenen Hälfte segelt weit nach vorn, Ibrahimović läuft hinterher. Torwart Joe Hart kommt aus dem Strafraum, den Ball wegzubefördern, schafft aber nur eine Kopfball-Kerze, die wenige Meter hinter dem Schweden herunterfällt.

Ibrahimović dreht sich, macht vier, fünf Schritte zurück, vom Tor weg. Das Tor ist nun leer, liegt aber mehr als fünfundzwanzig Meter hinter ihm. Und der Ball kommt aus sechs, sieben Meter Höhe. Was soll man da machen? Ihn annehmen, sich drehen, neu aufbauen, abspielen. Das wäre vernünftig.

Aber vernünftig zu handeln, das wäre nicht »zlatanera«, jenes Wort, das wenige Wochen später vom »Språkrådet«, dem Institut der schwedischen Sprache, in den offiziellen Wortschatz des Landes aufgenommen wird. Es bedeutet: etwas besonders Kühnes oder Beeindruckendes tun.

Es ist nicht vermessen zu behaupten, dass es in dieser Nachspielzeit, in diesem Moment, in dieser konkreten Situation keinen anderen Menschen auf der Welt gäbe, der an seiner Stelle auf die Idee käme, das zu tun oder es wenigstens zu versuchen oder es sich auch nur vorzustellen – das, was Ibrahimović nun tut.

Er schnellt hoch, schleudert, fast wie ein Hochspringer beim Flop, die Hüfte nach oben und lässt das rechte Bein, quer in der Luft, mit großer Wucht in rund zweieinhalb Meter Höhe in den Ball schwingen. Schon bevor er ihn trifft, raunt das Publikum, und die nun folgende Flugkurve des Balles, fast zehn Meter hoch, knapp zwei Sekunden dauernd, wird klanglich begleitet vom Crescendo des Fußball-Wahnsinns. Ein Engländer, Ryan Shawcross, versucht den Aufschrei über ein Jahrhundert-Tor im letzten Augenblick noch zu verhindern. Doch ihm fehlt ein halber Meter, um den Ball auf der Torlinie zu erwischen.

Für diesen unfassbaren Fallrückzieher hat Ibrahimović sein ganzes Improvisationsgenie benötigt. Er musste den Ball völlig anders als im Lehrbuch treffen, später, steiler, ihn nicht über Kopfhöhe erwischen und drücken, wie in der klassischen Technik, sondern tiefer, dafür wuchtiger. Nur so konnte er diese hohe, weite Flugkurve erreichen, die notwendig war. Ein Tor, wie man es noch nie sah.

Ibrahimović reißt sich das Hemd vom Leib, entblößt den tätowierten Rücken. Zehntausende feiern ihn mit Sprechchören. Die Mitspieler beglückwünschen ihn ungläubig, fast schüchtern. So als wollten sie sagen: Tut uns leid, dass wir so schlecht sind. Dass du mit uns nie etwas Großes holen konntest. Im Fußball kann mit zehn Biedermännern selbst Superman nichts gewinnen, keinen Titel auf der internationalen Bühne.

Aber eine Bühne braucht er nicht mehr, er schafft sie sich selbst. Und Titel auch nicht, er hat seinen eigenen, er ist »Ibra«. Spätestens seit dem vierten Tor gegen England ist es auch der Titel als Champion der Disziplin Fußballakrobatik. Es lässt selbst Nationaltrainer Erik Hamrén an seiner Wahrnehmung zweifeln: »Manchmal denkt man bei ihm, man sieht eines dieser Videospiele, in denen man all diese unglaublichen Dinge tun kann. Dieses Tor ist unmöglich.«

Zumindest eines, das man unmöglich trainieren kann. Vielleicht auch deshalb, weil sein Fußball sich in kein System zwängen lässt, ist Ibrahimović mit Trainern, vor allem solchen, die akribisch eine Spielidee verfolgen, meist über Kreuz geraten. Über Pep Guardiola sagte er in Barcelona: »Den Philosophen braucht hier keiner, der Zwerg und ich genügen vollkommen.« Der »Zwerg« war Lionel Messi. Zu Louis van Gaal in Amsterdam: »Hör mal, Meister, du hast mir gar nichts zu sagen – geh in dein Büro und schreib Briefe.«

Das aggressive Alphatier, der ewige Pubertierende, lange schien es die Rolle seines Lebens. Ein Ego-Shooter, der wie sonst nur Winnetou und Lothar Matthäus von sich in der dritten Person sprach: »Zlatan ist auch nur ein Mensch. So wie ein weißer Hai auch nur ein Fisch ist.« Aber zugleich auch der große Solist, der mit Aktionen im Doppelpass von Akrobatik und Irrsinn die größte individuelle Attraktion des Weltfußballs wurde. Nicht der beste Spieler, aber der spektakulärste, keiner für die ganz großen Siege, aber für die ganz großen Momente.

Und so ist er am Ende seiner Karriere, als Kapitän, als Integrationsfigur, auch ein schwedischer Nationalheld geworden – der schillerndste Exportartikel des Landes, so bekannt wie Abba, Ikea, Volvo. »Ich stehe für das neue Schweden, die neue

Generation, mit all den neuen kulturellen Hintergründen«, sagt er im Mai 2016, kurz vor seinem letzten Auftritt im Nationalteam, dem Vorrunden-Aus bei der EM in Frankreich. »Ich bin sehr stolz auf das, was wir geleistet haben, mit all den Immigranten, die für Stabilität in Schweden gesorgt haben.«

Als Sohn eines Bosniers und einer Kroatin wuchs er im Malmöer Stadtteil Rosengård auf, einem Vorort mit mehr als achtzig Prozent Einwanderern, mit hoher Kriminalität. »Ich habe niemals um Hilfe gebeten. Da, wo ich herkomme, fragt man nicht nach etwas, man nimmt es sich.« Und sei es ein Ball in zweieinhalb Meter Höhe, mehr als fünfundzwanzig Meter vom Tor.

Wer hat's erfunden? Diese Aktion, in der sich Fußball für einen Moment scheinbar schwerelos, durch Verbindung von Physis und Phantasie, von Sprung- und Vorstellungskraft, vom Boden der Tatsachen löst? Was Ibrahimović auf die Spitze trieb, war bei einer WM erstmals 1938 vom Brasilianer Leônidas im Spiel gegen die Tschechoslowakei gezeigt worden: ein Schuss rücklings in der Luft, Bein über Kopf. So entstand die Legende, er habe den Fallrückzieher »erfunden«. Doch zeigte der Chilene David Arellano dieses Kunststück bereits 1927 bei einer Europatournee seines Klubs Colo-Colo in Spanien, weswegen es dort bis heute oft »chilena« genannt wird (kurz danach erlitt er bei einem Zusammenprall in einem anderen Spiel tödliche Verletzungen). Auch in Peru war der Fallrückzieher schon vor Leônidas bekannt, weswegen sich Peruaner und Chilenen bis heute um die Urheberschaft streiten. So lässt der Literatur-Nobelpreisträger Mario Vargas Llosa, ein Peruaner, die Hauptfigur seines Romans »Die Stadt und die Hunde« erklären, der Fallrückzieher sei in Peru, in der Stadt Callao, erfunden worden.

Allerdings bleibt den Brasilianern eine andere solistische Aktion, bei der ihnen niemand etwas vormacht: der Freistoß. Von Didi, dem Meister der »folha seca«, jenes Schusses mit dem Innenrist, der sich über die Mauer dreht und dann ins Tor fällt wie ein »trockenes Blatt«, über Rivelino, der so hart schoss wie kein anderer, einmal sogar, bei der WM 1974, mitten durch die DDR-Mauer, in der die Genossen angenehm überrascht über die Mithilfe beim Schutz des Sozialismus Stürmer Jairzinho Platz machten, der dann aber zu Boden sank und ein Loch öffnete; bis hin zu Juninho, der mit unerklärlicher Technik aus großer Entfernung solch flatterhafte Flugkurven Richtung Kreuzeck schlug, dass einmal Oliver Kahn verwirrt mit dem Kopf am Pfosten landete – kein anderer kriegt am Ball so sehr die Kurve hin wie die Brasilianer. Und keiner besser als Roberto Carlos, zumindest in einem physikalisch die Phantasie überfordernden Moment.

48

Lyon, 3. Juni 1997: Hammer und Zirkel

FRANKREICH – BRASILIEN 1:1 (Tournoi de France, Vorrunde)

FRANKREICH: Barthez, Blanc, Desailly (66. Thuram), Lizarazu, Candela, Ba, Deschamps, Karembeu (14. Vieira), Pires (46. Keller), Zidane, Maurice
BRASILIEN: Taffarel, Cafi, Aldair (87. Goncalves), Roberto Carlos, Dunga, Giovanni (72. Djalminha), Leonardo, Mauro Silva, Romário (79. Nunes), Ronaldo, Celio Silva
SCHIEDSRICHTER: Nielsen (Dänemark); ZUSCHAUER: 30 000
TORE: 0:1 Roberto Carlos (21.), 1:1 Keller (55.)

Foul an Romário. Freistoß in zentraler Position, aber rund fünfunddreißig Meter bis zum Tor. Das sieht nicht nach direkter Gefahr aus. Die größere Bedrohung für Frankreich scheint in diesem Moment davon auszugehen, dass Brasilien den Ball schnell spielt, einen Pass auf einen Angreifer in eine Abwehrlücke.

Deshalb stellt sich Zinédine Zidane, als sich Roberto Carlos nähert, vor den Ball und kickt ihn einen halben Meter zurück. Im Rückblick wäre es natürlich klüger gewesen, die Brasilianer schnell ausführen zu lassen. Aber erstens ist es kein besonders wichtiges Spiel, nur das »Tournoi de France«, eine Generalprobe für die WM ein Jahr später (bei der sich die beiden Teams im Finale wiederbegegnen werden). Zweitens wäre der Menschheit etwas entgangen, das man noch Jahrzehnte später bestaunen, ja erforschen wird.

Und drittens würde selbst Zidane etwas fehlen, etwas, über das er später, nach dem Wechsel zu Real Madrid, mit dem Kollegen Carlos oft fachsimpeln und lachen wird. »Das kannst nur du«, sagt dann Zidane. Aus dem Munde des größten Spielers seiner Generation ist das ein gewaltiges Kompliment.

Die eigenen Leute allerdings trauen Roberto Carlos in dieser 21. Spielminute eines lauen Fußballabends in Lyon nicht sehr viel zu. Der kleine Außenverteidiger ist zwar bekannt für kräftige Säbelbeine, deren Umfang an der dicksten Stelle fast sechzig Zentimeter beträgt. Doch als er sich den Ball nimmt, sagt Kapitän Carlos Dunga: »Zu weit für dich.« Carlos ignoriert ihn. Auf der Bank stöhnt Trainer Mário Zagallo: »Wenn er von da trifft, höre ich auf.« Davon hört Carlos erst später, von Zagallo selbst – der natürlich nicht zurücktritt.

Carlos bückt sich, um den Ball richtig hinzulegen. Er tut das pedantisch, acht Sekunden lang. Das Entscheidende: »Dass das Ventil zu mir zeigt. Der schwerste, der härteste Teil des Balles.« Dann hält er die Nase in den Wind, er kommt von rechts, also günstig. Geht langsam rückwärts bis zum Rand des Mittelkreises. Schaltet dann in den Vorwärtsgang, den langen Anlauf: zwölf Schritte.

Zidane und drei Kollegen haben inzwischen trotz der großen Torentfernung ein Vierer-Mäuerchen gebildet. Im Niemandsland fast zehn Meter vor dem eigenen Strafraum sehen sie nun den Brasilianer losrennen. Und haben einen perfekten Blick auf ihre vollständige Nutzlosigkeit.

Carlos pflanzt, als er mit über dreißig Stundenkilometern ankommt, den rechten Fuß wie ein Hochspringer in den Boden. Sein Körper bäumt sich auf. Der linke Fuß trifft den Ball, man sieht es sofort, mit maximaler Wucht, aber nicht in direkter Linie Richtung Tor. Vielmehr kreuzt der Fuß im Treffen des Balles von links nach rechts, als wolle Carlos den Ball zehn Meter neben das Tor schießen. Ein Balljunge, der in dieser Richtung hinter der gelben Werbebande der französischen Post hockt, duckt sich instinktiv. Doch er ist sicher. Der Ball geht ganz woanders hin.

Seit Jahrtausenden haben Menschen runde Dinge lustvoll mit Füßen getreten. Doch erst mit einer Füllung aus Luft, ermöglicht durch die Erfindung der Vulkanisierung des Kautschuks 1839, wurde der Ball elastisch und damit, wie der Sozialpsychologe Klaus Hansen es nannte, »dialogfähig«. Dieser Dialog besteht nicht nur in der Richtung, die der Ball nimmt; auch in der Rotation, die er in sich trägt. Jeder Spieler lernt damit umzugehen, dass ein Fußball fast nie gerade durch die Luft fliegt, sondern meistens krumm.

Physikalisch heißt das Magnus-Effekt. Nur ein Ball, der mit exakt geradem Impuls zentral getroffen wird, kann ohne Drall fliegen. Wird der Ball seitlich erwischt, meist mit der Innenseite des Fußes, wie bei »Bananenflanken«, oder wird er, wie hier, zwar mittig, aber über den Außenrist leicht abrollend getroffen, »os tres dedos«, wie die Brasilianer das nennen, »mit drei kleinen Zehen« – dann, so Carlos, »bekommt er den gefährlichen Drall«.

Durch das schräge, schnittige, fast diagonale Auftreffen der Außenseite von Carlos' linkem Fuß wird die rechte Hälfte des Balles stärker beschleunigt. Er erhält eine Linksrotation und wird, weil die rechte Seite höheren Luftwiderstand erhält, nach links abgelenkt. Bei fast jedem Eck- oder Freistoß ist das auch für das Auge des Laien gut zu sehen. In diesem Fall aber in einer extremen Weise, die alle, die es sehen, verblüfft. Selbst den besten Spieler der Welt. Als Carlos den Ball trifft, ist Zidane, wie er ihm später verrät, sicher, dass er vorbei geht.

Carlos wird beim Schuss von der Wucht seines Schussbeins nach oben geschleudert und landet wie ein Flamingo auf dem linken Bein, weit rechts von der Stelle, wo er den Ball traf. Als er wieder Bodenkontakt hat, sieht er den Ball mehr als einen Meter entfernt rechts an der Mauer vorbeifliegen, in der die Köpfe der vier Franzosen sich ruckartig drehen, aber nicht schnell genug, um zu sehen, was dann passiert. In ihrem Rücken kriegt der Ball die Kurve. Nicht irgendeine: »Die unglaublichste Kurve«, so Roberto Carlos. Von diesem Moment an gilt er als der Mann, der um die Ecke schießt.

Wie ein Bumerang schwingt der Ball in der zweiten Hälfte des Fluges von rechts nach links, kracht an den Innenpfosten und jagt ins Tor, in dem Torwart Fabien Barthez außer einem ungläubigen Wenden seines Kopfes keine Bewegung macht. Immerhin hat er in diesem Moment den besten Blick auf eines der irrsten Dinge, die je ein menschlicher Fuß mit einem Ball angestellt hat.

Ein Tor wie mit Hammer und Zirkel. Dieser perfekte Freistoß vereint die Wirkung beider Werkzeuge, Wucht und Kurve, in einem einzigen: dem Fuß. »Ein Tor, das Geschichte machte«, nennt es der Schütze. Ob er, als der Ball losflog, ahnte, dass er diese Bahn, diese Geschichte machen würde? »Nein«, sagt Carlos Jahre später. »Witzig, dass Leute nach Erklärungen forschen. Es gibt keine. Was der Ball macht, ist Schicksal.«

Dreizehn Jahre später untersuchen Wissenschaftler der »École Polytechnique« in Paris das Wundertor und finden eine schlüssige Erklärung. Ergebnis ihrer Experimente: Wird eine Kugel mit genügend Schwung und Rotation beschleunigt, bewegt sie sich mit einem immer stärkeren Drall in eine Richtung. Die durch den Kontakt der Balloberfläche mit der Luft entstehenden Verwirbelungen geben dem Flug des Balles eine Kurve, deren Krümmung zunimmt, je langsamer der Ball wird.

Nach etwa der halben Flugstrecke von Carlos' Schuss hat der Luftwiderstand den Ball von schätzungsweise hundertfünfzig Kilometern pro Stunde unmittelbar nach dem Schuss auf etwa hundert gebremst. Deshalb wirkt die Linksrotation, die Carlos mit seinem extrem wuchtigen Tritt in den Ball gebracht hat, sich von da an in einer immer schärfer werdenden Linkskurve aus.

Gäbe es die Erdanziehungskraft nicht, so die physikalische Gesetzmäßigkeit, die die französischen Physiker beschreiben, flöge ein solcher Schuss am Ende in der Form eines Schneckenhauses spiralförmig nach innen, immer enger im Kreis, bis er sich letztlich nur noch um sich selbst drehte.

Für sein ballistisches Kunstwerk hat bei Roberto Carlos also alles passen müssen: große Entfernung, enorme Härte und extreme Rotation. Und all das hätte ihm nichts genutzt ohne die Gnade der Gravitation. Was nützt ein Ball, der sich nur um sich selbst dreht? Er soll ja ins Tor.

Und was nützt ein Fußball, der sich nur um sich selbst dreht? Und nicht um das, was zählt, das Tor? Er macht glücklich, weil er so schön ist, aber auch traurig, weil er nur Schönheitspreise gewinnt. Die leise Tragik der Ästhetik und Romantik des Fußballs, als Kunst, als Selbstzweck und Seelennahrung begriffen, im ewigen Widerstreit mit der Pragmatik der anderen, die keine Kunst, nur ein Ergebnis wollen, einen Sieg, einen Pokal – kein Team hat das je so schön traurig inszeniert wie die Brasilianer der achtziger Jahre.

49

Barcelona, 5. Juli 1982:

Ich schau dir in die Augen, Kleines

ITALIEN – BRASILIEN 3:2 (WM, 2. Finalrunde)

ITALIEN: Zoff, Scirea, Gentile, Collovati (34. Bergomi), Cabrini, Conti, Oriali, Antognoni, Tardelli (75. Marini), Rossi, Graziani
BRASILIEN: Valdir Peres, Oscar, Leandro, Luizinho, Júnior, Sócrates, Cerezo, Zico, Falcão, Serginho (69. Isidoro), Éder
SCHIEDSRICHTER: Klein (Israel); ZUSCHAUER: 44 000
TORE: 1:0 Rossi (5.), 1:1 Sócrates (12.), 2:1 Rossi (25.), 2:2 Falcão (68.), 3:2 Rossi (74.)

Brasilien 1982, ein Team zum Verlieben. »Für eine solche Mannschaft zu spielen«, sagt Sócrates, »ist wie ein Rendezvous mit der Frau, die du liebst.«

Bis zum Rendezvous in Barcelona, einem der schönsten aller Zeiten (auch wenn am Ende der Falsche die Küsse bekommt), hat die Seleção die Herzen der eigenen und der neutralen Fans nach zwei matten WM-Darbietungen 1974 und 1978 zurückerobert. Mit dreizehn Toren, eins schöner als das andere. Mit Volleys und Winkelschüssen, Hackentricks und Scherenschlägen, Chips und Tricks. Und mit einer wunderbar lässigen, unverbissenen Art. »Straßenfußball, in Kunst verwandelt«, nennt es der britische Journalist Hugh McIlvanney.

Im letzten Spiel der Zwischenrunde braucht Brasilien auf dem Weg ins Halbfinale – und zum fast sicher scheinenden Titel – nur ein Unentschieden, und das gegen einen wenig überzeugenden Gegner. Italien hat sich sieglos in die Zwischenrunde gestohlen und dann nur deshalb gegen Argentinien gewonnen, weil Claudio Gentile den jungen Maradona neunzig Minuten lang, vom rumänischen Schiedsrichter unbehelligt, nach allen Regeln der dunklen Künste systematisch peinigte. Filmaufnahmen dokumentieren später mehr als vierzig Fouls an Maradona, die meisten ungeahndet.

Was hat Italien außer einer Abwehr, die weh tut, noch zu bieten? Einen vierzigjährigen Torhüter. Und einen Torjäger, der zwei Jahre nicht gespielt hat. In bisher vier Spielen war er so matt und ungefährlich, dass eine italienische Zeitung ihn nicht Paolo Rossi nannte, sondern »den Geist von Paolo Rossi«.

Bei Anstoß um 17.15 Uhr herrscht brütende Hitze und Partystimmung. Die Vorfreude auf ein weiteres Fußballfest. Was soll Brasilien schon passieren? Nur Torwart Valdir Peres hat ein ungutes Gefühl. Er warnt davor, dass Rossis Geist vielleicht erwachen könnte.

Und plötzlich, nur fünf Minuten gespielt, ist er da, hellwach. Antonio Cabrinis Flanke segelt aus dem linken Halbfeld vors Tor. Dort spurtet Rossi in die Flugkurve und köpft den Ball frei zum 1:0 ins Tor. Gegenspieler Luizinho trottet ihm zerstreut hinterher.

Da hat es sich also doch ausgezahlt für die Italiener, den wegen Beteiligung am Wettskandal »Totonero« für drei Jahre gesperrten Rossi auf Drängen von Trainer Enzo Bearzot rechtzeitig zur WM zu begnadigen. Mögen andere Rossi unterschätzen, dessen physische Erscheinung muskulösen Innenverteidigern, wie sie die Brasilianer haben, kaum einen Schrecken einjagt. Doch die Italiener wissen, was sie an diesem speziellen Stürmertyp haben, den sie immer wieder hervorbringen, Tarnkappen-Torjäger wie Rossi oder später Filippo Inzaghi, die sich wegschleichen in den toten Winkel, unsichtbar werden und dann plötzlich auftauchen, da, wo der Ball ist. Die Brasilianer werden den Namen Rossi, oder »Hossi«, wie sie sagen, nach diesem Spiel nicht vergessen.

Einen solchen Stürmer haben die Brasilianer nicht. Sie haben eigentlich überhaupt keinen. Éder schoss zwei Traumtore gegen Sowjets und Schotten, wird aber am Ende seiner Karriere in der Seleção auf nur acht Tore in vierundfünfzig Spielen kommen. Und der schlaksige, etwas hölzerne Serginho, dessen Kritiker in der Heimat behaupten, an seinem Fuß werde der Ball »quadratisch«, nimmt fünf Minuten nach der italienischen Führung dem durchbrechenden Zico den Ball vom Fuß. Er verschenkt die große Chance frei vor Dino Zoff mit einem Schuss, der die Quadrat-These unterstützt.

Schon diese ersten zehn Minuten widersprechen der später gestrickten Legende, Brasilien 1982 sei das »beste Team, das nie Weltmeister wurde«. Denn dieses Team hat keine Abwehr und keinen Angriff. Es hat nur ein Mittelfeld. Aber was für eines! Das beste Mittelfeld, das nie Weltmeister wurde. Es muss alles regeln, vor allem die Tore. Sieben der dreizehn Tore haben Falcão, Zico und Sócrates geschossen. Auch gegen Italien müssen sie alles selbst machen.

Nach zwölf Minuten stelzt Sócrates, der kettenrauchende Kinderarzt, in seiner hohen, dünnen Gestalt durchs Mittelfeld, spielt einen scharfen Außenristpass in den Fuß des eng gedeckten Zico, der mit Hackentrick und schneller Drehung seinen Schatten Gentile abhängt und den nun in die Gasse spurtenden Kollegen mit einem perfekten kleinen Außenristpass zurückbedient. Und Doktor Sócrates seziert den italienischen Patienten chirurgisch präzise mit einem Eingriff ins kurze Eck, zur Überraschung von Zoff, der auf einen Querpass spekulierte.

Das 1:1, von zwei Regisseuren und Hauptdarstellern zugleich inszeniert. »Sócrates schießt das Tor, das die Philosophie des brasilianischen Fußballs zusammenfasst«, schwärmt BBC-Kommentator John Motson. Aber genau das ist die Crux der Brasilianer an diesem Tag, in diesem Team – dass die Tore zu schön sind. Dass sie sich an ihnen und an sich selbst berauschen. Welch ein Tor! So etwas können nur wir. Sie feiern und spielen, als hätten sie schon gewonnen.

Der Rausch währt dreizehn Minuten, dann spielt Cerezo unbedrängt vor der eigenen Abwehr einen lässigen Querpass, ungefähr in Richtung dreier gelber Hemden – hinter denen sich das blaue von Rossi unsichtbar gemacht hat. Jeder der drei Brasilianer bekäme den Ball, wenn er schnell schaltete, aber das tut nur der Italiener. Und schon hat er ihn, legt ihn vorbei am verzweifelt grätschenden Luizinho und trifft aus sechzehn Metern zum 2:1.

Und wieder anrennen, dem Tor hinterher. Zico hat den Ausgleich auf dem Fuß, aber den unerbittlichen Gentile im Genick. »Gentile, du musst alles treten, was sich bewegt auf dem Spielfeld«, so schärften es die Trainer dem eisenharten Verteidiger nach der Erinnerung des früheren Mitspielers und späteren Bayern-Trainers Carlo Ancelotti stets ein. »Alles treten, auch den Ball. Wenn es der Ball ist, dann ist das eine Zugabe.«

Auch ein Stück vom Hemd nimmt er gern. Als ihm Zico im Strafraum entwischt, hält der Italiener dessen Trikot fest. Zico läuft weiter, zieht Gentile mit, weil ein Brasilianer immer das schöne Tor will – ein Italiener nimmt gern auch den Elfmeter und ließe sich längst fallen. Selbst als Zico schießt, hat er Gentile noch im Schlepptau. So bekommt er weder Druck in den Schuss noch einen Elfmeter – obwohl Zico dem Schiedsrichter sofort das Beweisstück präsentiert, das am Rücken zerfetzte Trikot.

Brasilien gegen Italien, ein Spiel völlig unterschiedlicher Ideen von Fußball. Hier ist Fußball Vergnügen, dort Vehikel, hier Überfluss, dort Reduktion, hier Freiheit, dort Freiheitsberaubung. Doch ist das der Blick eines Romantikers. Der Realist weiß, dass es kein Gut und Böse, keine moralische Kategorie des Spiels über das hinaus gibt, was die Regeln und die Fairness vorschreiben. Das Kreative und das Destruktive, beides gehört gleichberechtigt zum Fußball, und manchmal ist es gerade dieser Gegensatz, der die größten Partien macht. So wie diese, ein wogendes Spektakel, voller Bewegung wie eine stürmische See.

Die zweite Halbzeit. Angriffe nun fast im Minutentakt. Falcão schießt knapp vorbei. Zico schickt Cerezo, Zoff ist flink draußen. Die Italiener vergeben die große Gelegenheit zum 3:1 durch Rossi, der völlig frei das Tor verfehlt. Und dann, wie eine Erlösung, der Ausgleich durch Falcão. Mit einer kleinen Finte verschafft er sich Platz für zwei, drei Schritte und einen Schuss ins lange Eck. Das 2:2.

Hat der Fußballgott also doch noch einen guten Tag? Nein, er bestraft die Sorglosen. Wieder vergessen die Brasilianer im großen Gefühl das kleine Einmaleins. Eine italienische Ecke, zentral vor den Strafraum abgewehrt, auf Marco Tardelli, der schießt und den Ball nicht richtig trifft, aber Rossi, ungedeckt in der Schusslinie stehend, lenkt ihn aus kurzer Entfernung zum 3:2 ins Tor. Junior hebt den Arm, weiß aber, dass die Geste durch sein eigenes Tun sinnlos ist. Er hat das Abseits aufgehoben. Als Einziger ist Junior nicht aus dem Fünfmeterraum vorgerückt, als der Ball hinausgeköpft wurde.

Drei Momente der Zerstreutheit in der Abwehr, erst Luizinho, dann Cerezo, nun Junior – dreimal der hellwache Geist von Paolo Rossi. Es ist am Ende der Unterschied zwischen einem gefühlten Weltmeister und einem tatsächlichen Weltmeister. Rossi, der Stürmer, der nichts traf, trifft dreimal. Und Zoff, der vierzigjährige Torwart, kratzt in letzter Minute Éders Kopfball im Nachfassen von der Linie.

Wäre »Casablanca«, der Filmklassiker mit Ingrid Bergman und Humphrey Bogart, »ein Fußballspiel, dann wäre es dieses«, behauptet die Fußball-Website »soccerphile.com«, die in ihrer Auflistung der »aufregendsten Spiele aller Zeiten« das brasilianisch-italienische Melodram auf Platz eins setzt. Die Parallele zu »Casablanca«? »Millionen müssen geheult haben am Ende, und nicht nur Brasilianer.«

Tränen fließen schon auf dem Feld. Falcão will nach diesem Spiel mit Fußball aufhören (spielt dann aber doch weiter und wird mit AS Rom italienischer Meister). Sócrates beginnt zu trauern um jene Zeit, »als wir mit dem Ball noch unsere Gefühle ausdrückten«. Und Zico klagt: »Unser Fußball war artistisch, voller Schönheit, uns ging es um Tore und Offensive. Italien war das Gegenteil, nur darauf aus, das Spiel des Gegners zu zerstören.« Er nennt es »den Tag, an dem der Fußball starb«.

Gestorben aber ist natürlich nicht der Fußball, nur »eine bestimmte Art von Naivität im Fußball«, wie es der englische Autor Jonathan Wilson nennt. »Von diesem Tag an war es nicht mehr möglich, einfach nur die besten Fußballer aufzustellen und machen zu lassen; es war der Tag, an dem das System gewann.« Aber wer, außer einem Systemadministrator, will schon Systeme gewinnen sehen.

Vier Jahre später hat Brasilien eine richtige Abwehr. Sie hat bis zum Viertelfinale der WM in Mexiko noch kein Tor kassiert. Und einen richtigen Sturm. Den schnellen Müller, der sich nach dem größten deutschen Torjäger benannt hat. Den schussstarken Careca, der in vier Spielen vier Treffer erzielte. Nur vom glorreichen Mittelfeld ist nicht mehr viel übrig. Zico ist dreiunddreißig, nach Knieverletzung nicht fit und sitzt auf der Bank. Falcão ist zweiunddreißig und ebenfalls angeschlagen. Allein Sócrates, ebenfalls zweiunddreißig, steht, ein weißes Stirnband um den dicht behaarten Charakterschädel, in der sengenden Hitze von Guadalajara, als die Nationalhymnen das Konzert von den Rängen kurz unterbrechen. Das Publikum ist fast komplett in Gelb gekommen. Es ist der Tag, an dem der Samba-Fußball seinen letzten Auftritt hat. Aber einen ganz großen.

50

Guadalajara, 21. Juni 1986: Der Tod der Samba

FRANKREICH – BRASILIEN 1:1 n. V., 4:3 i. E. (WM-Viertelfinale)

FRANKREICH: Bats, Battiston, Amoros, Bossis, Tusseau, Giresse (84. Ferreri), Tigana, Platini, Fernandez, Stopyra, Rochetau (100. Bellone)
BRASILIEN: Carlos, Josimar, Julio Cesar, Edinho, Branco, Alemao, Socrates, Junior (91. Silas), Elzo, Müller (72. Zico), Careca
SCHIEDSRICHTER: Igna (Rumänien); ZUSCHAUER: 65 000 (in Guadalajara)
TORE: 0:1 Careca (17.), 1:1 Platini (41.). Elfmeterschießen: Bats hält gegen Sócrates, 1:0 Stopyra, 1:1 Alemão, 2:1 Amoros, 2:2 Zico, 3:2 Bellone, 3:3 Branco, Platini verschießt, Julio Cesar verschießt, 4:3 Fernandez

Viertelfinale der WM, Finale für eine Fußballgeneration. Nicht nur für die Brasilianer. Auch für die andere legendäre Mittelfeldreihe des Jahrzehnts, die Franzosen Alain Giresse, dreiunddreißig, Jean Tigana, zweiunddreißig, und Michel Platini, an seinem einunddreißigsten Geburtstag, ist es die letzte Chance auf eine Krönung. Als sie alle noch jung waren, im besten Alter, im vollen Saft, hätte dies hier, Brasilien gegen Frankreich, das WM-Finale sein sollen, 1982 in Spanien.

Aber das Schicksal hat es ihnen verwehrt – das Schicksal, diese undurchschaubar zufällige Verquickung von Kausalitäten, die man nicht versteht, und Versäumnissen, die man sehr gut versteht, aber immer zu spät. In diesem Fall die Verquickung von Schusspech, Schiedsrichterfehlern und Selbstverliebtheit. So ist es nicht nur ein vorweggenommenes Finale, wie es Zeitungen und Zuschauer nennen. Es ist auch ein nachgeholtes.

Das Drama dieses Spiels beginnt in der 71. Minute beim Stand von 1:1. Es ist schon da ein grandioses Spektakel, ja eines der besten Spiele der Geschichte, eines, das 3:3 oder 5:5 stehen könnte. Aber getroffen hat bisher nur Careca, als Endverwerter nach Blitzkombination mit doppeltem Doppelpass zwischen Müller und Junior, nach siebzehn Minuten; und dann, nach großer Überlegenheit der Brasilianer, Platini kurz vor der Pause, als Günstling einer abgefälschten Flanke, die er ins leere Tor drückte. Außerdem traf Müller den Pfosten, Careca die Latte, und auch die Franzosen kamen zu großen Chancen in diesem herrlichen Schlagabtausch.

Nur das dritte Tor, das gewiss entscheidende, denn lang kann dieses Tempo in dieser Hitze und Höhe kaum gehalten werden – es will nicht fallen. Obwohl nach dreiundsiebzig Minuten ein Jubel aufbrandet, als wäre es jetzt doch da, das Siegtor. Dabei ist es nur der Jubel über eine Einwechslung. Minutenlang hat das Volk ihn gefordert, nun kommt er. Zico, der »weiße Pelé«, der Trainer Tele Santana bat, ihn nicht mitzunehmen nach Mexiko, weil er sich »nicht fit genug« fühlte, dann aber doch mitfuhr und sich im Einzeltraining quälte. Nun ist er bereit für einen Kurzeinsatz.

Schon Zicos erste Aktion, nach neunzig Sekunden, ist ein Kunstwerk. Branco hat in der eigenen Hälfte den Ball gewonnen und beschleunigt. Hinter der Mittellinie spielt er den Ball quer auf Zico, läuft weiter – und genau als Branco in den Strafraum eindringt, bekommt er Zicos Außenrist-Steilpass, die Abwehr durchschneidend, perfekt in den Lauf. Nur Torwart Joel Bats kann ihn noch stoppen, nur mit Foul. Elfmeter.

Careca und Sócrates haben fünf Tage vorher beim 4:0 gegen Polen zwei Elfmeter verwandelt. Nun nimmt sich Careca den Ball. Zico geht hin und schickt ihn weg. Kapitän Edinho kommt und fragt nach. Zico beharrt auf dem Elfmeter. Er behauptet später, Sócrates, der Chef im Team, habe ihn als Schützen bestimmt. Und sogar die Ecke, in die er schießen solle. Es ist die falsche. Zico läuft an – Bats hält.

Ein schwacher, schlecht plazierter Elfmeter – auch ein egoistischer? In Brasilien, wo man Zico verehrt, wird das ein großes Thema. Hätte er, nur drei Minuten auf dem Platz, noch ohne Rhythmus, die Aufgabe einem anderen überlassen sollen?

Platini legt Zico zum Trost eine Hand auf die Schulter. Eine große Geste, ein großes Bild: die beiden weltbesten Fußballer der frühen achtziger Jahre, bei diesem Turnier von Maradona abgelöst, zwei Männer, die ihren Abgang mit Stil zelebrieren. Nicht als Gegner, die siegen wollen, indem sie einander schlechtmachen; sondern als Künstler, die ihr Bestes zeigen und am Ende sehen, wem das Bessere gelungen ist.

Verlängerung. Noch mehr Leiden. Noch mehr herrlichstes Hin und Her. »Hitze und Höhe sind für uns Gold wert«, hat Sócrates vor dem Spiel prophezeit. »Für die Europäer sind sie der Ruin.« Die Europäer haben vorgesorgt und sich in der Pause aus Sauerststoffflaschen erfrischt. Das Nachtanken hält aber nicht lange vor.

Nicht nur die Höhe von tausendsechshundert Metern ist atemberaubend. Auch die Qualität und Intensität dieses Duells im Backofen ist und bleibt es. Die Geometrie der Pässe, die Verarbeitung der Bälle, die Weiträumigkeit des Spiels, die Geschmeidigkeit der Bewegungen, die Eleganz der Improvisationen, all das ist ein Genuss.

Das vielleicht letzte Meisterwerk seiner Art, eines offensiven Fußballs unter den Bedingungen vor dem Großangriff der defensiv perfektionierten Systeme – jenes Verdichtens der Räume und Verschiebens der Spielfiguren zum ballführenden Gegner hin, das von Ende der achtziger Jahre an, ausgehend von Arrigo Sacchis AC Mailand, den Fußball der Zukunft prägen und ihm die Freiheit der Vergangenheit nehmen würde. Zur Faszination gehört auch der ganz eigene, verschüttete Look der Fußball-Achtziger: die nackten Waden mit den hinuntergeschobenen Stutzen; die flatternden Hemden über knapp sitzenden Hosen; das wuchernde, wehende Haar.

Dreißig Minuten Zugabe in mexikanischer Hitze und Höhe. Platini leidet. Auch er schleppt, wie Zico, eine Verletzung mit sich herum. Man hat sie aber nicht öffentlich gemacht. Ihm fehlt die Fitness, sein Radius ist am Ende kaum größer als sein Schatten. Trainer Henri Michel aber denkt nicht daran, ihn auszuwechseln: »Auch ein müder Platini ist wichtig für die Mannschaft.«

Das zeigt Platini spät in der Verlängerung mit einem letzten genialen Pass. Bruno Bellone, kurz zuvor eingewechselt und noch frisch, erläuft ihn, umspielt Torwart Carlos, der ihn in zynischer Berechnung vor dem Strafraum empfangen hat, um ihn dort, ohne drohenden Elfmeter, umzureißen. Der Franzose, das leere Tor vor sich, befreit sich, kommt aber aus dem Tritt, erreicht den Ball nicht mehr. Es gibt nicht einmal Freistoß, weil der Schiedsrichter einen »Vorteil« sah; geschweige denn eine Rote Karte. Die Bestrafung der »Notbremse« ist noch nicht erfunden.

Bellone soll seine Revanche bekommen, im Elfmeterschießen. Als erster Schütze tritt Sócrates an, mit seiner berühmten Schusstechnik fast aus dem Stand. Bats hat das zuvor im Spiel gegen Polen studiert, als der Brasilianer hoch ins linke Eck schoss. Es erscheint ihm als natürliches Ziel, nach diesem extrem kurzen Anlauf, mit nur zwei Schritten, verzögert nach dem ersten. So nimmt der Torwart sich vor: »Nicht bewegen, keine Lösung anbieten, dann wird er wieder so schießen.« Genau so kommt es. Sócrates schießt hoch links, und Bats hält den Ball mit der übergreifenden linken Hand, »genau wie in meiner Vorstellung«.

Ausgerechnet Platini, der andere Superstar, gibt den Vorteil als vierter Schütze der Franzosen wieder her. Mit letzter Kraft, einem Hauch zu viel davon, jagt er den Ball übers Tor. Vielleicht soll dieses Spiel einfach keinen Verlierer haben? Dem erregten Betrachter fällt es schwer, sich für einen entscheiden zu müssen. Am Ende entscheidet der Einzige auf dem Platz, der keine Gefühle hat. Der Pfosten.

Bellone hat eigentlich nicht schießen wollen, aber Trainer Michel kam und sagte: Du musst, es gibt niemanden mehr. Bellone nickte. Und bereut es auf dem Weg vom Mittelkreis zum Punkt. »Es ist furchtbar. Der Weg wird immer länger. Dir geht alles Mögliche durch den Kopf. Alles. Du denkst an deine Familie, an die Menschen vor den Fernsehern, an die Fans.« Die Angst, sie zu enttäuschen, die Scham, die überdrehende Phantasie: »Wenn ich diesen Elfmeter verschieße, muss ich im Einbaum aus Mexiko heimrudern.« Vielleicht, so scherzt er später, »wäre ich auch nie zurückgekehrt und würde heute am Strand von Acapulco Ananas verkaufen«.

Aber noch ist er in Guadalajara, noch hat er eine Rechnung offen. »Der Torhüter hatte mich genervt.« Nicht nur mit dem Foul, das ihm das Siegtor raubte, der einzigen hässlichen Szene des schönen Spektakels. Auch mit seinem Verhalten vor dem Elfmeter. »Bevor ich dort war, sprach er mit Zico und deutete mit Gesten an, wohin ich schießen würde. Das hat mich geärgert. Am Anfang wollte ich ihn flach in seine rechte Ecke plazieren. Doch als es losging, hatte ich das Bedürfnis, hart auf seinen Kopf zu zielen.« Hart fliegt der Ball am Kopf vorbei und an den rechten Pfosten – und trifft dann doch den Kopf des Torwarts. Nur von hinten. Von da prallt er ins Netz. Aus einem Fehlschuss wird ein Glücksschuss.

Einige Brasilianer wissen nicht, ob es zählt, einige Franzosen, wie Bats, ebenfalls nicht. Kapitän Edinho protestiert beim Schiedsrichter, erfolglos. Bellone hat keinen Zweifel, er kennt die Regel und ist sofort jubelnd abgedreht mit dem Gedanken: »Ich kann wieder nach Frankreich zurück.«

Auch Julio Cesar, der letzte Brasilianer, trifft den Pfosten. Doch diesmal springt der Ball vom launischen Aluminium ins

Feld zurück. Brasilien ist draußen, die Samba vorbei. In der Kabine singen die Franzosen ein brasilianisches Lied, »nicht um sie zu verspotten«, wie sich Bats erinnert, »sondern um das zu würdigen, was wir gemeinsam geleistet hatten, dieses außergewöhnliche Spektakel«. Doch auch die Franzosen werden nicht belohnt. Im Halbfinale verlieren sie, vom Drama entkräftet, wie 1982 gegen Deutschland – diesmal durch einen krassen Fehler von Bats bei einem Brehme-Freistoß.

Belohnt werden die beiden Nationen erst im folgenden Jahrzehnt, als Brasilien 1994 und Frankreich 1998 Weltmeister werden, mit mehr Berechnung und Vorsicht, mit weniger Freude und Flair. »Die Spielfreude, das Besondere, das, was uns immer außergewöhnlich gemacht hat«, klagt Sócrates in einem der letzten Interviews vor seinem Tod 2011, »ist seit den neunziger Jahren einfach verschwunden.«

Schon in Guadalajara, schon im Moment der Niederlage ist es, als ahnten sie es: dass etwas unwiederbringlich verloren wurde. Am Ende des letzten Spiels, in dem Brasilien das stilistische Vorbild war, das unerreichte. Die Eleganz, die Geschmeidigkeit, die Lust, die aus allem strömte. Fast etwas Erotisches ging von diesem Fußball aus, ein spielerischer Tanz, eine Lust an der Körperlichkeit, ein Überfluss an Leben. Später hätte man gesagt, dass es »groove« hatte. Und »swag«.

All das wich einer berechnenderen, einer ökonomischen Form von Fußball. »Das ist das Ende einer Generation«, sagt der weinende Zico nach seinem letzten Spiel für Brasilien. Das Schlusswort liefert Sócrates: »Diese Mannschaft ist tot. Es gibt sie nicht mehr.«

Der Elfmeter, diese verfluchte Idee von Fußball-Sadisten. Eigentlich ja gut gemeint, diese Erfindung, die sich 1891 durchsetzte, nachdem in Pokalspielen in Schottland und England zwei Tore durch vorsätzliche Handspiele auf der Torlinie verhindert wurden, ohne dass es eine angemessene Strafe dafür gab. Allerdings lehnten etwa die Corinthians, eines der berühmtesten englischen Amateurteams jener Zeit (und Namensgeber der Corinthians São Paulo, des Klubs von Sócrates), die Elfmeterregel ab. Als Gentlemen gingen sie davon aus, dass ein Foulspiel nur unabsichtlich erfolgt und ein Elfmeter deshalb nur ein unrechtmäßig erlangter Vorteil sein könne. Deshalb schossen sie ihre Elfmeter neben das Tor oder in die Arme des Torwarts.

Aber diese Haltung setzte sich nicht durch, und der Elfmeter stieg zum eigenen, kleinen Spiel im großen auf. Zum Nervenspiel. Manchmal Schicksalsspiel. Diese eine Sekunde, in der sich Hoffnungen, Träume, ja einmalige Lebenschancen auf die Frage reduzieren: links oder rechts, richtig getroffen oder nicht. Das Duell am Punkt, das aus dem Wettkampf von zweiundzwanzig zwei einzelne herauslöst, in ein persönliches Duell überführt, kann ganze Teams zerstören. Auch bei dem Elfmeter, den zwei Monate vor Zico ein sonst ebenso fehlerloser Schütze vergab, hätte das so enden können. Doch es kam anders.

51

Bremen, 22. April 1986:
Die Stille nach dem Schuss

WERDER BREMEN – BAYERN MÜNCHEN 0:0 (Bundesliga, 33. Spieltag)

BREMEN: Burdenski, Pezzey, Schaaf, Kutzop, Otten, Wolter, Votava, Meier, Okudera, Neubarth, Burgsmüller
MÜNCHEN: Pfaff, Augenthaler, Nachtweih, Eder, Pflügler, Matthäus, Lerby, Mathy, Wohlfarth, D. Hoeneß, M. Rummenigge
SCHIEDSRICHTER: Roth; ZUSCHAUER: 40 800

Der Fußball hat seine Phrasen. Der Aufsetzer: immer tückisch. Das Double: immer begehrt. Und Kutzop: immer Pfosten.

»Ich habe in der ersten und zweiten Liga über vierzig Elfmeter verwandelt, doch mein einziger Fehlschuss bleibt hängen«, hat er zwanzig Jahre später in einem Interview erzählt. »Viele Leute behaupten, ohne den vergebenen Elfer gegen die Bayern würde mich kein Mensch mehr kennen. Keine Ahnung, ob das stimmt.«

Michael Kutzop: zwölf Jahre als Profi, reduziert auf eine Sekunde. Auf ein Geräusch im eigenen Kopf. »Heute höre ich noch, wie der Ball an den Pfosten klatscht.«

Der vorletzte Spieltag der Saison 1985/86, der Tag des berühmtesten aller Bundesliga-Elfmeter. Nach der 1:3-Niederlage in München im November 1985, als Bayern-Libero Klaus Augenthaler Rudi Völler brutal foulte und schwer verletzte, hat Werder Bremen vierzehn Spiele nicht verloren und fast die ganze Rückrunde einen Vier-Punkte-Vorsprung (zwei Siege nach damaliger Wertung) verteidigt. Dann aber ein 0:1 in Uerdingen, ein 0:0 gegen Mönchengladbach, und nun geht Werder angezählt ins Duell mit Meister Bayern.

Die Stimmung ist aufgeheizt wie kaum je bei einem Bundesligaspiel. Die Fans fordern »Rache für Rudi«, für den Torjäger, der nach fünfmonatiger Pause vor der Rückkehr steht. Und dann, kurz vor Schluss beim Stand von 0:0 eingewechselt, sorgt er fast allein für die Rache. Drei Minuten vor Ende spielt Völler den Ball über Sören Lerby hinweg. Der Däne macht eine seltsame Bewegung mit den Armen, der Ball prallt an ihm ab. Schiedsrichter Volker Roth pfeift Elfmeter.

Völler reißt die Arme hoch, bejubelt den Elfmeter, von dem er weiß, dass er unberechtigt ist. Der Ball ist Lerby nicht an die Hand, sondern ins Gesicht gesprungen. Die Bayern reden im Rudel wütend auf Roth ein. Die Entscheidung aber steht. Die Stimmung: explosiv. Vor dem Bayern-Tor Tumulte der Spieler, hinter dem Bayern-Tor ein Polizeiaufgebot, das rasch aufmarschiert, weil ein Platzsturm der Fans bevorstehen könnte, um Werder als Meister zu feiern. Dafür müsste Michael Kutzop nur den Elfmeter verwandeln. Und dafür müsste er nur einen Ball haben. Es gibt aber keinen.

Auf die praktische Idee, ein Spiel mit mehreren, wechselnd eingesetzten Bällen zu bestreiten und damit zu beschleunigen, ist man Mitte der achtziger Jahre noch nicht gekommen. Es gibt nur einen Ball, und der ist weg. Später heißt es, Bayerns Assistenztrainer Egon Coordes habe ihn aus Wut auf die Tribüne geschossen. »Angeblich hat es fünfzehn Minuten gedauert, bis die Kugel endlich auf dem Punkt lag, ich weiß aber nicht, ob das stimmt«, sagt Kutzop später – und verrät den völligen Verlust der Zeitwahrnehmung in der Drucksituation, überfordert durch zu viele Reize, Eindrücke, Erwartungen, eigene und fremde.

Der Ball ist nur eineinhalb Minuten weg. Eine weitere halbe dauert es dann, bis der Schütze ausführen kann. »Mir kam es wie eine halbe Ewigkeit vor«, so Kutzop. »Vielleicht hatte ich zu viel Zeit zum Nachdenken«. Nachdenken stört beim Elfmeter. Der perfekte Gemütszustand ist konzentrierte Hirnleere.

Um das zu verhindern, hatten die Bayern nun fast zwei Minuten Zeit. »Sie zogen die üblichen Mätzchen ab, sagten mir nette Sachen ins Ohr und traten mir auf die Füße«, so Kutzop, »aber das gehört ja irgendwie dazu.«

Dann, unter Millionen Augen, ist Kutzop irgendwann allein mit der unfassbar simplen und unfassbar komplizierten Aufgabe, einen Ball in ein viel größeres Rechteck zu befördern – kompliziert, weil einer drin steht im Rechteck, aber nicht verrät, was er tun wird. Weil einer von zweien also eine Entscheidung treffen muss und deshalb beide gern warten, bis es der andere tut, ohne dabei aber nur einen Wimpernschlag zu lang warten zu dürfen.

Kutzop macht »auch dieses Mal alles wie immer«, läuft langsam an, wartet »auf eine Reaktion des Torhüters«; verzögert den Lauf fast bis zum Stolpern, bis Jean-Marie Pfaff, der sehr lange wartet, seinen Schwerpunkt dann doch auf eine Seite verlagern muss, um noch handeln zu können. »Und dann schob ich den Ball in die andere Ecke. Ich machte fast alles richtig, aber leider nur fast: Pfosten.«

»Unser Trainer Udo Lattek hatte mich gut auf Kutzop vorbereitet«, sagt Pfaff später. »Bleib so lang wie möglich stehen, beweg dich nicht, sagte er. Ich hab mich nicht bewegt, als Kutzop anlief, mich erst ganz spät für die rechte Ecke entschieden.« Der Ball fliegt nach links aus Sicht des Torwarts, Pfaff hat keine Chance, ihn zu erreichen. Und erreicht doch, was er wollte. Es ist das Geräusch, das folgt. »Das höre ich noch heute«, erzählt Pfaff Jahre später. »Das Klatschen von Leder gegen einen Aluminiumpfosten. Herrlich.«

Noch aber war nichts verloren. Hätte Werder Bremen eine Woche später beim VfB Stuttgart, den man ein halbes Jahr zuvor 6:0 schlug, nur einen Punkt geholt – niemand spräche mehr von diesem Elfmeter. Und Kutzop müsste sich allenfalls ärgern, dass er mit dem Fehlschuss den Platz als Rekordmann der Liga vergeben hat. Denn das wäre er, hätte er diesen einen auch verwandelt, so wie die anderen siebzehn seiner Karriere, acht vorher, neun danach.

So aber bleiben die besten Makellosen, die ohne Fehlschuss: Hans-Jürgen Abel, sechzehn von sechzehn verwandelt, Ludwig Nolden, fünfzehn von fünfzehn, und – Kutzops Trainer Otto Rehhagel, zwölf von zwölf. Aber da ging es nie um die Meisterschaft. Bei Kutzops Elfer war die nervliche Situation anders als in einem normalen Ligaspiel. Sie entsprach der am Ende eines Elfmeterschießens in einem großen Finale.

Die Trefferquote beim Elfmeterschießen am Ende von K.-o.-Spielen ist statistisch deutlich schlechter als die bei regulären Strafstößen. Die technische Anforderung ist gleich, die nervliche völlig anders. Wie beim Geradeauslaufen: Jeder kann es problemlos auf einer Linie auf einem breiten Weg. Aber wenn er schmal ist und rechts und links ein Abgrund klafft, rast der Puls, schwankt der Gang, und der Mensch will nicht weiter. Obwohl motorisch die Aufgabe dieselbe bleibt.

Niemand machte Kutzop einen Vorwurf. Dennoch hat er »gelitten wie ein Hund«, so Rehhagel. Sein Freund Völler kam noch am selben Abend auf ein »Frustbier« vorbei. Nur manchmal, so Kutzop, sage Völler heute noch im Scherz: »Ich habe alles gewonnen, nur deutscher Meister bin ich wegen dir nie geworden.« Eine Woche später verloren sie in Stuttgart 1:2. Und als Werder zwei Jahre später den verschossenen Meistertitel nachholte, war Völler schon bei AS Rom.

Beim sogenannten Krawattenrennen, bei dem Rehhagel regelmäßig die Spieler zum Spurt über den halben Platz antreten ließ und der Schnellste sich auf seine Kosten einen Schlips kaufen durfte, ließ die Mannschaft aus Jux danach Kutzop, den Ältesten, gewinnen. »Kutzi kaufte sich für siebenhundert Mark einen Anzug«, so Rune Bratseth, der sonst immer gewann. »Auf der Rechnung tauchte trotzdem nur eine Krawatte auf.«

Und einmal verdiente sich Kutzop sogar eine Geldprämie vom Trainer – für einen Pfostentreffer. Im Training schmiss er aus zwanzig Metern einen Apfel an einen Pfosten, und Rehhagel sagte: »Wenn du das noch mal schaffst, bekommst du hundert Mark!« Kutzop nahm einen neuen Apfel – und traf den Pfosten wieder. Gar nicht so schlimm, das Geräusch.

Der Schütze hat beim Elfmeter mehr Stress, aber immer noch den größeren Vorteil: Er muss nur den Ball bewegen, der Torwart aber den eigenen Körper. Der Ball ist schneller. Er braucht mit wenigen hundert Gramm, sauber getroffen, nur etwa eine halbe Sekunde vom Punkt ins Eck. Das schafft kein Torwart mit seinen fast hundert Kilo, auch wenn er es nicht elf, sondern nur gut drei Meter weit hat. Deshalb muss er sich früher bewegen – was der Schütze gern abwartet und der Torhüter im Gegenzug zur Verunsicherung gern so lang wie möglich hinauszögert. Irgendwann aber bewegt er sich doch, und deshalb gibt es ihn, den perfekten Elfmeter.

Ein schnauzbärtiger Tscheche erfand ihn und brachte ihn im wichtigsten Moment seiner Karriere ins Spiel. Den Elfmeter, der dem Torwart Zeit gibt, die nötige Zeit, das Falsche zu tun. Der perfekt ausgeführte Elfmeter braucht länger als andere, er steht über eine Sekunde in der Luft. Allerdings tut das auch der perfekt misslungene, wie man eine Minute vorher sehen konnte. Er landet erst nach mehreren Sekunden, weit hinter dem Tor.

52

Belgrad, 20. Juni 1976:
Der Himmel über der Sahara

TSCHECHOSLOWAKEI – DEUTSCHLAND 2:2 n. V., 5:3 i. E. (EM-Finale)

TSCHECHOSLOWAKEI: Viktor, Pivarník, Ondruš, Čapkovič, Gögh, Dobiaš (94. Veselý), Panenka, Móder, Masný, Švehlík (80. Jurkemík), Nehoda

DEUTSCHLAND: Maier, Vogts, Dietz, Schwarzenbeck, Beckenbauer, Bonhof, U. Hoeneß, Wimmer (46. Flohe), D. Müller, Beer (80. Bongartz), Hölzenbein

SCHIEDSRICHTER: Gonella (Italien); ZUSCHAUER: 35 000

TORE: 1:0 Švehlík (8.), 2:0 Dobiaš (25.), 2:1 D. Müller (28.), 2:2 Hölzenbein (90.).

ELFMETERSCHIESSEN: 1:0 Masný, 1:1 Bonhof, 2:1 Nehoda, 2:2 Flohe, 3:2 Ondruš, 3:3 Bongartz, 4:3 Jurkemík, Hoeneß verschießt, 5:3 Panenka

Die »Angst des Tormanns beim Elfmeter« ist eine literarische Erfindung. Die Angst, das weiß jeder, der mal einen schoss, muss der Schütze haben, nicht der Hüter. In Peter Handkes gleichnamiger Erzählung ging es ja auch nur am Rande um Fußball, eher um die Morde des Monteurs Bloch, der mehrere Kassiererinnen meuchelte. Des Werkes Schluss: »Der Schütze lief plötzlich an. Der Tormann, der einen grellgelben Pullover anhatte, blieb völlig unbeweglich stehen, und der Elfmeterschütze schoss ihm den Ball in die Hände.«

Realistischer als Handke hat der nebenberufliche Schriftstellerkollege Uli Hoeneß die Elfmetersituation beschrieben. Kein Wunder, er hat sie selbst erlebt. Die Minuten vor jenem »Elfer von Belgrad«, den er für das vom alten Kompagnon Paul Breitner herausgegebene Buch »Kopf-Ball« 1984 beschrieb, schilderte er so: »Aber nun lagen wir im Mittelkreis, lechzten nach einem Schluck Wasser aus dem Schwamm, drückten die Eiswürfel auf die erhitzten Wangen, auf die pochende Halsschlagader.«

Belgrad 1976: Die neue dramatische Ausdrucksform des Elfmeter-Showdowns betritt erstmals die große Bühne. Bei der Europameisterschaft, die damals den Namen »Turnier« noch kaum verdient: vier Mannschaften, vier Partien. Aber die haben es in sich. Im Halbfinale hat Deutschland Gastgeber Jugoslawien nach 0:2-Rückstand durch drei Tore des spät eingewechselten Debütanten Dieter Müller nach Verlängerung 4:2 besiegt. Auch im Endspiel gegen die Tschechoslowakei liegt der Welt- und Europameister früh 0:2 hinten – und schafft nach einer Ecke in der 90. Minute durch Hölzenbeins Hinterkopf noch den Ausgleich.

Zu diesem Zeitpunkt haben Tausende bereits das Stadion verlassen. Es wird wegen seiner gewaltigen Größe damals als »Marakana« von Belgrad bezeichnet, ist aber während des EM-Finals nicht mal zu einem Drittel gefüllt. Die Daheimgebliebenen oder vorzeitig Heimgekehrten verpassen eine torlose Verlängerung – und dann einen Fehlschuss für die Fußballgeschichte.

Nach zwei Stunden Fußball muss erstmals ein Elfmeterschießen über einen internationalen Titel entscheiden – ohne dass die Spieler sich darauf hätten vorbereiten können. Bis eine Stunde vor Anpfiff gingen sie noch davon aus, dass es bei Remis nach hundertzwanzig Minuten ein Wiederholungsspiel gäbe. Doch auf Betreiben von DFB-Präsident Hermann Neuberger, Trainer Helmut Schön und Teamarzt Erich Deuser, die den Spielern die Zusatzbelastung ersparen wollen, ist das Reglement durch die UEFA kurzfristig geändert worden. Erst seit dem Aufwärmen vor dem Spiel wissen die Spieler, dass ihnen ein Elfmeterschießen blühen könnte. »So ein Schmarren«, schimpft Franz Beckenbauer später. »Mit unserer guten Kondition hätten wir ein Wiederholungsspiel sicher gewonnen.«

So aber kommt es zur großen Premiere des kleinen Nervenkriegs am Punkt. Die Tschechoslowaken legen jeweils vor und bleiben bei den ersten drei Versuchen fehlerlos. Torwart Sepp Maier probiert es beim vierten mit einem Psychotrick und meidet den Augenkontakt auf besondere Weise. Er hält dem Tschechen Ladislav Jurkemik seine ausgestreckte Rückseite entgegen, als hätte er eine Wette verloren und müsste nun, ein beliebter Spaß unter Fußballern, das gewölbte Gesäß als Ziel fürs Schusstraining hinhalten. Erst als der Schütze anläuft, dreht Maier sich um. Es nützt nichts. Die falsche Ecke. 4:3 für die ČSSR nach sieben Elfmetern.

Noch ist das Duell offen, weil auch die ersten drei deutschen Schützen trafen, Rainer Bonhof, Heinz Flohe und Hannes Bongartz. Nun aber gehen Schön die Freiwilligen aus. Erstmals muss einer antreten, der nicht wollte. Als Schön in der Pause nach der Verlängerung Schützen suchte, winkten viele ab, auch Hoeneß, der nach zwei Knieoperationen fast ein Jahr hatte pausieren müssen. Er fühlt sich völlig ausgepumpt, lässt sich dann aber doch überreden, als Assistenztrainer Jupp Derwall damit droht, dass sonst der junge Müller schießen müsse.

»Dann machte ich mich auf den langen Weg vom Mittelkreis zum Elfmeterpunkt«, beschreibt Hoeneß es acht Jahre später. »Ich merkte nicht, dass da überhaupt Leute drin waren, im Stadion. Einsam spazierte ich auf den weißen Punkt, rings um mich Sahara.«

Wie bei einem durstigen Kamel reicht es im müden Hirn nur noch für einen einzigen klaren Gedanken. Das Kamel weist er zur Oase, den Fußballer aber in die falsche Richtung: »Ins rechte Eck kannst du nicht schießen«, denkt Hoeneß. »Das erfordert Konzentration, die nicht mehr da ist. Also donnerst du den Ball mit dem Innenspann ins linke Eck. So hart, dass notfalls der Torwart mit dem Ball ins Tor fliegt.« Kein sehr kluger Gedanke, denn das wäre gegen alle Naturgesetze. Um einen fast zweihundertmal schwereren Körper beim Aufprall mit sich zu reißen, müsste der Ball mit Überschallgeschwindigkeit ankommen.

Am Ende der »Wanderung mit weichen Knien« steht ein Schuss ins Blaue. Hoeneß läuft an, holt weit aus und trifft den Ball wuchtig – zu wuchtig, zu tief, zu unkontrolliert; typisch für die Angst des Schützen beim Elfmeter. »Ich schaute dem Ball nach, sah ihn immer höher steigen«, so schließt der Erlebnisbericht. »Wie eine Weltraumrakete von Cape Kennedy sauste er in Richtung Wolken.«

Während Bongartz den Stubenkameraden Hoeneß mit einer Umarmung tröstet, Bundestrainer Schön dessen Hand nimmt und Kapitän Beckenbauer einen aufmunternden Scherz versucht (»Gott sei Dank hast du verschossen, da brauche wenigstens ich nicht mehr schießen«), tritt ein schnauzbärtiger Tscheche an den Punkt und tut, was er sich schon am Abend vor dem Einschlafen überlegt hat. Obwohl sein Stubenkamerad, Torwart Ivo Viktor, der einzige, dem er von seinem Plan fürs Elfmeterschießen erzählt hat, energisch davor warnte. Falls die Sache schiefgegangen wäre, hätte sich Antonin Panenka über die Folgen keine Illusionen gemacht, wie er später erzählen wird: »Dann hätte ich die letzten Jahrzehnte wohl als Fabrikarbeiter verbracht.«

Doch der Plan geht auf – weil die Deutschen keine Ahnung haben, dass der schlaue Tscheche jenen Elfmeter, der später seinen Namen erhielt, in der heimischen Liga schon mehrfach mit Erfolg ausprobiert hat. Es ist der »Chip« in die Mitte des Tores. Er nutzt die Not des Torwarts, sich vor Ausführung des Schusses für eine Ecke entscheiden zu müssen, um einen ins Eck geschossenen Ball erreichen zu können, auf geniale Weise aus – indem er eben nicht eine Ecke wählt, sondern die Mitte.

Die Kunst besteht darin, so zügig anzulaufen und auszuholen, als wolle man mit Wucht schießen, den Fuß dann aber mit viel Gefühl leicht unter dem Ball durchzuschwingen, so dass er langsam halbhoch mitten ins Tor segelt. Der stramme Elfmeter, den Maier erwartet, braucht nur eine halbe Sekunde vom Punkt bis zum Tor. Der aber, den der listige Tscheche schießt, steht über eine Sekunde in der Luft. »Kein Torwart bleibt stehen«, so seine Erklärung. »Es gab kein Risiko.«

So narrt Panenkas »Panenka«, eine Welturaufführung auf internationaler Bühne, den deutschen Torwart. Die Tschechoslowakei ist Europameister. Und Panenka ein Nationalheld, dank des frechsten Elfers der Geschichte. »Du könntest mich noch heute mitten in der Nacht wecken«, sagt er mehr als dreißig Jahre später bei einem Treffen in Prag. »Ich würde ihn immer noch genauso reinschießen.«

Uli Hoeneß aber kann man nicht wecken in jener Nacht. Weil er nicht schläft. Während die Sieger die Nacht von Belgrad durchfeiern und die Verlierer zum Trost um die Häuser ziehen, liegt Hoeneß allein »hoch oben im 16. Stock des Hotels Jugoslawia«, wie er später schreibt. »Ich hatte nichts angerührt vom Abendessen, hatte den Rotwein stehen lassen und den Sliwowitz, mit dem sich die Deutschen den Kummer hinunterspülten.« Hoeneß kann nicht schlafen, wird »von schrecklichen Halbträumen gequält«. Und immer wieder sieht er ihn, »diesen Ball, der in den Himmel zu den Wolken stieg«.

Elfmeter schießen ist etwas völlig anderes als Elfmeterschießen. Nervlich betrachtet. Seit Zicos Fehlschuss gegen Frankreich 1986 wurde bei einer WM kein Elfmeter aus dem Spiel heraus, als Strafstoß für ein Foul oder Handspiel, verschossen, bis der Jugoslawe Predrag Mijatović 1998 gegen die Niederlande die Latte traf. Dazwischen lagen achtunddreißig Elfmeter in zwölf Jahren, alle verwandelt. Anders verhält es sich im Elfmeterschießen, in dem Stress und Erschöpfung eine größere Rolle spielen – dann liegt die Trefferquote viel niedriger. Gehen im langfristigen WM-Durchschnitt fast neunzig Prozent der Elfmeter während der Spielzeit ins Tor, so sind es bei den sechsundzwanzig Elfmeterschießen bis 2014 nur etwa siebzig Prozent. Weil Spieler das wissen und niemand gern sein Leben lang auf einen historischen Fehlschuss reduziert werden will, erlebt man in fast jedem wichtigen Spiel, das auch nach zwei Stunden nicht entschieden ist, diese seltsame Situation: dass Fußballer keine Lust haben, völlig frei aus bester Position einen Ball auf ein Tor zu schießen. Eigentlich genau das, wofür man als kleiner Junge mit dem Fußballspielen anfing.

53

München, 19. Mai 2012:
Pompeji dahoam

BAYERN MÜNCHEN – FC CHELSEA 1:1 n. V., 3:4 i. E.
(Champions League, Finale)

MÜNCHEN: Neuer, Lahm, Timoschtschuk, Boateng, Contento, Schweinsteiger, Kroos, Robben, Müller (87. van Buyten), Ribéry (97. Olić), Gómez
CHELSEA: Čech, Bosingwa, David Luiz, Cahill, Cole, Mikel, Lampard, Kalou (84. Torres), Mata, Bertrand (73. Malouda), Drogba
SCHIEDSRICHTER: Proenca (Portugal); ZUSCHAUER: 62 500
TORE: 1:0 Müller (83.), 1:1 Drogba (88.). Elfmeterschießen: 1:0 Lahm, Neuer hält gegen Mata, 2:0 Gómez, 2:1 David Luiz, 3:1 Neuer, 3:2 Lampard, Čech hält gegen Olić, 3:3 Cole, Čech hält gegen Schweinsteiger, 3:4 Drogba

Es ist kurz vor Mitternacht, und Thomas Müller redet auf Anatoli Timoschtschuk ein wie auf ein krankes Pferd. Er kennt sich aus damit, seine Frau ist Dressurreiterin, und er steigt auch schon mal in den Sattel. Bei Timoschtschuk hilft das nichts. Er scheut. Auch Toni Kroos verweigert.

Für Jupp Heynckes ist es zum Verzweifeln. Dabei versteht er sie ja, die Angst des Schützen vorm Elfmeter: »Sie wollten nicht schießen, weil sie Zweifel hatten.« Müde Beine machen mutlose Hirne. »Sie waren erschöpft«, so ihr nachsichtiger Trainer. Erschöpft, weil sie viel mehr für das Spiel getan hatten als der Gegner. »Mit einigen habe ich dreimal gesprochen, aber du kannst sie nicht zwingen.«

Eine bekannte Erfahrung: dass derjenige mehr zu verlieren hat in einem Elfmeterschießen, der das Spiel schon gewonnen glaubte. Der den gefühlten Sieg, den mentalen Matchball schon einmal vergeben hat. Die Bayern haben ihn sogar schon zweimal vergeben an diesem Abend, den sie nicht vergessen werden – sie, der große Favorit, den Heimvorteil im Rücken, das Privileg, ein Champions-League-Finale im eigenen Stadion bestreiten zu dürfen.

Und weil der Gegner nicht der schier übermächtige FC Barcelona ist, sondern der unansehnlich agierende FC Chelsea, der die Katalanen dank destruktiver Defensive und eines verschossenen Elfmeters von Messi eliminierte, haben sich die Bayern schon in den Tagen vor dem »Finale dahoam« zum einzig möglichen Sieger hochreden lassen.

So spielen sie dann auch, jedenfalls bis zum Strafraum. Die drückende Überlegenheit produziert fünfunddreißig Torschüsse, Saisonrekord. Chelsea kommt nur auf neun. Die meisten aber geraten unkonzentriert und ungenau, und so steht nach hundertzwanzig Minuten ein einziges Bayern-Tor zu Buche. Müllers Kopfball in der 83. Minute fühlte sich trotzdem wie das Siegtor an – bis Didier Drogba zwei Minuten vor Ende wie ein Basketballer Frank Lampard als Block benutzte, Jérôme Boateng entwischte und das 1:1 köpfte. Es ist die einzige Ecke von Chelsea im gesamten Spiel. Die Bayern haben zwanzig, alle ohne Torgefahr. Der erste Matchball, vergeben.

Dann die Verlängerung, Drogbas Foul an Franck Ribéry, Elfmeter. Arjen Robben, der zuvor in Dortmund in der Nachspielzeit mit einem verschossenen Elfmeter die letzte Chance auf die Meisterschaft vergab, nimmt sich den Ball, lässt keinen Zweifel, dass er auch diesen schießen will. Seine früheren Mitspieler Drogba und Lampard reden auf ihn ein: »Arjen, du bist ein Chelsea-Spieler, das kannst du nicht tun«, so schildert es Drogba in seiner Autobiographie. »Tu es nicht. Außerdem wissen wir sowieso, wohin du schießen wirst.«

Das übliche Psycho-Geplänkel, der Versuch, die Konzentration zu stören. Aber Petr Čech, der kluge, erfahrene Torwart, weiß vielleicht wirklich, wohin Robben zielen wird. »Je später ein Elfmeter geschossen wird«, sagt er später, »desto eher entscheidet sich ein Spieler für die Kraft, nicht für die Technik.« Ein Linksfüßer wie Robben wird, wenn er die größte Wucht in seinen Elfmeter legen will, auf die rechte Seite des Tores zielen. Genau das tut er. Genau dort ist Čech. Er blockt den harten, nicht gut plazierten Schuss. Der zweite Matchball, vergeben.

Bastian Schweinsteiger hat nicht hingeschaut. Als Robben anlief, ging er weit entfernt in die Hocke, Rücken zum Tor, wurde dann von Torwart Manuel Neuer hochgescheucht: kein Tor. Keine Rettung vor dem, was nun fast unweigerlich kommen wird: Elfmeterschießen. Zwei Wochen nach dem zweiten Platz in der Bundesliga, eine Woche nach dem 2:5-Debakel im Pokalfinale gegen Dortmund ist das die Höchststrafe. Die Drohung, eine Saison als dreifacher Zweiter abzuschließen, wie Bayer Leverkusen 2002.

Zunächst läuft alles nach Plan, sieht man von Heynckes' und Müllers Suche nach Freiwilligen ab. Als Erste treffen Philipp Lahm und Mario Gómez. Dann stöhnen Bayern-Fans auf, als der dritte Schütze sich dem Punkt nähert: Manuel Neuer. Kein gutes Zeichen. Torhüter sind in der Regel als Schützen erst gefragt, wenn fast jeder Feldspieler angetreten und immer noch keine Entscheidung gefallen ist.

Neuer hat den ersten Elfmeter von Chelsea, durch Juan Mata, gehalten. Auch als Schütze enttäuscht er nicht und überwindet Čech. Bayern führt 3:1 im Elfmeterschießen, alles scheint gut. Noch einen verwandeln, und man hätte den dritten Matchball. Dann aber kommt Ivica Olić, der in seinem letzten Spiel für Bayern eigentlich nicht schießen will.

Weil aber Müller und Ribéry schon draußen sind, weil Robben im Spiel verschossen hat, weil Schweinsteiger für den fünften Versuch vorgesehen ist, Timoschtschuk und Kroos sich drücken und sonst nur Verteidiger ohne Übung bei Elfmetern übrig bleiben, tritt er an. Und Čech, der an diesem Abend nach dem gehaltenen Robben-Strafstoß auch bei jedem der fünf Versuche im Elfmeterschießen in der richtigen Ecke ist und zwei der ersten drei um ein Haar gehalten hätte, bringt diesmal die Hand an den Ball. Olićs Elfmeter, gehalten. Danach trifft Ashley Cole, und vor den beiden fünften und letzten Schützen hat Chelsea zum 3:3 ausgeglichen.

Müller sieht es machtlos vom Spielfeldrand. »Roulette«, so nennt er dieses finale Preisschießen. Für Heynckes ist es »ein Lotteriespiel«. Als Spieler erlebte er die erste Ziehung der Gewinnzahlen mit, als er mit Borussia Mönchengladbach 1970 das erste Elfmeterschießen der Europacup-Geschichte beim FC Everton verlor. Der FC Bayern dagegen hatte im europäischen Elfer-Lotto immer die richtigen Kreuzchen gemacht und viermal seit 1973 gewonnen – bis zu diesem Abend.

In Wirklichkeit ist es natürlich kein Roulette, kein Lotto. Glücksspiel ist die Befragung des Zufalls. Elfmeterschießen ist die Befragung menschlicher Schwäche unter Stress – der Fähigkeit, eine Entscheidung zu treffen und auszuführen. Eine Entscheidung, über deren Richtigkeit aber erst die Entscheidung eines anderen entscheidet. Ein Glücksspiel ist das vielleicht auch, vor allem aber ein Gedanken- und Nervenspiel.

Der Kopf schießt mit. In dem schien Chelsea vor dem Elfmeterschießen leicht im Vorteil, weil es mit dem Erreichen der Zugabe besser bedient war. Dann schwang das Pendel zurück zu den Bayern, die die Seitenwahl gewannen und vor dem eigenen Anhang antreten konnten. Dann aber war all das egal. Nach acht Elfmetern gibt es keine Fehlertoleranz mehr.

Čech weiß das in diesem Moment. Und weiß, wie er es gewinnen kann, das Kopf-Duell. Er ahnt, dass Schweinsteiger, der nun vor dem Ball und damit vor der schwierigsten Aufgabe seiner Karriere steht, wie die meisten Menschen unter großem Druck zur Wiederholung eines bewährten Handlungsmusters tendieren wird. Es ist das Muster, mit dem der Bayern-Spielmacher zuvor im Halbfinale bei Real Madrid den entscheidenden Treffer gesetzt hatte: Anlauf verschleppen, Torwart in die rechte Ecke locken, Fuß drehen, Schussrichtung ändern. Gegen Iker Casillas klappte das.

Čech aber lässt sich nicht locken. Als des Schützen Fuß ausholt, steht er immer noch in der Mitte. Irritiert stoppt Schweinsteiger fast ab. Verliert Schwung und Entschlossenheit. Verliert Optionen. Bis nur noch die eine übrig ist, auf die Čech gewartet hat. Die rechte Ecke. Im Gesicht von Schweinsteiger ist erst die Entspannung nach dem Schuss zu sehen, weil er den Ball eine halbe Sekunde lang präzise auf dem Weg ins Eck sieht. Dann aber Entsetzen, weil der Ball, fast unmerklich abgelenkt, plötzlich rotierend, seine Bahn verändert hat. Mit den Fingerspitzen lenkt Čech den Ball an den Pfosten.

Vergeblich versucht Lahm Schweinsteiger zu trösten, während Drogba zum finalen Schuss schreitet. Er verlädt Neuer, die Bayern sind besiegt. Ihr Präsident zeigt Nachsicht. »Ich habe selber mal einen wichtigen Elfmeter verschossen«, sagt Uli Hoeneß, »und das muss man sacken lassen.«

Die Spieler nehmen es wörtlich, sinken wie Säcke zu Boden. Auf der grellgrünen Leinwand der taghellen Arena geben sie vor der Siegerehrung jene Art von tristem Gemälde ab, zu dem sich nur die Verlierer solch bitterer Elfmeterschießen gruppieren. Sie erinnern an die Bewohner Pompejis, niedergestreckt dort, wo sie gerade standen, als die Katastrophe über sie kam.

Flutlicht und Fernsehkameras erlauben kein Entkommen, sie zeigen ein Standbild der Auflösung einer Mannschaft in einzelne, erstarrte Gestalten. »Was soll in mir vorgehen? Da is' nix«, sagt Thomas Müller, der erfolglose Pferdeflüsterer. »Es ist schwer in Worte zu fassen.« Er schafft es dann doch noch, mit dem letzten Trost des Fußballers: »Fußball ist nicht alles.«

Ein Jahr später ist Fußball wieder alles. Diesmal bleibt den Bayern die Plage am Punkt erspart. Sie sind so gut, dass sie nie ins Elfmeterschießen müssen. Doch auch der nationale Rivale aus Dortmund, nach zwei Meistertiteln nun in der Liga von den Bayern distanziert, spielt eine große Saison in der Champions League. So kommt es im Frühjahr 2013 zu einem Fernduell, in dem sich nur noch die spanischen Giganten aus Madrid und Barcelona der totalen deutschen Dominanz entgegenstellen – und das bevorstehende deutsche Finale bereits die ersten Nebenschauplätze eröffnet.

54 + 55

München/Dortmund, 23./24. April 2013:
Deutschland – Spanien 8:1

FC BAYERN MÜNCHEN – FC BARCELONA 4:0
(Champions League, Halbfinal-Hinspiel)

BAYERN: Neuer, Lahm, Boateng, Dante, Alaba, Martínez, Schweinsteiger, Robben, Müller (83. Pizarro), Ribéry (88. Shaquiri), Gómez (71. Gustavo)
BARCELONA: Valdés, Alves, Piqué, Bartra, Alba, Busquets, Xavi, Iniesta, Sánchez, Messi, Pedro (83. Villa)
SCHIEDSRICHTER: Kassai (Ungarn); ZUSCHAUER: 68 000
TORE: 1:0 Müller (25.), 2:0 Gómez (49.), 3:0 Robben (73.), 4:0 Müller (82.)

BORUSSIA DORTMUND – REAL MADRID 4:1
(Champions League, Halbfinal-Hinspiel)

DORTMUND: Weidenfeller, Piszczek (83. Großkreutz), Subotic, Hummels, Schmelzer, Bender, Gündogan (90.+2 Schieber), Blaszczykowski (82. Kehl), Götze, Reus, Lewandowski
MADRID: López, Ramos, Varane, Pepe, Coentrão, Khedira, Alonso (80. Kaká), Özil, Modrić (68. Di María), Ronaldo, Higuaín (68. Benzema)
SCHIEDSRICHTER: Kuipers (Niederlande); ZUSCHAUER: 65 800
TORE: 1:0 Lewandowski (8.), 1:1 Ronaldo (43.), 2:1 Lewandowski (50.), 3:1 Lewandowski (55.), 4:1 Lewandowski (67., Elfmeter)

Der deutsche Klubfußball steht im Frühjahr 2013 vor dem Gipfel seines Erfolgs. Mit Bayern München und Borussia Dortmund im Duell mit Barcelona und Madrid – und im Duell gegeneinander.

Am Morgen des 23. April werden die innerdeutschen Kampfhandlungen eröffnet. Die »Bild«-Zeitung vermeldet den Wechsel Mario Götzes vom BVB zum FC Bayern zu Beginn der neuen Saison. Es ist eine Information aus sicherer Quelle, ohne Fragezeichen und Konjunktive.

Schon die Nachricht selbst wäre ausreichend für ein Branchenbeben. Der explosivste Transfer der Bundesliga-Geschichte. Götze gilt nicht nur als größtes deutsches Talent seit Jahren, vielleicht Jahrzehnten. Er ist auch das Dortmunder Kronjuwel. Ein Eigengewächs, als Neunjähriger in den Klub gekommen und dort zum Junior-Weltstar aufgestiegen. Kein Weggang könnte den BVB und seine Fans so schockieren wie der von Götze, kein Wechsel so sehr wie der zum FC Bayern. »Aki« Schmidt, einer der Helden von 1966, dem ersten deutschen Europacup-Sieg, drückt es so aus: »Die haben uns das Herz rausgerissen.«

Als reichte das nicht aus, birgt der Zeitpunkt der Veröffentlichung das noch größere Empörungspotenzial – einen Tag vor dem Spiel gegen Real Madrid, dem größten der Vereinsgeschichte seit dem Champions-League-Sieg 1997. Die Dortmunder Klubführung weiß seit drei Wochen durch Götze selbst von dem Wechsel, doch von den Münchnern hat man kein Wort gehört. Streng genommen ist das auch nicht nötig, weil die Ablöse von siebenunddreißig Millionen Euro durch eine Ausstiegsklausel in Götzes Vertrag fixiert ist und nicht verhandelt, nur erfüllt werden muss. Dennoch wirkt die wortlose Abwerbung wie eine Kriegserklärung. Ein führender Vertreter der Bayern sagt vertraulich, wie man es dort betrachtet: »Die Dortmunder dürfen sich nicht wundern, wenn man ihre Fehler ausnützt.« Fehler wie die, Ausstiegsklauseln in Verträgen mit Profis zuzustimmen. Wer das nicht tut, muss vor Ende der Laufzeit niemanden gehen lassen.

Wenige Stunden vor ihrem Spiel gegen Barcelona müssen die Bayern nun doch reagieren und dem sich über die sozialen Netzwerke rapide verbreitenden Eindruck entgegentreten, sie hätten den deutschen Rivalen vor dem Real-Spiel gezielt schwächen wollen. Zweifellos haben die Bayern vor den Dortmundern als möglichem Finalgegner großen Respekt. In Turin, am Vorabend des Viertelfinals bei Juventus, frohlockten sie vor dem Fernseher schon, als der BVB gegen Málaga vor dem Aus stand – ehe zwei Tore in der Nachspielzeit die Borussen doch noch weiterbrachten und die Bayern-Laune dämpften.

Dennoch, den meisten scheint es schwer vorstellbar, dass ein Klub wie der FC Bayern auf solch schäbige Weise die Spielvorbereitung eines Konkurrenten sabotieren und den Götze-Wechsel gezielt öffentlich lancieren würde. Auch Jürgen Klopp zählt sich dazu. »Ich glaube, dass die Bayern den Wechsel zurückhalten wollten«, sagt der Trainer am Tag vor dem Hinspiel gegen Real. »Die Rivalität geht nicht so weit, dass sie uns ein Ei ins Nest legen wollen.«

Eine andere populäre Erklärung empörter Fußballanhänger lautet, Uli Hoeneß solle durch die Götze-News aus der öffentlichen Schusslinie genommen werden, drei Tage nachdem sein Steuerfall öffentlich geworden und zum Skandal des Jahres angewachsen ist. Allerdings schaffte sie es nicht, ihn aus den Schlagzeilen zu verdrängen. Sie fällt bei »Bild« kleiner aus als die Titelzeile des Tages: »Börsenzockerei – Ist Hoeneß süchtig?«. Für all diese Theorien gibt es keine Beweise, genauso wenig wie für die später verbreitete Version, es sei ein Dortmunder Leck gewesen: Götze habe einen Freund im Team eingeweiht und der dann geplaudert.

Die Stimmung jedenfalls ist angespannt, als am Abend in der Münchner Arena Teil eins des sportlichen Duells beginnt, mit Hoeneß im rot-weißen Schal statt in Handschellen, trotz eines Haftbefehls, dank einer Kaution von fünf Millionen Euro, wie am Nachmittag gemeldet wurde. Auch er muss bangen, ob sein Team sich von der Unruhe vor der Partie hat anstecken lassen – von der Unruhe, die er selbst geschaffen hat.

Doch dann erlebt er die »magische Nacht«, die Trainer Jupp Heynckes versprach. Beim 1:0 von Thomas Müller springt Hoeneß wie befreit auf, beim 2:0 von Mario Gómez schwingt er die Faust. Beide Treffer fallen nach Eckbällen, ein Standard, auf den Barcelona mangels Länge im Team nicht vorbereitet ist – nur drei Feldspieler überragen den 1,73 Meter großen Lionel Messi. Die Bayern, nach ihrer titellosen Vorsaison mit dem verlorenen »Finale dahoam« durch Dante, Javi Martínez und Mario Mandžukić gezielt verstärkt, sind physisch und taktisch überlegen und geben Barça mit zwei Kontertoren von Arjen Robben und Müller mit 4:0 den Rest.

Der FC Barcelona, vier Jahre lang der Maßstab der Moderne im Weltfußball, bleibt im Jahr eins nach Guardiola in der Champions League ohne Chance – auch weil in München dessen Nachfolger Tito Vilanova bereits wegen seiner später tödlichen Krebserkrankung fehlt und Messi nach einer hastig auskurierten Muskelverletzung müde und matt wirkt. Vier Monate zuvor hat Hoeneß in New York die Verpflichtung Guardiolas als Nachfolger von Heynckes fix gemacht. Nun, nach neunzehn Siegen in zwanzig Spielen, schreibt der englische Sturmveteran Gary Lineker: »Es gab nur ein Team auf dem Platz, das Guardiola braucht, und das war nicht der FC Bayern.«

Die Bayern also stehen mit einem Fuß schon in Wembley, dem Ort des Endspiels. Einen Tag später wollen auch die Dortmunder den ersten Schritt machen. In den sechsunddreißig Stunden vor Anpfiff haben sie viel Öffentlichkeitsarbeit leisten müssen, atmosphärische Schadensbegrenzung. Über Götze ist die ganze Wut der enttäuschten Fans hereingebrochen, die ihn als Verräter am Verein mit dem Motto »Echte Liebe« betrachten.

Am Abend, im Stadion, gibt es viele Anhänger mit Götze-Trikots, auf denen sein Name durchgestrichen ist. Doch als er zum Warmmachen auf den Platz kommt, pfeifen die Zuschauer ihn nicht aus. Der Klub ist mit seinen eindringlichen

Bitten durchgedrungen. Bei seiner Pressekonferenz am Tag vor dem Spiel forderte Klopp die Fans auf: »Lasst uns morgen einen BVB-Abend daraus machen. Lasst die negativen Gedanken daheim. Kommt, gebt Vollgas und lasst uns gegen Real Madrid gewinnen.« Sein Appell wird am Abend auf der Videoleinwand wiederholt.

Es wirkt. Der Journalist Christoph Biermann, der im Publikum sitzt, beschreibt in seinem Buch »Wenn wir vom Fußball träumen«, wie die Fans »das Spiel zu einem Fanal ihres Protestes gegen die Macht des Geldes verwandeln wollten ... Um mich herum begannen die Zuschauer sich also noch heftiger als sonst in das Spiel hineinzusteigern, und die Mannschaft tat es ihnen nach. Sie spielte sich in einen Rausch, und Real Madrid ging in diesem Strudel unter.«

Nach der verdienten Führung durch Robert Lewandowski führt ein Blackout von Mats Hummels zum Ausgleich durch Cristiano Ronaldo und zum 1:1-Pausenstand. Doch in der zweiten Halbzeit hat Real der Energie der Dortmunder und ihrer Fans und vor allem ihrem Torjäger nichts mehr entgegenzusetzen.

Lewandowski gelingt nach der Pause ein Hattrick zum 4:1. Er ist damit der erste Spieler, der in einem Champions-League-Halbfinale vier Tore geschossen hat. Sein dritter Treffer ist ein Kunstwerk. Mit dem Rücken zum Tor stoppt er einen Querschläger, dreht sich um hundertachtzig Grad, während er den Ball mit der Sohle von Gegenspieler Pepe wegzieht und am Ende dieser fließenden Halb-Pirouette unter die Latte jagt – und all das in kaum mehr als einer Sekunde.

»Mario Götzes angekündigter Wechsel hatte auf den Rängen viele Gefühle geweckt, denn fast alle in Schwarz-Gelb empfanden ihn als Verrat an ihrem Traum vom Fußball«, schließt Biermann die Beschreibung des großen Fußballabends. »Sie verteidigten ihre Kinderträume, ihre Fangeschichten, die meist auch Familiengeschichten sind, ihr Heimatgefühl sowie den Wunsch nach Zusammenhalt und Solidarität. Ihre Enttäuschung über einen, der das durch seinen Vereinswechsel indirekt in Frage stellte, verwandelten sie innerhalb der neunzig Minuten in etwas Kraftvolles, das auch ihre Mannschaft ergriff und forttrug. … Das Geld hatte nicht gesiegt, zumindest diesmal nicht.«

Borussen und Bayern bestehen eine Woche später auch in den Rückspielen bei den spanischen Giganten und machen den 25. Mai 2013 zum großen Tag des deutschen Fußballs. Zwei Klubs aus der Bundesliga im Endspiel des wichtigsten Klubwettbewerbs der Welt, und das im Tempel des Fußballs, in Wembley. Die Bayern schlagen in einem großartigen Finale die Dortmunder, ohne den verletzten Götze angetreten, durch ein Tor von Arjen Robben in der 89. Minute 2:1 und holen sich eine Woche später durch den Pokalsieg gegen Stuttgart als erster deutscher Klub das »Triple« aus Meisterschaft, Pokal und Europapokal. Höhepunkt einer Rivalität, wie es sie in dieser Intensität zwischen zwei deutschen Klubs nur ein einziges Mal gegeben hatte – mit zwei Klubs, die fast fünf Stunden Fußball brauchten, um einen deutschen Meister auszumachen. Beziehungsweise keinen.

56

Berlin, 18. Juni 1922: Kein Heiratsmarkt

HAMBURGER SV – 1. FC NÜRNBERG 2:2 n. V.
(Endspiel um die deutsche Meisterschaft)

HAMBURG: Martens, Beier, Schmerbach, Flohr, Halvorsen, Krohn, Kolzen, Breuel, Harder, Schneider, Rave
NÜRNBERG: Stuhlfauth, Bark, Grünerwald, Köpplinger, Kugler, Riegel, Strobel, Popp, Böß, Träg, Sutor
SCHIEDSRICHTER: Bauwens; ZUSCHAUER: 30 000
TORE: 1:0 Rave (19.), 1:1 Träg (20.), 1:2 Popp (30.), 2:2 Flohr (86.)

Eigentlich ist von Fußball zu berichten. Aber an diesem Tag auch von einem »Kampf von unerhörter Erbitterung«. So nimmt das Fachblatt »Fußball« den noch eingeübten Ton der Weltkriegsberichte von der Westfront wieder auf. »Nerven springen wie sprödes Glas. Spieler sind auch nur Menschen. Es kommen Entgleisungen vor, auf beiden Seiten. … Es gibt harte Karambolagen, Kampf, kein Süßholztennis, kein Heiratsmarkt. … Männer gegen Männer! Auge um Auge! Zahn um Zahn!«

Was ist es nur, das dieses Endspiel um die deutsche Meisterschaft und, in der Folge, auch seine Wiederholung sieben Wochen später, in eine solch hitzige Angelegenheit verwandelt? Als wäre man in Buenos Aires oder Neapel, nicht in Berlin? Vielleicht die Berliner Luft. Im Deutschen Stadion im Grunewald ist sie drückend, schwer vom verdunstenden Regen und der Hitze des Tages. Bei Anstoß um siebzehn Uhr beträgt sie immer noch fast dreißig Grad.

Dreißigtausend im Stadion fiebern dem Finale entgegen. Favorit ist der Titelverteidiger, der 1. FC Nürnberg, berühmt für feinen Flachpass-Fußball, geschwächt allerdings durch den Beinbruch des Regisseurs Hans Kalb. Herausforderer ist der Hamburger SV, dessen eher englische Spielweise, mit Wucht und langen Bällen, vom Meister als »Husarenstil« belächelt wird.

Das Lächeln schwindet, als nach neunzehn Minuten Hans Rave den HSV in Führung bringt. Im Gegenzug aber der Ausgleich durch Heiner Träg, der davon profitiert, dass zwei Hamburger mit den Köpfen zusammenstoßen. Und nur zehn Minuten später die Führung des Meisters, ein Weitschuss von Luitpold Popp. Einem weiteren Nürnberger Treffer verweigert Schiedsrichter Peco Bauwens die Anerkennung, weil Träg Torwart Hans Martens mit dem Ball über die Linie gestoßen hat.

Bauwens bekommt viel Arbeit. Das Spiel wird immer ruppiger, ja feindselig. Nach der zehnten Verletzungsunterbrechung mahnt er beide Teams zu Fairness. Als Nächstes verliert Anton Kugler bei einer Kollision mit dem Hamburger Otto »Tull« Harder vier Zähne.

Vier Minuten vor dem Ende trifft Hans Flohr zum 2:2. Der Wahnsinn geht in die Verlängerung. Die erste, dreißig Minuten, bringt kein Tor. Die zweite, wieder dreißig Minuten, wieder kein Tor. Für Auswechslungen ist es noch ein halbes Jahrhundert zu früh, für ein Elfmeterschießen, das die Sache abkürzen könnte, auch. Viele Spieler können sich kaum noch auf den Beinen halten. Die größte Laufleistung absolvieren inzwischen die Sanitäter. Sie mussten bereits neunzehnmal Spieler vom Platz tragen.

»Der Ring des Stadions wird immer schwärzer«, schreibt der »Fußball«-Reporter in seinem poetischen Frontbericht. »Die

Sonne wird wächsern und bleich. Immer schwächer werden die Schläge und Stöße der Spieler.«

Und noch eine Verlängerung. Nach hundertfünfundsechzig Minuten ist zur Abwechslung der Schiedsrichter ein Pflegefall. Bauwens pfeift und geht mit Wadenkrampf zu Boden. Er rappelt sich hoch, pfeift wieder an. Viele Zuschauer gehen – weil sie Hunger haben oder den Sonderzug kriegen müssen oder fast nichts mehr sehen. Andere rufen laut »Aufhören!« Bis endlich auch die Sonne keine Lust mehr hat und den Dienst einstellt. Im letzten Schimmer der Dämmerung bricht Bauwens das längste Finalspiel der deutschen Fußballgeschichte nach 189 Spielminuten um 21.02 Uhr ab.

Ein hastiger Exodus setzt ein. Der »Fußball«-Bericht beschreibt ihn. »Autobusse rasen mit Spielern und Reisebegleitern der Stadt zu. Der Untergrundbahnhof ist schwarz vor Menschen. Auto auf Auto faucht durch die Allee. Schwarze Nacht deckt den Schleier über die Kampfstätte.«

Eine neue muss her. Sieben Wochen später in Leipzig. Die Pause hat die Rivalität nicht verringert, im Gegenteil. Eine Sportzeitung schreibt am Ende bei Schiller ab, um dieses zweite Endspiel zu schildern: »Ein Schlachten war's, nicht eine Schlacht zu nennen.« Der erste Verwundete ist diesmal schon auf der Anreise zu beklagen. Der Nürnberger Michael Grünerwald will bei einem Zwischenhalt Bier und Würstchen holen. Er bleibt am Trittbrett des Zugwaggons hängen und verstaucht sich den Fuß. Weil man wie damals üblich nur mit elf Mann auf die Reise gegangen ist, telegrafiert die Mannschaftsleitung heimwärts: »Grünerwald verletzt – stop – mit Sonderzug nachkommen – stop – 1. FC Nürnberg.« Der Reservist Reitzenstein, der bis heute keinen Vornamen hat, besteigt darauf um einundzwanzig Uhr den Sonderzug ab Nürnberg. Bis Ankunft in Leipzig um fünf Uhr früh verbringt er eine schlaflose Nacht mit singenden, zechenden Fans.

57

Leipzig, 6. August 1922:

Rauchen macht gesund

HAMBURGER SV – 1. FC NÜRNBERG 1:1 n. V.
(Endspiel um die deutsche Meisterschaft, Wiederholungsspiel)

HAMBURG: Martens, Beier, Agte, Flohr, Halvorsen, Krohn, Kolzen, Breuel, Harder, Schneider, Rave
NÜRNBERG: Stuhlfauth, Bark, Kugler, Köpplinger, Riegel, Reitzenstein, Strobel, Popp, Böß, Träg, Sutor
SCHIEDSRICHTER: Bauwens; ZUSCHAUER: 60 000
TORE: 0:1 Träg (48.), 1:1 Schneider (69.)

Das Drama des ersten Finalspiels hat das Interesse am zweiten noch gesteigert. Sechzigtausend kommen zum Stadion in Probstheida, das nur vierzigtausend fasst. Die Spieler brauchen eine halbe Stunde, sich auf den Platz vorzuarbeiten.

Von Beginn an wird gehackt. Es heißt, die Nürnberger hätten angefangen, aber die Hamburger machen bald mit. Als Harder den zweiten Tritt abkriegt, warnt er den Gegenspieler: »Noch einmal, Bürschchen, und du landest im Spital.« Auch Schiedsrichter Bauwens bemerkt sofort die »scharfe Note im Spiel beider Mannschaften«. Er warnt die Kapitäne Harder und Träg, von nun an »zu dem schärferen Mittel des Herausstellens« zu greifen. Es bleibt nicht bei der Ankündigung. Wenige Minuten später schickt Bauwens den Nürnberger Mittelstürmer Willy Böß vom Platz. Er hat abseits des Balles den am Boden liegenden Albert Beier getreten.

Nach der Pause kommt Träg die Idee, zur Abwechslung mal den Ball zu treten. So bringt er den »Club« trotz Unterzahl in Führung. Aber Karl Schneider gleicht zwanzig Minuten später aus. Die Nürnberger Hoffnung schwindet weiter, als Kugler, der im ersten Finale Zähne spuckte, aber zu Ende spielte, mit Knieverletzung ausscheidet. Mit neun gegen elf geht es in die Verlängerung.

Dann eskaliert die Sache. In der kurzen Pause hört Bauwens »eine heftige Auseinandersetzung zwischen Träg und Agte«, bittet um Erklärung, »worauf Träg sehr erregt sagte: ›Der hat Lump zu mir gesagt, und Sie haben es nicht hören wollen.‹« Der Hamburger versucht, sich bei Träg zu entschuldigen, worauf Träg ihm ankündigt, »ihn fünf Minuten vor Schluss kaputt zu treten«. All das vor den Ohren des Schiedsrichters. Unter dessen Augen macht Träg die Ankündigung dann pünktlich wahr, wenngleich mit einem anderen Opfer.

Fünf Minuten vor Ende der ersten Hälfte der Verlängerung stößt er seinen Gegenspieler »mit aller Kraft in den oberen Rücken, nahe dem Nacken, so dass Beier nach vorn überkugelte«, so Bauwens. »Die Handlung war derart gemein, dass ich nahe daran war, das ganze Spiel jetzt schon abzubrechen.«

Nun heißt es nur noch: acht gegen elf. Die Nürnberger wissen: noch einer weniger, und der Schiedsrichter muss abbrechen. Die Regel schreibt mindestens acht Spieler pro Team vor. Als Bauwens nach hundertfünf Minuten zur Pause pfeift, sinkt Popp zu Boden. Der Schiedsrichter verlängert die Unterbrechung, um ihn wieder zu Kräften kommen zu lassen. Doch die Nürnberger erklären ihn für nicht mehr einsatzfähig.

HSV-Zeugen erklären später eidesstattlich, der als Kettenraucher bekannte Popp, Besitzer eines Tabakladens in der Nürnberger Altstadt, sei danach »bei einer behaglichen Zigarette« urplötzlich gesundet. Es spielt keine Rolle mehr: Bauwens hat das Spiel beim Stand von eins zu eins und sieben gegen elf abgebrochen.

Zwei Platzverweise, drei Verletzte, vier verlorene Zähne, fünf Stunden Spielzeit – und immer noch kein deutscher Meister. Die Nürnberger wollen ein drittes Spiel, die Hamburger lehnen ab. Sie fühlen sich als Meister. Es folgt ein Nachspiel in fünf Akten.

Erstens: Der DFB-Spielausschuss ernennt den HSV zum Meister. Zweitens: Nürnberg erreicht beim DFB-Bundesvorstand die Annullierung der Entscheidung wegen »Formalverstoßes des Schiedsrichters« (weil der die Partie in der Pause zwischen den beiden Verlängerungen beendete, die nach Regel fünf, Absatz zwei bis vier, nicht zum Spiel gehört). Weil kein Finale mehr möglich ist, kommt die Meisterschaft »in Fortfall«. Drittens: Der HSV lässt nicht locker, der DFB-Bundestag erklärt die Revision durch den Bundesvorstand für nichtig. Viertens: Der HSV ist also Meister. Fünftens: Aber nur für ein paar Minuten. Dann erklären die Hanseaten: »Der HSV erhebt keinen Anspruch auf die diesjährige deutsche Meisterschaft.«

Der Verein behauptet später, der DFB habe ihn zum Verzicht gedrängt, weil der Süddeutsche Fußballverband mit Austritt gedroht habe. Genau wurde das nie geklärt. Sicher ist: Bis heute gibt es keinen deutschen Meister 1922. Auf der Meisterschale aber sind beide Klubs als Meister eingraviert.

Ein Jahr später holten sich die Hamburger den Titel und wiederholten das 1928. In beiden Finals, wie in den beiden von 1922, waren die Stars des HSV zwei Männer, deren Lebenswege sehr unterschiedliche Richtungen nehmen sollten. Stürmer Otto »Tull« Harder, der KZ-Kommandant wurde, und Spielmacher Asbjørn Halvorsen, der als Häftling in ein Konzentrationslager kam. Halvorsen, nach Rückkehr in seine Heimat Trainer der norwegischen Mannschaft, die 1936 bei den Olympischen Spielen in Berlin das deutsche Team vor Hitlers Augen schlug und Bronze gewann, wurde 1942 wegen Widerstandes gegen die NS-Besatzung von der Gestapo verhaftet und machte eine Odyssee durch mehrere Konzentrationslager. Er überlebte, auf vierzig Kilo abgemagert, kehrte nach Norwegen zurück und starb zehn Jahre später vermutlich an den Folgen einer im Lager erlittenen Flecktyphus-Erkrankung.

Eines der Lager, in die er kam, war Neuengamme, wo Harder noch wenige Monate zuvor Aufseher gewesen war, ehe er Kommandant des Außenlagers Hannover-Ahlem wurde. Dort arbeiteten sich unter seinem Kommando Hunderte Häftlinge beim Bau von Stollen zu Tode oder starben durch Misshandlung und Unterernährung. Harder wurde als Kriegsverbrecher mit »Fußballer-Bonus«, wie der Staatsanwalt fand, nicht wie zwei Mitangeklagte zum Tode verurteilt, sondern zu fünfzehn Jahren Haft, von denen er nur vier verbüßte.

Eine der düsteren Pointen der Geschichte des bekanntesten Fußballers unter den NS-Verbrechern ist die Herkunft seines Spitznamens, den der bullige Stürmer wegen der Ähnlichkeit zu einem englischen Kollegen erhalten hatte. Der Nazi-Kicker »Tull« Harder trug den Namen von Walter Daniel John Tull – einem der ersten farbigen Fußballprofis und dem ersten dunkelhäutigen Infanterie-Offizier der britischen Armee, 1918 gefallen im Kampf gegen die Deutschen.

Während der HSV die Erfolge der Elf um Harder und Halvorsen nicht fortsetzen konnte, hatte sich Ende der zwanziger Jahre in einer Stadt im Ruhrgebiet ein Team gebildet, das mit flottem Pass- und Laufspiel, »Kreisel« genannt, Aufsehen erregte – und die Massen in einer Weise zu bewegen begann, wie man das vorher in Deutschland nicht kannte. Einige Verbandsbürokraten unterschätzten die Macht, die von dieser Popularität ausging – und wurden so zu Taufpaten des Mythos Schalke.

58

Gelsenkirchen, 1. Juni 1931:
Ein Toter im Kanal

SCHALKE 04 – FORTUNA DÜSSELDORF 1:0

Wenigstens das Spielfeld ist frei. Aber nur, weil berittene Polizei es verteidigt. Überall Menschen. Selbst auf den Torstangen. Dort sitzt es sich nicht gerade bequem, aber wenigstens mit Blick aufs Spielfeld. Ebenso wie die Handvoll Halbstarker, die im Geäst der wenigen Bäume der umliegenden Zechenlandschaft einen Platz gefunden hat. Dennoch: kaum vorstellbar, dass hier Fußball gespielt werden kann – in der völlig überfüllten Glückauf-Kampfbahn auf dem Pachtgelände der Zeche Consolidation in Gelsenkirchen.

Fünfunddreißigtausend Menschen, so lautet die offizielle Kapazität des Stadions, bei dessen Eröffnung drei Jahre zuvor die Solinger Firma Dr. Hillers AG aus einem Flugzeug Blumensträuße, tausende Pfefferminz-Kostproben und den Spielball über dem Stadion abwarf. An diesem Montag werden es rund siebzigtausend sein. Die größte Menge, die bis dahin in Deutschland ein Fußballspiel gesehen hat. Sofern sie etwas sehen können.

Aber darum geht es vielleicht gar nicht. Sondern um das Dabeisein. Die Solidarität. An diesem 1. Juni 1931 wird, wie es in einer offiziellen Chronik zum hundertjährigen Vereinsbestehen heißt, »der Mythos Schalke 04 zum ersten Mal sichtbar«. Der Geburtstag des Mythos ist ein ganz normaler Arbeitstag im

Revier. Und doch drängen sich Zehntausende, die eigentlich bei der Arbeit sein sollten, sofern sie denn noch welche haben, im Stadion, ins Stadion, auf den Straßen zum Stadion. Gekommen zu Fuß, mit Fahrrädern, Motorrädern, Lastwagen, Bussen, Straßenbahnen über die verstopften Straßen der Industriestadt.

Als die Plätze im Stadion schon überbelegt sind, mit rund vierzigtausend Menschen, baut die Polizei Absperrungen, um die Menge, die draußen wogt, zu bändigen. Doch der Druck wird zu groß, bricht sich Bahn, drängt über Sperren und Grünflächen hinweg und flutet in den Innenraum, bis sogar das Spielfeld vor Menschen zu verschwinden droht. Was in Chaos und Katastrophe münden könnte, geht glücklich aus im Land des Glückauf: eine friedliche Gründungsmesse in Blau und Weiß.

Fast überall in Europa hat sich seit dem Weltkrieg der Fußball zum Massenereignis entwickelt. Während in Nachbarländern wie Österreich und der Tschechoslowakei Profiligen entstanden sind, gelten Fußballer in Deutschland weiter als Amateure. Dabei bringen ihre Darbietungen Woche für Woche viel Geld durch Tausende Eintrittskarten ein.

Vor allem tun sie das im kohleschwarzen Gelsenkirchen, wo mit dem Freilauf- und Flachpassspiel namens »Schalker Kreisel« eine meisterliche Mannschaft entstanden ist. Die Glückauf-Kampfbahn wird zur Wallfahrtsstätte der neuen Volksreligion im Revier. Die Menschen dort können den Trost des Fußballs gut gebrauchen. Tausende haben in der Weltwirtschaftskrise 1930 ihre Arbeit verloren.

Dann verlieren sie auch noch ihre Mannschaft. Der Westdeutsche Spielverband klagt den FC Schalke 04 an, Spielern durch erhöhte Spesenzahlungen ein verbotenes Gehalt zugeschanzt zu haben: zehn Mark statt der erlaubten fünf Mark pro Partie und Trainingstag. Vermutlich sind es noch ein paar Scheine mehr, die in der Vereinskneipe von Mutter Thiemeyer den Spielern zugesteckt werden. Und mancher weiß auch, dass

Ernst Kuzorra, der Chef im Team, bei gutbesuchten Spielen das Auflaufen der Elf so lange hinauszögert, bis ein Klubvertreter »einen Hunderter für jeden Spieler« in die Stiefel schiebt – den halben Monatslohn eines Arbeiters.

Auch gegen andere Klubs wird ermittelt. Nur die Schalker werden belangt. Nach Durchsicht der Kassenbücher, in denen die Prüfer unter der Rubrik »Baugelder« für die Glückauf-Kampfbahn Schwarzzahlungen an Spieler entdecken, fallen die Strafen drakonisch aus. Am 25. August 1930 erklärt der Verband vierzehn Schalker zu Berufsspielern, darunter fast die ganze erste Mannschaft des westdeutschen Meisters. Sie können nicht mehr eingesetzt werden.

Doch die Verbandsbürokraten haben die Massenwirkung ihres Tuns unterschätzt. »Dolchstoß gegen Schalke«, so formuliert die »Buersche Zeitung« den Aufschrei des Fußballvolks. Viele Anhänger vermuten eine Retourkutsche des bürgerlichen Lagers gegen die Emporkömmlinge aus dem Revier. Für den Arbeiterklub Schalke spielen viele Migrantenkinder, deren Eltern aus Polen oder Ostpreußen ins Ruhrgebiet gekommen sind. Er wird von bürgerlichen Klubs gern als »Polacken- und Proletenclub« geschmäht.

Drei Tage nach dem Urteil treibt der suspendierte Schalker Finanzobmann Willi Nier tot im Rhein-Herne-Kanal. Die Trauerfeier für den Bankbeamten wird zur Demonstration für Schalke. Die gesperrte Mannschaft trägt den Sarg zum Stadion. Sechstausend Menschen nehmen Abschied. Der zweite Vorsitzende Wilhelm Münstermann sagt in der Totenrede, dass Nier »innerlich zerbrach an den Auswirkungen engherziger, veralteter Bestimmungen«.

Neun Monate später hebt der immer mehr in die Kritik geratene westdeutsche Verband auf Weisung des DFB das Urteil wieder auf – noch rechtzeitig, um dem Weggang von Szepan und Kuzorra als Profis zu Admira Wien zuvorzukommen, dem damals führenden Klub Österreichs, wo man in den frühen dreißiger Jahren den besten Fußball Europas spielt. Ein Wiener Mittelsmann hat den Schalker Schwagern je tausend Mark pro Monat geboten und zweihundertfünfzig Mark gleich als Köder dagelassen. Szepan kaufte sich davon einen neuen Anzug.

Einen Tag nach der »Begnadigung« tritt die komplette Schalker Mannschaft zum ersten Mal wieder an. Die Befürchtung, Schalke könne durch die erzwungene Spielpause an Anziehungskraft eingebüßt haben, wird eindrucksvoll widerlegt. Das Team erzeugt einen Ansturm, wie es ihn im deutschen Fußball noch nie gab. Dabei ist es nur ein Freundschaftsspiel. Dazu hat sich Fortuna Düsseldorf, der neue westdeutsche Meister, solidarisch als Gegner bereit erklärt.

Die meisten Augenzeugen in der überfüllten Glückauf-Kampfbahn sehen nicht das ganze Spielfeld. So bleibt Tausenden das einzige Tor verborgen, ein Schuss von Hans Tibulski, stramm ins rechte Eck. Doch sie sind dabei an diesem Montag, dem Gründungstag des Mythos Schalke.

Drei Jahre später ist Schalke erstmals deutscher Meister. Als Gelsenkirchen seine Helden empfängt, die im Endspiel in Berlin den 1. FC Nürnberg 2:1 besiegt haben, streicht der Metzger Leo Sauer ein Schwein blau-weiß und treibt es beim Triumphzug durch die Straßen.

Es folgen fünf weitere Meistertitel bis 1942 und noch viele Säue, die in Schalke durchs Dorf getrieben werden, beim »deutschen Rekordmeister der Skandale«, wie die »Frankfurter Allgemeine Zeitung« den Klub nannte. Auch beim zweiten Schalker Skandal, dreißig Jahre nach dem ersten, wird es um unerlaubte Zahlungen gehen, und wieder schenkt der Job des Schatzmeisters nur unterdurchschnittliche Lebenserwartung.

Für den Versuch, die vom DFB diskret tolerierten Zahlungen von Handgeldern und Spielerprämien am Fiskus vorbeizubringen, werden vier Klubfunktionäre zu Geldstrafen verurteilt. Darunter Schatzmeister Hans Asbeck, dem das unrühmliche

Ende seiner Klubkarriere zusetzt. Geplagt von finanziellen Sorgen um seine Hühnerfarm und seinen Trabrennstall, erschießt er sich 1967.

Die Zeiten, da Missmanagement und Fehlverhalten geschasste Führungskräfte bis zur letzten Konsequenz trieben, sind glücklicherweise vorbei. Doch die Fan-Folklore bedient sich der persönlichen Tragödien der Fußballskandale mitunter mit fröhlicher Taktlosigkeit. Bei Derbys gegen den großen Revier-Rivalen Borussia Dortmund ist mitunter im gelb-schwarzen Block ein Transparent zu sehen, dessen Verständnis einige Spezialkenntnisse voraussetzt. Sein Text spricht den Schalkern einen bösen Wunsch mit historischem Bezug aus: »Ihr geht baden – wie einst Willi Nier«.

Die Fassade der Verweigerung des Profifußballs und damit der Realität, die letztlich bis zur Gründung der Bundesliga 1963 anhalten sollte, war schon lang vor dem Schalke-Skandal brüchig. Etwa im Fall eines talentierten Stürmers, der 1921 von Waldhof Mannheim zum Lokalrivalen VfR wechselte und ein Handgeld von zehntausend Mark erhielt – worauf der DFB den Jungnationalspieler zum Berufsspieler erklärte und sperrte. Zum Glück ist später doch noch etwas Ordentliches aus ihm geworden. Sein Name: Sepp Herberger.

Dieselbe Summe, zehntausend Mark, hatte, in etwas anderem Zusammenhang, auch der Spieler im Sinn, der fünfunddreißig Jahre nach der Geburt der blau-weißen Revier-Religion den gelb-schwarzen Gegenentwurf schuf. Mit einem Schuss von unvergesslicher Kurve, der ihm und einigen Kollegen einiges an Spielschulden erspart hat.

59

Glasgow, 5. Mai 1966:
Bogenlampe mit Salami

BORUSSIA DORTMUND – FC LIVERPOOL 2:1 n. V.
(Europapokal der Pokalsieger, Finale)

DORTMUND: Tilkowski, Cyliax, Paul, Assauer, Redder, Kurrat, Schmidt, Sturm, Libuda, Held, Emmerich
LIVERPOOL: Lawrence, Lawler, Yeats, Stevenson, Byrne, Milne, Smith, Callaghan, Hunt, St. John, Thompson
SCHIEDSRICHTER: Schwinté (Frankreich); ZUSCHAUER: 41 000
TORE: 1:0 Held (62.), 1:1 Hunt (68.), 2:1 Libuda (106.)

Der Mythos der Gelb-Schwarzen beginnt grau in grau. Im Spiel gegen die »Reds«. Und der Ball, der sich an einem nass-grauen schottischen Abend aus vielleicht dreißig Metern, scheinbar aber aus einer anderen Welt kommend, nach trägem Flug in den Torwinkel und den deutschen Wortschatz senkt, als »Bogenlampe«, ist eine ziemlich lichtschwache Nummer. In den schwarzweißen TV-Aufnahmen ist er nur ein winziger, schimmernder Fleck. So duster wirkt der Hampden Park an jenem Glanztag des deutschen Fußballs, dass TV-Reporter Ernst Huberty nach Reinhard »Stan« Libudas Tor zum 2:1 in der 106. Minute von einem »Trugbild« spricht, einer »Fata Morgana«.

Ein Trugbild auch deswegen, weil die Borussen als krasser Außenseiter ins Spiel gegangen sind. Im Halbfinale haben sie Titelverteidiger West Ham United ausgeschaltet und mit dem

2:1-Sieg in London als erste deutsche Elf in England gewonnen. Dennoch sind die Erwartungen gering. »Wir wollen unsere Haut möglichst teuer verkaufen«, sagt Willy Multhaup vor dem Spiel zur Mannschaft. »Fischken«, wie er seit je genannt wird, weil seine Eltern in Essen ein Fischgeschäft führten, ist ein Traineroriginal von altem Schrot und Korn. Er liest die Tageszeitung mit Monokel und trägt eine karierte Schiebermütze wie der Comic-Detektiv Nick Knatterton.

Billy Shankly, der Liverpooler Trainer, ist im Vergleich alles andere als gemütlich. »Borussia Dortmund? Wer ist das?«, hat er getönt. »Das Finale ist für mich bereits erledigt. Mein neues Ziel ist das Finale der Landesmeister in der nächsten Saison.«

Die »Reds« stehen seit zweieinhalb Wochen als neuer englischer Meister fest. Und, zumindest für ihre Fans, auch schon als Europacup-Sieger. »Liverpool – Champion« haben sie in der Nacht vor dem Finale auf die Außenmauer des Hampden Park gepinselt. Einige sind hinübergeklettert und haben sogar die Torpfosten rot angemalt.

Als die Mannschaften auf den Platz kommen, singen die zwanzigtausend Engländer im Stadion »You'll Never Walk Alone«. Es ist ein Lied aus einem Broadway-Musical von 1945, dessen tröstliche Kernaussage, »nie allein« gelassen zu werden, einer schwangeren Kriegswitwe zugedacht war. Durch die Coverversion der englischen Band »Gerry and the Pacemakers« von 1963 aber wurde es zum Evergreen im Stadion an der Anfield Road (und später in unzähligen anderen, darunter in Dortmund).

Bis kurz vor Spielbeginn hat es gegossen. Nicht Libudas Wetter. Auf dem tiefen Boden kann er seine Schnelligkeit und seine Technik im Zweikampf nicht ausspielen. Hinzu kommt das Lampenfieber des schüchternen Stürmers, den vor Saisonbeginn der Möbelfabrikant Heinz Storck mit einer Eichengarnitur nach Dortmund lockte. Vor allem trieb Libuda der Wunsch, weiter in der Bundesliga zu spielen, fort aus Gelsenkirchen. Schalke 04 wurde in der Saison 1964/65 Letzter, so dass der Bergmannssohn, zeitlebens voller Heimweh nach der Zechensiedlung Haverkamp, in der er aufwuchs, schweren Herzens seinen Heimatklub verließ. Zu spät kam die Nachricht, dass Schalke durch die Aufstockung von sechzehn auf achtzehn Klubs doch in der Bundesliga bleiben durfte.

Schon als jungen Kerl haben sie ihn daheim in Gelsenkirchen »Stan« getauft, nach dem englischen Rechtsaußen Stanley Matthews. Dessen berühmten »Matthews-Trick« – Ball mit der Innenseite und Sohle nach innen gezogen und, mit explosivem Antritt in die Gegenrichtung, mit der Außenseite nach außen mitgenommen – macht er als »Libuda-Trick« populär.

Doch in Deutschland wissen die Verteidiger bald, dass sie den chronisch eifersüchtigen Libuda mit Sprüchen über seine Frau Gisela aus der Fasson bringen können. Und mit gezielter Härte. Das probieren auch die Engländer. Schon nach acht Minuten tritt ihm Gegenspieler Gerry Byrne die Beine weg. Kurz danach wird Libuda von den Liverpool-Fans ausgelacht, als ihm ein falscher Einwurf unterläuft. Er wirkt verunsichert – und taucht fast hundert Minuten ab.

Das Spiel wird für Torwart Hans Tilkowski und seine Vorderleute in weiten Strecken zur Abwehrschlacht. Radioreporter Kurt Brumme schildert sie den daheim Bangenden wie eine mittelalterliche Belagerung: »Die Liverpooler drücken, sie drängen, sie schnüren sie ein, werfen die Dortmunder zurück an ihren eigenen Burggraben, vor der Burg, in der Tilkowski sitzt. Ach, hätten sie doch eine Zugbrücke, die sie nun hinunterlassen könnten.«

Die Dortmunder verteidigen mit hohem Einsatz. Und erschrecken die Engländer mit Kontern. Nach einer Stunde spielt Lothar Emmerich einen schönen Steilpass in den Lauf des schnellen Siegfried Held, der den Ball einmal aufsetzen lässt und dann volley ins Tor wuchtet. »Ein herrlicher Treffer«, findet selbst der Kommentator der britischen BBC. »Sechs Engländer schauen sich ratlos an, sechs Engländer wissen nicht, was geschehen ist«, jubiliert Brumme. »Ideen muss man haben!«

Doch die Führung hält nicht lang, sie geht verloren durch ein umstrittenes Tor. Peter Thompson stürmt am rechten Flügel an drei Dortmundern vorbei bis zur Torauslinie und bringt den Ball auf Roger Hunt, der ihn ins Tor schießt. Der Linienrichter hat die Fahne gehoben, um anzuzeigen, dass der Ball im Aus war. Doch der Schiedsrichter, rasch umzingelt von Hunderten englischer Fans, die das Spielfeld stürmen, lässt das Tor gelten. »Wenig diszipliniert«, schimpft Brumme über »diese Anhänger vom FC Liverpool, die sogar den Ball mit vom Spielfeld nahmen und ihn jetzt großmütig wieder hineinspielen«.

Man braucht ihn ja noch, den Ball, vor allem für diese Szene in der hundertsechsten Minute. Verlängerung, ein Kampf auf Biegen und Brechen – und dann wie aus dem Nichts wieder ein brillanter Konter. »Aki« Schmidt gewinnt den Ball und schlägt aus der eigenen Hälfte einen Steilpass auf Held. Dessen Schuss wird an der Strafraumgrenze von Torwart Tommy Lawrence geblockt, der mit flinker Rundlichkeit seinem Spitznamen »flying pig«, fliegendes Schwein, in diesem Moment alle Ehre macht – aber dann, weit vor seinem Tor, nichts mehr auszurichten vermag, es sei denn, er könnte wirklich fliegen. Dabei scheinen die Engländer noch Glück zu haben. Der Ball prallt, dreißig Meter vor dem Tor, jenem Dortmunder vor die Füße, dem seit fast zwei Stunden fast nichts gelungen ist.

»Ich sah, wie der Ball abprallte«, so schildert Libuda, was nun passiert. »Ich sah ihn kommen. Ich sah mit dem linken Auge das leere Tor, da habe ich abgezogen. Und wie der Ball in der Luft war, spürte ich: Der geht rein«. Libuda schlägt das regenschwere Leder aus dem morastigen Boden direkt Richtung Tor. Sieht dann, wie es eine hohe Kurve nimmt, wie der riesige Ron Yeats auf der Linie es verzweifelt zu erreichen versucht, strauchelnd den Hals verdreht, den Arm hebt. Wie es vom Pfosten abprallt, gegen Yeats' Hüfte fliegt und mit ihm ins Tor fällt.

»Ohne den Abwehrspieler«, sagt Held, der am nächsten dran ist, »wäre der Ball nicht reingegangen.«

Nach dem Schlusspfiff heben sie Multhaup mit seiner Knatterton-Mütze auf ihre Schultern. Als sie nach anderthalb Stunden Busfahrt ihr Hotel an der Küste erreichen, ist dort längst Feierabend. Auch an der Theke findet sich kaum noch Bier. Hungrig und durstig nimmt man, was man kriegt. Zum Glück, erinnert sich Held, hatte »unser Spielausschussobmann eine Salami im Koffer – Gott weiß, warum!«

Die Party ist nur verschoben. Nur dreitausend deutsche Fans haben den ersten deutschen Europacupsieg im riesigen, zu zwei Dritteln leeren Hampden Park erlebt. Am nächsten Tag feiern fast hundertmal so viele die Heimkehrer in der überfüllten Dortmunder Innenstadt. Es sind, bis auf den Sudetendeutschen Held, Helden aus der Nachbarschaft. Fünf sind in Dortmund geboren, fünf im Umkreis von dreißig Kilometern.

Die Euphorie ist so groß, dass Schmidt Aufpasser vor sein neugebautes Haus stellt, damit die enthemmten Fans es nicht schwarz-gelb streichen. Und so groß, dass die Borussia, trotz aller Mahnungen des Trainers, die deutsche Meisterschaft durch ein 0:2 gegen 1860 München noch verspielt. Der Europapokal aber hat viel größere Wirkung, findet Kapitän Wolfgang Paul: »Für unsere Fans – und nicht nur die – hatte der Sieg einen ähnlichen Stellenwert wie das Wunder von Bern.«

Der Mann, der es möglich machte, konnte in dem Moment, in dem es geschah, in solch historischen Dimensionen nicht denken. Stan Libuda denkt, als der Ball im Tor ist, nur an die Strafe, die Multhaupt ihm und einigen Kollegen androhte, als er sie am Abend vor dem Spiel beim Zocken erwischte: »Wenn ihr morgen verliert, zahlt jeder zehntausend Mark Strafe.« Als er nach seinem Treffer bäuchlings jubelnd mit Emmerich im Morast liegt, sagt Libuda nur: »Mensch, Emma, jetzt müssen wir die zehntausend Mark nicht bezahlen.«

Um den berühmten ersten Satz von »Anna Karenina« auf den Fußball abzuwandeln: Alle glücklichen Klubs gleichen einander, jeder unglückliche ist auf seine eigene Weise unglücklich. Auf jeden erfolgreichen Verein, dessen Geschicke sich mit einem Schuss Glück oder einem Glücksschuss im rechten Moment zum Guten wenden, gibt es zahllose, die durch das Nadelöhr aus dem Mittelmaß heraus, hinauf in die höhere Liga, in die höchste, zum Pokal, zur Meisterschaft nie gekommen sind. Manche hauchdünn, ewige Pechvögel.

Wie der FC Memmingen, der knapp wie kein anderer nie in die Regionalliga aufstieg – 1997 fehlten bei 3:2-Führung gegen Kickers Offenbach noch zwei Minuten, worauf das Flutlicht ausfiel, das Spiel komplett wiederholt wurde und Memmingen verlor. Wie der KSV Hessen Kassel, der knapp wie kein anderer nie in die Bundesliga aufstieg – 1985 fiel er am letzten Spieltag der Zweiten Liga vom ersten auf den vierten Platz zurück. Wie Bayer Leverkusen, das knapp wie kein anderer nie deutscher Meister wurde – 2000 am letzten Spieltag durch ein Eigentor von Michael Ballack. Und keiner verpasste den Europapokal der Landesmeister so knapp wie Atlético Madrid – weil ein Mann mit riesiger Nase einmal den großen Torriecher hatte.

60

Brüssel, 15. Mai 1974:
Wehe, wenn Schwarzenbeck kommt

BAYERN MÜNCHEN – ATLÉTICO MADRID 1:1 n. V.
(Europapokal der Landesmeister, Finale)

MÜNCHEN: Maier, Hansen, Breitner, Schwarzenbeck, Beckenbauer, Roth, Zobel, Hoeneß, Torstensson (76. Dürnberger), Müller, Kapellmann
MADRID: Reina, Melo, Capón, Adelardo, Heredia, Aragonés, Bejarano, Irureta, Ufarte (69. Becerra), Gárate, Salcedo (90. Fernández)
SCHIEDSRICHTER: Loraux (Belgien); ZUSCHAUER: 49 000
TORE: 0:1 Aragonés (114.), 1:1 Schwarzenbeck (120.)

Ein Finale als Casting-Show: Europas Klubfußball sucht den neuen Seriensieger. Ajax Amsterdam ist abgetreten, als Johan Cruyff Anfang der Saison nach Barcelona wechselte. Doch die beiden Neuen, die sich nun um die Krone bewerben, bieten fast zwei Stunden lang Fußball zum Abgewöhnen. Wer funkelnde Ballkunst sehen will an diesem Frühlingsabend in Brüssel, muss über den Rand des Heysel-Stadions auf die neun riesigen Aluminiumkugeln des Atomiums schauen.

Bayern München und Atlético Madrid, beide stehen zum ersten Mal im Endspiel um den Europapokal der Landesmeister. Beide spielen, als lähme sie die große Chance, die sich ihnen bietet: Bayern die, als erster deutscher Klub den Wettbewerb zu gewinnen; Atlético die, endlich ein Stück aus dem Schatten von Real zu treten.

Neunzig Minuten lang nichts Nennenswertes. Verlängerung. In der 114. Minute Freistoß für Atlético am linken Strafraumeck. Die Bayern postieren eine Sechs-Mann-Mauer. Der Schuss von Luis Aragonés kommt wuchtig mit Linksdrall in Kopfhöhe auf sie zu. Der Ball würde unweigerlich geblockt, wenn die Bayern-Spieler hochsprängen oder sich wenigstens reckten. Doch sie stehen wie festgemauert. Die beiden Spieler am rechten Rand, Uli Hoeneß und Franz Roth, machen sich sogar klein, als der Ball auf sie zufliegt. Zucken zusammen, ziehen instinktiv den Kopf ein. Halb über, halb zwischen ihren Köpfen rauscht der Ball ins linke Toreck.

Was bis dahin in diesem Spiel passiert ist, gehört auf die große Müllhalde vergangenen, vergessenen Fußballs. Das größte Finale, das es im Klubfußball gibt – und zugleich das schwächste, das magerste, das einfallsloseste, das eine Bayern-Elf je gespielt hat. Einfallslos bis auf einen einzigen Bayern, bis auf jene fünfzehn letzten Sekunden, die den Mythos dieses Klubs bis heute prägen.

0:1, nicht mal dem Weltstar fällt noch etwas ein. Die letzte Minute, der letzte Angriff, die Sekunden ticken weg, und was macht Beckenbauer? Er, der Mann fürs Geniale, fürs Kreative, überlässt den Ball einem, der mit solchen Begriffen ein ganzes Fußballerleben lang nie versehen worden ist: Hans-Georg Schwarzenbeck, seit Kindertagen »Katsche« genannt.

Katsche selbst kann es noch Jahrzehnte später kaum glauben: »Da spielt der Franz, der sonst, wenn man quer spielte, immer schimpfte, ›vorn steht's Tor‹, da spielte der Franz quer zu mir.« In jenem Moment wirkt es wie eine Kapitulation. Trainer Udo Lattek wendet sich ab und macht sich auf den Weg Richtung Kabine.

Der »Kaiser« also überlässt den Ball, sein Herrschaftsinstrument, seinem »Putzer«, wie die Boulevardpresse ihn taufte. Es sind die Siebziger, das Jahrzehnt, in dem der deutsche Fußball den Duft der großen weiten Welt zu atmen beginnt, den man vorher nur aus der Zigarettenreklame kannte; in dem die Fußballhelden aber noch aus der Nachbarschaft kommen.

Keiner hatte einen so kurzen Weg wie Schwarzenbeck. Nicht mal Beckenbauer, der wie der FC Bayern aus Giesing stammt, aber aus dem damals schon städtischen Viertel des Münchner Ortsteils. Dagegen wohnte man in Schwarzenbecks Ecke an der Grenze zu Harlaching noch »auf dem Land«, wie er sagt, an einer ungeteerten Straße am Waldrand – und in Sichtweite zu den Fußballplätzen der Säbener Straße.

Die beiden Burschen aus dem Viertel werden zu einem Erfolgsduo, wie es unterschiedlicher im Fußball nie eins gegeben hat. »Der Franz ist doch in einer anderen Welt gewesen«, sagt Schwarzenbeck, der sich nie eine Illusion über seine Außenwirkung in diesem Duett machte: »Wer neben einem Beckenbauer spielt, wirkt immer wie der Steifere. Aber das war eine gute Kombination. Wir haben uns blind verstanden.«

Es hat alles gewonnen, was man im Fußball gewinnen kann, dieses klassische Männerduo, ungleicher noch als Jack Lemmon und Walter Matthau, als Waldorf und Statler, als Ernie und Bert: Kaiser und Katsche. Beckenbauer, der Libero von Welt, der Filmstar und Frauenheld. Und Schwarzenbeck, der brave Stopper, der verlässliche Ausputzer. Die Rückennummer seiner Fußballgattung inspirierte das Publikum zu dem Reim: »Er ist kein Mensch, er ist kein Tier, er ist die Nummer vier.« Sein Job in Klub- und Nationalteam: dem Chef den Rücken frei halten, wenn er sich auf den Weg nach vorn macht.

Doch nun, zwanzig Sekunden vor dem Ende, hat Beckenbauer keine Idee mehr. Nur Schwarzenbeck hat plötzlich eine. Man sieht es der Körperspannung an, mit der er den Ball in der gegnerischen Hälfte annimmt, schon jenseits des Mittelkreises; der Entschlossenheit, mit der er drei, vier schnelle Schritte macht. Wie jemand, der einen Plan hat. Nicht wie einer, der jetzt noch einen zum Anspielen sucht. Deshalb sieht er auch nicht die fünf Mitspieler, die nach vorn gelaufen sind und ihn nun vom Strafraumrand aus anschauen, auf eine letzte Hereingabe hoffend. Sieht auch nicht den winkenden Gerd Müller: hoch rein mit dem Ball!

Ein Spanier, der in der Nähe steht, könnte Schwarzenbecks Lauf kreuzen, ihn stören, wenn er sich nun einen entschlossenen letzten Antritt abforderte. Er tut es nicht, wozu auch? Gemütlich trabt er dahin, es ist ja nur der hölzerne Manndecker, lass ihn schießen. Wären die Spanier besser vorbereitet, wüssten sie, dass Schwarzenbeck schon acht Tore erzielt hat in dieser Spielzeit, die meisten aus der Distanz.

So kann er ungestört nach dem raumgreifenden Antritt die ein, zwei kürzeren Zwischenschritte einlegen, um aus vollem Lauf heraus für den Schuss den richtigen Abstand zum Ball zu finden. Dann den langen Stemmschritt mit dem linken Bein, der ihm die Hebelkraft gibt. Das erlaubt ihm, den Ball mit voller Wucht mit dem rechten Spann frontal zu treffen und all seine urwüchsige Kraft hineinzulegen. Doch nicht mal er selbst weiß in dieser Sekunde, ob es gelingen wird. Wo der Ball landen wird: auf der Tribüne oder im Tor.

Im Goldenen Buch großer Fußballkunst sind Vorstopperschüsse eines der dünnsten Kapitel. In den meisten Stadien der Welt johlt das Publikum, wenn der Ausputzer über die Mittellinie geht und, weil ihm sonst nichts einfällt, wild ausholt. Dann erwartet das Volk freudig den klassischen Stopper-Schuss: mit der Kraft eines Pferdes meilenweit drüber.

Schwarzenbeck aber schießt in dieser Sekunde, in weniger als einer Sekunde, das größte aller Stoppertore. So sauber trifft er den Ball, dass der auf dem kürzesten Wege, wie ein Strich, flach durch einen Pulk von neun Körpern hindurch, kurz vor der Torlinie aufsetzend ins Tor jagt.

Nur knapp eine Sekunde liegt zwischen Schuss und Tor. Der Ball hat rund achtundzwanzig Meter mit durchschnittlich über hundert Stundenkilometern zurückgelegt. Nun sehen Millionen Augen den Ball, den sie eben noch am Fuß des stürmenden

Verteidigers sahen, plötzlich im Netz zappeln, mühen sich Millionen Hirne, dieses Bild logisch zu verarbeiten: einen weißen Punkt im weiß umrahmten Kasten, hinter dem sich rätselhafte Wörter wie »Sechsämtertropfen« und »Palma Camping«, »Samson Shag« und »Wodka Smirnoff« türmen.

Achthundertneunundsechzig Spielminuten, Rekord im Europapokal, ist Miguel Reina bis zu diesem Moment ohne Gegentor. Doch den Einschlag dieses Schusses kann er nicht stoppen. Auch nicht die Entstehung einer Legende, die ihn noch Jahrzehnte später verfolgen wird, als er längst Rentner ist und sein Sohn Pepe ebenfalls ein erfolgreicher Torwart (auch für Bayern München). Sie behauptet, Miguel Reina habe im verfrühten Gefühl des Sieges die Handschuhe abgestreift und als Trophäe dem neben dem Tor hockenden Fotografen der Sportzeitung »Marca« geschenkt.

Tatsächlich trägt Reina bei seiner letzten, erfolglosen Parade keine Handschuhe. Doch trug er schon bei Anstoß keine. Anders als sein Gegenüber Maier, der seit Jahren mit Schere, Kleber und Schaumstoff Torwarthandschuhe selber gebastelt hat, gehört Reina der damals noch existierenden Torwartspezies an, die sich zumeist mit nackten Händen in harte Schüsse wirft. Um diesen Schuss zu erreichen, hätte er aber statt Handschuhen einen Tennisschläger benötigt.

Nach dem Tor erlebt Schwarzenbeck etwas völlig Unerwartetes: eine Umarmung von Beckenbauer. »Er hat ja nicht jeden umarmt oder gebusselt«, sagt er über den Weltstar an seiner Seite. »Aber in dem Moment hat er sich wohl doch furchtbar gefreut, da hat er mich heftig angesprungen. Das war ich von ihm nicht gewohnt.«

Gewohnt war er es auch nicht, im Mittelpunkt zu stehen. Nun, nach diesem Tor, das sich »den meisten ins Hirn gebrannt hat«, wie er bald weiß, tut er es und muss unzählige Male sein Tor erzählen. Meist tut er es so geradlinig, wie er es schoss: »Der Ball ist zwischen allen durch, dann war er drin.«

Das Tor öffnet ihm sogar die Tür zu einer Filmrolle. Darin spielt er den Briefträger in »Wehe, wenn Schwarzenbeck kommt«, 1979 gedreht von May Spils. Dabei hätte ein anderer Filmtitel der Regisseurin das Motto, mit dem der Sohn eines Justizvollzugsbeamten aus Stadelheim fünfzehn Jahre lang Stürmer in Einzelhaft nahm, noch besser getroffen: »Nicht fummeln, Liebling«.

Schon seit 1970 gibt es Elfmeterschießen im Europapokal. Doch in Endspielen wird diese Methode, eine Entscheidung zu finden, die auch nach maximaler Spielzeit nicht gefunden ist, im Jahr 1974 noch nicht angewandt. Ein Glück für Bayern München. Im Elfmeterschießen läge die Chance selbst angesichts der Enttäuschung der Spanier und der Erleichterung der Deutschen nahe von fünfzig zu fünfzig. Im Wiederholungsspiel aber, zwei Tage später, ist die Mannschaft, für die dieses Nachsitzen ein großes Glück ist, deutlich im Vorteil. Und die, die dem verpassten Sieg nachtrauert, reif für einen Trauerfall. »Wir waren wandelnde Leichen«, sagt Torwart Reina.

61

Brüssel, 17. Mai 1974:
Parkschläfer mit Pokal

BAYERN MÜNCHEN – ATLÉTICO MADRID 4:0
(Europapokal der Landesmeister, Finale, Wiederholungsspiel)

MÜNCHEN: Maier, Hansen, Breitner, Schwarzenbeck, Beckenbauer, Roth, Zobel, Hoeneß, Torstensson (76. Dürnberger), Müller, Kapellmann
MADRID: Reina, Melo, Capón, Adelardo (61. Benegas), Heredia, Aragonés, Bejarano, Becerra, Gárate, Salcedo, Fernández (65. Ufarte)
SCHIEDSRICHTER: Delcourt (Belgien); ZUSCHAUER: 23 000
TORE: 1:0 Hoeneß (28.), 2:0 Müller (57.), 3:0 Müller (70.), 4:0 Hoeneß (83.)

Das gleiche Spiel, die gleichen Gegner, derselbe Ort, dasselbe Stadion. Diesmal nur halbvoll. Wiederholungsspiele sind eine Pest für Fans. Mittwoch war der Tag, auf den sie ihre Urlaubs- und Reiseplanung ausgerichtet hatten. Donnerstag der, an dem sie zurück nach München oder Madrid mussten. Freitag aber der, an dem erst die Entscheidung fällt.

Die Partie ist von Beginn an offener, offensivfreudiger als das zähe Vorspiel. Schon nach ein paar Minuten köpft Gerd Müller den Ball an den Pfosten. Aber auch die Spanier, obwohl sie ohne Regisseur Javier Irureta antreten müssen, der zwei Tage zuvor die zweite Gelbe Karte im Wettbewerb erhalten hat, kommen zu guten Gelegenheiten.

Dann, knapp eine halbe Stunde gespielt, sieht Paul Breitner die ganze rechte Angriffsseite offen und schlägt einen schnurgeraden Steilpass in den Lauf von Uli Hoeneß. Der schlecht postierte Libero Ramón Heredia kann ihm nicht folgen. Im Abschluss hat Hoeneß etwas Glück, dass der Ball zum 1:0 durch die Beine von Torwart Reina geht.

Fast schenkt Beckenbauer die Führung her, lässt sich am Elfmeterpunkt den Ball abluchsen, Torwart Sepp Maier rettet in letzter Not. Bis zehn Minuten nach der Pause bleibt das Spiel völlig offen. Dann spielt Jupp Kapellmann den Ball über die Atlético-Abwehr zu Müller. Der nimmt den Ball an, lässt ihn einmal aufticken und hämmert ihn aus spitzem Winkel in den Winkel.

Aber selbst das ist noch nicht der K.o. für die Spanier, die nach einem klaren Foul von Maier an José Eulogio Gárate vergeblich Elfmeter fordern. Statt den möglichen Anschlusstreffer zu erzielen, kassieren sie kurz danach durch Müllers schlauen Heber das 3:0, das die letzte Hoffnung tilgt. Das Spiel ist aus. Es geht nur noch ein bisschen weiter.

So kann der überragende Hoeneß acht Minuten vor Ende das i-Tüpfelchen setzen, als er den Ball an der Mittellinie gewinnt, drei Abwehrspieler und den Torwart umspielt und das 4:0 erzielt. Als Fernsehreporter Oskar Klose das Sechzig-Meter-Solo mit den Worten kommentiert: »Hoeneß! Hoeneß! Hoeneß! Ein Mann noch, einer ist bei ihm, an dem muss er noch vorüber, der zweite kommt … jetzt legen sie ihn um!«, und sich dann korrigiert: »Nein, er macht sie alle fertig!«, da hat er doppelt unrecht. Sie hauen ihn nicht um. Und fertiggemacht hat sie schon Katsche Schwarzenbeck.

Die belgische Zeitung »Le Sport« empfiehlt am nächsten Morgen: »Die Bayern sollten Schwarzenbeck ein Denkmal setzen.« Aber zu diesem Zeitpunkt ist wohl kein Bayer in der Lage, Buchstabenfolgen zu entziffern, schon gar nicht in fremder Sprache. »Weil es eine laue Sommernacht war, haben es manche nicht mehr zurück ins Mannschaftshotel geschafft, sondern in der Parkanlage davor übernachtet«, so erinnert sich Maier vierzig Jahre später an die Feierlichkeiten, mit denen das Team den historischen Erfolg begeht. »Die mussten wir morgens um acht zusammensuchen und in den Bus befördern.«

Zum Glück geht es nur bis knapp hinter die Grenze, nach Mönchengladbach, wo die Bayern achtzehn Stunden nach Abpfiff in Brüssel noch einmal Anpfiff in der Bundesliga haben. Das Ergebnis ist wurscht, selbst nüchtern wäre es ihnen das, sie stehen schon als Meister fest. Vor Anpfiff wird mit etwas glasigen Augen der Europapokal präsentiert, nach Abpfiff die Meisterschale.

Nur die »Alkoholverdunstungsstunde« dazwischen, wie Trainer Lattek es nennt, verläuft nicht ganz planmäßig. »Normalerweise wäre es ein solides Unentschieden geworden, es lag ja nicht in unserer Absicht, den neuen Meister vorzuführen, die Bayern sollten den Titel bei uns feiern«, so der Gladbacher Rainer Bonhof. »Doch dann leistete sich Sepp Maier nach einem Eckball den Spaß, unserem Stürmer Bernd Rupp, der zwei Köpfe kleiner war als er, den Ball kurz mal auf den Kopf zu tippen. So was ging ja nun gar nicht. Also haben wir die 5:0 weggefackelt.« Macht aber nichts. Sepp Maier nennt es »die schönste Niederlage meines Lebens.«

Als Schwarzenbeck traf, begann für Atlético eine Serie von herzzerreißenden Finalniederlagen: 1974 der Ausgleich in der letzten Sekunde der Verlängerung, 2014 gegen Real Madrid der Ausgleich in der letzten Sekunde der Nachspielzeit, 2016 gegen Real die Niederlage im Elfmeterschießen. Und für die Bayern eine strahlende Serie glücklicher Finalsiege: 1974 Glück mit Schwarzenbeck, 1975 Glück mit dem Schiedsrichter, der ein reguläres Tor von Leeds United nicht anerkannte, 1976 Glück mit der eckigen Form der Holzbalken im Hampden Park von Glasgow, die zwei Schüsse von AS St.-Etienne nicht ins Tor prallen ließen. »Wären die Pfosten rund gewesen«, glaubte Regisseur Jacques Santini, »hätte es das Gesicht des europäischen Fußballs verändert.«

Aber selbst ein großer Sieg muss nicht der Beginn einer Glückssträhne sein. Eine Woche vor den Bayern hatte bereits ein anderes deutsches Team einen Europapokal gewonnen, den der Pokalsieger. Es blieb der einzige in der Geschichte der DDR. Weil die Partei aber lieber einen der Vorzeigeklubs des Regimes im Rampenlicht gesehen hätte und nicht die Regionaltruppe des eigensinnigen Trainers Heinz Krügel, verbot man dem 1. FC Magdeburg, zum Spiel um den europäischen Supercup gegen die Bayern anzutreten. Und nicht mal die Bademäntel durften sie behalten.

62

Rotterdam, 8. Mai 1974: Gib mir ein 0

1. FC MAGDEBURG – AC MAILAND 2:0
(Europapokal der Pokalsieger, Finale)

MAGDEBURG: Schulze, Zapf, Enge, Abraham, Seguin, Pommerenke, Gaube, Tyll, Raugust, Sparwasser, Hoffmann
MAILAND: Pizzaballa, Schnellinger, Anquilletti, Lanzi, Sabadini, Bergamaschi (60. Turini), Benetti, Rivera, Maldera, Bigon, Tresoldi
SCHIEDSRICHTER: van Gemert (Niederlande); ZUSCHAUER: 4600
TORE: 1:0 Lanzi (40., Eigentor), 2:0 Seguin (74.)

Neunundsechzigtausend Menschen passen ins Stadion »De Kuip«. Das heißt »Die Wanne«, und die Wanne ist leer. Viertausendsechshunderteinundvierzig Zuschauer bei einem Europapokalendspiel, historischer Minusrekord. Besonders bizarr ist dieses Finale in der Fernsehübertragung, weil außer zwei Kleingruppen hinter den Toren kaum ein Zuschauer im Sichtfeld der Kamera ist. Nur einmal taucht auf einer leeren Tribüne ein seltsamer Besucher auf, wie man ihn nicht in einem Stadion erwartet. Ein Mann mit Hut und Aktentasche, der dasteht, als warte er auf seinen Bus. Und eine Gruppe von Männern in Kitteln mit weißen Schirmmützen. Doch dazu später.

Bei den Spielern des 1. FC Magdeburg ist die Enttäuschung über die Kulisse groß. Beim Halbfinale gegen Sporting Lissabon spielten sie daheim vor siebzigtausend. Und jetzt – noch weniger Zuschauer als im Erstrundenspiel gegen NAC Breda, das ebenfalls in »De Kuip« stattfand. Trainer Heinz Krügel hat damals im September den Spielern empfohlen: »Schaut es euch gut an. Zum Endspiel sind wir wieder hier.« Jürgen Sparwasser dachte, was erzählt der da? Aber nun sind sie wirklich hier.

Wenn auch ziemlich allein. Selbst ihre Frauen mussten daheim bleiben. So sieht es nun bei der Übertragung, zu der sich das DDR-Fernsehen kurzfristig anstelle des vorgesehenen Abendprogramms mit dem sowjetischen Weltkriegsepos »Im Morgengrauen ist es noch still« und der Gute-Laune-Musiksendung »Mit Lutz und Liebe« entschieden hat, für die Zuschauer daheim aus, als wolle niemand das beste Team der DDR sehen.

Nur dreihundertfünfzig staatlich geprüfte Schlachtenbummler aus dem Osten sind im Stadion. Und ein paar Matrosen von fünf DDR-Handelsschiffen im Hafen von Rotterdam. »Nicht immer die Fans, die man brauchte«, sagt Krügel später. »Da waren auch Leute dabei, die erst mal gefragt haben: Wer ist denn hier der 1. FC Magdeburg?«

Die Antwort ist: die bessere Mannschaft. Und nicht der große AC Mailand, der Titelverteidiger, der sich für etwas Besseres gehalten hat. Auch die Italiener haben kaum Fans mitgebracht, obwohl die natürlich reisen könnten, wohin sie wollen. Nach Rotterdam allerdings wollen sie nicht. Ihr Team spielt eine schwache Saison, nur Platz sieben in der Liga.

Immerhin, einmal in der ersten Halbzeit kommt Milan gefährlich vors Tor, doch Torwart Ulrich Schulze hechtet flott ins Eck und wehrt Tresoldis Volley ab. Dann treffen die Italiener doch, aber anders als geplant. Fünf Minuten vor der Pause passt Detlef Raugust scharf vors Tor, auf den freien Sparwasser. Enrico Lanzi kommt ihm zuvor, grätscht den Ball aber ins eigene Tor, vorbei am verdutzten Torwart mit dem für einen italienischen Fußballer wie geschaffenen Namen Pierluigi Pizzaballa. 1:0 für den Außenseiter.

Karl-Heinz Schnellinger, der Mailänder Abwehrchef, ist mit seiner Grätsche gegen Raugust vor dem Tor einen Schritt zu spät gekommen. Es ist eine Abschiedsvorstellung für den früheren Weltklasseverteidiger, inzwischen fünfunddreißig und auf dem Sprung zurück nach Deutschland (von wo er nach einer Abschiedssaison mit dem Auf- und Absteiger TB Berlin als Küchenvertreter nach Mailand zurückkehren wird). Und den anderen Altstar, Spielmacher Gianni Rivera, entnervt Manndecker Helmut Gaube, von Krügel aus der Bezirksliga-Reserve geholt. Für Sparwasser »eine der Entscheidungen, die uns den Sieg gebracht haben«. Den Sieg und außerdem, als anerkennendes Präsent der Stadt Magdeburg, einen nicht mehr taufrischen Besteckkasten aus dem Jahr 1956.

Den Mailändern fehlt die Frische. Die Magdeburger haben mehr als genug davon. Schon seit einem Monat sind sie DDR-Meister, mit einem Durchschnittsalter von zweiundzwanzig Jahren. Alle Spieler stammen aus Magdeburg und Umgebung. Krügel, der überragende Klubtrainer der DDR, hat die Regionalauswahl, die er 1966 als Absteiger übernahm, zum Wiederaufstieg, zu zwei Meistertiteln und zwei Pokalsiegen geführt. Und steht nun vor der Krönung durch jenen schnellen, athletischen Angriffsstil, der den DDR-Fußball gegen alle Vorurteile der West-Konkurrenz und das Misstrauen der eigenen Obrigkeit in den siebziger Jahren international konkurrenzfähig gemacht hat. Auf der Tribüne in Rotterdam ist Rinus Michels, der Trainer der Niederländer und Schöpfer des »totalen Fußballs«, beeindruckt: »Der Stil gefällt mir. Bewegung, Einfallsreichtum, Offensivgeist.«

Das Gegenteil des italienischen Stils jener Zeit. »Wer das erste Tor schießt, gewinnt«, hat der Mailänder Trainer vorhergesagt. Er behält recht. Es ist der fünfunddreißigjährige Giovanni Trapattoni auf der ersten, sehr kurzen Station einer Trainer-Weltkarriere. Nach vierzehn Jahren als Spieler von Milan (zwei Meistertitel, drei Europapokalsiege) und zwei Jahren als

Jugendtrainer hat er erst vier Wochen vor dem Finale den Job des entlassenen Cesare Maldini übernommen. Er wird nicht mehr als neun Spiele überstehen, in denen sein Team nur vier Tore schießt – zwei davon allerdings im Halbfinal-Hinspiel gegen Mönchengladbach, was für das Erreichen des Finals gereicht hat.

Nun, gegen die anderen Deutschen, die aus dem Osten, reicht es nicht mehr. »Wie die Italiener uns in der letzten halben Stunde hinterherlaufen mussten«, erlebt Axel Tyll als »tolles Gefühl«. Eine Viertelstunde vor Schluss leitet er die Entscheidung mit einem Diagonalpass in den Strafraum ein. Wolfgang Seguin, der als Siegprämie später fünftausend Ostmark und das Kaufrecht für einen Lada ohne Wartezeit bekommt, nimmt ihn auf und trifft aus spitzem Winkel präzise unter die Latte. Da zahlt sich womöglich das Zielschießen aus, das Krügel nach jedem Training veranstaltet – dabei müssen seine Spieler den Ball im »O« der Werbebande der »Magdeburger Volksstimme« versenken.

Die Italiener geben sich auf. Trapattoni ist bedient: »Mehrere Spieler haben vergessen, was sie dem großen Namen ihres Klubs schuldig sind. Wir müssen völlig von vorne beginnen.« Mit anderen Worten, die er da aber noch nicht kennt: Trapattoni hat fertig.

Unterdessen ballt sich an der Außenlinie der Pulk der Dienstmänner in grauen Kitteln und weißen Schirmmützen. Kaum tönt der Schlusspfiff, stürmen sie aufs Feld, Bademäntel unterm Arm, mit Kapuzen. Nur die Sieger bekommen einen und müssen ihn gleich anziehen. Ein bizarres Bild. Wie sie da auf Ehrenrunde und Siegerehrung gehen, die Männer im weißen wadenlangen Frottee mit weißen Stutzen darunter, sieht es eher nach Sanatorium aus als nach Udo Jürgens nach der Show.

Es entsteht die Legende, es handele sich um mitgebrachte »Malimo-Bademäntel aus Limbach-Oberfrohna«. Doch wie »11 Freunde« später aufdeckt, handelt es sich um einen uralten

Brauch in den Niederlanden, wonach Gewinner eines Pokals weiße Bademäntel anzuziehen haben – angeblich eingeführt durch den Fußballpionier Cees van Hasselt 1912. Deshalb werden die Mäntel, die einige Spieler schon als Mitbringsel einpacken wollen, noch für andere Pokalvergaben benötigt. Die Dienstmänner sammeln sie am Ende wieder ein.

In der Kabine fließt Rotkäppchen-Sekt, eingekauft vor Abflug in Schönefeld, nun aus dem Pokal geschlürft. Später eine Party unter Parteiaufsicht am Nordseestrand im Hotel in Katwijk. Fünf Spieler fliegen am Morgen weiter nach Schweden, ins WM-Trainingslager. Krügel dagegen, der mit dem Sieg in Rotterdam einen oft vergessenen Beitrag zum größten deutschen Fußballsommer geleistet hat (neben dem Europapokalsieg der Bayern bei den Landesmeistern und dem deutschen WM-Sieg), bekommt nach der Heimkehr keine Reiseerlaubnis für die WM im feindlichen Westen.

Krügel gilt als jemand, der sich nie von der Partei in seine Arbeit hineinreden ließ. »Einige Wichtelmänner der Bezirksleitung haben versucht, sich einzumischen«, erklärte er einmal. »Ich habe zu ihnen gesagt: Ihr seid Politiker, ihr habt dafür zu sorgen, dass es den Leuten gutgeht. Fußballtrainer bin ich.« Die Rechnung servieren sie ihm zwei Jahre nach dem großen Triumph. 1976 sperrt ihn der DDR-Fußballverband auf Lebenszeit. Später sagt er, die Funktionäre hätten ihm erklärt, er habe sich als »Ost-West-Versöhnler« untragbar gemacht. Eines der Vergehen ist Krügels Weigerung, im Europapokal-Achtelfinale im Herbst 1974 Erkenntnisse der Stasi taktisch zu verwerten: die in der Bayern-Kabine abgehörten Anweisungen von Trainer Udo Lattek.

Fußball im 21. Jahrhundert ist ein Sport der Euro- und Meilenmillionäre. Nicht nur das Spiel ist atemlos geworden, auch die Fortbewegung von Spiel zu Spiel. Die durchgeplante Routine eines auswärtigen Champions-League-

Abends sieht nach Abpfiff eiliges Duschen vor, dann hastiges Durchmessen der »Mixed Zone« mit vielleicht einigen Worthäppchen für die Journalisten; dann die flotte Fahrt im Bus unter TV- oder Musik-Berieselung zum Bankett, und zum Mittagessen ist der Kicker in der Regel schon wieder daheim.
Fußball 1958 war anders: ein Sport für schlecht verdienende Abenteuerreisende. In England gab es strenge Höchstgrenzen fürs Kicker-Salär, und Reisen war schwierig und langwierig. Bevor Manchester United 1956 als erster englischer Klub am Europapokal teilnehmen konnte, musste er sich über den Widerstand der Verbandsführung hinwegsetzen. Sie befürchtete, die Rückreise von europäischen Mittwochsspielen ginge zu Lasten der Ligapartien am Samstag um fünfzehn Uhr. Es gab noch keine Sonntagspartien, und viele Flugzeuge schafften noch keine großen Entfernungen ohne Zwischenlandung.
Diese Kombination von Zwängen mündete in eine Katastrophe – ähnlich denen, die fast sechzig Jahre später zum Absturz des brasilianischen Teams Chapecoense auf dem Weg zum Finale der Copa Sudamericana führten. Eine Katastrophe, nicht ein Sieg oder Titel, wurde zum Beginn der Erfolgsgeschichte eines der berühmtesten Klubs der Welt.

63

Manchester, 19. Februar 1958:
Asche und Aschenputtel

MANCHESTER UNITED – SHEFFIELD WEDNESDAY 3:0 (FA Cup, 5. Runde)

MANCHESTER: Gregg, Foulkes, Greaves, Goodwin, Cope, Crowther, Webster, Taylor, Dawson, Pearson, Brennan
SHEFFIELD: Ryalls, Johnson, Martin, O'Donnell, Swan, Kay, Finney, Froggatt, Shiner, Quixall, Wilkinson
SCHIEDSRICHTER: Bond; ZUSCHAUER: 60 000
TORE: 1:0 Brennan (27.), 2:0 Brennan (70.), 3:0 Dawson (85.)

Es ist zwei Minuten vor zwanzig Uhr an einem Mittwochabend, in dem ganz Manchester im oder am Old Trafford zu sein scheint. Das Stadion wirkt »so voll wie nie zuvor«, findet United-Fan George Watson, der nach der Feierabend-Sirene in seiner Fabrik um 17.30 Uhr zum Stadion gehetzt ist. Im Gedränge draußen verlangen die Schwarzmarkthändler für die billigsten Tickets, Originalpreis zwei Shilling, das Fünfzehnfache, anderthalb Pfund. Sie werden alle los.

»Viele um mich herum trugen schwarze Krawatten oder Armbinden«, schildert es Watson. »Manche hatten schwarzen Stoff an ihre Schals geheftet, darauf die Namen der Toten.« Alle sind sie gekommen, um einen Verlust zu betrauern. Und um eine Wiederauferstehung zu erleben.

Watson ist Teil der kompakten Masse hinter dem Tor, vor dem nun gleich die Ecke erwartet wird. Unten an der Eckfahne steht Shay Brennan, ein zwanzigjähriger Ire, in Manchester geboren, wenige Meter entfernt von seinem stolzen Vater im Publikum, dem er noch auf die Schnelle ein Ticket besorgen konnte. Brennan hat erst wenige Stunden zuvor erfahren, dass er spielen wird, zum ersten Mal für die erste Mannschaft. Es hat ihn völlig überrascht. Als er am Morgen um halb elf die Order bekam, sich bei Trainer Jimmy Murphy zu melden, kam ihm etwas anderes in den Sinn. »Ich dachte, ich kriege einen Anschiss, weil ich am Abend unterwegs war und ein paar Bier getrunken habe.«

Nun steht der junge Verteidiger, zum ersten Mal im Leben als Linksaußen spielend und zum ersten Mal vor solch einer Kulisse, in diesem Spiel, dem vielleicht wichtigsten der Vereinshistorie, an der linken Eckfahne. Und macht Geschichte. »Ich trete den Ball mit rechts, drehe ihn zum Tor«, so beschreibt er den großen Moment. »Er fliegt schön mit Schnitt im grellen Flutlicht, wird von einem Windhauch näher zum Tor geschoben und dreht sich über die Hände des Torwarts ins Netz.«

Der Fan Watson erlebt es so: »Der Ball schien einen Moment in der Luft zu hängen, und als der Torwart hochsprang, um ihn zu erreichen, flog er über seine ausgestreckten Arme. Es war, als hätte die Menge hinter dem Tor den Ball ins Netz gesogen.« Welch ein Bild: ein zehntausendfaches Einatmen, ein kollektiver Wille im Luftholen, ein Vakuum, das den Ball ins Tor saugt – und sich dann im gewaltigen Schrei entlädt. Old Trafford bebt, entfacht ein Echo der Freude, das sich draußen vervielfacht. Denn fast noch einmal so viele wie die sechzigtausend im Stadion haben sich vor den Toren versammelt, um dabei zu sein.

»Hüte und Schals flogen in die Luft, viele auf Nimmerwiedersehen, aber wen störte das? Es flossen auch viele Tränen«, so Watson. »Nie zuvor hatte ein einziges Tor so viel für so viele bedeutet.«

Es ist das erste Spiel nach der Katastrophe von München-Riem, dreizehn Tage nach dem Absturz der »Busby Babes« –

»Busby« wegen ihres knorrigen schottischen Trainers, »Babes« wegen ihrer Jugend. Eine Mannschaft, die in England eine ähnliche Wirkung erzielte wie das Weltmeisterteam von 1954 in Deutschland. »Ihr Fußball half einer Nation über die Erinnerungen an den Krieg hinweg, hinein in eine farbigere, hoffnungsvolle Zukunft«, schrieb der »Guardian«.

Mit aufregendem Fußball waren sie, im Durchschnitt dreiundzwanzig Jahre alt, 1956 Meister geworden, hatten im Europapokal das Halbfinale erreicht und erst gegen Real Madrid verloren. 1957 gelang wieder der englische Titel, und Matt Busby sah sein Team auf dem Weg, Real als bestes Team Europas abzulösen. Am 5. Februar 1958 spielten sie 3:3 bei Roter Stern im eiskalten Belgrad, genug fürs abermalige Erreichen des Halbfinals.

Am Morgen danach beginnt der Heimflug, der nie ankommt. BEA-Flug 609 muss am Mittag in München zwischenlanden. Die vom Klub gecharterte Airspeed Ambassador der »Elizabethan«-Klasse schafft es nicht ohne Auftanken von Jugoslawien nach England. Es schneit heftig. Beim Weiterflug bricht der Pilot den ersten Startversuch ab, den zweiten ebenfalls. Das Propeller-Flugzeug bekommt nicht genug Tempo. Sein linker Motor entwickelt unregelmäßigen Ladedruck. Es wird auf Eis an den Tragflächen untersucht, ohne Ergebnis. Der Hauptgrund der Probleme wird nicht erkannt: die bremsende Wirkung des Schneematsches auf der Startbahn.

Die Piloten wagen einen dritten Startversuch. Man will eine Übernachtung in München und Verzögerung der Rückkehr um einen Tag vermeiden. In der Runde zuvor, nach dem Spiel bei Dukla Prag, verhinderte englischer Nebel den Heimflug, das Team musste in Amsterdam landen, von Hoek van Holland nach Harwich mit der Fähre übersetzen und dann mit dem Zug nach Manchester fahren. Der strapaziösen Tour folgte ein 3:3 gegen Birmingham City, ein Punktverlust, wie man ihn sich nicht noch einmal leisten kann, der Rückstand in der Tabelle beträgt bereits fünf Punkte. Außerdem ist man in Verzug, weil sich in Belgrad der Abflug um eine Stunde verzögerte – Rechtsaußen Johnny Berry hatte seinen Reisepass verloren.

Mit Tempo zweihundert jagt die Maschine am Ende der Piste in ein Haus und zerbricht in zwei Teile. Der hintere trifft auf einen Treibstofflaster und explodiert. Einundzwanzig der vierundvierzig Menschen an Bord sind sofort tot, darunter sieben Spieler. Zwei weitere, Jackie Blanchflower und Johnny Berry, können nie wieder spielen. Der achtzehnjährige, für tot gehaltene Kenny Morgans, der erst mehrere Stunden nach Abbruch der Suche von deutschen Reportern in den Trümmern entdeckt wird, überlebt, verliert aber die Freude am Fußball.

Ebenso wie Verteidiger Bill Foulkes entkommt Torhüter Harry Gregg dem brennenden Wrack fast unverletzt. Er klettert wieder hinein und rettet eine schwangere Frau und ihre kleine Tochter. Die schwerverletzten Mitspieler Dennis Viollet und Bobby Charlton, die bewusstlos im Schneematsch liegen, zieht er an den Hosengürteln von der Maschine fort, ehe diese explodiert.

Menschen, die damals in Manchester leben, erinnern sich später an die Grabesstille, die an jenem Donnerstag über die Stadt fiel. Daran, dass die Fabriken früher schlossen. Und natürlich an die bange Erwartung vor dem ersten Spiel danach, dreizehn Tage nach dem Absturz, im Pokal gegen Sheffield Wednesday, als man ein Team aus Jugendspielern zusammenkratzt, dazu zwei Überlebende: Gregg und Foulkes, der neue Kapitän, der zu Beginn seiner Profi-Karriere noch halbtags als Bergmann gearbeitet hat. Der Zettel mit der Mannschaftsaufstellung, abgedruckt im Programmheft der Partie, wird zu einem Denkmal. Er ist ein leeres Blatt.

Assistenztrainer Jimmy Murphy, der den im Klinikum rechts der Isar um sein Leben kämpfenden Busby vertritt, sagt später, er habe einfach noch nicht gewusst, wen er aufstellen könne. Murphy war nicht mit nach Belgrad geflogen, weil er in Cardiff das walisische Nationalteam coachte. Die schwere Aufgabe, ein neues Team zu bilden, erledigt er mit Bravour.

Vom FC Blackpool kauft er den erfahrenen Angreifer Ernie Taylor. Für die Abwehr findet er den jungen Stan Crowther, der erst am Nachmittag des Spiels gegen Sheffield aus Birmingham kommt, während die Klubs noch über Ablösemodalitäten verhandeln. Um 18.25 Uhr, fünfundsechzig Minuten vor der Partie, unterzeichnet Crowther im Queens Hotel im Zentrum von Manchester den Vertrag. Mit einer Polizeieskorte jagt man durch verstopfte Straßen zum sechs Kilometer entfernten Stadion. Crowther erreicht es um 19.05 Uhr und findet »gerade genug Zeit, sich umzuziehen und sich den neuen Mitspielern vorzustellen«. Von den wenigen Minuten bis zum Spiel behält er in Erinnerung: »In jeder Kabine gibt es sonst Leute, die Späße machen, Witze erzählen. Aber an diesem Tag gab es keinen, der lachte.«

Die Anspannung ist gewaltig. Manchester United muss das Signal geben, dass es noch lebt. Von einem ähnlichen Schlag hat sich etwa der FC Turin, der 1949 beim Absturz am Superga-Hügel oberhalb der Stadt die fünfzehn besten Spieler verlor, nie wieder erholt. Nach fünf italienischen Meisterschaften in Folge, die letzte davon postum errungen, gelang nur noch ein einziger Titel, 1975.

Die Geschichte darf sich hier nicht wiederholen, weiß Harry Gregg: »Unsere wichtigste Aufgabe heute ist, der Welt zu zeigen, dass Manchester United wieder aufstehen wird«, sagt der Torwart vor Anpfiff. »Es ist das Spiel, bei dem das Ergebnis nicht alles sein wird. Bei weitem nicht.«

Und doch ist es am Ende auch das Ergebnis, das wie eine Befreiung empfunden wird. Dabei sieht es am Anfang gar nicht nach einem Erfolg aus. Gregg patzt früh im »wichtigsten Spiel meines Lebens«. Doch Verteidiger Ronnie Cope, bis dato Ersatzmann, nun über sich hinauswachsend mit wuchtigen Tacklings, von denen eins ihn bis in den Fotografenpulk befördert, rettet auf der Linie. Und dann, nach dem 1:0 durch Brennans Eckball, verhindert Gregg mit großartigen Paraden mehrmals den Ausgleich.

Dann, es sind siebzig Minuten gespielt, schießt der siebzehnjährige Mark Pearson aufs Tor, der Torwart lässt abprallen, im Nachschuss trifft Brennan zum 2:0. Mitten in der Asche von München eine Aschenputtel-Geschichte. Das erste Spiel, gleich zwei Tore. In seinen weiteren dreihundertfünfundfünfzig Spielen für United wird Brennan, nun wieder Verteidiger, nur noch vier Treffer erzielen – zehn Jahre später aber zu jener United-Elf gehören, die als erstes englisches Team den Europapokal der Landesmeister gewinnt.

Fünf Minuten vor Ende des Pokalspiels gegen Sheffield tragen die »Busby Babes« ihren Namen endgültig wieder zu Recht – als Pearson, der Siebzehnjährige, vom rechten Flügel für Alex Dawson, achtzehn, zum 3:0 auflegt. Und selbst die nüchterne »Times« wundert sich, »welche Magie sich im Old Trafford verbirgt«.

Im Krankenhaus in München haben Albert Scanlon, Ray Wood, Dennis Viollet und Kenny Morgans dem Live-Bericht über eine Telefonverbindung der Zeitung »Manchester Evening Chronicle« gelauscht, den Hörer alle fünf Minuten abwechselnd. Ihre Jubelrufe fallen gedämpft aus, aus Rücksichtnahme. Ein paar Zimmer weiter liegt der schwerverletzte Busby, den die Ärzte erst nach zwei Monaten entlassen werden.

In einem anderen Krankenzimmer ringt an diesem Abend Duncan Edwards mit dem Tode, der Einundzwanzigjährige, der bis zu jenem eisgrauen Wintertag in München als die Zukunft des englischen Fußballs galt. Er stirbt einen Tag später um 2:15 Uhr Münchner Ortszeit, achtundzwanzig Stunden nach der Neugeburt der »Busby Babes«.

Trotz der extremen personellen Schwächung erreicht United durch ein 5:3 gegen Fulham das Pokalfinale (und verliert es 0:2 gegen Bolton). Und, noch erstaunlicher, gewinnt drei Monate nach dem Absturz das Halbfinal-Heimspiel im Europapokal gegen den AC Mailand 2:1 (ehe man erst im Rückspiel chancenlos ist). Dieser Sieg unter schwierigsten Bedingungen ist Teil einer im europäischen Fußball einmaligen, vierzigjährigen Serie. Sie begann mit einem 10:0 gegen den RSC Anderlecht im Herbst 1956 und endete erst mit einem 0:1 in der Champions League 1996 gegen Fenerbahce Istanbul. Vierzig Jahre mit sechsundfünfzig Heimspielen ohne Niederlage im Europapokal, unfassbar und wohl unwiederholbar. Doch ist es dann ein Auswärtsspiel, in dem sich ManUnited acht Jahre nach dem Absturz als europäische Macht zurückmeldet – mit einem neuen Star, wie man ihn nur aus Hitparaden kannte, nicht aus Fußballstadien.

64

Lissabon, 9. März 1966: Es werde Licht

BENFICA LISSABON – MANCHESTER UNITED 1:5
(Europapokal der Landesmeister, Viertelfinalrückspiel)

LISSABON: Pereira, Germano, Silva, Simoes, Cavém, Coluna, Cruz, Pinto, Eusébio, Augusto, Torres
MANCHESTER: Gregg, Brennan, Foulkes, Dunne, B. Charlton, Crerand, Stiles, Connelly, Herd, Law, Best
SCHIEDSRICHTER: Lo Bello (Italien); ZUSCHAUER: 54 000
TORE: 0:1 Best (5.), 0:2 Best (13.), 0:3 Connelly (15.), 1:3 Brennan (52., Eigentor), 1:4 Crerand (78.), 1:5 Charlton (89.)

In der Kabine hat Matt Busby gesagt, was alle Trainer bei Auswärtsspielen im Europapokal sagen: erst mal vorsichtig, dicht stehen, nichts riskieren. Sein Rechtsaußen hat nicht zugehört. Er macht etwas anderes. Verteidiger Bill Foulkes sieht das ganze Schauspiel gleich nach Anpfiff und beschreibt es so: »Als spiele er ganz allein gegen die anderen.« Das ist für gewöhnlich ein schlechter Plan für einen Fußballer. Außer wenn man der junge George Best ist.

»Als ich den Tunnel hinaufging und die Menge hörte, stellten sich meine Nackenhaare auf.« So beschreibt Best später den Moment, als er die große Bühne betritt. »Aber ich spürte keine Angst. Ich wusste, ich bin bereit dafür. Egal, wie das Spiel ausgehen würde, dieses war die Art von Bühne, für die ich bestimmt war. Das perfekte Theater.«

George Best, neunzehn, die Supernova des Fußballs. Keiner leuchtete so schnell so hell, keiner war so rasch verbrannt. Seine große Zeit, vielleicht nur drei oder vier Jahre. Aber was für Jahre! Sie beginnen mit diesem Abend im Estádio da Luz. Dem Stadion von Benfica Lissabon, damals Europas erfolgreichste Mannschaft. Viermal in fünf Jahren im Europapokalfinale, zweimal Sieger. Und daheim von einem ausländischen Team noch nie besiegt.

Benfica hat 1961 geschafft, wofür ManUnited schon vorher bereit schien: Real Madrid als Champion abzulösen und den Europacup zu gewinnen – eine Hoffnung, die endete, als das Team in München abstürzte. Sieben Jahre nach der Tragödie haben die erneuerten »Busby Babes« erstmals wieder die englische Meisterschaft gewonnen und sich für den Europacup qualifiziert – auch dank eines Burschen aus Belfast, der für seine Gegner kaum zu fassen ist. In England ist er schon ein Begriff, in Europa noch nicht. Bis zu diesem Abend.

Sechs Minuten gespielt, Bobby Charlton wird am linken Flügel gefoult. Freistoß United, Tony Dunne bringt ihn vors Tor, in Richtung von Best. Zwei Verteidiger springen mit ihm hoch, der Torwart kommt heraus. Doch es ist der nur 1,75 Meter große Teenager, der die Stirn an den Ball bekommt. Erst als er gelandet ist und über die Schulter schaut, sieht er, dass er zum 0:1 getroffen hat. Best reißt die Arme hoch, seine Mitspieler drücken ihn wie ihren kleinen Bruder.

Die Männer von Benfica schauen sich ungläubig an, die vierundfünfzigtausend Zuschauer auch, abgesehen von den nur rund fünfzig Fans, die aus England mitgekommen sind. Dass er dribbeln kann, dieser junge, gutaussehende Typ aus Manchester, der die Haare so ähnlich trägt wie die »Beatles« aus Liverpool, das haben sie schon gehört. Aber dass er so springen kann? So köpfen?

Best durchströmt in diesem Moment »ein phantastisches Gefühl, vor einem solchen Publikum zu treffen«. Er will es gleich noch mal haben. Fünf Minuten später bekommt er einen Ball knapp hinter der Mittellinie und nimmt Tempo auf. »Ich mache eine Körpertäuschung, ziehe an einem Verteidiger vorbei – und weiß in diesem Moment, dass ich ein Tor schießen werde«, so beschreibt Best es in seiner Autobiographie. »Ein zweiter Verteidiger kommt auf mich zu, aber ich spiele ihn aus. Ich sehe den Torwart herauskommen, und normalerweise mag ich es, in solchen Situationen abzuwarten, bis er mir einen Hinweis gibt, in welche Richtung er sich bewegen wird. Doch ich sehe die Unsicherheit in seinen Augen, und statt zu warten, schieße ich, bevor er weiß, was er tun wird.«

Das 0:2, für Best »eines der Lieblingstore meiner Karriere«. Die ganze Bewegung, der Antritt, die zwei Richtungswechsel, die doppelte Schlangenlinie über vierzig Meter im Höchsttempo, all das ist so atemberaubend, dass es dem sonst vornehm formulierenden englischen TV-Reporter in seinem Live-Kommentar (der daheim erst am Abend darauf, nach Lufttransport der Filmrollen nach England, zu hören sein wird) schon während des Solos wie aus dem Munde eines staunenden Fans entfährt: »What a player!« Und dann noch mal, als der Ball im Netz ist. »What a player«, was für ein Spieler.

Drei Minuten später trifft John Connelly, am Ende wird es 1:5 heißen, doch schon jetzt, beim Stand von 0:3 nach vierzehn Minuten, ist das Viertelfinale, nach dem 3:2-Sieg von United im Hinspiel, entschieden. Das gibt den portugiesischen Reportern Zeit, schon über ihre Schlagzeilen über den Helden des Abends nachzudenken – und es ist nicht Eusébio, der große Star von Benfica, der vor Anpfiff den »Ballon d'Or«, die Auszeichnung für den besten Spieler Europas, erhalten hat. Sondern dieser Frauentyp und Verteidigerschreck mit dem schwarzen, etwas zotteligen Schopf, den sie seit einer Viertelstunde kennen. Einer findet einen Namen für ihn, der bleiben wird: »O quinto Beatle«, der fünfte Beatle.

Dabei werden die Beatles und Best sich nie begegnen. Die

Beatles interessieren sich nicht für Fußball. Und Best interessiert sich nur für »booze, birds and fast cars«, wie er es nennt, überliefert in seinem berühmtesten Bonmot: »Mein Geld habe ich für Alkohol, Frauen und schnelle Autos ausgegeben. Und den Rest einfach verprasst.« Und doch stehen sie beide, Best und die Beatles, in Fußball und Musik und in dem, was plötzlich sexy war, nämlich jung zu sein, für den freien Geist der »Swinging Sixties«, des Jahrzehnts der Popkultur. Seit jener Reise nach Lissabon, von wo er einen riesigen Sombrero mitbringt, in dem er lächelnd für die Fotografen posiert, wird George Best zum ersten und in seiner Lässigkeit und seinem Sexappeal nie übertroffenen Popstar des Fußballs.

Aber auch in seiner Verlorenheit. Deshalb ist es eine traurige Geschichte, die an diesem betörenden Fußballabend beginnt. Weil sie viel zu kurz geworden ist, weil sein Jahrhunderttalent viel zu groß war, um nur drei, vier Jahre zu leuchten. Nach dem Rausch von Lissabon scheitert Best mit United im Halbfinale an Partizan Belgrad. Und während Bobby Charlton und Nobby Stiles im Sommer Weltmeister werden und Best es wohl auch geworden wäre in Wembley, wäre er Engländer und nicht Nordire, bleibt er wie während seiner ganzen Karriere nur Zuschauer bei den großen Turnieren.

1967 aber wird United wieder Meister. Und krönt sich 1968 mit dem Europapokal der Landesmeister, als erste englische Mannschaft – wieder mit einem überragenden Best, der im Finale, wieder gegen Benfica, in der Verlängerung in Wembley, wie zwei Jahre zuvor in Lissabon, Verteidiger und Torwart ins Leere laufen lässt.

Die Leichtigkeit, mit der ihm solche Dinge gelingen, ist beispiellos. Was der junge Best zeigt, wird ein unvergängliches Juwel im Schatz des schönen Fußballs. Wie er Gegner narrt und den Ball verhext. Wie er einmal das rote Trikot auszieht, um damit, den Ball am Fuß, vor dem Verteidiger zu wedeln wie der Torero vor dem Stier. Wie er dem knochenharten Johan

Neeskens den Ball so oft durch die Beine spielt, dass er dem Holländer am Ende ein Gummiband aus seinem Socken schenkt: damit er sich die Beine zusammenbinden kann.

Diese Soli sind manchmal so wild genial und ziellos mitreißend wie die immer mehr den Boden der Konvention verlassenden Soli der Rock-Gitarristen seiner Ära. David Meek, der fast vierzig Jahre lang für die »Manchester Evening News« über United berichtete, nennt ihn den »magischsten Fußballer«, den er als Reporter je sah. Und, passend zu jener Befreiung der Sinne, die die Helden der Popkultur der Sechziger und Siebziger anstrebten: den »ersten psychedelischen Fußballer«.

1968 ist er ganz oben, Europapokalsieger, Torschützenkönig in England, Fußballer des Jahres in England, Fußballer des Jahres in Europa und von Pelé als »bester Spieler der Welt« gepriesen. Aber schon da, wie während seiner ganzen, nach dem Rausschmiss bei United immer abgründiger werdenden Karriere, wie während der drei, vier Jahrzehnte, die ihm Leber und Spenderleber noch schenken, ist und bleibt er schwerer Alkoholiker.

Nach der Auszeichnung als Englands Spieler des Jahres, mit zweiundzwanzig, säuft er die Nacht durch. Am nächsten Morgen findet ihn ein Polizist volltrunken auf der Straße, die Trophäe im Arm. Das Genie in der Gosse, es wird die Rolle seines Lebens. Best, der einfache Bursche, Sohn eines Hafenarbeiters aus Belfast, ist nicht vorbereitet auf das, was die Welt aus ihm macht und was sie ihm durchgehen lässt.

George Best, der genialste Ballkünstler und wildeste Lebemann, den der britische Fußball erlebte, starb mit neunundfünfzig. An den Abend, an dem er im »Stadion des Lichts« zur Lichtgestalt wurde, bevor er auf die dunkle Seite wechselte, hat er sich vier Jahre vor seinem Tod so erinnert: »An Abenden wie diesen werden aus guten Spieler große Spieler. Und aus großen Spielern Götter. Es war surreal.« Seltsam fand er nur eines: »Obwohl ich in meinem Kopf fast die ganzen neunzig Minuten des Matches abspielen kann, erinnere ich mich nicht an eine einzige Sache nach dem Schlusspfiff.« Er hat es getan, wie es seine Fans tun: sich nur an die helle Seite erinnert.

Best ist das Gegenteil seines Nachfolgers, der Nummer sieben von United aus der übernächsten Generation, des sozialverträglichen, perfekt vermarktbaren David Beckham. Beide sind Spiegelbilder ihrer Ära. Best für jene »aufregende Zeit«, in der »es die Krankheiten noch nicht gab, die es heute gibt«, wie er als alter Mann schwärmte; Aids noch nicht, aber schon Leberzerfall. Und Beckham für die Ära des globalen Kommerzes, dessen Stars politisch korrekt sind und sich das Rebellische beim Tätowierer holen. Aber schon mit Best, dem ersten Fußball-Popstar, verschoben sich die Gewichte. Es waren die Spieler, die nun mächtig wurden. Weil sie, als Lieblinge der Massen, die Macht der Fans ausübten. Und neue Spielregeln aufstellten, die Regeln des Marktes und der Popularität.

Der erste Star unter Deutschlands Fußballern, der erste, der seine Popularität kommerziell zu nutzen versuchte, war dagegen noch ohne jede Macht gegen die Funktionäre aus Verband und Partei, auch wenn das Volk sich lautstark auf seine Seite stellte. Er schoss kein Tor mehr für den DFB und der DFB sich ins Knie – wegen einer Zigarette.

65

Berlin, 10. Mai 1930:
Besser ohrlos als torlos

DEUTSCHLAND – ENGLAND 3:3

DEUTSCHLAND: Kreß, Heidkamp, Schütz, Stubb, Leinberger, Mantel, Bergmaier, L. Hofmann, R. Hofmann, Kuzorra, Pöttinger
ENGLAND: Hibbs, Blendinsop, Crooks, Goodall, Marden, Rimmer, Strange, Watson, Webster, Bradford, Jack
SCHIEDSRICHTER: Mutters (Niederlande); ZUSCHAUER: 50 000
TORE: 0:1 Bradford (8.), 1:1 R. Hofmann (21.), 1:2 Bradford (31.), 2:2 R. Hofmann (49.), 3:2 R. Hofmann (60.), 3:3 Jack (83.)

Der Tag, an dem Deutschland auf die Fußball-Weltkarte tritt, beginnt mit einer Panne. Die deutsche Elf kommt nicht vom Fleck, ihr Bus ist defekt. Die Spieler müssen in Taxis umsteigen. Das dauert. Als im Deutschen Stadion in Berlin um kurz vor 17.30 Uhr die Hymnen erklingen, »Deutschland, Deutschland über alles« und »God Save the King«, stehen nur die elf Engländer auf dem Platz. Von den Deutschen keine Spur. Viele der fünfzigtausend Zuschauer pfeifen, weil der Anpfiff sich um eine Viertelstunde verzögert. Den Grund hat ihnen niemand genannt.

Aber das Warten lohnt sich. Zum ersten Mal tritt eine deutsche Mannschaft gegen die besten englischen Profis an. Haben die Deutschen, nach dem Weltkrieg lange Zeit von den Kriegsgegnern sportlich boykottiert, eine Chance? Die Spanier zeigten ein Jahr zuvor mit einem 4:3-Sieg, dem ersten einer nichtbritischen Mannschaft gegen England, dass die Erfinder des Fußballs in Reichweite für den Rest der Welt gekommen sind.

Das Spiel in Berlin beginnt endlich um Viertel vor sechs, und beide Teams scheinen die verlorene Viertelstunde schnell wieder einspielen zu wollen. Vor allem die Engländer legen los wie die Feuerwehr. Nach acht Minuten schießt Joe Bradford den Favoriten in Führung. Vierzehn Minuten später gleicht Deutschland aus. Ernst Kuzorra hat den Angriffskollegen Richard Hofmann bedient. Und der trifft mit einem Direktschuss gegen Torwart Harry Hibbs, dem die Sicht versperrt ist.

Hofmann sieht nach englischen Vorstellungen nicht aus wie ein richtiger Torjäger. Er ist nur 1,68 Meter groß. Und dann diese seltsame Kopfbinde, ein Stoffstreifen über beide Wangen und Ohren, als habe er Zahnschmerzen. Die Binde trägt Hofmann erst seit wenigen Monaten, sie wird sein Markenzeichen. Sie bedeckt die Narbe dort, wo er bei einem Autounfall nach einer Faschingsfeier ein Ohr eingebüßt hat.

Neun Minuten später geht England wieder in Führung, wieder durch Bradford – wieder gleicht Deutschland, vier Minuten nach der Pause, aus, wieder durch Hofmann, der eine Flanke von Josef Bergmeier volley ins Netz schießt. Und nach einer Stunde ist die Sensation zum Greifen nahe und Hofmann endgültig der Held des Tages.

Die Berliner »Fußball-Woche« schildert begeistert, wie der Mann aus Sachsen »mit Riesensätzen loszog und den Ball im richtigen Moment mit faszinierender Sicherheit an dem englischen Tormann vorbei in sein unbeschütztes Tor laufen ließ«. Das 3:2 lässt »fünfzigtausend Deutsche toben, als wären sie Italiener«.

Die Engländer spielen zu diesem Zeitpunkt nur noch zu zehnt, weil Billy Marsden bei einer Kollision mit dem Kollegen Roy Goodall eine schwere Rückenverletzung erlitten hat. Er hat danach weitergespielt, ist dann aber von einem Hofmann-Schuss k. o. gegangen. Marsden wird noch am selben Abend an der Wirbelsäule operiert, muss seine Karriere beenden und erhält vom englischen Verband als Entschädigung siebzehnhundertfünfzig Pfund, mehr als das Zehnfache eines durchschnittlichen britischen Jahresgehaltes. Trotz der Unterzahl gelingt den Engländern eine Viertelstunde vor Schluss durch David Jack der Ausgleich zum Endstand von 3:3.

Für die Deutschen ist es wie ein Sieg (auf einen tatsächlichen gegen England müssen sie allerdings bis 1968 warten). Und für Hofmann der Aufstieg zum ersten deutschen Kicker von internationalem Ruf. Der englische Kapitän Jack bezeichnet ihn nach dem Spiel als »besten Stürmer der Welt«.

Sogar der FC Arsenal, Englands bestes Klubteam, soll sich bemüht haben, ihn zu verpflichten. Doch der kleine Mann mit den gewaltigen Oberschenkeln, deren Schusskraft von Legenden umrankt ist (er soll Pfosten und Tornetze zerschossen haben), bleibt beim Dresdner SC, zu dem ihn 1928 ein Engländer geholt hat, der legendäre Trainer Jimmy Hogan. »Wenn er schießt, möchte ich nicht Tormann sein«, sagte Hogan über Hofmann.

An jenem Samstag im Mai in Berlin gelingen »König Richard« als erstem Spieler drei Tore gegen die Engländer, ein »Hattrick«, wie die das nennen. Dabei sind Hattricks nichts Besonderes für ihn. Trotz einjähriger Sperre im Nationalteam nach dem olympischen Skandalspiel gegen Uruguay in Amsterdam 1928 (er flog bei der 1:4-Niederlage gegen den Olympiasieger nach Handgreiflichkeiten ebenso wie Kapitän Hans Kalb vom Platz) kommt er am Ende in 25 Länderspielen auf 24 Tore. In jedem kompletten Jahr seiner Karriere in der Nationalelf hat Hofmann einen »Hattrick« geschafft: 1928 gegen Dänemark, 1929 Schweden, 1930 England, 1931 Dänemark, 1932 Finnland.

So wäre es wohl weitergegangen, doch dann kommt Bulgaria. So heißt eine Dreieindrittel-Pfennig-Zigarette, auf deren Reklamebildchen und Plakatwänden der Fußballstar prangt und dazu der Text: »Wenn der Richard in einem Länderspiel schießt, stockt Zehntausenden der Atem. Das gibt's nur einmal, solche Plötzlichkeit und Wucht im Schuss. Kaum vermag das Auge zu folgen.«

Dem Nichtraucher Hofmann brachte das dreitausend Mark ein. Wegen Verstoßes gegen die Amateurregeln warf ihn der DFB deshalb 1933 für immer aus der Nationalelf – ein Eigentor. Ein Jahr später verliert Deutschland im WM-Halbfinale gegen die Tschechoslowakei. Mit Hofmann, so sind viele Fans überzeugt, wäre der Titel möglich gewesen.

Als 1935 die Nationalelf in Dresden spielt, rufen die Zuschauer minutenlang »Hofmann frei!« Der für den Fußball zuständige Nazi-Funktionär Felix Linnemann verlässt, wie Hofmanns Kollege Heiner Schaffer beobachtet, »totenbleich die Tribüne«. Mit dem Dresdner SC wird Hofmann 1941 und 1942 Pokalsieger, 1943 und 1944 Meister. Sein Sturmpartner ist Helmut Schön, der später als Bundestrainer über Hofmann schreibt: »Er schoss aus dreißig Metern den Torhüter samt Mütze ins Netz.« Und doch wurde Richard Hofmann der wohl beste deutsche Fußballer, der nie eine WM spielte. Wegen einer Zigarette, die er gar nicht rauchte.

Die Engländer lehrte Hofmann als erster Deutscher das Fürchten, so wie später andere Torjäger wie Uwe Seeler, Gerd Müller und Thomas Müller. Und wie ein Spielmacher, der in Deutschland als erster Popstar des Fußballs galt, die längsten Haare trug, die schnellsten Sportwagen fuhr, eine Diskothek betrieb, in Künstlerkreisen verkehrte. Und selbst ein Künstler war, jedenfalls am Ball und vor allem in einer Partie, die den englischen Horizont und den deutschen Wortschatz erweiterte.

66

London, 29. April 1972:
Die Tiefe des Raumes

ENGLAND – DEUTSCHLAND 1:3 (EM-Viertelfinale, Hinspiel)

ENGLAND: Banks, Moore, Madeley, Hunter, Hughes, Bell, Ball, Peters, Lee, Chivers, Hurst (60. Marsh)
DEUTSCHLAND: Maier, Beckenbauer, Höttges, Schwarzenbeck, Breitner, Hoeneß, Netzer, Wimmer, Grabowski, Müller, Held
SCHIEDSRICHTER: Helies (Frankreich); ZUSCHAUER: 100 000
TORE: 0:1 Hoeneß (26.), 1:1 Lee (77.), 1:2 Netzer (84., Elfmeter), 1:3 Müller (89.)

Wie übertrifft man die Erwartungen? Indem man keine hat. Oder sich das wenigstens einredet. »Wenn wir weniger als fünf Stück kriegen«, sagt Günter Netzer zu Franz Beckenbauer an diesem diesigen Londoner Frühlingsabend, »dann ist das ein gutes Resultat.«

Wie wohl sonst nur im WM-Finale 1954 fühlt sich eine deutsche Mannschaft in einem großen Spiel als großer Außenseiter. Damals zu Recht. Jetzt immer noch? Anders als die unschlagbar scheinenden Ungarn von 1954 leben die Engländer des Jahres 1972 von ihrer Vergangenheit. Und vom Mythos Wembley. In Wirklichkeit ist es ein überschätzter Gegner. Überschätzt von Netzer und Beckenbauer. Überschätzt, und das ist das Gute für die Deutschen: auch von sich selbst.

»Es gibt nichts, was wir von Brasilien lernen könnten«, hat Trainer Alf Ramsey nach der misslungenen Titelverteidigung zwei Jahre zuvor bei der WM in Mexiko getönt. Von Deutschland, das die Engländer rauswarf, hat Ramsey nicht mal geredet. Und nun, im Viertelfinale der EM, stehen immer noch fünf alte Kämpen vom WM-Sieg 1966 auf dem Platz. Von frischem Blut keine Spur, weder in Team noch Taktik.

Die Deutschen sind trotzdem pessimistisch. »Schlimmer geht's nimmer«, klagt Bundestrainer Helmut Schön. »Wir sind ganz unten, das hat einen gewaltigen Vorteil: Es kann nur noch aufwärts gehen«. Die Schalker Fichtel und Libuda fehlen wegen des Bestechungsskandals in der Bundesliga. Die Bayern sind binnen zwei Wochen mit 1:5 in Köln im Pokal und 0:2 bei den Glasgow Rangers im Europapokal ausgeschieden, und nach dem 0:3 in Duisburg ist der Vorsprung in der Tabelle weg. Auch die Gladbacher sind außer Form. Und dann die Verletzten: Overath, Weber, Vogts. Vorsorglich hat Torwart Sepp Maier dem Trainer eine Schleimbeutelentzündung am Ellbogen verschwiegen. Später schwindelt er: »Die habe ich mir im Spiel zugezogen.«

In der Not setzt Schön auf junge Spieler, den zwanzigjährigen Paul Breitner und den gleichaltrigen Uli Hoeneß, der wegen seiner Olympia-Ambitionen offiziell noch Amateur ist – und als Angestellter der Bayern-Geschäftsstelle laut Präsident Neudecker zuständig »für die Bedienung der Frankiermaschine«. Fünfundzwanzig Minuten nach Anpfiff ist der Junior im Team auch zuständig für das erste Tor. Nach einem misslungenen Dribbling des englischen Kapitäns Bobby Moore im eigenen Strafraum trifft Hoeneß in seinem zweiten Länderspiel.

Der Start war nervös, Netzer versprang gleich der erste Ball. Beckenbauer auch, was zu Chaos im eigenen Strafraum führte, Doch dann, dem Rückstand glücklich entkommen, hat man sich langsam freigespielt – und ist nun plötzlich in Führung. »Es hat sich einfach entwickelt«, beschreibt Netzer die Entstehung dieses großen Teams. »Man wächst während eines Spiels und traut sich plötzlich alles zu.«

Die Rolle Netzers in dieser Partie ist in einer Weise mystifiziert worden, der das sportliche Geschehen, aus der Gegenwart betrachtet, nicht ganz standhält. Es ist nur erklärbar aus der historischen Gemütslage: einem Nachholbedarf der Deutschen der frühen Siebziger nach großer Geste und Kühnheit des Gedankens, nach Leichtigkeit und Eleganz unter Druck – einem Fußball fern von Kleinlichkeit und Kleingeist. Einem Fußball, der den politischen Aufbruch unter Willy Brandt spiegelte.

Netzer selbst kann mit politischen Deutungen seines Tuns nichts anfangen. Eher mit ästhetischen. Am meisten zum Nachruhm dieses Spiels und seines auffälligsten Akteurs trug Karl-Heinz Bohrer bei mit seiner Erfindung der »Tiefe des Raumes« im Feuilleton der »Frankfurter Allgemeinen Zeitung«, eine Formulierung, die Netzer begeisterte. »Der aus der Tiefe des Raumes plötzlich vorstoßende Netzer hatte ›thrill‹«, heißt es in Bohrers Essay, erschienen erst anderthalb Jahre nach dem Spiel. Diesen »thrill« erklärt er unter anderem als »die Verwandlung von Geometrie in Energie«.

Netzer glaubt die Szene zu kennen, auf die sich diese Beschreibung bezog. Sie ging dem Tor von Hoeneß unmittelbar voraus. Ein langer Spurt, das englische Publikum mit langen Schritten und wehendem Haar beeindruckend, Wembley zum Raunen bringend, fünfzig, sechzig Meter vom eigenen Strafraum aus. »Und dann spiele ich einen wunderbaren Pass zu Gerd Müller« – auf den er dann »stocksauer« ist, weil der Torjäger den Ball nicht an Gordon Banks vorbeibringt.

»Diese Aktion muss es gewesen sein, die zu dem Satz geführt hat: aus der Tiefe des Raumes«, sagt Netzer. Und stellt fest: »Wenn ich davon erzähle, habe ich immer noch eine kleine Gänsehaut. Sonst passiert das kaum je in meinem Leben. Nur bei diesem Spiel.«

Sie haben etwas Ikonisches, diese Läufe des langen Blonden mit dem goldenen Fuß. »Seht ihn nur!«, ruft einmal der BBC-Reporter. »Da ist er wieder, seht ihn nur, diesen blonden

Mittelfeld-Dynamo!« Entscheidend für dieses Kommen aus der Tiefe, das so viel Eindruck macht, dieses »Verwandeln von Geometrie in Energie«, ist das positionelle Wechselspiel mit Beckenbauer. Es überfordert die Engländer. Mal stößt Netzer vor, dann wieder Beckenbauer.

Dabei gab es das schon lange, sagt Netzer. »Entstanden ist das in Gladbach«, mit Libero Hans-Jürgen Wittkamp, weil Netzer Trainer Weisweiler bat, ihn »von dieser unglaublichen Manndeckung zu befreien«, der er ständig begegnete, »nur darauf fixiert, mich auszuschalten, die Kreativität zu zerstören«. Die Idee: »Wenn ich mich zurückziehe, folgt mir der Manndecker.« Dadurch kann der Libero (der keinen Gegenspieler hat) durch große, freie Räume nach vorn laufen. Dieses laut Netzer eher »primitive taktische Mittel« funktioniert. Nach dem Spiel veredelt die »Bild«-Zeitung es zu »Ramba Zamba« – der nächste Schritt zum deutschen Wembley-Mythos.

»Ich sagte zu Beckenbauer: Wenn das mit Wittkamp klappt, dann erst recht mit dir«, erzählt Netzer. »Wir haben Schön nicht gefragt. Ich vermisse diese Verantwortlichkeit großer Spieler heute. Sie ist wichtig für eine Mannschaft.« Schön sah es erst auf dem Spielfeld und akzeptierte es. »Als Fußballästhet hat er erkannt, dass etwas Gutes, Kultiviertes daraus entstehen würde.«

Nach der Führung entsteht aber auch eine sehr bodenständige, kampfbetonte Abwehrschlacht, die von der leichtfüßigen Legende dieses Spiels in Vergessenheit gebracht wurde. Bis die Engländer zwölf Minuten vor Ende nach zahllosen Ecken, vielen Chancen und einem Lattentreffer den Ausgleich durch Francis Lee erzielen, sind die grünen deutschen Trikots immer seltener in Vorwärtsbewegung zu sehen gewesen. Alle, auch Netzer, selbst Müller, müssen weit hinten mitarbeiten, um die phantasielosen, aber wuchtigen Angriffe der Engländer abzuwehren.

Wäre dieses Spiel zum deutschen Mythos geworden, hätte

nicht sechs Minuten vor Ende abermals Bobby Moore, der Weltmeister-Kapitän von 1966, der schon das erste deutsche Tor verschuldete, übereifrig agiert? Bei einem seltenen, späten Konter foult er den schnellen Siegfried Held – ein Geschenk der Engländer, die den allein gegen drei Abwehrspieler anlaufenden Deutschen auch ohne das riskante Tackling leicht hätten abfangen können.

Müller ist als Schütze vorgesehen, aber nicht zu sehen. »Ich habe ihn gesucht und nicht gefunden, er hat sich wohl hinter einem breiten Engländer versteckt«, so Netzer lachend. Schön ist inzwischen aufgesprungen und ruft: »Günter schießt!« Er zeigt auf Netzer: »Du! Du schießt!«

Der Bundestrainer verschätzt sich dann beim Versuch, sich rückwärts wieder auf die Bank zu setzen, und purzelt hin. Maier scherzt später: »Das Tor musste er sich dann im Fernsehen anschauen.« Allerdings nicht in Zeitlupe. Netzers Schuss, nicht sehr scharf, nicht sehr plaziert, rollt über die Hand von Banks, einem weiteren der in die Jahre gekommenen Weltmeister, und kullert an den Innenpfosten. »Wie Roulette«, findet der Schütze diesen Moment. Rot oder Schwarz? Alles oder nichts? »Das war mein Tag«, bilanziert Netzer. »Und dazu gehörte, dass er den Ball berührt, aber nicht genug.« Das 2:1.

Und dann doch noch ein Müller-Moment. Nach riskantem Abwurf von Banks gewinnt Hoeneß den Ball, passt auf Müller, und der schießt aus der Drehung gegen drei Engländer das 3:1. Selbst der nüchterne »Kicker« beteiligt sich darauf an der Überhöhung des Gesehenen, die an diesem Tag in der Luft zu liegen scheint, überhöht es gar bis ins Weltall: »Eine Drehung, und wie Apollo 16 zischt der Ball weg.«

Schön hatte recht: Es konnte nur noch aufwärtsgehen. Am Ende bis zu den Sternen. Doch mit dieser Zündung ist der befreiende Effekt, den das Übertreffen niedriger Erwartungen hat, für immer verpufft. Seit Wembley 1972 durfte sich nie wieder eine deutsche Nationalelf als Außenseiter fühlen.

Mit dem Sieg in Wembley begann ein gutes halbes Jahr, das die »Wembley-Elf« berühmt machte – in der Erinnerung vieler die spielerisch beste deutsche Nationalmannschaft. Sie brauchte für diesen Nachruhm nur ein halbes Dutzend Spiele. Der einzige Langweiler war das 0:0 im Rückspiel gegen England, das fürs Weiterkommen locker reichte. Dann das famose 4:1 gegen die Sowjets zur Eröffnung des Münchner Olympiastadions. Es folgte im EM-Halbfinale ein 2:1 gegen Belgien, den Gastgeber des nur vier Teams und fünf Tage umfassenden Finalturniers, steigerte sich in ein brillantes Endspiel – ehe mit dem berauschenden 5:1 gegen die Schweiz im November, mit vier Müller-Toren und Netzers »Tor des Jahres« nach Doppelpass mit Müllers Hacke, alles schon wieder zu Ende war.

Sechseinhalb beschwingte Monate, fünf Siege, siebzehn zu drei Treffer, dreizehn Müller-Tore. Danach war wieder Alltag: Arbeitssiege, Niederlagen. In jenem Sommer aber hat Deutschland die Fußball-Leichtigkeit entdeckt und feiert sie. Sogar der Trainer tut es. Und stellt die Arbeit ein.

67

Brüssel, 18. Juni 1972:
Was ihr wollt

DEUTSCHLAND – SOWJETUNION 3:0 (EM-Finale)

DEUTSCHLAND: Maier, Höttges, Beckenbauer, Schwarzenbeck, Breitner, Hoeneß, Netzer, Wimmer, Heynckes, Müller, E. Kremers
SOWJETUNION: Rudakow, Churzilawa, Dzodzvashwili, Kaplichni, Istomin, Konkow (46. Dolmatow), Troschkin, Kolotow, Baidatschni, Banischewski (66. Kozinkewitsch), Onyschtschenko
SCHIEDSRICHTER: Marschall (Österreich); ZUSCHAUER: 43 000
TORE: 1:0 Müller (27.), 2:0 Wimmer (52.), 3:0 Müller (58.)

Es ist der Sonntag des EM-Endspiels, und der Chef hält die letzte, entscheidende Taktikbesprechung mit dem Team. Er malt etwas an die Tafel. Dann dreht er sich plötzlich um und sagt zu den Spielern: »Ach, macht doch, was ihr wollt.«

Es ist nicht das, was Horst-Dieter Höttges 1964 nach seinem Wechsel zu Werder Bremen erlebte, wo Trainer Willi »Fischken« Multhaup gar keine Taktiktafel brauchte, weil er nur sagte: »Mir egal, wie ihr's macht, Hauptsache, ihr gewinnt.« Nein, Helmut Schön mag vielleicht »kein raffinierter Stratege« sein, wie es Franz Beckenbauer ausdrückt, eher »eine Vaterfigur, jemand, den man nicht enttäuschen will«. Aber Schön ist durchaus jemand, der Systeme bespricht, Spielzüge trainiert, Details ernst nimmt.

Auch wenn das nicht jeder Spieler ebenso ernst nimmt. So malte Helmut Haller einmal, als Schön abgelenkt war, neben die elf Kringel für die eigenen und die elf Kreuze für die gegnerischen Spieler zum Spaß ein zwölftes Kreuzchen auf die Taktiktafel. Dann fragte er: »Und, Herr Schön, wer deckt den da rechts unten?« Schön rätselte kurz, sagte dann: »Ach, auf den passt du auch noch auf.«

An diesem Sonntag in Brüssel aber ist es kein Desinteresse an Taktik, das Schön veranlasst, die Vorbereitung abzukürzen. Es ist die schiere Klasse der Mannschaft. Ihr Wissen, ihr Können. Schöns »Macht doch, was ihr wollt« – für Günter Netzer ist es »das größte Kompliment, das ich je von einem Trainer gehört habe«.

Die Aufgabe im EM-Finale ist allerdings simpel: einfach so spielen wie drei Wochen zuvor. Für die Eröffnung des Münchner Olympiastadions war schon lang vorher ein Länderspiel mit der Sowjetunion vereinbart worden – als noch niemand wissen konnte, dass man sich kurz darauf im Brüsseler Heysel-Stadion wiederbegegnen würde. Es wurde eine Demonstration. Letztlich hat Deutschland den Titel wohl schon in München gewonnen.

»Wir haben sie regelrecht auseinandergenommen«, sagt Beckenbauer über das 4:1 in München. Alle vier Tore schoss Gerd Müller. »Danach war ihr Respekt so groß, dass sie uns im Endspiel kein wirklicher Gegner waren.« Siebzehn Spiele in Folge hatten die Sowjets vor der Reise nach Deutschland nicht verloren. Danach war das Selbstvertrauen weg. »Als wir im EM-Finale wieder auf die Russen trafen«, so Netzer, »hatten die enorme Angst vor uns.«

Ein Gegner voller Furcht, ein Trainer voller Vertrauen, so einfach kann das Leben als Fußballer sein. Die Leichtigkeit des Seins und des Siegens – sie ist im deutschen Fußball nie vorher und nie nachher so groß wie in jenem rauschhaften Sommer 1972, dem kurzen Lebenszyklus der »Wembley-Elf«. Selbst der englische »Daily Telegraph« bejubelt sie: »Dank der Deutschen gibt es jetzt wieder jenen brillanten Fußball in Europa, den die Ungarn früher so unnachahmlich zeigten.«

Macht, was ihr wollt, sagt Schön. Und sie machen es schön. Jedes Tor ein Stück Lust am Spiel. Beckenbauer läuft pfeilgerade durchs Mittelfeld, spielt auf Müller, der lässt halbhoch prallen auf Netzer. Dieser nimmt den Ball volley und nagelt ihn ans rechte Lattenkreuz. Ein Russe köpft den Ball hinaus, genau auf Heynckes, der ihn per Brust annimmt, volley aufs linke Eck schießt. Torwart Rudakow hält mit letzter Not. Müller trifft im Nachschuss, das 1:0. Ein Feuerwerk von einem Tor.

Dann eine Gladbacher Koproduktion. Netzer per Außenrist auf Heynckes, der per Außenrist auf Wimmer, bekannt als Netzers Wasserträger, nun aber ganz allein in die Gasse gelaufen und so eigennützig, das 2:0 selbst zu schießen.

Schließlich noch ein Zuarbeiter, der zum Solo-Akteur wird. Verteidiger Schwarzenbeck, Beckenbauers Bodyguard, stürmt durch Mittelfeld, spielt unterwegs Müller an, überholt ihn, über die Station Heynckes holt ihn im Strafraum der Ball wieder ein, den er schon annimmt, um ein Tor zu erzielen, aber da kommt ihm Müller zuvor und schießt es, das 3:0. So muss Schwarzenbeck auf sein Tor in Heysel noch zwei Jahre warten.

Macht, was ihr wollt, es scheint auch für die deutschen Anhänger zu gelten, die das Stadion fest im Griff haben. Bereits vor Anpfiff hat es ein Grüppchen im gelben Vereinshemd des SV Bingerbrück auf den Rasen geschafft und, hinter den deutschen Spielern stehend, während der Hymne sein Transparent ins Fernsehbild gehalten: »Wir sind von Bingen angereist, auf dass der Europameister Deutschland heißt«. Gegen Spielende umzingeln immer mehr Fans den Platz, drängen zu Hunderten bis an die Außenlinien, und Torwart Maier gibt nicht mehr seiner Abwehr die Kommandos, sondern den Eindringlingen aufs Spielfeld. Mit energischer Stimme und Gestik schickt er sie hinter die Linien zurück.

Nach der Pokalaushändigung durch einen UEFA-Präsidenten namens Wiederkehr drängt man auf die Heimreise. Nach dem formellen Bankett mit den Sowjets geht es rasch zurück nach Deutschland, wo die Saison noch bis Anfang Juli weitergeht. Bayern und Schalker spielen noch um die Meisterschaft, die Schalker auch noch um den Pokal. Siegfried Held, einer der Helden von Wembley, hat erst gar nicht mitreisen können nach Belgien. Er musste, statt des EM-Finals, mit Kickers Offenbach Bundesliga-Aufstiegsspiele gegen Röchling Völklingen und Wacker 04 Berlin bestreiten, wenigstens mit Erfolg.

So war das, in dem Jahr, als Deutschland seiner Zeit achtundzwanzig Jahre voraus war und »Fußball 2000« (»L'Équipe«) spielte – eben mal zwischen zwei Liga-Spieltagen einen EM-Titel abgeholt und eben mal in drei, vier außergewöhnlichen Partien eine Legende geschaffen.

Das Team von 1972 war rein landsmannschaftlich eine eigenartige Mischung. Es hatte gegen jede demographische Wahrscheinlichkeit gleich zwei Spieler aus dem Münchner Ortsteil Giesing (Beckenbauer, Schwarzenbeck). Und gleich vier, die in Mönchengladbach geboren waren (Heynckes, Netzer, Höttges, Kremers, dazu Vogts ganz in der Nähe) – einer Stadt, die bei ihrer Geburt noch München-Gladbach hieß und kaum mehr als hunderttausend Einwohner zählte. Ein Europameisterteam aus München-Giesing und München-Gladbach.

Wie kann so viel Talent sich genetisch auf so engem Raum konzentrieren? In einer Zeit, da Fußballteams noch aus der Region stammten und vom regionalen Talent Erfolg und Misserfolg viel stärker abhing als heute (da etwa nach Philipp Lahms Karriereende kein gebürtiger Münchner mehr beim FC Bayern spielt und auch kein Gladbacher mehr in Gladbach), führte es dazu, dass Bayern München und Borussia Mönchengladbach mit neun Meistertiteln in Folge den deutschen Fußball beherrschten wie kein Klub-Duo zuvor.

Es führte auch dazu, dass die Graveure der Meisterschale bei dreien der fünf Gladbacher Titel zu seltsamen Trennungen greifen mussten, um den sperrigen Namen irgendwie unterzukriegen: »1975 BORUSSIA VFL 1900 E.V M – ÖNCHENGLADBACH«, »1976 BORUSSIA VFL 1900 E.V MÖNC – HENGLADBACH«, »1977 BORUSS – IA VFL 1900 E.V MÖNCHENGLA – DBACH«. Auch dazu, dass im Europapokal ausländische Klubs bei Aussprache und Schreibweise des Gegners reihenweise Schiffbruch erlitten. Und zumindest ein Gastklub soll tatsächlich gedacht haben, Mönchengladbach wäre ein Ortsteil von München.

68

Mönchengladbach, 20. Oktober 1971: Ich war eine Dose

BORUSSIA MÖNCHENGLADBACH – INTER MAILAND 7:1
(Europapokal der Landesmeister, Achtelfinal-Hinspiel)

MÖNCHENGLADBACH: Kleff, Sieloff, Vogts, Müller, Bleidick, Bonhof, Wimmer, Netzer (80. Wittkamp), Kulik, Heynckes, Le Fevre
MAILAND: Vieri (46. Bordon), Oriali, Giubertoni, Burgnich, Facchetti, Fabbian, Bedin, Mazzola, Corso, Jair, Boninsegna (30. Ghio)
SCHIEDSRICHTER: Dorpmans (Niederlande); ZUSCHAUER: 28 000
TORE: 1:0 Heynckes (8.), 1:1 Boninsegna (19.), 2:1 Le Fevre (22.), 3:1 Le Fevre (33.), 4:1 Netzer (42.), 5:1 Heynckes (44.), 6:1 Netzer (53.), 7:1 Sieloff (82., Elfmeter)

Gegenwärtig ist ihm dieser Tag noch fast ein halbes Jahrhundert später. Von der Atmosphäre, den Emotionen und großen Momenten, die er schuf, vermag Günter Netzer zu erzählen, als habe er den Film des Spiels hundertmal gesehen. Er hat ihn aber nie gesehen, so wenig wie die Filme seiner anderen Spiele.

In diesem Fall ginge das auch gar nicht. Weil sich Ernst Huberty, Sportchef des WDR, und Helmut Grashoff, Manager von Borussia Mönchengladbach, nicht einigen konnten, wer die Mehrwertsteuer von elf Prozent auf die vereinbarten sechzigtausend Mark für die Live-Übertragung in der ARD übernehmen sollte, ist das großartigste Europapokalspiel einer deutschen Mannschaft nie gezeigt worden. Es bleiben nur ein paar

Filmschnipsel. Wegen einer Streitsumme von sechstausendsechshundert Mark.

Und es bleibt ein Mythos: der des tragischen Scheiterns im größten Triumph. Er hängt Borussia Mönchengladbach mehr an als alle Erfolge. Nie wieder ist eine italienische Mannschaft so untergangen wie Inter Mailand bei jenem 1:7 in Gladbach, vom »Nibelungenangriff der entfesselten Deutschen restlos vernichtet«, wie »La Stampa« schreibt. »Fußball in Perfektion«, nennt es der legendäre Matt Busby – der zugleich, als offizieller UEFA-Beobachter, mit dafür sorgen wird, dass der Sieg nutzlos bleibt. Wegen der Cola-Dose, die in der 29. Minute beim Stand von 2:1 auf den Platz fliegt, worauf der Italiener Roberto Boninsegna zu Boden geht und sich wegtragen lässt. Netzer ahnt in diesem Moment das Unheil schon.

Ich sagte sofort, wir müssen einen in die Kabine der Italiener schicken. Die haben uns aber nicht reingelassen, in unserem eigenen Stadion. Sie haben das wohlweislich nicht gewollt. Es gab keine schwere Verletzung, keine mittelschwere, es gab nichts. Das war eindeutig für mich. Ich sah die Gefahr, dass die etwas konstruieren. Und so ist es leider gekommen.

Die UEFA-Disziplinarkommission annulliert das Spiel, ihr Vorsitzender Sergio Zorzi begründet es so: »Boninsegna war beim Besuch von Busby in der Halbzeit und am Ende des Spiels betäubt.« Demnach wäre Boninsegna über eine Stunde nach dem Treffer einer offenbar leeren Blechdose noch nicht bei Bewusstsein gewesen. Ein Fall für die Intensivstation also, nicht für die Umkleide. Er selbst behauptet vierzig Jahre später: »Ich war für fünfzehn bis zwanzig Sekunden bewusstlos.« Zudem habe ein UEFA-Delegierter in der Pause »eine Beule an meinem Kopf« festgestellt. Wo immer sie herkam.

Schon nach dem »Jahrhundertspiel« 1970 hatte man sie in Deutschland satt, die Tricks der Italiener, die das mit der spielerischen Freiheit deutlich übertrieben: Foulspiel, Schauspiel, Zeitspiel. Vier italienische Akteure des Mexiko-Dramas sind nun auch in Mönchengladbach dabei. »Bei den Italienern konnte man seinerzeit fast generell davon ausgehen, dass es sich bei der Aktion um Schauspielerei handelte«, sagt vierzig Jahre später der niederländische Schiedsrichter Jef Dorpmans, der damals die Partie nach siebenminütiger Unterbrechung auf Bitten der Polizei wieder anpfiff. »Aber ich hatte keine Beweise.«

Wenigstens die Gladbacher haben an jenem Abend einen Beweis: den, dass sie, ein Provinzteam aus jungen Talenten der Region, das schon bald nach dem Aufstieg in die Bundesliga den schönsten Fußball Deutschlands spielte und zweimal den Meistertitel gewann, auch ein Team wie den früheren Welt- und Europapokalsieger Inter Mailand an die Wand spielen können. Auch sie, die Erfinder des Catenaccio, die Meister der Destruktion.

Es war die Genugtuung und der Stolz, ein solches Spiel abgeliefert zu haben. Wir wussten ja noch nicht, was daraus entstehen wird. Die Enttäuschung kam erst später. Wir waren erst einmal überwältigt von unserer eigenen Leistung. Und dann gegen Inter Mailand: Das war das Nonplusultra. Die wussten vorher nicht mal, wo Mönchengladbach liegt. Die dachten, das sei ein Vorort von München.

Netzer macht an diesem Abend nach Ansicht vieler Augenzeugen sein größtes Spiel. »Wenn dieser Netzer seinen Elchgang in Bewegung setzte«, so Karl-Heinz Bohrer, »wenn er anhob und den Ball unwiderruflich in die gefährliche Zone hob, dann wurden Heynckes, Wimmer und Le Fevre zu abgeschossenen Pfeilen, dann glaubten Italiens hartgesottene Kommentatoren, zum zweiten Mal die Kimbern und Teutonen einbrechen zu sehen, nun aber nicht barbarisch, sondern in wilder Eleganz.«

Schon in der siebten Minute schlägt Netzer den ersten Traumpass in die Spitze, diagonal auf Heynckes, der aus spitzem Winkel das 1:0 erzielt. Nach dem Ausgleich durch Boninsegna und zwei Kopfballtreffern von Ulrik Le Fevre versenkt

Netzer einen Freistoß im oberen linken Torwinkel, und noch vor der Pause führt ein Konter durch Heynckes zum 5:1. Das Meisterstück aber, das Netzer bis ins letzte Detail präsent geblieben ist, gelingt ihm acht Minuten nach der Pause. Eine Fußball-Preziose für die Ewigkeit.

Es ist für mich das schönste Tor, das ich je erzielt habe. Die Entstehungsgeschichte gehört dazu. Der sehr, sehr gute Pass, den ich abrutschen lasse über den Außenrist.

Netzer bekommt den Ball in der eigenen Hälfte, schaut kurz auf, spielt ihn dann flach, mit perfekter Kurve, Länge und Geschwindigkeit in den Lauf des steil startenden Heynckes.

Wir waren in Gladbach so erfolgreich, weil jeder den anderen in- und auswendig kannte. Wir spielten eine besondere Art Fußball, weil wir aufeinander abgestimmt waren. Heynckes hat genau den Weg gefunden, und ich habe den Ball genau dorthin gespielt. Und dann das Warten. Dass er auf mich gewartet hat.

Heynckes kann den Ball am linken Strafraumrand unter Kontrolle bringen, aber nicht zum Tor ziehen, ein Verteidiger versperrt den Weg. Er weiß jedoch, dass in seinem Rücken nun viel Platz ist, in den sein Spielmacher stoßen könnte. Auch wenn das ganz gegen dessen Gewohnheit ist.

Ich war der Initiator aus dem Mittelfeld für die Jungs, die vorne laufen mussten. Dabei war es nicht immer meine Stärke, den Bällen, die ich gespielt habe, auch hinterherzulaufen. Der Herberger hat Overath und mir immer vorgeworfen: »Ihr spielt lange Pässe, und dann schaut ihr mit dem Fernglas zu und drückt denen die Daumen, dass es gutgeht. Geht doch mal hinterher!«

Netzer tut es. Heynckes wartet und spielt dann den Pass quer in seinen Lauf. Und Netzer nimmt den Ball, obwohl er von links kommt, obwohl er links vom Tor plaziert ist, nicht mit links, sondern mit dem rechten Außenrist – aus dem Lauf, über den Fuß abgerollt, in sanfter Rechtskurve und hohem Bogen über den Torwart hinweg ins lange Eck.

Der Ball war nicht anders zu verarbeiten. Dass er solch einen

Bogen bekommt, das war die Vollendung dieses Spielzugs. Mein anspruchsvollstes Tor.

Der Bökelberg bebt. Netzer wirkt, als bemerke er die Eruption um ihn herum nicht. Er trabt drei, vier Schritte aus, wirft den Kopf in den Nacken, blickt zum Himmel.

Mein erster Gedanke war: Wie ist es möglich, dass das wirklich passiert ist? Da habe ich im Unterbewusstsein bereits erkannt, was für eine Großtat es von uns beiden war. Ein Moment der Vollkommenheit.

»Wie er damals vom Platz ging«, so beschreibt Bohrer Netzers von Ovationen begleitete Auswechslung zehn Minuten vor Ende, »sehr langsam und in dieser schleifenden Art, das war die Geste desjenigen, der wusste, wie brillant er war.«

Die lebenslange Befriedigung des Perfektionisten über diesen Moment der Perfektion wird auch vom tristen Ende der Geschichte nicht getrübt. Gladbach kehrt vom Rückspiel in Mailand, begleitet von feindseliger Atmosphäre und brutaler Härte, mit einem 2:4 und fünf Verletzten zurück. »Dass sie uns außer mit den üblichen nervenkostenden Fouls wie Kratzen und Anspucken auch mit gemeinen Tritten, zum Teil hinter dem Rücken des Schiedsrichters, verfolgten«, so Trainer Hennes Weisweiler, »hat uns hart getroffen.« Die dann folgende Wiederholung des Hinspiels, vor über achtzigtausend in Berlin, endet nach 27:9 Torschüssen, 13:2 Ecken, einem vergebenen Elfmeter und dem Beinbruch des Liberos Ludwig Müller nach Foul durch Boninsegna 0:0.

Es ist das Aus. Und zugleich das Signal, dass die Zeit des Catenaccio vorbei ist. Das 7:1 war nur annullierbar als Ergebnis, nicht als Erlebnis. Als Zeichen für eine neue Zeit, für positives Denken am Ball, für den weiträumig eleganten Offensivfußball der siebziger Jahre. Was dem Fohlen-Fußball der Gladbacher noch verwehrt blieb, schafft der »totale Fußball« von Ajax Amsterdam. Im Finale des Wettbewerbs besiegt Ajax Inter durch zwei Tore von Johan Cruyff 2:0.

Fußball ist auch ein Wort-Spiel. Während der WM 2006 erkundete die englische Zeitung »Guardian« das Kreativ-Vokabular von Fußballnationen. So nennt der Däne ein Dribbling zwischen zwei Verteidigern hindurch einen »Moses« – was sich nicht nur bibelfesten Fans erschließt. Für Italiener ist der geschlenzte Elfmeter ein »Löffel«. Beim Franzosen heißt der Trick, den Ball auf der einen Seite am Gegenspieler vorbeizulegen und auf der anderen vorbeizulaufen, »große Brücke« (im Gegensatz zur »kleinen Brücke«: durch die Beine). In Portugal nennt man das »Kuh-Dribbling«, wohl, weil sich der Umspielte wie ein Rindvieh fühlt.

Aus der deutschen Sprache sind als Wort-Export »Schwalbe« (im Niederländischen) und »Fingerspitzengefühl« (im Englischen) überliefert. Weniger bekannt ist der »Hausputz« (Serbisch für: Torwartabschlag). Ansonsten fanden die Engländer im Deutschen an originellen Fußballbegriffen vorwiegend Wörter, die keinen Trick, keine kunstvolle Aktion bezeichnen, sondern etwas Miesepetriges haben: Anschlusstreffer, Angstgegner, Blutgrätsche, Ehrentreffer, Ergebniskosmetik, Fahrstuhlmannschaft, Notbremse.

Vielleicht wären als deutscher Beitrag zum Fußballsprachschatz dann doch lieber die Begriffe zu empfehlen, die quasi als Filmtitel der drei Hauptwerke des Regisseurs Günter Netzer überliefert sind – Sprachschöpfungen, die eins zu eins jeweils ein einziges Fußballspiel kennzeichnen und sonst keines von Millionen anderen. Nummer eins: das Büchsenwurfspiel. Nummer zwei: die Tiefe des Raumes. Und Nummer drei, seit 1973 nur im Original vorhanden, nie kopiert: die Selbsteinwechslung.

69

Düsseldorf, 23. Juni 1973:
Ich spiel dann jetzt

BORUSSIA MÖNCHENGLADBACH – 1. FC KÖLN 2:1 n. V.
(DFB-Pokalfinale)

MÖNCHENGLADBACH: Kleff, Michallik, Vogts, Sieloff, Bonhof, Danner, Wimmer, Kulik (91. Netzer), Jensen, Rupp (117. Stielike), Heynckes
KÖLN: Welz, Hein, Neumann, Weber, Cullmann, Simmet, Glowacz (71. Gebauer), Flohe, Kapellmann, Overath (71. Konopka), Löhr
SCHIEDSRICHTER: Tschenscher (Mannheim); ZUSCHAUER: 70 000
TORE: 1:0 Wimmer (24.), 1:1 Neumann (40.), 2:1 Netzer (94.)

Fußball ist, wie jede Bühnenkunst, das Gespür für den Moment. Das Gespür für Reduktion und Aktion, im richtigen Verhältnis, zur richtigen Zeit. Erst das rechte Maß an Abwesenheit macht Anwesenheit wirksam. Und manchmal unvergesslich.

Neunzig Minuten lang ist Günter Netzer nur Zuschauer eines phantastischen Fußballspiels. Und ist froh darüber, noch vierundvierzig Jahre später.

Es war eines der besten Spiele, die es in Deutschland je gab. Es ging rauf und runter, und es war so heiß, dass ich schon auf der Ersatzbank meine Last hatte. Ich wäre gestorben auf dem Platz!

Der letzte Tag mit Borussia Mönchengladbach, seinem Heimatklub, dessen Aufstieg aus der Regionalliga an die Spitze des deutschen Fußballs Netzer fast zehn Jahre lang verkörperte wie sonst nur Trainer Hennes Weisweiler. Weit entfernt sitzen sie auseinander, der verkniffen dreinschauende Star und sein kettenrauchender Trainer. Seit je pflegen sie ein kompliziertes Verhältnis. In den frühen Siebzigern interpretiert man, wie so vieles andere, auch das politisch, als Teil des Aufbegehrens der Söhne gegen die Väter. Und Netzer als den »Rebellen«, den Achtundsechziger auf dem Platz.

Diesen Diskussionen habe ich amüsiert zugeschaut. Ich empfand das als Kompliment. Es hat aber jeglicher Wahrheit entbehrt. Wir waren überhaupt nicht politisch orientiert, erst recht nicht engagiert. Die einzige Basis war die Auseinandersetzung über den Fußball. Zwischen seinem Fußball und meinem Fußball. Sein Fußball, das war: rauf und runter. Mein Fußball war: Rhythmuswechsel – und da hat man natürlich gleich gesagt: der faule Hund, der will nur Pausen einlegen. Ich sagte zu Weisweiler: Wir können nicht neunzig Minuten drauflosrennen. Wir stürmen und spielen wunderbaren Fußball und sind immer die, die am Ende erledigt sind. Sie müssen dafür sorgen, dass wir in der Abwehr stabiler werden, und wir müssen Ruhephasen in unser Spiel bringen. Das ist dann auch passiert, und dann wurden wir zweimal Meister.

Und jetzt dieses unglaubliche Pokalfinale im Derby gegen den 1. FC Köln – neunzig Minuten schönster alter Weisweiler-Fußball, überwältigend. »Ist das ein herrliches Spiel!«, jubiliert der sonst nüchterne TV-Kommentator Ernst Huberty schon in der ersten Halbzeit. Das Mittelfeld ist wie eine offene Bühne. Die Räume, die die Manndeckung offenbart, werden zu einem Feuerwerk an Spurts, Schnellangriffen, Spielfluss und Tempo genutzt.

Beide Teams attackieren, als lägen sie mit drei Toren zurück. Es sind unfassbare neunzig Minuten, mit fast zwei Dutzend Torchancen, mehr als zwanzig Eckbällen, vier Pfosten- und Lattentreffern, einem verschossenen Gladbacher Elfmeter, drei Rettungsaktionen durch Verteidiger auf der Torlinie. Aber mit nur zwei Toren, beide schon vor der Pause, durch den überragenden Dauerläufer »Hacki« Wimmer und den glänzenden

Kölner Teenager Herbert Neumann. Und all das: ohne Günter Netzer.

Vor dem Pokalfinale hatte Weisweiler im Hinterkopf: Dem Netzer zeige ich's jetzt noch einmal. Der ist in einer schlechten Verfassung. Er hatte recht. Alles sprach gegen mich. Der Tod meiner Mutter eine Woche zuvor, der Wechsel nach Madrid. Ich war gedanklich woanders und nicht austrainiert nach einer Verletzung.

Und doch, so Netzer, hätte Weisweiler wissen müssen, dass er gerade, wenn alle Umstände dagegen sprachen, besondere Leistungen zu bringen imstande war. Wie beim 7:1 gegen Inter Mailand, nachdem er wenige Tage zuvor noch einen Gips trug. Wie beim 3:1 in Wembley, als niemand einen Sieg erwartete. Deshalb hat er, als ihm Weisweiler beim Morgenspaziergang eröffnete, ihn nicht aufzustellen, sondern den zwanzigjährigen Christian Kulik, entgegnet: »Das finde ich sehr mutig von Ihnen.« Und sich innerlich verabschiedet.

Ich war so gut wie zu Hause, hatte schon meinen Koffer gepackt. Dass er mich wenigstens auf die Bank setzt, davon haben ihn erst die anderen Spieler überzeugt. Dann stand ich auf dem Meldebogen.

Und saß auf der Bank. »Die wichtigste Meldung des Tages«, so beginnt Kurt Brumme seine Radioreportage aus Düsseldorf: »Borussia Mönchengladbach spielt ohne Günter Netzer.« Verletzt kann er nicht sein, sonst säße er nicht auf der Bank, und so fassen es viele Zuschauer als Retourkutsche eines sturen Trainers gegen seinen unbotmäßigen Star auf, als Strafe für den Wechsel zu Real, der kurz vorher bekanntgeworden ist. »Netzer, Netzer«, rufen Tausende. Und schon bald beginnt Weisweiler, es sich anders zu überlegen.

Er wollte mich dann in der Pause bringen. Das war die eigentlich größere Frechheit. Er wollte mich opfern, wollte allen zeigen, dass seine Entscheidung, auf mich zu verzichten, richtig war. Ich sagte ihm in der Kabine: »Das mache ich nicht. Das ist unser bestes Spiel seit langem. Ich kann der Mannschaft nicht helfen, bin ein totaler

Fremdkörper.« Als wir rauskamen, tobten die Zuschauer. Sie dachten: Dieser sture Sack, jetzt bringt der den Netzer immer noch nicht.

Es ist Netzers Retourkutsche. Um zu zeigen: Jetzt hast du keine Macht mehr über mich.

Er hatte mich mal gezwungen, ein Privatspiel in Rom zu spielen. Ich hatte einen gebrochenen Zeh, er sagte: »Komm doch mit, schau's dir an, ist eine wunderschöne Stadt.« Ein paar Stunden vor dem Spiel sagte er dann: »Du musst spielen, sonst kriegen wir kein Geld. Ich habe schon mit dem Arzt gesprochen, er sagt, gebrochen ist gebrochen, mehr kann nicht passieren. Du kriegst eine Spritze in den Zeh und zur Pause noch eine.« Ich war so entsetzt, wie der mich gelinkt hat, dass ich eines der besten Spiele meiner Karriere machte. In Rom wurde geschrieben: »Der weiße Pelé war da.« Aus lauter Wut über Weisweiler.

Neunzig Minuten vorbei, immer noch 1:1. Fast alle Spieler sind ausgelaugt. Allen voran der junge Kulik, der entkräftet auf dem Rasen liegt. Netzer fragt ihn: »Kannst du noch?« Kulik sagt: »Ich kann nicht mal aufstehen.« Netzer zieht sich die Trainingsjacke aus, das Publikum beginnt zu johlen. Er geht zu Weisweiler und sagt: »Ich spiel dann jetzt.« Weisweiler schaut weg.

Mit diesen Worten hat Günter Netzer eine neue Erscheinungsform eines Fußballers erfunden und das Wort dazu gleich mit. Eine, die zugleich in diesem Moment schon Geschichte ist, weil sie nur dieses eine Mal, nur durch ihn, nur in dieser speziellen Situation möglich war: die Selbsteinwechslung.

Ich hatte nicht geplant, mich selber einzuwechseln. Aber ich spürte, dass es jetzt notwendig war. Die konnten ja alle nicht mehr laufen, bei dieser Hitze, nach neunzig Minuten Tempofußball.

Ein »ikonischer Moment« ist es für den zwölfjährigen Matthias Brandt, den jüngsten Sohn des Bundeskanzlers Willy Brandt. Er erlebt das Spiel auf der Tribüne im Rheinstadion. Es habe ihn gelehrt, nicht immer warten zu müssen, sagt er 2016, längst ein gefragter Schauspieler. Nicht immer warten, bis man gesehen wird oder etwas erlaubt bekommt oder jemand sagt: Jetzt bist du dran. Seitdem weiß er: »Du kannst dich auch selbst einwechseln.«

Bis zu Weisweilers Tod 1983, so Netzer, habe er »aus Respekt« den Schein gewahrt, dass der Trainer über die Einwechslung entschieden habe. Auch Radiomann Brumme schildert das in diesen aufregenden Sekunden so: »Und eine kleine Überraschung: Trainer Hennes Weisweiler schickt für Kulik, na wen, aufs Spielfeld. Günter Netzer kommt doch noch zu seinem Abschiedsspiel. Er, der jetzt zu jedem Einzelnen hingeht und ihm die beschwörende Stimulanz, um dieses Spiel zu gewinnen, ins Ohr sagt.«

Dieser »Aufstand« gegen Weisweiler, den ich betrieb, auch das, was ich ausgedrückt, wie ich gelebt habe, ich hatte lange Haare, hatte Autos, die keiner sich getraut hat zu haben, hatte Weibergeschichten am Hals, die meisten falsch, aber gut für mein Image – all dieses wäre nicht gegangen, wenn ich den Ball nicht getroffen hätte. Die hätten mich hochkantig rausgeschmissen. Die Leute haben immer schon gesagt, das ist ein Verrückter, aber lass ihn ruhig verrückt sein, der trifft wenigstens den Ball und spielt Fußball, wie wir ihn noch nicht gesehen haben. Das war die Eintrittskarte, so zu leben.

Auch in diesem Spiel, in dieser Verlängerung muss er nun noch etwas liefern, etwas, um diesen letzten, diesen öffentlichsten Affront gegen den alten Trainer und die alte Ordnung zu legitimieren. Die finale Ironie der Geschichte ist, dass Netzer es mit dem vielleicht schlechtesten, zugleich berühmtesten Torschuss seiner Karriere tut.

Verlängerung. Netzer wischt sich eine Strähne aus dem Gesicht, berührt den Ball beim Anstoß und sieht ihn danach erst mal nicht wieder. Kein Zuspiel kommt. Er trabt etwas ziellos herum, ständig verfolgt von Gegenspieler Harald Konopka, und wirkt mit der ungewohnten Rückennummer 12 – die 10 hat nun Kulik – in diesen Minuten wirklich wie ein Ersatzmann, Fremdkörper im eigenen Team. Nach fast drei Minuten will er endlich den Ball, den Berti Vogts gerade hat und dem Mitspieler Netzer, der sich ihm fordernd nähert, freiwillig überlässt.

Der Rest ist Geschichte und ihre Verklärung. Netzers erster Spurt, diagonal zwanzig Meter, den schnauzbärtigen Konopka im Schlepptau, von Brumme als »Zockeltrab« geschildert. Dann der Pass zu Rainer Bonhof, der zurück in die Gasse spielt (»Diesen Doppelpass habe ich mit Bonhof Jahre geübt, nie hat er geklappt.«). Und dann, nach drei, vier Trippelschritten, um den eigenen Lauf und den des von der Seite kommenden Balls zu koordinieren, der »abgerutschte Schuss«. Mit dem linken Außenspann »völlig falsch« getroffen und deshalb unhaltbar in den linken Winkel. Das 2:1. Der Sieg. Netzers »Abschiedsgeschenk«. Netzers Mythos.

Völlig falsch wie eigentlich alles an diesem Tag. Es »musste schiefgehen«, sagt Netzer später, und wurde dann doch »das größte Glück meines Lebens auf dem Fußballplatz« – in der doppelten Bedeutung des Wortes. Und damit in allen Formen und Facetten, die der Fußball denen, die ihn spielen, und denen, die ihn leben, an Glück schenken kann: als Dusel und als Erfüllung.

Nach dem berühmten letzten Tor für seinen Heimatklub wechselte Netzer in eine ganz andere Welt – in die goldene des Weltklubs Real Madrid. Und in die bleierne des Franco-Regimes, das in den letzten, aber noch gewaltsamen Zuckungen lag. Auch Johan Cruyff ging 1973 nach Spanien, doch er verweigerte sich Real, dem Lieblingsklub des greisen Diktators. Er zog Barcelona vor.

Kurz vor Weihnachten 1973 wurde Regierungschef Luis Carrero Blanco, rechte Hand des seit fünfundvierzig Jahren herrschenden Franco, ermordet. Die Bombe der ETA war so gewaltig, dass die gepanzerte Limousine über ein fünfstöckiges Haus flog. Zwei Monate später ließ das rachsüchtige Regime den katalanischen Anarchisten Salvador Puig i Antich trotz dürftiger Be-

weislage wegen angeblichen Polizistenmordes hinrichten. Als Letzter starb er durch das grausame Halseisen namens Garrotte.
Mitten in diesen Wochen, diesem letzten Rückfall hinein ins Mittelalter, bevor sich Spanien nach Francos Ende 1975 endlich als liberaler, demokratischer Staat neu erfinden konnte, trafen in Madrid die beiden großen Klubs des Landes aufeinander – und damit die beiden größten Spielmacher ihrer Zeit, die großen Freidenker am Ball. Es wurde eine epochale Begegnung.

70

Madrid, 17. Februar 1974:
Sieg im Kreißsaal

REAL MADRID – FC BARCELONA 0:5
(spanische Meisterschaft, 22. Spieltag)

MADRID: Garcia Remón, Morgado, Benito, Zoco, Rubiñán, Pirri, Netzer, Velázquez, Aguilar (46. Santillana), Amancio, Macanás
BARCELONA: Mora, Rifé, Costas, De la Cruz, Torres, Juan Carlos, Rexach, Asensi, Cruyff, Sotil, Marcial (70. Tomé)
SCHIEDSRICHTER: Orrantia; ZUSCHAUER: 80 000
TORE: 0:1 Asensi (30.), 0:2 Cruyff (38.), 0:3 Asensi (53.), 0:4 Juan Carlo (63.), 0:5 Sotil (69.)

Der cleverste Spieler aller Zeiten«, ist er für den Engländer Kevin Keegan. »Er konnte ein Soldat sein und ein General.« Aber Johan Cruyff kann auch sehr empfindlich sein. Als 1973 beim dreimaligen Europapokalsieger Ajax Amsterdam der neue Trainer George Knobel die Spieler den Kapitän wählen lässt, verweigern sie »König Johan« die Gefolgschaft. Beleidigt beschließt er zu gehen.

Das Ziel heißt Spanien. Dort hat man nach zehn Jahren das Transferverbot für Ausländer aufgehoben. Real Madrid, heißt es, habe sich mit Ajax schon über Cruyffs Verkauf geeinigt. Doch der erklärt, nicht für einen Klub zu spielen, der mit dem Franco-Regime verbunden sei. Stattdessen handelt sein Schwiegervater Cor Coster den mit umgerechnet rund 1,8 Millionen Euro teuersten Transfer der Welt aus – zum FC Barcelona, wohin zwei Jahre zuvor schon der andere Pionier des »totalen Fußballs« gegangen ist, Trainer Rinus Michels.

Cruyff zu Barça – dieser Wechsel wird ähnlich messianische Wirkung auf einen Weltklub haben wie sonst nur der von Alfredo di Stéfano zwanzig Jahre zuvor bei Real. Auch um ihn hatten beide Vereine verbittert gekämpft. Sechs Wochen nach seinem Wechsel aus Buenos Aires nach Madrid, nachdem Barcelona ihn schon unter Vertrag zu haben glaubte, führte »Don Alfredo« Real am 25. Oktober 1953 zu einem legendären 5:0-Sieg im »Clásico« gegen Barça. Das erste und letzte Tor schoss er selbst, die anderen drei leitete er ein. Eine spanische Zeitung feierte es als das »perfekteste aller Ergebnisse: ein Tor für jeden Finger einer Hand«.

Nun ist Barça bereit, Real die andere Hand zu zeigen. Dank Cruyff, der mit einem einzigen Spiel zum »salvador« wird, zum Erlöser der Katalanen, die sich im Franco-Staat unterdrückt fühlen. Es ist Cruyffs erster »Clásico«. Beim 0:0 gegen Real in Barcelona im Oktober 1973 war sein Wechsel unter dem Druck Reals vom niederländischen Verband noch nicht abgesegnet. Erst vom siebten Spieltag an, einem 4:0 gegen Granada, bei dem er zwei Tore schoss, ist Cruyff am Ball – und Barça ein verwandelter Klub.

Bis zur vorzeitig feststehenden Meisterschaft im April verlieren Cruyff & Co. kein Spiel mehr – eine »Saison wie im Rausch« nennt er es in seiner Autobiographie. Es ist, dank Cruyff, der erste Meistertitel seit vierzehn Jahren. So wie es für Real, als di Stéfano kam, der erste seit zwanzig war.

Sein schönstes Tor für Barça, eines von sechzehn in seiner ersten Saison, hat Cruyff schon beim 2:1 gegen Titelverteidiger Atlético kurz vor Weihnachten geschossen, im Flug volley mit der Ferse in den Torwinkel. Doch der Höhepunkt ist dieses Spiel, dieser verdammte »Clásico« in Madrid.

Es ist so wichtig, dass Trainer Michels seinen Star um eine Frühgeburt gebeten hat. Cruyffs Frau Danny erwartete das dritte Kind, errechneter Geburtstermin, per Kaiserschnitt geplant: 17. Februar – der Tag des Spiels bei Real. Dass Cruyff bei der Geburt in Amsterdam dabei sein wollte, war für ihn selbst »die normalste Sache der Welt, doch hinter meinem Rücken«, stellte er fest, »schienen alle in Panik zu geraten« – bis Michels, der sich, so Cruyffs Vermutung, heimlich »bei unserem Frauenarzt erkundigt hatte«, ihn offen fragte: Ob das Kind nicht eine Woche früher zur Welt kommen konnte?

Es konnte. Und weil Michels noch einen anderen nützlichen Informanten hatte, ist Cruyff am Tag seines ersten Clásico nicht nur Vater eines sieben Tage alten Sohnes namens Jordi – was in Barcelona Begeisterung auslöst, denn diese katalanische Version des männlichen Vornamens Georg ist unter Franco verboten, aber durch dessen Bürokraten nicht zu verhindern, weil Cruyff junior beim Standesamt in Amsterdam registriert ist. Nein, Cruyff senior ist noch mehr: auch auf dem Feld ein katalanischer Freiheitsheld.

Schon nach den ersten zwanzig Minuten, in denen Real wenigstens noch ein, zwei Chancen hatte, wird deutlich, dass Barça Ball und Tempo kontrolliert. »Die Taktik, die Michels sich vor der Partie hatte einfallen lassen, funktionierte perfekt«, so Cruyff. »Er stellte mich nicht in der Spitze auf, sondern sorgte dafür, dass ich mich immer wieder zurückfallen lassen konnte und andere in die Räume vorstießen, die auf diese Weise entstanden.«

Eine Taktik, die, wie Cruyff zu wissen glaubte, auf die Informationen von Michels' früherem Ajax-Mitspieler Theo de Groot zurückging. De Groot wohnt neben dem Real-Verteidiger Benito, der dem Nachbarn, nichts ahnend von dessen Freundschaft mit dem Barça-Trainer, die Taktik Reals für das Spiel verriet. Demnach sollte Cruyff »keine feste Manndeckung bekommen, sondern von der Viererkette in Raumdeckung genommen werden«. Worauf Cruyff von Michels die Anweisung bekam, »dass ich mich immer eine Linie weiter zurückfallen lassen sollte als üblich. Damit hatten die Verteidiger niemanden, den sie decken konnten.« Der Plan geht auf, »unsere Aktionen aus der zweiten Reihe überraschten die Spieler von Real völlig«.

Nach einer halben Stunde ist Real so durcheinander, dass sich Regisseur Günter Netzer plötzlich auf der Position des Linksverteidigers wiederfindet. Im Laufduell mit Flügelstürmer Marcial versucht Netzer sich in der ihm nicht geläufigen Kulturtechnik der Grätsche. Es wird eine der schlechtesten der Geschichte. Während Netzer sich selbst abgrätscht und auf dem Bauch landet, ist Marcial längst weg, passt von der Grundlinie flach und scharf ans vordere Fünfmetereck. Dort tauchen die mächtigen, fast torlinienbreiten Koteletten von Juan Manuel Asensi auf, der das 1:0 schießt.

Kurz darauf hält sich Cruyff, am Strafraum angespielt, mit zwei schnellen Wendungen drei Madrilenen vom Leib und trifft mit einem Linksschuss durch die Beine des Torwarts zum 2:0. Dem zweiten Treffer von Asensi, kurz nach der Pause mit einem Solo über vierzig Meter, folgt ein weiterer Angriff, bei dem Netzer, in seinem zweiten Clásico, wieder nur eine Statistenrolle bleibt. Zehn Meter vor dem gegnerischen Strafraum wird sein Pass auf den rechten Flügel abgefangen, der Ball landet bei Cruyff, der sofort beschleunigt und einen Konter startet.

Netzer erkennt die Gefahr, versucht ins Laufduell zu kommen, wird einfach abgeschüttelt. Und dann spielt Cruyff auch noch einen echten Netzer-Pass, fünfzig Meter diagonal in den Lauf von Juan Carlos, der das Zuspiel mit einem Schlenzer ins lange Eck zum 4:0 veredelt. Nach Freistoß von Cruyff schließt der Peruaner Hugo Sotil, der später einen Sohn Johan nennen wird, per Kopfball die große Vorführung mit dem 5:0 ab.

»Zero a Cinc«, es wird im Katalanischen an diesem Abend zum Begriff. Cruyff spürt sofort »die große politische Bedeutung« dieses Sieges: eine gefühlte Befreiung vom Joch des

Franco-Regimes und von dessen Lieblingsklub Real. Dieses Fünf-zu-null wird bis weit nach Francos Tod Zeichen setzen. Noch »zehn Jahre nach jener sagenhaften Heldentat« erlebt Real-Fan Javier Marías, dass »viele Barcelonesen, sobald sie von meiner Madrider Herkunft erfuhren, erst einmal ihre gespreizte rechte Hand schüttelten, als winkten sie mir«. Irgendwann dämmert ihm, dass es sich nicht etwa »um eine freundschaftliche Geste« handelt, sondern »um eine bildhafte Erinnerung an jenes unermessliche 5:0«.

Als Spieler wurde Cruyff auf Anhieb ein katalanischer Liebling. Die eigentliche Cruyff-Ära begann aber erst, als er 1988 als Trainer zurückkehrte. In den Folgejahren schuf Cruyff in Barcelona neben Arrigo Sacchi in Mailand den Fußball der Zukunft, ausgerichtet auf Ballbesitz und schnelle Rückeroberung nach Ballverlust. Beide waren vom »Totaalvoetbal« inspiriert, den Cruyff als Spieler unter Rinus Michels mitgestaltet und Sacchi als Besucher stets eifrig studiert hatte, wenn er seinen Vater, einen Schuhfabrikanten, zur Messe nach Amsterdam begleitete und mit der Tram zum Training von Ajax fuhr.

Während die Weiterentwicklung des Italieners von der Defensive her gedacht war, kombiniert mit holländischer Offensivkraft von Spielern wie Gullit und van Basten, tat es die des Niederländers von der Offensive her. Cruyff ließ Barcelona ein offensives 3-4-3 spielen, vom Profiteam bis hinunter zur E-Jugend. La Masia, die berühmte Jugendschule, begann kleine, technisch starke Spieler auszubilden und nicht mehr vorrangig Wert auf Physis zu legen. Cruyff ging es um Präsenz im Mittelfeld, um Ballbesitz und Bewegung und um intelligente Spieler wie den schmächtigen Pep Guardiola.

Der niederländische Autor Arthur van den Boogerd nannte Cruyffs Idee »die metaphysische Lösung des Fußballs«: Ein Team mit Spielern, die räumlich denken, mit dem Ball perfekt umgehen, Passspiel und Pressing beherrschen, sei kaum noch zu besiegen. Cruyff gewann mit Barca viermal die Meisterschaft, und als 1992 die Krönung gelang, der Europapokal der Lan-

desmeister, schrieb »El Periodico«: »Es gibt einen Gott, und Johan Cruyff ist sein Prophet, sein Bote, sein Kollege – oder in jedem Fall sein Freund.« Aber Cruyff war auch ein schwieriger, eitler Zeitgenosse, und als er 1994 im Europapokalfinale gegen den AC Mailand, dem er vorher abschätzig rein »defensives Denken« vorwarf, auch durch eigene Überheblichkeit ein 0:4-Debakel erlebte, war seine Zeit bald vorbei. Bis er einen würdigen Erben fand, musste sein alter Lieblingsschüler Guardiola alt genug werden. Als junger Barça-Trainer sagte er dann: »Cruyff hat uns die Kathedrale erbaut, wir erhalten sie nur.« Allerdings sicherte er sie auch ein wenig besser ab als der alte Baumeister. Als 2009 der FC Bayern zu Besuch kam, war sie schon ganz gut in Schuss, die renovierte Kathedrale von Barcelona.

71

Barcelona, 8. April 2009:
Gestatten, Pep

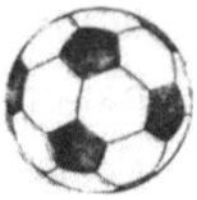

FC BARCELONA – BAYERN MÜNCHEN 4:0
(Champions League, Viertelfinal-Hinspiel)

BARCELONA: Valdés, Daniel Alves, Márquez, Piqué, Puyol, Xavi, Yaya Touré (81. Busquets), Iniesta, Messi, Eto'o (90. Krkić), Henry (73. Keita)
MÜNCHEN: Butt, Oddo, Demichelis, Breno, Lell, Schweinsteiger, van Bommel, Zé Roberto (77. Sosa), Altintop (46. Ottl), Ribéry, Toni
SCHIEDSRICHTER: Webb (England); ZUSCHAUER: 96 000
TORE: 1:0 Messi (9.), 2:0 Eto'o (13.), 3:0 Messi (38.), 4:0 Henry (43.)

Barcelona im Frühling? Klingt besser als Wolfsburg im Frühling. So kann man sich täuschen. Die unerfreuliche Dienstreise nach Niedersachen steckt den Bayern vier Tage später beim Trip nach Katalonien zwar noch in den Knochen, aber was soll schon noch schlimmer werden als ein 1:5? Schlimmer als ein Tor wie das des Brasilianers Grafite, der die ganze Bayern-Abwehr ausdribbelte und per Hacke zum »Tor des Jahres« traf? Als der Absturz auf Platz vier der Bundesliga-Tabelle? Die Reise nach Barcelona kommt ganz recht. Sie verheißt die Chance auf etwas europäischen Glanz, um die Stimmung aufzuhellen.

Vor allem Jürgen Klinsmann braucht einen Erfolg. Die Uhr des Trainers tickt. Aber eigentlich ist sie schon lange abgelaufen, seit mehr als einem halben Jahr, glaubt man Philipp Lahm. »Nach sechs oder acht Wochen wussten bereits alle Spieler, dass es mit Klinsmann nicht gehen würde«, schreibt er später. »Bei Klinsmann trainierten wir fast nur Fitness. Taktische Belange kamen zu kurz.« Der Rest der Saison, so Lahm, »war Schadensbegrenzung«.

Der taktische Totalschaden steht aber noch bevor: der Kennenlernbesuch bei Pep Guardiola. In seiner ersten Trainersaison hat er in Barcelona ein Team mit perfekt fließendem Pass- und Positionsspiel geschaffen, kombiniert mit präzisem Pressing.

Und kombiniert mit einem gewissen Lionel Messi. Weil Lahm verletzt ist, bietet Klinsmann als Linksverteidiger und damit als Gegenspieler des Argentiniers eine Notlösung auf, Christian Lell. Er spielt zwar nicht schlechter als Oddo, Breno, Demichelis oder van Bommel. Aber nur weil es nicht möglich ist, noch schlechter zu spielen. Alle Defensivkräfte werden vom »Kicker« am nächsten Morgen die Schulnote sechs bekommen.

Lell sieht aber am schlechtesten aus. Sein Pech: Er ist nie im Bilde, aber ständig im Bild. Im Fokus der TV-Kamera, die alle Details seiner Inkompetenz im Vergleich mit Messi, mit einundzwanzig Jahren schon der Beste der Welt, messerscharf abbildet. Es wirkt, als sei Messi an jeder Aktion beteiligt; und der Ball irgendwie immer bei Barça; und immer in den gefährlichen Zonen, in denen ein einziger Haken, ein einziges Durchspiel oder Dribbling sofort Torgefahr bedeutet. Oder auch: ein einziger Verteidigerfehler.

Die drei Prioritäten von Guardiola lauten Mittelfeld, Mittelfeld, Mittelfeld. Aber in Zusammenschnitten von diesem Spiel ist praktisch immer nur der Strafraum der Bayern zu sehen. Sie haben ihr Mittelfeld einfach vors Tor der Bayern verlagert. Und das nicht nur bei den vier Toren zwischen der neunten und dreiundvierzigsten Minute, zwei von Messi selbst geschossen, zwei, durch Samuel Eto'o und Thierry Henry erzielt, von ihm vorbereitet. Auch ein fieser Schulter-Check durch van Bommel hat ihn vor dem vierten Treffer nicht aufhalten können.

Ein Tor verhindert Demichelis auf der Linie, als Henry Torwart Butt schon ausgespielt hat. Eines der Schiedsrichter, der Messi einen Elfmeter nach Foul von Lell verwehrt und sogar Gelb wegen »Schwalbe« gibt – worauf der wütende Guardiola von der Bank auf die Tribüne muss. Drei Tore vergeben Henry, Eto'o, Iniesta, die aus kurzer Entfernung vorbeischießen. All das noch vor der Pause, als es wirklich auch 9:0 stehen könnte. Und das zehnte Tor für die Katalanen, die sich und den Gegner nach der Pause schonen, verhindert kurz vor Schluss Seydou Keita, der dem Schuss des Kollegen Messi im Wege steht.

4:0 – so haben die Bayern schon einmal den Kürzeren gezogen gegen ein taktisch um Längen überlegenes Team. Das war 1973, in den Tagen von Beckenbauer & Co., gegen Ajax Amsterdam mit Cruyff. Doch nie sind sie so deklassiert worden wie in Barcelona – im Vergleich mit der Weiterentwicklung des Ajax-Fußballs, exportiert aus Holland nach Katalonien durch den Spieler und Trainer Cruyff, perfektioniert durch dessen Musterschüler Guardiola.

Durch einen Mann also, der Muster aufs Spielfeld malt, bis sie in den Köpfen der Spieler sind. Sie sehen aus wie ein Bild von Mondrian, nur in grün und weiß. Bei idealer Besetzung der zwanzig Zonen, größer im Zentrum, kleiner an den Flügeln, in denen sich jeweils nur ein eigener Spieler aufhalten darf, wobei höchstens drei Spieler in einer horizontalen und zwei in einer vertikalen Linie stehen sollen, bilden sich ständig Dreiecke und damit Anspieloptionen. Diese Geometrie ist das Grundmuster der Bewegung der Barça-Spieler, immer mit dem richtigen Abstand und Winkel zueinander, mit fließender Übernahme vakanter Positionen und ständiger Ausrichtung auf den Ball hin.

Dass die Bayern diesem komplexen, organischen Spiel so machtlos gegenüberstehen, hat nicht nur mit Klinsmanns schlichter Idee von Tempofußball und Umschaltspiel zu tun. Auch damit, dass die Bayern jahrzehntelang mit ihrem Geschäftsmodell gut fuhren, sich dank wirtschaftlicher Überlegenheit immer nur die besten Spieler der Bundesliga holen zu müssen und dazu einen Trainer, der mit Stars umzugehen wusste. Das reichte für eine Fünfzig-Prozent-Quote bei Meistertiteln und ab und zu auch mal für eine Chance im Europacup. Doch am Ende der nuller Jahre sehen sich die Bayern plötzlich von einer taktischen Entwicklung abgehängt, erst in Europa, ein, zwei Jahre später auch in Deutschland, als Borussia Dortmund sie überholt.

Deshalb ist dieses Spiel, dieses 4:0, ein solcher Einschnitt. Es verändert den FC Bayern wie kaum ein anderes zuvor. Und damit den deutschen Fußball. Nach zwei Debakeln binnen vier Tagen – nimmt man die zweite Halbzeit in Wolfsburg und die erste in Barcelona zusammen, kassieren sie acht Gegentore binnen siebzig Spielminuten, eine nie da gewesene Horrorbilanz – ist Klinsmann nicht mehr zu halten. Die bisherige Trainer-Politik auch nicht.

Ein paar Monate später kommt Louis van Gaal, ein Mann der Ajax-Schule, der in Barcelona die jungen Iniesta und Xavi groß gemacht hat – und in München den neunzehnjährigen Thomas Müller fördert, der bei der WM 2010 ebenso wie das deutsche Team groß rauskommt. Vor allem bringt van Gaal Grundmuster des modernen Fußballs nach München, schafft die taktische Basis für den Triple-Gewinn unter Jupp Heynckes 2013 – letztlich auch für die Verpflichtung von Guardiola als dessen Nachfolger. Und ohne Guardiola und dessen Einfluss, von Joachim Löw aufgenommen, ist der deutsche WM-Sieg 2014 kaum denkbar – nur fünf Jahre nachdem er das beste deutsche Klubteam, Kern des Nationalteams, so demontiert hat wie niemand zuvor.

Als diese Erfolgsgeschichte begann, im Herbst 2008, war Guardiola noch ein etwas unsicherer Jungtrainer. Er hatte das Rennen um den Posten gegen José Mourinho gewonnen – er, der nur die Erfahrung von einer Saison mit dem B-Team hatte, gegen den Trainerstar, der mit Porto Champions

League und UEFA-Cup gewann und mit Chelsea zwei englische Meistertitel. Ein Teil der Presse und der Fans stellte ihn bereits in Frage nach dem schlechten Saisonstart und dem Rauswurf der Altstars Ronaldinho und Deco. Guardiola begann an seinem Kurs zu zweifeln – als eines Tages der schweigsame Andrés Iniesta im Trainerbüro im Keller des Stadions Camp Nou erschien. »Keine Sorge, Chef«, sagte er. »Wir werden alles gewinnen. Wir sind auf dem richtigen Weg. Wir spielen brillant, wir genießen das Training. Bitte, ändern Sie nichts.« Dann ging er, und Barcelona gewann, was noch keiner auf einmal gewonnen hatte: Champions League, Meisterschaft, Pokal, beide Supercups, Klub-WM. Sechs von sechs möglichen Titeln. Guardiola und Iniesta, eine Fußballverbindung, wie im Himmel gemacht. Aber nicht ohne einen Kampf gegen die dunklen Mächte.

72

Johannesburg, 11. Juli 2010:

Die Stille vor dem Schuss

SPANIEN – NIEDERLANDE 1:0 n. V. (WM-Finale)

SPANIEN: Casillas, Ramos, Piqué, Puyol, Capdevila, Busquets, Alonso (87. Fàbregas), Pedro (60. Navas), Xavi, Iniesta, Villa (106. Torres)
NIEDERLANDE: Stekelenburg, van der Wiel, Heitinga, Mathijsen, van Bronckhorst (105. Braafheid), van Bommel, de Jong (99. van der Vaart), Robben, Sneijder, Kuyt (71. Elia), van Persie
SCHIEDSRICHTER: Webb (England); ZUSCHAUER: 85 000
TOR: 1:0 Iniesta (117.)

Vor seinem größten Spiel hat Andrés Iniesta keine Ruhe. Er muss etwas tun. Mitten in der Nacht steht er auf, verlässt sein Zimmer, fängt an zu laufen. Nicht draußen, sondern im Hotel. Er sprintet den Gang auf und ab. Und wieder. Muss sehen, muss fühlen, ob er bereit ist. In den Beinen. Im Kopf.

Der nächste Abend, der Abend des WM-Endspiels. Die anderen laufen hinaus zum Aufwärmen. Iniesta hat noch etwas zu erledigen. Er geht zu Hugo Camarero, einem der Physiotherapeuten. Er bittet ihn, fünf Wörter auf ein weißes Shirt zu schreiben. Erst danach läuft er hinaus. Und macht das Spiel seines Lebens.

»Der FC Barcelona ist immer schon eine ausgezeichnete und melancholische Mannschaft mit zarten und zu Depression neigenden Spielern gewesen. Denken Sie nur an den wunderbaren Marcial und an den sensiblen Martí Filosía, an den Selbstmörder

Kocsis auf den Sammelbildern meiner Kindheit, an den donjuanesken und leidenden Ramallets und an so viele andere große Fußballspieler mit einem Tick Unsicherheit und Angst und Künstlertum auf ihren Fußballschuhen.« Das schrieb der Schriftsteller Javier Marías Mitte der neunziger Jahre, kurz bevor ein blasser, zwölfjähriger Knabe aus La Mancha, der Heimat von Don Quixote, in La Masia kam, die Fußballschule des FC Barcelona. Einer, auf den die Beschreibung von Marías passte.

Er war schüchtern, schweigsam, hatte Heimweh, strahlte in Blick und Bewegung eine leise Melancholie aus – und spielte, als sei der Fußball für ihn erfunden worden. Mit einer Leichtfüßigkeit, einer Vision, einer Klarheit, die man nicht lernen kann. »Er wird uns einmal alle in Rente schicken«, sagte Pep Guardiola, damals Spieler in der Profimannschaft.

Dann, mit dem Trainer Guardiola, schien Iniesta Mitte 2009 auf dem Gipfel. Er war Europameister mit Spanien, er gewann alles mit Barça. In Wirklichkeit war er am Tiefpunkt. »Ich fühlte mich wie im freien Fall«, offenbart er 2016 in seiner Autobiographie. Es waren nicht allein die vielen Verletzungen, es war vor allem diese Nachricht im August 2009: der Tod seines Freundes Dani Jarque, Kapitän von Espanyol Barcelona, der im Alter von sechsundzwanzig Jahren, während er mit seiner hochschwangeren Lebensgefährtin telefonierte, an plötzlichem Herzversagen starb.

Für Iniesta war es, »wie wenn alles finster geworden wäre«. Es war »nicht wirklich eine Depression«, in die er fiel, »auch keine Krankheit«, an der er litt. Iniesta wusste keinen Namen dafür. »Aber es war, als wäre nichts mehr richtig.« Das Selbstvertrauen war weg, ersetzt durch »das Gefühl, nicht mehr ich selber zu sein«. Nur wenige waren eingeweiht, darunter Guardiola. Er sagte: »Sobald sich etwas nicht richtig anfühlt, frage nicht um Erlaubnis, geh einfach.« Oft brach Iniesta nach zehn Minuten das Training ab: »Es war, als würde mein Herz explodieren.«

Iniesta suchte professionelle Hilfe. Und »die Flucht in den Fußball«. Beides half ihm, sich zurückzukämpfen. Zurück zu dem, der er war und der nun, am Ende seiner schwersten Lebens- und Spielzeit, mit Spanien im WM-Finale von Johannesburg steht. Passend zu dem Jahr, das er erlebt hat, wird es nicht nur einfach ein Fußballspiel. Es wird eine Schlacht, ein Kampf gegen dunkle Mächte.

Nach zweiundzwanzig Minuten senst ihn Mark van Bommel, der Mann mit den meisten Fouls des Turniers, im Tiefflug von hinten um. Nach dem Buchstaben des Gesetzes ist es eine klare Rote Karte. Doch der Niederländer weiß, dass Schiedsrichter in großen Finals frühe Hinausstellungen scheuen. Sie wollen nicht ihr Leben lang der Buhmann ganzer Nationen sein, weil sie ein WM-Endspiel entschieden haben. Nur Gelb, eine Farbe, die Howard Webb vierzehnmal zeigen wird.

Die Niederländer wollen, in ihrem dritten Finale, nicht schon wieder den Schönheitspreis gewinnen. So setzen sie, wie ihr Landsmann Johan Cruyff klagt, auf »Antifußball«, weil sie ihn »als einzige Überlebenschance ansehen«. Ihre brutale Härte verstört am Ende auch die eigenen Landsleute. »Es ist nicht unser Ding, schmutzig zu spielen«, sagt Dennis Bergkamp, der brillante Stürmer, der 1998 gegen Argentinien eines der schönsten Tore der WM-Geschichte schoss. »Wir hätten das nicht tun sollen.«

Fünf Minuten nach van Bommels Attacke auf Iniesta springt Nigel de Jong mit gestrecktem Bein, Sohle voraus, in den Brustkorb von Xabi Alonso, der die lebensgefährliche Attacke nicht kommen sieht, weil er gerade den Ball wegköpft. »In dem Moment wusste ich nicht, was passiert«, sagt Alonso 2016. »Ich hatte nur einen solchen Schmerz wie aus dem Nichts, ich wusste nicht, was mich getroffen hatte, ein Fuß, ein Kopf? Es war brutal, aber es war ein WM-Finale, ich konnte nicht einfach rausgehen. Dafür hätte ich schon sehr, sehr schwer verletzt sein müssen. Also machte ich weiter.« Auch de Jong macht weiter. Er erhält nur Gelb. Es ist das Signal, dass alles geht.

Ein Kampf auf Biegen und Brechen, kein Spiel für Künstler. Sergio Ramos kommt mit zwei wuchtigen Kopfbällen dem Tor für Spanien nahe, Arjen Robben dem für Holland mit einem Spurt frei auf Iker Casillas, worauf der Torwart die wichtigste Parade seiner Karriere zeigt. Doch je älter das Spiel und je müder die Beine, umso mehr wird es das Spiel des Freigeistes Andrés Iniesta. Dieses Finale ist wie ein Destillat des ganzen Jahres, in dem er sich von allen Lasten befreien, sich wieder freispielen musste.

Zu Beginn der Verlängerung befreit er Cesc Fàbregas mit einem magischen Pass, doch der übersieht den noch freieren David Villa und scheitert an Torwart Maarten Stekelenburg. Dann, nach hundertneun knochenharten Minuten mit fast fünfzig Foul-Unterbrechungen, ist es ein Foul an Iniesta, das zur überfälligen ersten Hinausstellung führt, Gelb-Rot für Johnny Heitinga. Vielleicht ist es dieser Moment, der wenigstens für die letzten zehn Minuten dem »Meister über Raum und Zeit«, wie ihn Guardiola nennt, ein wenig Freiheit gibt.

Vier Minuten vor Ende nutzt er sie. Rafael van der Vaart bekommt den Ball nicht weg, Fàbregas schiebt ihn zu Iniesta, der ihn annimmt und in diesem Moment »die Stille hört«, wie er später sagt. Die Stille vor dem Schuss. Die gefrorene Zeit vor der entscheidenden Tat.

Iniesta hat das scharfe Zuspiel nicht perfekt kontrollieren können, weiß aber sofort, dass es gut genug war. Weiß, dass der aufsetzende Ball genau auf das richtige Niveau wieder hochspringen wird, vielleicht einen halben Meter hoch; auf die perfekte Höhe, um den Ball am toten Punkt seiner Kurve, ehe die Schwerkraft ihn wieder erfasst, volley mit Vollspann, mit genug Wucht und Kontrolle zu treffen. Und er weiß, dass van der Vaart zu spät kommen wird mit seiner verzweifelten Grätsche.

All die inneren Algorithmen des Fußballhirns von Andrés

Iniesta, all die verarbeiteten Koordinaten und Informationen über die Bewegung von Ball, Verteidiger, Torwart, über die eigene Position und die des Tores, sind in dieser Zehntelsekunde zur perfekten Lösung gekommen. Er muss sie nur noch umsetzen und, das Schwerste, die Ruhe bewahren, die Geduld behalten, auf den Ball zu warten, bis er bereit ist. Und weil er schon so lang auf diesen Moment gewartet hat, wartet er die letzten zwei, drei Zehntelsekunden auch noch. So schießt er das Tor, das Spanien zum Weltmeister macht. Das Tor, das Iniesta von »einem dunklen Ort« befreit.

Es ist der Moment, in dem er sich »wieder wie ein Fußballer fühlt«. Er reißt sich das blaue Trikot vom Leib, rennt zur Eckfahne, wo eine Kamera ist, und zeigt ihr das Hemd. Das Hemd, auf das Hugo, der Physio, vor dem Spiel mit blauem Stift die fünf Wörter geschrieben hat: »DANI JARQUE SIEMPRE CON NOSOTROS«. Dani Jarque, immer bei uns. Und Andrés Iniesta, ganz bei sich.

Trainer wie Guardiola, Spieler wie Iniesta, Teams wie der FC Barcelona und Spaniens Nationalteam arbeiten auf ein eigentlich unerreichbares Ziel hin: den Zufall auszuschalten. Aller Kreativität, die am Ende sichtbar wird, liegt unsichtbare Planung zugrunde: die Verteilung der Spieler, die bestimmten Mustern folgt, die Koordinierung der kollektiven Bewegung, das Automatisieren der Abläufe, die Beherrschung des Balles. Es ist der Versuch, Gerechtigkeit zu schaffen: die Gerechtigkeit, dass das bessere Team auch gewinnt.

Doch Fußball ist nicht gerecht. Er ist das ungerechteste aller Spiele. Und deshalb so schön, so lebensnah. Nur im Fußball entscheidet so oft ein einziger Treffer, in der Bundesliga in etwa jeder zwölften Partie. Nur im Fußball kann eine deutlich unterlegene Mannschaft gewinnen. Diejenige, die viel weniger Angriffe, Flanken, Torschüsse, Torchancen produziert. In etwa zehn Prozent aller Spiele, haben Wissenschaftler berechnet, gewinnt das eigentlich schlechtere Team.

Man kann das den Zufallsfaktor nennen. Oder auch: Glücksfaktor. Zufall macht glücklich. Er schafft Pokalsensationen und Ergebnisse, die jeder Formkurve, jeder Marktwert-Addition, jeder Budget-Tabelle widersprechen. Und manchmal auch dem Spielverlauf. Gerade die Unplanbarkeit und Rarität des Tores schenkt einen Trost, den Sportarten mit hohen Resultaten nicht bieten können. Es ist die Lust daran, die Schwachen mit dem Sieg belohnt zu sehen. Und die Starken mit der Schadenfreude. Diese Lust, den Außenseiter siegen zu sehen, funktioniert über alle Grenzen hinweg – selbst zwischen dem Mutterland des Fußballs und einem Land, von dem man vorher gar nicht wusste, dass dort überhaupt Fußball gespielt wird. Und dann eine der größten Sensationen der Fußballgeschichte produzierte.

73

Middlesbrough, 19. Juli 1966:
Dr. Pak zieht den Zahn

NORDKOREA – ITALIEN 1:0 (WM-Vorrunde)

NORDKOREA: Li Chan Myong, Shin Yung Kyoo, Lim Zoong Sun, Han Bong Jin, Pak Doo Ik, Im Seung Hwi, Oh Yoon Kyung, Ha Yung Won, Kim Bong Hwan, Pak Seung Zin, Yang Sung Kook

ITALIEN: Albertosi, Facchetti, Guarneri, Janich, Bulgarelli, Fogli, Landini, Rivera, Barison, Mazzola, Perani

SCHIEDSRICHTER: Schwinté (Frankreich); ZUSCHAUER: 18 700

TOR: Pak Doo Ik (41.)

Fußball führt zu den seltsamsten Verbrüderungen. Keine von ihnen ist wunderlicher als jene, die im Juli 1966 in der nordenglischen Industriestadt Middlesbrough entsteht. In der Vorrunde der WM beginnt das englische Publikum irgendwann, die Mannschaft Nordkoreas anzufeuern, als wäre es die eigene.

Ist es traditionelle Sympathie für Außenseiter? Oder die Kürze der Asiaten, die mit im Schnitt 1,65 Metern im Vergleich mit ihren Gegnern fast niedlich wirken? Oder der flotte Angriffsfußball, den sie spielen? Vielleicht gibt es auch eine ganz oberflächliche Ursache: die Ähnlichkeit, die sie in ihren roten Hemden und weißen Hosen mit dem gerade in die dritte Liga abgestiegenen FC Middlesbrough haben.

Mitten im Kalten Krieg adoptiert das Mutterland des Fußballs elf Vertreter des kältesten, fremdesten Regimes, das sich denken lässt. Man weiß in Europa fast nichts über dieses Nordkorea. Selbst, dass dort überhaupt Fußball gespielt wird, ist für die meisten eine Überraschung. Viel davon zeigen mussten die Nordkoreaner allerdings nicht, um bei der WM starten zu dürfen. Weil die FIFA für Afrika, Asien und Ozeanien, drei Viertel der Weltbevölkerung, nur einen von sechzehn WM-Plätzen vorsah, verzichteten die Nationen dieser Kontinente aus Protest auf die Teilnahme an der Qualifikation – alle außer Nordkorea und Australien. So reichten den Koreanern zwei Siege gegen die Australier, die sieben Jahre kein Länderspiel mehr bestritten hatten. Schon waren sie dabei.

Und schon hatten die Briten ein Problem. Weil das Vereinigte Königreich Nordkorea nicht anerkennt (man hatte einander im Koreakrieg als Vasallen der Supermächte USA und UdSSR/China feindlich gegenübergestanden), drohte entweder politischer Ärger mit den Verbündeten USA und Südkorea, sollte man Nordkoreas Fußballer wie Vertreter eines souveränen Staats behandeln. Oder der Verlust der WM durch die FIFA, sollte man diesen Teilnehmer bei Visa-Vergabe und Symbolik anders behandeln als andere. Heraus kam ein Kompromiss, um wenigstens Nordkoreas Hymne zu vermeiden: dass bei der WM 1966 außer beim Eröffnungs- und Endspiel keine Hymnen erklingen, nur neutrale Märsche.

Nun also spielen die elf kleinen Männer, die keiner kennt, aus dem Land, dessen Hymne keiner hören darf, mitten in England Fußball, und Engländer feuern sie an. Einige Einheimische schwenkten sogar selbstgebastelte Nordkorea-Fahnen beim zweiten Spiel gegen Chile. Nach dem 0:3 zum Auftakt gegen die bulligen Sowjets standen die Koreaner, früh in Rückstand geraten, kurz vor dem Aus. Doch dann, in der 88. Minute, fiel das 1:1, durch den wuchtigen Schuss eines gewissen Pak Seung Zin, von dem seine Kollegen erzählen, er habe die Schusskraft seiner kurzen Beine jahrelang trainiert, indem er sie mit elastischen Bändern umwickelte.

Die Reaktion auf dieses Tor überraschte den BBC-Kommentator Frank Bough: »Die Menge ist im Delirium. So haben sie den FC Middlesbrough seit Jahren nicht angefeuert«. Auch der Reporter der »Times« ist verblüfft: »Selten haben Zuschauer ein Team so sehr ins Herz geschlossen wie die Fans aus Middlesbrough diese wunderlichen Orientalen.«

Im Zug von London nach Middlesbrough unterhielten die Koreaner andere Fahrgäste mit seltsamen Gesängen, darunter das angeblich von ihnen selbst geschriebene WM-Lied »Das Chollima Fußballteam«. Benannt ist es nach einem geflügelten Pferd aus der koreanischen Mythologie, das mit einem Sprung tausend Ri zurücklegt, fast viertausend Kilometer. Seit Anfang der sechziger Jahre dient es als Symbol für Nordkoreas »großen Sprung«, nun auch für den der Fußballer. »Wir können jeden schlagen«, singen sie. »Auch das stärkste Team.«

Was nun zu beweisen wäre. Vier Tage nach dem 1:1 gegen Chile steht das letzte Gruppenspiel an, und sie brauchen fürs Weiterkommen einen Sieg gegen einen der Turnierfavoriten. Gegen Italien, mit den Jungstars Gianni Rivera, Sandro Mazzola und Giacinto Facchetti, alle erst 22 oder 23 und schon Meister und Europapokalsieger mit AC und Inter Mailand. Die Italiener scheinen übermächtig. Doch sie sind »nervös«, wie Mazzola später zugibt. Weil sie die vorzeitige Qualifikation fürs Viertelfinale durch ein 0:1 gegen die Sowjets verpasst haben.

An diesem grauen, regnerischen Sonntag, der Rivera »das Gemüt trübt«, brauchen sie ein Remis. Und spielen auf Sieg. Schon in der Anfangsphase haben sie riesige Chancen. Einmal geht der Ball knapp vorbei. Zweimal ist der nur 1,70 Meter große, aber federleicht springende Torwart Lee Chang Myung zur Stelle. Bei den Italienern, so Rivera, entsteht das Gefühl, das Tor sei »wie vernagelt«.

Eine gute halbe Stunde ist gespielt, als Kapitän Giacomo Bulgarelli den Koreaner Pak Seung Zin mit einer rücksichtslosen Grätsche foult. Dabei verletzt er sich selbst. Bulgarelli wird vom Feld getragen. Italien muss mit einem Mann weniger weiterspielen. »Italien sollte Nordkorea auch mit zehn Mann schlagen«, findet Mazzola. »Aber wir spielten kopflos.«

In der 41. Minute fliegt ein aus dem Mittelkreis wuchtig weggeköpfter Ball in den Lauf des Stürmers Pak Doo Ik, der als Zahnarzt arbeitete, ehe er für das Nationalteam ausgewählt und wie seine Mitspieler achtzehn Monate zur WM-Vorbereitung kaserniert wurde. Der Ball tickt dreimal auf, zwei Italiener verschätzen sich. Pak schlägt ihn aus der Drehung aus fünfzehn Metern flach ins lange Eck.

»Welch eine Sensation!«, ruft der BBC-Mann schon in diesem Moment, obwohl die eigentliche Sensation, das Aus der Italiener, das Weiterkommen der Nordkoreaner, erst nach weiteren fünfzig Minuten, nach zahlreichen verzweifelten Angriffen des blamierten Favoriten feststehen wird.

Staatschef Kim Il Sung befahl bei der Verabschiedung aus Pjöngjang, »ein oder zwei Spiele zu gewinnen«. Die taktische Anweisung des allwissenden »großen Führers«: »Um ein guter Fußballer zu sein, musst du schnell rennen und den Ball genau treten.« Ein Hinweis, den der gehorsame Fußballsoldat Pak bei seinem historischen Tor umgesetzt hat.

In der Heimat wird es, um kurz vor vier Uhr früh, von angeblich drei Millionen Menschen an den Radios bejubelt. Nach Schlusspfiff strömen viele Nordkoreaner vor Glück weinend mitten in der Nacht auf die Straßen. So weinen auch ihre Helden in England. Und so »weinten auch viele von uns in der Kabine«, wie sich Mazzola erinnert.

Ein Tor, das auf beiden Seiten Tränen fließen lässt. Und Lebensläufe verändert. Die der Nordkoreaner, die nach der Heimkehr als Nationalhelden gefeiert und mit Orden überhäuft werden und dann unter ungeklärten Umständen aus der Öffentlichkeit verschwinden – man hört von Verbannungen in Straflager, angeblich, weil sie nicht auch noch das Viertelfinale gegen Portugal gewannen (nach 3:0-Führung eine 3:5-Niederlage durch vier Tore von Eusébio). Ehe sie, zumindest die sieben

Überlebenden der Elf, 2002 anlässlich des britischen Dokumentarfilms »The Game of Their Lives« zum zweiten Mal nach England reisen dürfen. Und wieder werden sie dort von den Menschen in Middlesbrough gefeiert.

Aber dieses Spiel verändert auch die Lebensläufe der Italiener. Abgesehen von Rivera, Mazzola, Facchetti und Torwart Enrico Albertosi, dem Kern einer neuen »Squadra Azzurra«, die binnen vier Jahren Europameister und WM-Zweiter wird, ist für die Verlierer die große Karriere vorbei. Bei der Heimkehr warten Hunderte wütende Fans und werfen »Tomaten, Eier, alles Mögliche«, so Mazzola. »Ein Desaster.« Den Trainer will mancher sogar nicht nur um den Job bringen. »Tod für Fabbri«, fordert ein Graffito in Rom. So weit kommt es nicht. Doch noch Jahrzehnte später klagt der geschasste Fabbri: »Ich muss mein ganzes Leben diese Last von Nordkorea tragen.«

Seinem berühmtesten Vorgänger lässt die Schmach ebenfalls keine Ruhe. »Unser Land weint«, klagt Vittorio Pozzo, der Mann, der Italien zu den Weltmeistertiteln 1934 und 1938 führte. In seinem Urteil wird es zu einer Jahrtausendschmach: »Der Zerfall des Römischen Reichs war nichts gegen den Untergang der Nationalmannschaft.«

Sogar für den deutschen Fußball hatte der Sieg Nordkoreas weitreichende Folgen. Der junge Franz Beckenbauer hatte vor der WM mehrfach Mailand besucht und mit Europapokalsieger Inter einen Vorvertrag abgeschlossen. »Aber dann kam die Niederlage der Italiener gegen Nordkorea und hat mir einen Strich durch Rechnung gemacht«, so Beckenbauer. Der italienische Verband verhängte eine Ausländersperre, die bis 1980 anhielt. So blieb er in München. Was wäre sonst aus dem FC Bayern geworden? Doppelter Bayern-Dusel – erst die Watschn des Gegenspielers Gerhard König von 1860, die dem zwölfjährigen Jung-Kaiser den geplanten Wechsel zu den »Sechzgern« vermieste. Und dann das Tor von Dr. Pak.

74

Landskrona, 12. September 1990:
Des Pudels Mütze

FÄRÖER – ÖSTERREICH 1:0 (EM-Qualifikation)

FÄRÖER: Knudsen, J. Hansen, Danielsen, Jakobsen, T. Hansen, A. Mørkøre, A. Hansen, Reynheim, Dam, Nielsen, K. Mørkøre
ÖSTERREICH: Konsel, Pecl, Streiter, Hartmann, Russ, Peischl, Linzmaier, Herzog (62. Pacult), Rodax, Polster, Reisinger (62. Willfurth)
SCHIEDSRICHTER: Nervik (Norwegen); ZUSCHAUER: 1230
TOR: 1:0 Nielsen (62.)

Es gibt Orte, die nicht für Fußballer gemacht sind. Eher für Schafe. Orte wie die Färöer. Auf den achtzehn zerklüfteten »Schafsinseln« im Nordatlantik findet sich nur selten eine ebene Fläche, groß genug für einen Fußballplatz – und wenn, dann überlebt dort kaum ein Rasen die Kälte und die Nässe. Oft ist es auch zu windig zum Spielen. Faustregel für Schiedsrichter: Abgebrochen wird, wenn der Ball beim Freistoß nicht liegenbleibt. Während der kurzen Ligasaison parken schlaue Zuschauer ihr Auto mit laufender Heizung am Spielfeldrand und schauen durch die Seitenscheibe zu. Nur zum Torjubel wird das Fahrzeug verlassen. Und manchmal braucht man einen neuen Ball, wenn der Wind den alten in den Fjord gepustet hat.

Ein Land am Rande der Fußballwelt. Erst Ende der achtziger Jahre entscheiden sich die Färöer, die autonomer Teil Dänemarks, aber kein Teil der Europäischen Union sind, ein Teil des Planeten Fußball zu werden. 1988 treten sie der FIFA bei, 1990 der UEFA, worauf das Nationalteam, das erst vier Länderspiele bestritten hat, erstmals an der EM-Qualifikation teilnehmen darf.

Weil sie keinen Rasenplatz besitzen, müssen sie für ihr erstes Spiel ausweichen. Dadurch kommt ein Österreicher namens Josef Hickersberger an einem regnerischen Herbstabend in Südschweden zu dem Spottnamen »Färöer-Pepi«, ohne jemals auf den Färöern gewesen zu sein.

Die Pudelmütze ist dem Trainer der Österreicher schon früh aufgefallen. Man kann ihm nämlich nicht nachsagen, dass er sich aus Bequemlichkeit oder Hochmut nicht ordentlich vorbereitet hätte auf das Duell eines Profi-Teams und WM-Teilnehmers mit einer frisch zusammengewürfelten Amateur-Elf aus Hafenarbeitern, Bauern, Fabrikangestellten. Hickersberger hat die Färinger im Testspiel gegen den dänischen Erstligisten Bröndby Kopenhagen beobachtet. »Da hat der Goalie mit der Pudelmütze sechs Tore gekriegt«, sagt er. »Da ist es schwer, den eigenen Spielern deutlich zu machen, dass sie diesen Gegner ernst nehmen müssen.« So geht man laut Stürmer Toni Polster »entsprechend locker und überheblich« in die Partie. Um das zu unterstreichen, hat er ein 10:0 prophezeit.

So stehen nun also elf Nachfahren der Wikinger, die die kargen Inseln im Mittelalter besiedelten, im Idrottsplats-Stadion von Landskrona, das mit 1230 Zuschauern, vor allem dänischen Exil-Färingern, kaum zu einem Zehntel gefüllt ist. Sie überraschen die Österreicher mit einer innovativen Taktik: Zehnerkette plus Pudelmütze.

Jens Martin Knudsen trägt sie, seit er sich mit dreizehn am Kopf verletzte und der Mutter versprechen musste, sich künftig zu schützen. Vor dem Spiel hat er zwar überlegt, sie wegzulassen, weil er bei einer hohen Niederlage bestimmt als »Depp mit der Mütze« verspottet würde. Aber dann hat er sich lieber eine neue gekauft. Eigentlich sieht sie eher wie eine Zipfelmütze aus. Und noch eher wie ein Kopfverband, eine Art weißer Stützstrumpf auf der oberen Kopfhälfte, mit Knubbel drauf.

Die Pflegefälle spielen aber auf der anderen Seite. Sie kriegen nicht viel zustande. »Es passierte fast nichts. Ein extrem ruhiges, dahinplätscherndes Spiel. Kaum Chancen, wenig zu halten«, beschreibt es Knudsen später. Manchmal übertölpelt Färöer Österreich mit einer altmodischen Abseitsfalle, überfallartig rausrückend. Nur einmal geht sie schief, weil der ballführende Österreicher sich den Ball selbst vorlegt. Aber da ist Knudsen rechtzeitig aus seinem Tor, riskiert Kopf und Mütze, die er dabei verliert, und klärt den Ball am Strafraumrand.

Mit ihren wenigen Gelegenheiten gehen die Österreicher fahrig um. Nach einer vergebenen wird Regisseur Andi Herzog ungeduldig. Er mahnt Polster: »Toni, jetzt wird's dann mal Zeit!« Der Torjäger wiegelt ab: »Herzal, bleib ruhig!« Das hilft auch nicht. »Wir haben gedacht, wenn wir gut spielen, gewinnen wir 10:0, wenn wir schlecht spielen, 3:0«, so Herzog. »Dann sind wir irgendwann aufgewacht.«

Irgendwann ist nach einer guten Stunde. Torwart Knudsen tritt einen Abschlag in die gegnerische Hälfte. Der Ball kommt zu Torkil Nielsen. Der Stürmer behauptet sich gegen zwei Verteidiger und trifft aus sechzehn Metern flach ins Tor. In diesem Moment schreit der Radioreporter Magni Arge, dessen Leitung nicht funktioniert, laut ins Telefon, damit man ihn daheim auch hört. Die ekstatische Torschilderung, während deren die Spieler übereinander herpurzeln und die Anzeigetafel auf den Stand »Føroyar 1 Eysturiki 0« umgestellt wird, krönt er mit einem kräftigen »Oijoijoijoi«.

Es ist für die Färinger so etwas wie Bern vierundfünfzig für die Deutschen. Der Radioreporter Arge ist ihr Herbert Zimmermann, der Wollfabrikarbeiter Nielsen ihr Helmut Rahn, und zum Fußballgott im Tor wird nun der Mann mit der Mütze und den vielen Talenten. Knudsen ist auch Torwart des Handball-Nationalteams und dreifacher Landesmeister im Turnen. Und dazu Gabelstaplerfahrer in der Fischfabrik, nun aber vor allem der, der die Österreicher zur Verzweiflung bringt. »Dieser Torwart! Wie oft ich den angeköpfelt hab!«, stöhnt Polster später, als er das Ergebnis schon kennt: »Eine Blamage internationalen Ausmaßes.«

Nichts mehr bringen die Österreicher zustande außer dem Ausdruck des Entsetzens. Sie ahnen, was ihnen daheim blüht. Zu allem Übel muss Herzog nach Schlusspfiff auch noch zur Dopingkontrolle. »Wie sollen wir gedopt gewesen sein?«, fragt er wütend den Kontrolleur. »So wie wir gespielt haben?«

Ein TV-Reporter fragt Hickersberger, den Färöer-Pepi, nach dem Spiel, ob er zurücktreten wolle. Seine Antwort: »Das würde ich gern tun.« Der Wunsch erfüllt sich einen Tag später. Doch außer dem 3:0 im Rückspiel in Salzburg gewinnen die Österreicher auch mit neuem Trainer kein Spiel und enden punktgleich mit den Färöern (die noch ein 1:1 in Nordirland schaffen) am Ende der Qualifikationsgruppe. »Es gibt im Leben Schlimmeres als Niederlagen im Fußball«, sagt Hickersberger zwölf Jahre später. »Aber im Fußball gibt es keine schlimmere Niederlage als gegen Färöer.«

Und keinen schöneren Sieg als gegen Österreich. Am Morgen nach dem Spiel werden die Helden von Landskrona daheim von zwanzigtausend Menschen, fast der Hälfte der Bevölkerung, gefeiert. Schon bald entsteht eine Hymne auf dieses Spiel, mit dem Refrain: »Die Berge und das Volk, stolz stehen sie da, David stürzte Goliath, vorwärts, vorwärts, Färöer!«

Und der Mann mit der Pudelmütze wird zum Star, bei dem noch Jahrzehnte später »immer wieder Touristen aus Österreich vor der Haustür« stehen, wie er verrät. »Wenn es nicht zu viele sind, lade ich sie zu einem Kaffee ein.« Mit bis zu elf Österreichern wird er ja locker fertig.

Es ist kein Glück, Favorit zu sein. Schon gar nicht Trainer eines Favoriten. »Genieße es«, empfahl Arsène Wenger, mehr als zwanzig Jahre lang Trainer des FC Arsenal, einem jungen Kollegen, der einen seiner ersten Siege erleb-

te. »Es dauert nur drei Minuten.« Bei Real Madrid vielleicht noch weniger. Bernd Schuster, nach einem Jahr dort Meister, nach anderthalb entlassen, sagte, ein Sieg mit Real bedeute für den Trainer »kein Glücksgefühl«, er sei ja nur das erwartete Ergebnis; sondern »lediglich Entspannung«. Anders gesagt: Siege für Favoriten sind keine prickelnde Erotik, sie sind nur gute Verdauung. Ganz anders die Erfolge von Außenseitern, allen voran der Erfolg des größten Außenseiters, der je den Meistertitel in der reichsten Liga der Welt gewann.

75

Leicester, 2. Mai 2016:
Der Zauber des toten Königs

FC CHELSEA – TOTTENHAM HOTSPUR 2:2 (Premier League, 36. Spieltag)

CHELSEA: Begović, Ivanović, Cahill, Terry, Azpilicueta, Mikel, Matić (78. Oscar), Willian, Fàbregas, Pedro (46. Hazard), Diego Costa

TOTTENHAM: Lloris, Walker, Alderweireld (90. Chadli), Vertonghen, Rose (82. Davies), Dier, Dembelé, Lamela, Eriksen, Son (64. Mason), Kane

SCHIEDSRICHTER: Clattenburg; ZUSCHAUER: 41 500

TORE: 0:1 Kane (35.), 0:2 Son (44.), 1:2 Cahill (58.), 2:2 Hazard (83.)

Der Montag, an dem Claudio Ranieri die Fußballwelt auf den Kopf stellt, ist sein freier Tag. Er genießt ihn. Daheim in Rom speist er mit der sechsundneunzigjährigen Mutter. Dann zurück nach England, und um acht Uhr schaut er Fußball. Im Fernseher läuft ein packendes Spiel. Zur Pause führt Tottenham. Dann zeigt sich Chelsea, der abgeschlagene Meister des Vorjahrs, kämpferisch und gleicht spät zum 2:2 aus. Danach kann der Italiener seinen eigenen Namen hören: gesungen von den Fans von Chelsea, seinem einstigen Klub. Und um kurz vor zehn hat Claudio Ranieri, auf seinem Sofa, am Ende seines freien Tages, das wundersamste aller Wunder des modernen Fußballs vollendet.

»Die größte Sportgeschichte, die je erzählt wurde« nennt die »Daily Mail« den Gewinn der englischen Meisterschaft durch Leicester City, das vom letzten Verfolger, von Tottenham, nach diesem 2:2 nicht mehr eingeholt werden kann. Es ist, wie fast alle großen Geschichten, eine, die niemand so hätte erfinden können. Und fast schon zu viel, um es zu erzählen. Wo anfangen, wo aufhören?

Ranieri selbst ist ein guter Anfang. Ein Mann, der in dreißig Jahren auf sechzehn Trainerstationen überall beliebt war, aber erst mit vierundsechzig Jahren, auf einem Posten, für den er nicht die erste Wahl war, einen Titel gewann – und dann gleich eine Jahrhundert-Sensation schaffte. Die letzten Einträge im Lebenslauf dokumentieren eine einmalig bizarre Spätkarriere. 2015: arbeitsloser Hospitant im Rentneralter, Weiterbildung mit Besuchen bei Klopp und Guardiola. 2016: »Welttrainer des Jahres«, vor Klopp und Guardiola und allen anderen. 2017: entlassen von den thailändischen Klubbesitzern.

Weitererzählen muss man bei Jamie Vardy, in dessen Partykeller die Spieler das Spiel in Tottenham sehen und danach eine durchgeknallte Meisterparty feiern. Die Bilder aus seinem Haus gehen vom Smartphone des Österreichers Christian Fuchs, ein Jahr zuvor in Schalke ausgemustert, um die Welt. An diesem Abend, bereits wenige Minuten nach Abpfiff an der Stamford Bridge, ist Leicester City Thema Nummer eins der sozialen Medienwelt.

Vardy, mit sechzehn als zu schmächtig für eine Profikarriere aussortiert, wurde Fabrikarbeiter, nebenbei Amateurfußballer mit Fußfessel, der Verurteilung für eine Schlägerei wegen, dann Torjäger von der achten bis fünften Liga aufwärts, ehe er mit fünfundzwanzig nach Leicester in die zweite Liga kam. Mit neunundzwanzig ist er Nationalspieler, Landesmeister und Namensgeber einer Kartoffelchip-Marke: »Vardy Salted«.

Die Kraft der Motivation von Außenseitern ist im Sport nicht neu. Aber wohl nie hat sie so weit geführt wie bei diesem Team. Es versammelt Verschmähte und Verkannte aus allen fünf Kontinenten. »In einer Zeit, in der nur Geld zählt, geben wir den Leuten Hoffnung«, sagt Ranieri. Selbst Prinz William, neben dem Leben als künftiger König auch Präsident des englischen Fußballverbandes, ließ alle Neutralität fahren: »Ich sterbe dafür, dass Leicester den Titel holt.« Dabei war das gar nicht nötig. Schon ein anderer König ist dafür gestorben.

Es ist Richard III., Shakespeares größter Schurke, dessen Gebeine mehr als fünfhundert Jahre nach der Schlacht von Bosworth unter einem Parkplatz in Leicester ausgegraben wurden. Er wurde per DNA-Abgleich identifiziert und in der Kathedrale beigesetzt. Das war im März 2015, und Leicester City war Tabellenletzter. Vierzehn Monate später ist Leicester Meister. Seit Richard seine Ruhe hat, der letzte englische König, der auf dem Schlachtfeld starb, vom elften Schwerthieb erschlagen, weil ihm niemand »ein Königreich für ein Pferd« eintauschen wollte – seitdem hat das Team bis zur eigenen Krönung nur vier von fünfundvierzig Ligaspielen verloren. Weniger als der FC Bayern und der FC Barcelona.

Als Chelsea ausgleicht und die Menschen in Leicester ins Freie strömen, zum dunklen, abgeriegelten Stadion, um zu feiern, trägt auch Richards Statue vor der Kathedrale einen Leicester-Schal. Zur Feier eines Meisters, der daran erinnert, dass Fußball noch andere Ergebnisse hervorbringen kann als das Spiegelbild ökonomischer Machtverhältnisse – während anderswo in Europa alles wie immer ist. Bayern München wird zum vierten Mal in Folge Meister. Paris Saint-Germain auch, mit einunddreißig Punkten Vorsprung. Juventus Turin zum fünften Mal.

Dass der Klub mit dem viertkleinsten Budget englischer Champion wird, ein Klub, der in hundertzweiunddreißig Jahren mit zweiundzwanzig Ab- und Aufstiegen weniger Geld für Spieler ausgab als Manchester United in den letzten zwei und in der Vorsaison hundertvierzig Tage auf einem Abstiegsplatz stand – das »gibt jedem das kleine Bisschen Hoffnung zurück«, findet der frühere Leicester-Trainer Martin O'Neill. Die Hoffnung, »dass der Fußball seinen Zauber noch nicht verloren hat«.

Dieser Zauber wirkt global, jeder versteht ihn. So viele Menschen wie wohl noch nie freuen sich weltweit über einen nationalen Meister. Den Abermillionen, die eine Leidenschaft für den Fußball haben, nicht nur für einen bestimmten Klub, und die das Gehabe der im Geld schwimmenden Kaste der zehn, zwölf Mega-Klubs zunehmend abstößt, hat Leicester ein großes Glück beschert.

Und dazu den Buchmachern eine Rechnung von rund fünfzehn Millionen Pfund. An die hundert Wagemutige tippten zu Saisonbeginn auf den Meister Leicester – bei einer Quote von 5000:1, die sich für die Wettbüros nun als teuer erweist. Ihnen war nahezu alles andere wahrscheinlicher als ein Meistertitel für Leicester erschienen. Für alles gab es niedrigere Quoten: Nessie taucht auf. Der Yeti zeigt sich. Elvis lebt.

Selbst FIFA-Präsident Gianni Infantino zeigt sich in den Frühlingsgefühlen jenes Maiabends als Romantiker und preist Leicesters »wunderschöne Geschichte« als eines der »Märchen«, für die man »den Fußball liebt«. Das kommt aus berufenem Munde. Schließlich zählte die FIFA unter Vorgänger Sepp Blatter zu den großen Märchenerzählern der Gegenwart. Doch dieses hier konnte nicht mal die FIFA erfinden. Nur der Fußball konnte es.

Claudio Ranieri war übrigens beim letzten Job vor Leicester, als Nationaltrainer in Griechenland, nach einer Niederlage gegen die Färöer entlassen worden. So wie einst der österreichische Kollege Hickersberger. Kleine Inselvölker sind nun mal die geborenen Außenseiter im Fußball. Und damit der Maßstab für das, was eine Blamage ist. Vor allem für die Blamagen großer Inselvölker – so wie jenes, das auch noch im Juli 2016 glaubte, den Fußball erfunden zu haben.

76

Nizza, 28. Juni 2016: Huuuuuuh!

ISLAND – ENGLAND 2:1 (EM-Achtelfinale)

ISLAND: Halldórsson, Sævarsson, Árnason, R. Sigurdsson, Skúlason, Gudmundsson, G. Sigurdsson, Gunnarsson, Bjarnason, Bödvarsson (89. Traustason), Sigthórsson (76. Bjarnason)
ENGLAND: Hart, Rose, Smalling, Cahill, Walker, Rooney (87. Rashford), Dier (46. Wilshere), Alli, Sterling (60. Vardy), Kane, Sturridge
SCHIEDSRICHTER: Skomina (Slowenien); ZUSCHAUER: 34 000
TORE: 0:1 Rooney (4., Elfmeter), 1:1 R. Sigurdsson (6.), 2:1 Sigthorsson (18.)

Alle lieben die Isländer bei ihrer ersten EM. Na ja, fast alle. »Sie parken den Bus im Tornetz, und es ist schwierig, wenn ein Team gar nicht versucht, Fußball zu spielen und das Spiel zu gewinnen. Sie jubelten, als hätten sie das Turnier gewonnen. Das ist eine schwache Mentalität. Das ist der Grund dafür, dass sie in diesem Wettbewerb nichts reißen werden.«

Die Prognose von Cristiano Ronaldo nach dem 1:1 gegen die riesigen Fußballzwerge wird sich am Ende nicht ganz bewahrheiten. Aber den Isländern hätte er kaum einen größeren Spaß bereiten können. «Es macht es noch schöner, wenn er ein solch schlechter Verlierer ist«, freut sich Gegenspieler Kari Arnason. »Was erwartet er? Dass wir gegen ihn wie Barcelona spielen? Ein phantastischer Fußballer, aber keine angenehme Person.«

Etwas »gerissen« hat Island ja schon, indem es einfach nur da ist, um den Weltstar zu ärgern. Nie zuvor war ein solch kleines

Land bei einem solch großen Turnier dabei, nach Qualifikationssiegen gegen Niederländer, Tschechen, Türken. In den sechziger Jahren haben sie 2:14 gegen Dänemark verloren. Und noch vor weniger als zehn Jahren 0:3 gegen Liechtenstein, wie der neue Staatspräsident Gudni Jóhannesson als guter Historiker, der er im Zivilberuf ist, mahnend erinnert – ehe er zwei Tage nach seiner Wahl nach Nizza fliegt und sich im blauen Trikot in die Fankurve stellt.

Auch wenn nur achttausend von ihnen ins Stadion kommen, sollen fast dreißigtausend Isländer an diesem Abend in Südfrankreich sein, fast ein Zehntel der Bevölkerung. »Die größte Invasion von Wikingern in Europa seit dem elften Jahrhundert« hat einer von ihnen vor Abreise angekündigt. Schweren Eindruck machen sie mit dem langgezogenen »Huuuu!«-Schlachtruf, von dem die Sage geht, er sei ein alter Wikingerschrei.

In Wirklichkeit, so Trainer Heimir Hallgrimsson, im Hauptberuf Zahnarzt, habe sich das ein isländischer Fanklub ausgedacht: »Aber wenn es euch Angst macht, behalten wir es natürlich bei.« Und weil es so schön war, machen die Invasoren nun Überstunden. Mit seinem späten Siegtor zum 2:1 gegen Österreich ließ Arnor Traustason das Land erbeben, als seien alle einunddreißig aktiven Vulkane Islands auf einmal ausgebrochen.

Achtelfinale! Gegen England! Doch nun muss Schluss sein, ist sich die Fußballwelt einig. Niemand rechnet im Ernst damit, dass sich die Engländer vier Tage nach dem Brexit ein zweites Mal aus Europa verabschieden. Die meisten Favoriten haben die Vorrunde der auf vierundzwanzig Teams aufgeblähten EM zum Einspielen genutzt – im Wissen, dass sie so schlecht gar nicht spielen konnten, um nicht weiterzukommen bei diesem Modus.

Die Debütanten Wales, Nordirland, Slowakei und Island kamen weiter und feierten. Die Kleinen hatten ihre Party. Nun aber beginnt die K.-o.-Runde, die Zeit, wenn die Großen ernst machen. Und tatsächlich, das Spiel in Nizza bestätigt die Erwartung schon, ehe es richtig angefangen hat. Ein steiles Zuspiel erreicht Raheem Sterling, und der schnelle Engländer wird vom Torwart und Filmregisseur Hannes Thor Halldorsson ins Straucheln gebracht. Drei Minuten gespielt, Elfmeter. Wayne Rooney verwandelt.

Doch es wird die kürzeste Führung der EM. Vierunddreißig Sekunden vergehen nach dem Wiederanstoß, und der Ball liegt wieder im Tor – im englischen diesmal. Man müsse »schon blind sein«, um die Gefahr durch diese »Waffe« der Isländer nicht zu erkennen, hat Englands Trainer Roy Hodgson verkündet. Und jeder, der nicht blind ist, sieht es nun. Ball im Aus, Einwurf. Es nähert sich der rauschebärtige Aron Gunnarsson, früherer Handballer. Denn in Island haben viele Fußballer nach Ende des kurzen Sommers den Winter mit Handball überbrückt, ehe Fußball mit dem Bau von acht Großfeld-Fußballhallen und über hundertfünfzig Kunstrasenplätzen zum Ganzjahressport wurde. Und Island zur Fußballmacht.

Gunnarsson also nutzt nun die in seinem Zweitsport bewährten Fähigkeiten zu einem weiten, präzisen Einwurf auf den Kollegen Arnason, den Ronaldo-Freund. Arnason verlängert per Kopf Richtung Fünfmeterraum. Und dort trifft Ragnar Sigurdsson ins Tor.

Es ist das 1:1. Es ist eine 1:1-Kopie des ersten Tores der Isländer gegen Österreich. Gunnarsson wirft, Arnason köpft, und einer der anderen vier Spieler, die sich vor dem Einwurf im Strafraum verteilt haben, als wär's eine Ecke oder eine Freistoßflanke, wird zum Endabnehmer. Hodgson hätte sich das Spiel gegen Österreich anschauen, den möglichen Achtelfinalgegner studieren können. Die Engländer residierten in der Nähe und hatten frei. Doch er zog eine Bootstour auf der Seine vor und erklärte, genug über Island zu wissen. Aus diesem Grund wird der 1,91 Meter große Arnason beim Kopfball wohl vom 1,76-Riesen Rooney gedeckt worden sein.

Weitere zwölf Minuten später ist die Partie gedreht. Eine Kurzpasskombination bringt am Strafraum Kolbeinn Sigthórsson in Schussposition, und der Stürmer mit dem prophetischen Namen schießt mit dem Innenrist – eigentlich nicht plaziert genug und vor allem nicht hart und deshalb kein Problem für einen Nationaltorwart. Na ja, außer für Joe Hart vielleicht. Der Engländer lässt den Ball unter der Hand über die Torlinie krabbeln.

Von da an sieht man die nackte Angst im englischen Team – die Angst, zu den größten Verlierern der Geschichte zu gehören. Eine Befürchtung, die sich von selbst erfüllt. Immer wieder verlaufen sich die Engländer, der »Geheimfavorit« der EM, der alle zehn Qualifikationsspiele gewonnen und drei Monate vorher Weltmeister Deutschland in Berlin geschlagen hat, wie Hänsel und Gretel im dichten Wald der baumlangen Isländer in ihrer doppelten Viererkette.

Der alte Hodgson wirkt so hilflos wie seine jungen Spieler, schüttelt das graue Haupt, starrt zu Boden, vergräbt das Gesicht in den Händen. Keine zwanzig Minuten nach Abpfiff wird er zurücktreten, aschfahl eine vorformulierte Erklärung ablesend, das Einzige, das er gründlich genug vorbereitet hatte für dieses Spiel.

Die Isländer haben sich auf dieses Duell besonders gefreut, wegen »unserer Liebe für den englischen Fußball«, so Hallgrimsson, weil sie »damit aufgewachsen sind, englischen Fußball zu gucken«. An diesem Tag aber spielen die Isländer den besseren englischen Fußball. Den besten Torabschluss nach der Pause liefert Ragnar Sigurdsson mit einem Fallrückzieher, nur etwas zu zentral fürs dritte Tor.

Nach Schlusspfiff lassen sich Engländer zu Boden fallen, um ihre entgleitenden Gesichtszüge mit Händen zu bedecken oder in den Rasen zu drücken. Andere bleiben wie versteinert stehen und blicken ins Leere, wie Menschen, die etwas Schreckliches gesehen haben und wissen, dass dieses Bild sie nie verlassen wird.

An ihnen vorbei rennen die schrecklich fröhlichen Isländer über den Platz zu ihren Anhängern. Sie lassen sich ihre kleinen blonden Kinder reichen und hüpfen mit ihnen vor der Kurve der Fans, die im schleppenden, sich beschleunigenden Klatschrhythmus den erst sanft anlaufenden, dann immer schnelleren und mächtigeren Schlachtruf »Uuuuh!« wie eine Wand aus Schall durchs Stadion rollen lassen.

Auf der Haupttribüne reibt sich der seit kurzem weltbekannteste Island-Fan auf, der Fernsehreporter Gudmundur Benediktsson, der beim Siegtor gegen Österreich mit seiner überkippenden, fast nur im Frequenzbereich von Fledermausohren noch hörbaren Stimme um die Welt gegangen ist. Er gibt nun eine Zugabe.

»Es ist geschafft! Es ist geschafft! Wir gehen niemals nach Hause! Habt ihr das gesehen? Unbeschreiblich! Ich kann es nicht glauben! Das ist ein Traum, weckt mich niemals aus diesem unglaublichen Traum auf!« So schreit er wie ein Heavy-Metal-Sänger ohne Stimme. »Lebe so, wie du willst, England«, krächzt er den Brexit-Fußballern hinterher. »Du kannst nach Hause gehen! Du kannst raus aus Europa! Du kannst gehen, wo immer, zur Hölle, du hinwillst.«

Er zitiert damit einen anderen berühmten Kollegen, Björn Lillelien, der 1981 nach dem ersten Sieg Norwegens gegen England, einem 2:1 in der WM-Qualifikation, auf Englisch in sein Radio-Mikrofon schrie, als wolle er einige tote Engländer aufwecken: »Lord Nelson! Lord Beaverbrook! Sir Winston Churchill! Sir Anthony Eden! Clement Attlee! Henry Cooper! Lady Diana! Maggie Thatcher – kannst du mich hören, Maggie Thatcher? Eure Jungs haben richtig Prügel gekriegt! Eure Jungs haben richtig Prügel gekriegt!«

Die englische Zeitung »Observer« erklärte es 2003 zum

»großartigsten Sport-Livekommentar aller Zeiten« und schrieb: »Fußballfans von Schottland bis Argentinien verstanden genau, was er sagte: dass es kein süßeres Vergnügen gibt, als die Engländer in ihrem eigenen Spiel zu schlagen.« Und das wird wohl immer so bleiben.

Die Schadenfreude gegenüber England war einmal auch auf deutscher Seite groß, an jenem Tag im Juni 1970, als England, das den einzigen Fußballtitel, den es, mit Hilfe eines sowjetischen Linienrichters, je gewonnen hatte, wieder verlor. Das geschah in einem Spiel mit allen Zutaten für einen filmreifen Plot: extremen Bedingungen, überraschenden Wendungen, einem Bier zu viel, einer entscheidenden Idee per Hinterkopf, einem Torwart, der Postbote auf einer kleinen Insel wurde. Und mit gravierenden Folgen für die Weltgeschichte.

77

León, 14. Juni 1970:
Uwes Tor für Maggie Thatcher

DEUTSCHLAND – ENGLAND 3:2 n. V. (WM-Viertelfinale)

DEUTSCHLAND: Maier, Vogts, Schnellinger, Fichtel, Höttges (46. Schulz), Seeler, Beckenbauer, Overath, Libuda (57. Grabowski), Müller, Löhr
ENGLAND: Bonetti, Newton, Labone, Moore, Cooper, Mullery, Ball, B. Charlton (68. Bell), Peters (81. Hunter), Lee, Hurst
SCHIEDSRICHTER: Coerezza (Argentinien); ZUSCHAUER: 23 300
TORE: 0:1 Mullery (31.), 0:2 Peters (49.), 1:2 Beckenbauer (68.), 2:2 Seeler (82.), 3:2 Müller (108.)

Das Bierchen von Gordon Banks. Das Händchen von Alf Ramsey. Das Köpfchen von Uwe Seeler. Eine dieser drei Kleinigkeiten beendet an einem heißen mexikanischen Sonntag die beste Zeit des englischen Fußballs. Welche von den dreien? Vielleicht alle.

Es geht am Freitag damit los, dass Weltmeister England zwei Tage vor dem WM-Viertelfinale gegen Deutschland einen Ausflug macht. Vom Teamhotel, wo nur aus England mitgebrachte Nahrung und Getränke serviert werden, fährt man zu einem Country Club in der Nähe und bestellt eine Runde Bier. Alle trinken. Nur einem geht es bald schlecht: Gordon Banks. Am Samstag immer noch. Magenkrämpfe, Schüttelfrost.

Trainer Ramsey stöhnt: ausgerechnet er! Banks gilt als weltbester Torwart. Samstagabend geht es dem Patienten etwas besser. Sonntagfrüh heißt es, er könne spielen. Doch bei der letzten

Besprechung vor dem Spiel klappt er zusammen. Eine halbe Stunde vor Abfahrt ins Stadion erfährt Ersatzmann Peter Bonetti, dass er spielen muss.

Weil bei der WM in Mexiko zum ersten Mal die TV-Sender auf Anstoßzeiten Einfluss nehmen, geht das Spiel schon um zwölf Uhr los – neunzehn Uhr in Deutschland. Beste Sendezeit, härteste Spielzeit. 38 Grad im Schatten. Und nirgendwo Schatten. Dazu die Höhenluft.

Die Deutschen brennen auf Revanche für 1966. Wieder dabei, aber nur auf der Tribüne: Tofik Bachramow, der Linienrichter, der das Wembley-Tor gab. »Heute ist unser Wembley«, sagt Uwe Seeler im Gang zu Bobby Charlton. Doch die Engländer machen das Spiel, vor allem über ihre offensiven Außenverteidiger. Von rechts passt Keith Newton nach einer halben Stunde vors Tor, Alan Mullery schießt das 1:0. Fünf Minuten nach der Pause ist wieder Newton außen entwischt, flankt auf Martin Peters, der den Ball zum 2:0 ins kurze Eck drückt.

Gerd Müller und Franz Beckenbauer reden schon über den Rückflug. Trainer Helmut Schön aber hat noch einen Trumpf im Ärmel. Jürgen Grabowski legt die Trainingsjacke ab und den weißen Sombrero, der die Reservisten vor der Sonne schützt.

Seine Einwechslung verändert die Balance. Die Außenverteidiger tragen im System der Engländer die größte Last. Sie übernehmen den Part der Flügelstürmer mit, die es in Ramseys 4-4-2 nicht gibt. Linksverteidiger Terry Cooper wirkt nach einer Stunde schon mürbe von der Hitze und seinem Laufpensum. Und nun bekommt er den frischen, wirbelnden Grabowski vor die Nase gesetzt. »Das hat alles verändert«, sagt Mullery später. »Cooper war schon müde, und Grabowski lief ihn in Grund und Boden.«

Ramsey aber macht Anstalten, nicht Cooper, sondern Bobby Charlton zu ersetzen, seinen Regisseur. Währenddessen läuft Beckenbauer im Mittelfeld mühelos an Charlton vorbei und bekommt den Ball wenige Meter vor dem Strafraum. Mit einem kurzen Antritt lässt er Mullery stehen und schießt aus achtzehn Metern. ZDF-Reporter Werner Schneider macht ein »herrliches Solo von Beckenbauer« daraus. Herrlich wird es vor allem durch den Fehler von Bonetti, dem Torwart ohne Handschuhe, der den haltbaren Flachschuss unter Armen und Körper durchrutschen lässt. Der Anschlusstreffer. Deutschland ist wieder im Spiel.

Im Gegensatz zur verbreiteten Legende, dass Ramsey Beckenbauers Gegenpart Charlton erst ausgewechselt und der Deutsche dann befreit das Tor erzielt hätte, ist Charlton bei diesem Treffer noch auf dem Platz. Trotz der rapide gewachsenen Gefahr, den Sieg in den letzten zwanzig Minuten aus der Hand zu geben, bleibt Ramsey dabei, Charlton herauszunehmen. Der ist sichtlich sauer. Während Ramsey behauptet, Charlton sei am Ende seiner Kräfte gewesen, sagt Charlton später: »Ich brauchte keine Verschnaufpause, war gut auf den Beinen. Ich musste runter, weil Sir Alf dachte, dass wir gewinnen und das Halbfinale erreichen, und mich wegen der Hitze dafür schonen wollte.« Schonen für sein hundertsiebtes Länderspiel. Doch das hundertsechste, mit dem Charlton an diesem Tag einen Weltrekord aufstellt, wird sein letztes bleiben.

Ramseys schlechtes Händchen ist für England genauso verhängnisvoll wie Banks' schlechtes Bierchen. Bei der WM in Mexiko sind erstmals Auswechslungen erlaubt. Doch während Schön das nutzt, um Schwung zu bringen, schafft Ramsey das Gegenteil. »In Gedanken war ich schon auf dem Heimflug«, räumt Beckenbauer ein. »Aber Ramsey machte den taktischen Fehler, Charlton auszuwechseln.« Nachdem er bisher, wie im Finale 1966, den englischen Regisseur beschatten musste, kann er von da an befreit aufspielen. »Plötzlich machte er uns Probleme«, so Cooper, »und das Spiel glitt uns aus der Hand.«

Trotzdem hätte es noch gut ausgehen können für England. Geoff Hurst verpasst kurz danach hauchdünn das 3:1. Doch dann, acht Minuten vor Ende, kommt die lange, ungenaue

Flanke von Karl-Heinz Schnellinger angesegelt, und Seelers Köpfchen kommt ins Spiel.

So wie der Ball fliegt, gibt es kaum ein Körperteil, mit dem der Veteran ihn legal erreichen und aufs Tor befördern könnte. Er findet dann doch eins, wenngleich mit einigen Verrenkungen: »Ich lasse mich leicht ins Kreuz fallen, schiebe den Kopf unter den Ball und schnelle hoch.« Was hochschnellt, ist Seelers kahler Hinterkopf, von dessen harter Wölbung der Ball wieder in die Höhe steigt, kurz in der Luft zu stehen scheint und dann ins lange Toreck sinkt, über den wie angewurzelt stehenden Bonetti hinweg. Es ist das 2:2 – und augenblicklich und unabänderlich das berühmteste Kopfballtor des deutschen Fußballs. »Seeler! Jawoll, jawoll«, lautet der Textvorschlag des TV-Reporters Schneider.

Verlängerung also. Nach fünfminütiger Pause an einem schattigen Platz unterhalb der Tribüne geht es für eine weitere halbe Stunde wieder hinaus in die brennende Mittagssonne. Nach einhundertneun Minuten entwischt Grabowski abermals dem müden Cooper, flankt etwas zu lang, doch von der anderen Seite kann Hannes Löhr den Ball in die Mitte zurückköpfen. Und dort springt Gerd Müller, während des Spiels um vier Kilo Schweiß erleichtert, federleicht hoch, wirft sein kräftiges rechtes Bein in die Höhe und schlägt den Ball aus kurzer Entfernung vorbei am wieder auf seiner Linie klebenden Bonetti. Das 3:2, die Revanche für Wembley, der Sieg in einer irren Hitzeschlacht. Ramsey nennt sie »unwirklich, wie eine Laune der Natur«. Für Schön ist es »eines der größten Spiele unserer Mannschaft überhaupt«.

Schon während der Verlängerung schleicht sich Jack Charlton, der nicht eingesetzte Bruder von Bobby, von der englischen Bank, um in der nächsten Kneipe ein kühles Bier zu trinken. »Als ich da in der leeren Kneipe hockte«, sagt er später, »wurde mir klar, dass es von nun an mit der englischen Mannschaft bergab gehen würde.« Zum ersten Mal in achtundneunzig Jahren hat sie nach einem Zwei-Tore-Vorsprung verloren. Und zum letzten Mal für zwölf Jahre eine Welt- oder Europameisterschaft bestritten.

Vier Tage danach verliert der britische Regierungschef Harold Wilson überraschend die Unterhauswahl gegen Edward Heath. Die Labour-Partei büßt sechzig Sitze ein, die Konservativen gewinnen fünfundsechzig. Hat es mit der WM zu tun? Wilson wiegelt ab: Die Führung eines Landes habe »nichts zu tun mit dem Studium von Fußballergebnissen«. Doch der spätere Außenminister Tony Crosland erklärt die Wahlniederlage mit einem »Mix aus Selbstgefälligkeit der Partei und Verstimmung der Fußballzuschauer«.

Sportminister Denis Howell sagt später: »In dem Moment, als Bonetti seinen dritten und letzten Patzer machte, ging für Labour alles den Bach hinunter.« Mehrere englische Autoren vertreten die These, dass ohne Englands Aus in León die Labour-Partei an der Macht geblieben und am Ende der politischen Kausalkette den Briten und dem Rest der Welt die »Eiserne Lady«, Margaret Thatcher, erspart geblieben wäre. Und all das nur wegen Uwe Seelers Hinterkopf.

Deutschland machte es 1970, bei der ersten WM mit Einwechslungen, mit Grabowski vor, der regelmäßig neuen Schwung ins Spiel brachte. Bald war der Begriff »Joker« erfunden. Er wurde eine deutsche Spezialität. Bei der EM 1976 traf der einwechselte Debütant Dieter Müller mit dem ersten Ballkontakt zum 2:2 im Halbfinale gegen Jugoslawien und schoss zwei weitere Tore. 1996 kam Oliver Bierhoff spät bei 0:1-Rückstand ins EM-Finale gegen Tschechien und drehte die Partie. Und 2014 wurde erstmals ein WM-Finale durch Joker entscheiden: André Schürrle, der zuvor im Turnier als Einwechselspieler drei Tore geschossen hatte, legte Mario Götze den Siegtreffer vor. 1954 hätten die Teams in der heißesten und torreichsten Partie der WM-Geschichte ein oder zwei solcher Ersatzleute gut gebrauchen können. Zumindest, um einen Torwart mit Sonnenstich endlich in den Schatten zu bringen.

78

Lausanne, 26. Juni 1954:
Heiße Ohren

ÖSTERREICH – SCHWEIZ 7:5 (WM-Viertelfinale)

ÖSTERREICH: Schmied, Hanappi, Happel, Barschandt, Ocwirk, Koller, R. Körner, Wagner, Probst, A. Körner, Stojaspal
SCHWEIZ: Parlier, Bocquet, Neury, Casali, Eggimann, Kernen, Antenen, Ballaman, Fatton, Hügi, Vonlanthen
SCHIEDSRICHTER: Faultless (Schottland); ZUSCHAUER: 35 000
TORE: 0:1 Ballaman (16.), 0:2 Hügi (17.), 0:3 Hügi (19.), 1:3 Wagner (25.), 2:3 A. Körner (26.), 3:3 Wagner (27.), 4:3 Ocwirk (32.), 5:3 A. Körner (34.), 5:4 Ballaman (39.), 6:4 Wagner (53.), 6:5 Hügi (58.), 7:5 Probst (76.)

Wenn Sie jetzt nicht alle die Daumen halten«, ruft die Stimme aus dem Radio, »dann passiert etwas in dieser dynamitgeladenen Luft.« Wenn Heribert Meisel Fußballspiele schildert, glühen die Empfangsgeräte in Österreich. An diesem Tag übertrifft er sich noch. Meisel hört sich an wie der Exklusivreporter vom Jüngsten Tag: live aus dem Fegefeuer.

»Eine heiße Schlacht, hier brodelt alles«, sagt der fiebrige Reporter, der genau weiß, was seine Hörer in solchen Momenten wollen: keine Distanz, sondern unmittelbar gefühlte Nähe zum weit entfernten Geschehen. Seine Reportagen im Linzer Sender »Rot-Weiß-Rot« sind so populär, dass man sie auf Schellackplatten veröffentlicht. Sein größter Hit wird die »Hitzeschlacht von Lausanne«.

Fast vierzig Grad sind gemessen worden am Tag, an dem die

Schweiz und Österreich das heißeste und torreichste Spiel der WM-Geschichte bestreiten – beschrieben von einem heißlaufenden Reporter. Der einzige Luftzug, der während der neunzig Minuten durch den Backofen des Stade Olympique de la Pontaise weht, ist der des Balles auf seinem zwölffachen Weg ins Netz.

Österreich hat eine Reihe von Weltklassespielern wie Hanappi, Happel, Ocwirk, die in der Heimat Hoffnungen auf eine Neugeburt des »Wunderteams« der frühen dreißiger Jahre schüren. Bei der WM in der Schweiz ist man ohne Gegentreffer ins Viertelfinale eingezogen. Umso mehr sind die Nation und die Stimme der Nation geschockt, als es schon nach knapp zwanzig Minuten 0:3 gegen Österreich steht. Doch dann weht eine frische Brise der Hoffnung in die überhitzte Reporterkabine.

Tor für Österreich. »Noch ist nicht alles verloren!«, tönt es daheim aus den Radios. »Flach ist der Ball hinein, und das Netz bauschte sich. Haarscharf neben der linken Stange.« Nur zwei Minuten später das 2:3 – und schon völlige Enthemmung: »Schuss von Körner, Tor! Tor! Wir sind dem Weinen nahe. Neben mir der Toningenieur, der Kollege Finger, wir alle busseln uns ab, wir umarmen uns.«

Die Szene, die Formulierung, der Toningenieur, all das wird vierundzwanzig Jahre später in einer anderen legendären Radioreportage wiederkehren – aus dem Munde von Meisels damaligem Assistenten Edi Finger, inzwischen selbst am Mikrofon, beim 3:2-Sieg der Österreicher gegen Deutschland in Córdoba 1978.

Aber hier in Lausanne bleibt kaum Zeit zum Abbusseln. Nur eine Minute später der Ausgleich – Gelegenheit für eine kleine Landeskunde. »Tor, Tor, Tor, Tor, Tor! Hat man das schon erlebt! Fußballfreunde, Sportfreunde in ganz Österreich, vom Burgenland bis Bregenz, von Innsbruck bis Linz, von Wien, von Floridsdorf bis Mödling bis Hütteldorf und bis in den Prater hinein: drei zu drei, die Freude kennt keine Grenzen.«

Nun aber nicht übertreiben, noch ist Vorsicht geboten. Meisel kennt seine Österreicher. Er hat von ihnen auch schon Spiele kommentiert, bei denen er den Zuschauern zurief: »Sind S' froh, dass Sie zu Hause geblieben sind, Sie brauchen nur zuzuhören und können abdrehen, wenn Sie wollen; ich hingegen muss mir das Spiel anschauen und muss noch drüber reden.«

»Jetzt etwas pomadig, meine Herren, spielt's ihr jetzt«, warnt er, kriegt aber in Sekundenschnelle im Crescendo die Kurve zur Ekstase: »Ball in die Mitte, aufgelegt für Ocwirk, Distanzschuss von Ocwirk, Tor! Toor! Toooohohooor! Gott sei Dank, der Ossi, der Ossi!« Und umgehend etwas Schmäh für die düpierten Gastgeber: »Also jetzt ist hier alles verzweifelt, im Schweizer Rund, in ... ach, mir fehlen die Worte.« Erst recht nach dem 5:3 zwei Minuten später. Das macht fünf österreichische Tore in neun Minuten, ein Takt, der erst sechzig Jahre später von den Deutschen mit fünf in sieben beim 7:1 gegen Brasilien überboten wird.

Fünf Gegentore für die Schweizer (vier davon durch Weitschüsse) – das ist auch deshalb kaum zu glauben, weil ihr Trainer Karl Rappan als Erfinder des »Schweizer Riegels« und damit als Pionier moderner Defensive gilt. In den dreißiger Jahren bei Servette Genf und Grasshopper Zürich hat er das damals übliche 2-3-5-System verändert, indem er die beiden Halbstürmer ins Mittelfeld und die beiden Außenläufer als Außenverteidiger in die Abwehr zurückzog. Dabei entstand ein Dreier-Abwehrblock, den ein Libero dahinter und ein Mittelfeldspieler davor abriegelten, indem sie sich, je nach Angriffsseite des Gegners, nach links oder rechts »verschoben« – eine Revolution des Defensivspiels.

Doch bei knapp vierzig Grad schmilzt der Schweizer Riegel wie Schokolade. Auch Österreichs Abwehr ist weich, sie kassiert kurz vor der Pause das 5:4. Neun Tore in einer Halbzeit, ja innerhalb von fünfundzwanzig Minuten (ein zehntes hat der Österreicher Robert Körner, genannt »Körner »II« in Abgrenzung zu Bruder Alfred, per Elfmeter vergeben): das Resultat eines hirnerweichenden Fußballspiels.

Den Anschlusstreffer zum 5:4 hat Robert Ballaman per Heber über den wie in Zeitlupe aus seinem Tor wankenden Kurt Schmied erzielt. Der österreichische Keeper hatte schon während der ersten Halbzeit einen Hitzschlag erlitten. In der Kabine wird Schmied ohnmächtig. Man päppelt ihn wieder auf. Nach der Pause stellt sich der Masseur Josef Ullrich als Gehilfe hinter den Kasten des taumelnden Torwarts.

Wenn der Ball weit weg ist, reicht er ihm einen kühlenden Schwamm. Wenn der Ball naht, stößt er Warnhinweise aus. »Der Kurtl torkelte mit brummendem Schädel zwischen den Pfosten herum und fragte andauernd nach dem Spielstand«, erzählt Ullrich später. »Jedes Mal, wenn die Schweizer angriffen, musste ich ihn darauf aufmerksam machen.« Bitte halten! Der erste Torwart mit Fernsteuerung.

Auch die Schweizer haben einen Ausfall. Kapitän Roger Bocquet hielt sich schon nach zwanzig Minuten den Kopf. Er schleppt sich bis in die Schlussphase weiter, kollabiert erst dann. Nicht nur die Sonne wirft ihn um. Nach dem Spiel wird ein Hirntumor festgestellt – und erfolgreich behandelt. Bocquet wird die Diagnose um vierzig Jahre überleben.

Die Schweizer fühlen sich bei ihrem Heimturnier eigentlich gut in Schuss, dank ihres Quartiers in Magglingen, ähnlich idyllisch wie das der Deutschen in Spiez. »Mit Musik wurden wir geweckt, spazierten eine Stunde lang durch die Wälder, nahmen das Morgenessen ein, es folgte ein leichtes Training und sechzig Minuten Ruhe«, so beschreibt Stürmer Ballaman das zweiwöchige Ball- und Bergidyll. »Nach dem Mittagessen: zwei Stunden obligatorische Bettruhe, nachher ein Mätschli (manchmal gegen unsere Nachbarn, die Brasilianer), dann Dusche, Theorie oder Aussprache, abends jassten wir oder sahen uns einen Film an.«

Die Hitze unten am Genfer See trifft die Schweizer trotzdem

härter. Sie haben drei Tage zuvor noch ein Ausscheidungsspiel gegen Italien bestreiten müssen (und 4:1 gewonnen). Die Österreicher dagegen waren nach glatten Siegen gegen Schottland (1:0) und die Tschechoslowakei (5:0) direkt fürs Viertelfinale qualifiziert und konnten sich eine Woche schonen.

Der Schweizer Trainer Rappan ist übrigens gebürtiger Wiener, ebenso wie zehn der elf Spieler des Gegners, alle mit Ausnahme des Niederösterreichers Karl Koller, so wie auch der Trainer der Österreicher, Walter Nausch – ein früherer Spieler des »Wunderteams«, das ebenfalls fast ausschließlich aus Wienern bestand. Während Rappan mit der Schweiz die »großdeutsche« Mannschaft 1938 aus der WM warf, floh Nausch nach der Annexion Österreichs durch Hitler-Deutschland im selben Jahr mit seiner jüdischen Frau in die Schweiz und kehrte erst zehn Jahre später in die Heimat zurück. Dort wird er drei Jahre nach der »Hitzeschlacht von Lausanne« einen sehr wienerischen Tod sterben: infolge eines Herzinfarkts im Café Prückel.

Zum zweiten Mal nach 1934 sucht also eine Wiener Stadtauswahl weltmeisterlichen Ruhm, ein Weg, der wie damals immerhin auf Platz drei führen wird. Und den Soundtrack zu ihrem dramatischsten Sieg liefert der Wiener Meisel. Die rasend schnell aus dem Radio purzelnden Wortlawinen des großen Fußball-Fabulierers machen die Zuhörer atemlos.

Die zweite Halbzeit, der zweite Saunagang. Österreich hat erhöht, dann führt ein harmloser Distanzschuss zum abermaligen Anschlusstreffer. »5:6 nunmehr nur noch für uns, und zwar hat Schmied einen an und für sich ziemlich leicht haltbaren Ball ins Netz lassen«, klagt Meisel. »Er dürfte von der Sonne geblendet worden sein.« Vielmehr: gegart. Ein paar Minuten später fühlt es der Reporter am eigenen Leibe nach: »Ich glaube, ich habe auch schon einen leichten Hitzschlag. Das wäre auch kein Wunder.«

Doch sofort nimmt er wieder Tempo auf: »Freistoß für

Österreich, von Happel heraus zu Körner. Körner I nun zu Hanappi, Hanappi zuuu Wagner, schön! Diese Kombination, aber immer noch in unserer Hälfte, von Wagner läuft das Leder zu Ocwirk« … nun Schreie von mehreren Seiten, auch Meisel schreit plötzlich: »Probst ist alleine! Tor! Tor!«

Das 7:5. Genug für heute. Meisel beendet seine Reportage, deren beste Passagen der Alpenrocker Hubert von Goisern vor der EM 2008 im Song »Rotz & Wasser« vertonen wird, mit dem Fazit: »Unsere Nationalmannschaft hat nach heroischem Kampf gegen die Hitze, gegen die elf Schweizer und gegen fünfzigtausend entfesselte Lausanner … mit sieben zu fünf verdient gewonnen und steigt nun in das Semifinale auf.«

Ein unvergessliches Spiel, außer für den vergesslichen Torhüter Schmied. Beim Eintreffen im Krankenhaus weiß er nicht mal, wer gewonnen hat. Er kann sich auch später nicht an seinen berühmtesten Auftritt erinnern. »Alle anderen haben mir immer in höchsten Tönen vorgeschwärmt, was das für ein großartiges Match war. Und ich habe halt immer drauf gesagt: ›Ihr könnt's mir eh alles erzählen, ich weiß ja nichts mehr.‹«

Fürs Halbfinale gegen Deutschland vier Tage später ist Schmied noch nicht wieder fit. So muss ihn der am Knie verletzte Stammtorwart Walter Zeman ersetzen. Er spielt so schlecht, dass ihm enttäuschte Fans nach dem 1:6 vorwerfen, er habe sich von den Deutschen kaufen lassen – worauf Zeman zurücktritt und vor der Heimkehr nach Wien den Zug verlässt.
Torhüter sind geborene Sündenböcke. So wie Zeman fand sich nach der WM 1954 auch der Ungar Gyula Grosics als Beschuldigter wieder, vom kommunistischen Regime aus Budapest in die Provinz verbannt, weil er Helmut Rahns Siegtreffer nicht verhinderte. »Wäre ich stehen geblieben, hätten alle gesagt, der Ball wäre unhaltbar gewesen.« Aber er sprang dem Ball hinterher, »ein Reflex«, und bereute es. »Als der Ball im Tor lag, dachte ich, die Welt stürzt ein.« Die unverschuldete Schuld wurde er sein Leben lang nicht los.

Auch Peter Bonetti wurde eine 2:3-Niederlage gegen Deutschland zur ewigen Last. Weil er in England den ewigen Vorwurf nicht mehr aushielt, schuld am WM-Ausscheiden 1970 zu sein, wurde er Postbote auf der schottischen Isle of Mull.
Am schlimmsten erging es dem Brasilianer Moacyr Barbosa. »In diesem Land beträgt die Höchststrafe für ein Verbrechen dreißig Jahre«, sagte er als alter Mann. »Doch ich büße schon dreiundvierzig Jahre für ein Verbrechen, das ich nicht mal begangen habe.« Für einen Augenblick, der zweihunderttausend Zuschauer zum Schweigen brachte.

79

Rio de Janeiro, 16. Juli 1950: Die stumme Stadt

BRASILIEN – URUGUAY 1:2 (WM-Finalrunde, letztes Spiel)

BRASILIEN: Barbosa, Augusto, Juvenal, Bauer, Danilo, Bigode, Friaça, Zizinho, Ademir, Jair, Chico
URUGUAY: Máspoli, González, Tejera, Gambetta, Varela, Andrade, Ghiggia, Pérez, Míguez, Schiaffino, Morán
SCHIEDSRICHTER: Reader (England); ZUSCHAUER: 200 000
TORE: 1:0 Friaça (47.), 1:1 Schiaffino (66.), 1:2 Ghiggia (79.)

An einem Nachmittag um kurz nach halb fünf befällt eine der lebendigsten Städte der Welt eine große Stille. Sie hält, wie Zeitzeugen behaupten, noch Tage nach dem Ereignis an, das sie auslöste. Die Menschen verstummen nicht völlig, sprechen aber in der Öffentlichkeit nur wenig, nur leise, wie nach einem Trauerfall. Und das ist es auch, ein Trauerfall für mehr als fünfzig Millionen Menschen, geschehen an einem Tag, der dazu bestimmt war, der schönste ihres Lebens zu werden.

Brasilien richtet in jenem Sommer die WM aus. Die Erwartung der Brasilianer: dass nur ihre Mannschaft Weltmeister werden kann. Ja, dass sie das praktisch schon ist, schon vor dem letzten Spiel. Es ist kein echtes Endspiel, denn die WM 1950 ist die einzige, die nicht mit einem Finale, sondern einer Finalrunde endet. Weil aber im letzten Turnierspiel die beiden Führenden dieser Finalrunde aufeinandertreffen, ist es dann doch eine

Art Finale. Das große Brasilien braucht gegen das kleine Uruguay nur ein Unentschieden – was soll da schiefgehen?

Schon vor der Partie wird die Seleção gefeiert. Der Gouverneur von Rio kommt zum Gratulieren. Die goldenen Uhren für den Sieg sind bereits übergeben. Und Tausende Autogrammkarten mit dem Schriftzug »Weltmeister Brasilien« unterschrieben.

Im Maracanã hat sich an diesem Sonntag die größte Menge versammelt, die je ein Fußballspiel sah. Zweihunderttausend Menschen feiern seit Stunden, so wie man schon während des letzten Spiels drei Tage vorher gefeiert hat. Beim Stand von 4:0 gegen Spanien, das als härtester Herausforderer galt, begann das Volk, weiße Tücher zu schwenken und das Karnevalslied »Touradas em Madri« (Stierkämpfe in Madrid) zu singen. Am Ende hieß es 6:1. Schweden wurde 7:1 besiegt. Und nun kommt Uruguay, gegen das Brasilien im Vorjahr auf dem Weg zum Gewinn der Copa América 5:1 gewann.

Uruguay scheint von der unfassbar großen, leidenschaftlichen Kulisse beeindruckt. Als die Hymnen gespielt werden, ist Mittelfeldspieler Julio Pérez so aufgewühlt, dass er seine Blase nicht kontrollieren kann. Er benässt die eigenen Schuhe.

Doch die Uruguayer haben einen hartgesottenen Anführer, der nicht vorhat, nur Gast auf einer fremden Party zu sein. Zum Zeichen dafür haben sie vorher noch auf etwas anderes uriniert: auf die Zeitung »O Mundo«, die am Morgen des Spiels mit einem Bild der Seleção und dem Text »Das sind die Weltmeister« erschienen ist. Kapitän Obdulio Varela hat das befohlen, als Geste des Trotzes gegen die Arroganz der Brasilianer. Außerdem hat »El Negro Chefe« (der schwarze Chef), wie man ihn seiner afrikanischen Herkunft wegen nennt, den Mitspielern die vorsichtige Taktik von Trainer Juan Lopez wieder ausgeredet. »Juanito ist ein guter Mann, aber heute liegt er falsch«, sagte er. »Wenn wir defensiv spielen, wird es uns gehen wie Spanien und Schweden. Lasst uns angreifen!«

Und das tun sie. Nicht so oft wie die Brasilianer, dafür gefährlicher. Nach achtunddreißig Minuten jagt Oscar Míguez, der Uruguay mit seinen beiden späten Toren beim 3:2 gegen Schweden die Titelchance erst eröffnet hat, einen Weitschuss an die Latte.

Achtzig Sekunden nach der Pause sieht es doch nach dem vom Volk erwarteten Ausgang aus. Friaça trifft zum 1:0 für Brasilien. Die Wirkung ist fatal. »Das Tor hätte uns eigentlich beruhigen sollen«, klagt später Trainer Flávio Costa. »Aber das Gegenteil war der Fall, weil die Menschen bereits begannen, den Sieg zu feiern.«

Die Zuschauer lachen, singen, liegen sich in den Armen. Zehn Uruguayer schauen betreten. Ein Uruguayer handelt nun, um ganz allein die Stimmung im Maracanã zu ändern. Varela nimmt sich den Ball und wird aggressiv. »Obdulio brüllte eine Minute lang alle Leute an: den Schiedsrichter, die Assistenten, die Brasilianer und die eigenen Kameraden«, erinnert sich Míguez. »Und rückte den Ball nicht mehr raus. Dann schrie er: ›Entweder wir gewinnen hier, oder sie machen uns nieder.‹ Das war ein Befehl.« Erst als der ohrenbetäubende Jubel in Buhrufe und Pfiffe umschlägt, weil das Spiel nicht weitergeht, gibt Varela den Ball wieder her. Was er wollte, hat er erreicht: die Verwandlung von unbeschwerter Freude in Wut und Ärger.

Nun muss nur auch bald ein Tor her für den nächsten Schritt der Verwandlung, den von Euphorie in Entsetzen. Es gelingt zwanzig Minuten später. Varela spielt den Ball hinaus auf Alcides Ghiggia. Der Rechtsaußen entwischt Gegenspieler Bigode, läuft zur Grundlinie und spielt einen präzisen Rückpass vors Tor. Dort trifft Juan Schiaffino in den Torwinkel – und mitten ins Herz der Menge. Schon da verstummt das Maracanã für einen Moment. In seinem Tor hat Máspoli das Gefühl, »dass in diesem Augenblick alle Brasilianer Angst vor einer Niederlage bekommen«.

Die Seleção müsste nun mehr Vorsicht walten lassen, aber defensive Kontrolle kommt in ihrem Konzept nicht vor. Sie greift, von der wiedererwachenden Menge angetrieben, weiter an. Und geht in die Falle, elf Minuten vor Schluss. Ghiggia spielt auf Pérez, der bei den Hymnen so nervös war, jetzt aber sicher und präzise den Ball zurück in den Lauf des Kollegen passt. Wieder enteilt Ghiggia Verteidiger Bigode. Wieder läuft in der Mitte Schiaffino in Position. Und wieder, Ghiggia weiß es, den Ball am Fuß, erwartet Schiaffino »das Anspiel, wie beim ersten Tor«.

Doch auch der brasilianische Torwart tut das, und auch das ahnt Ghiggia. »Barbosa rechnete ebenfalls mit einer Wiederholung des vorherigen Spielzugs. Er kam aus dem Kasten, um die Hereingabe abzufangen. Da sah ich die Chance, direkt aufs Tor zu schießen.« Ghiggia zieht ab. Aus spitzem Winkel fliegt der Schuss flach, hoppelnd aufs kurze Eck. Zwischen dem Pfosten und der Hand des zu spät getauchten Torhüters rutscht er ins Netz. »Er tat das Logische«, sagt der Schütze. »Ich tat das Unlogische. Ich hatte ein bisschen Glück.«

Das bisschen Glück bringt großes Unglück über die Brasilianer. Sie reagieren wie gelähmt. »Nach dem Tor«, sagt Ademir, der neun WM-Tore schoss, nun aber so machtlos ist wie alle anderen, »war nur noch Stille«. Kein Anfeuern und Aufbäumen, kein Weinen und Wehklagen, nicht mal Buhrufe, nur noch Grabesstille, bis zum Ende. Bei Schlusspfiff ist es, als bräche über dem Maracanã eine Welt des Schweigens zusammen.

FIFA-Präsident Jules Rimet, den WM-Pokal in der Hand und einen portugiesischen Gratulationstext für die Brasilianer in der Tasche, hat sich schon beim Stand von 1:1 auf den Weg Richtung Spielfeld gemacht. »Um mich herum machten die Zuschauer ohrenbetäubenden Lärm«, so Rimet. »Als ich gerade am Ausgang des Tunnels angekommen war, verstummten die Jubelrufe plötzlich und eine trostlose Stille legte sich über das Stadion.« Im Chaos nach Schlusspfiff sucht er minutenlang

Kapitän Varela und überreicht ihm schließlich verstohlen den Pokal.

Es ist wie ein Begräbnis mit zweihunderttausend Hinterbliebenen. Als die Uruguayer sehen, was sie angerichtet haben, bereuen sie es fast. »Ich habe mehr geheult als die Brasilianer, weil sie mir so leid taten«, sagt Schiaffino Jahre später. »Es war, als hätte man um sie geweint.« Und Varela: »Wenn ich dieses Finale noch einmal spielen müsste, würde ich absichtlich ein Eigentor erzielen. Alle weinten, weil sie den größten Karneval aller Zeiten vorbereitet hatten. Und wir hatten ihn zerstört.«

Daheim am Radio, das nach dem 1:2 siebenmal hintereinander die entsetzlichen Worte »Uruguay hat getroffen« ausgestoßen hat, sieht der neunjährige Edson Arantes do Nascimento, der sich später Pelé nennt, zum ersten Mal seinen Vater weinen. Der achtzehnjährige Mário Zagallo erlebt als junger Militärpolizist im Maracanã, wie unzählige Menschen die Fassung verlieren. Für ihn hat Brasilien den Titel »bereits beim vorletzten Spiel verloren, weil einfach schon zu viel gefeiert wurde, im gesamten Land«.

Gemeinsam mit Pelé wird Zagallo 1958 den verpassten Titel nach Brasilien holen, 1962 erfolgreich verteidigen und 1970, inzwischen als Trainer, mit dem Weltstar Pelé zum dritten Mal gewinnen. Doch die Erschütterung über das »Maracanazo«, wie das Trauma von 1950 genannt wird, kann das nicht tilgen.

Das Gefühl, das dieses Spiel bei den meisten Brasilianern hinterlässt, ordnet der Dramatiker Nelson Rodrigues so ein: »Überall gibt es eine unheilbare nationale Katastrophe, etwas wie Hiroshima. Unsere Katastrophe, unser Hiroshima, war die Niederlage gegen Uruguay im Jahre 1950.«

Nur drei Menschen hätten es geschafft, das Maracanã zum Schweigen zu bringen, wird Ghiggia bis an sein Lebensende 2015 erzählen: »Sinatra, Johannes Paul II. und ich.« Der Mann, der es schaffte, ein ganzes Land mit einem einzigen Fußtritt ins Unglück zu stoßen, wurde als einziger Akteur des »Maracanazo« alt genug, um vierundsechzig Jahre danach noch einmal etwas Ähnliches zu erleben: das 1:7 der Brasilianer gegen Deutschland. Und das abermalige Verstummen einer Nation.

Die Deutschen sind mit ihren letzten Männern nachsichtiger als der Rest der Welt. So kamen die beiden einzigen Torhüter, die tatsächlich ein WM-Finale durch grobe Fehler verloren, ohne Verdammnis davon: Toni Schumacher 1986 und Oliver Kahn 2002. Nur der Verteidiger Erich Juskowiak musste für einen Moment des Kontrollverlusts büßen. Dabei gab es zwischen Schweden und Deutschland in jenem Sommer 1958 auch viele andere, die die Kontrolle verloren.

80

Göteborg, 24. Juni 1958:
Rot für Schwedenplatten

SCHWEDEN – DEUTSCHLAND 3:1 (WM-Halbfinale)

SCHWEDEN: Svensson, Bergmark, Axbom, Börjesson, Gustavsson, Parling, Hamrin, Gren, Simonsson, Liedholm, Skoglund
DEUTSCHLAND: Herkenrath, Stollenwerk, Juskowiak, Eckel, Erhardt, Szymaniak, Rahn, Walter, Seeler, Schäfer, Cieslarczyk
SCHIEDSRICHTER: Zsolt (Ungarn); ZUSCHAUER: 50 000
TORE: 0:1 Schäfer (23.), 1:1 Skoglund (33.), 2:1 Gren (81.), 3:1 Hamrin (88.)

Das Nervenkostüm der Deutschen ist schon vor dem Halbfinale gegen den WM-Gastgeber Schweden angespannt. Nach dem »Wunder von Bern« haben sie zwölf von sechzehn Länderspielen verloren, bis Ende 1956 der »Kicker« den deutschen Fußball »auf provinzielles Niveau abgesunken« sah. Immerhin schaffte Sepp Herberger es, die beiden wichtigsten Spieler seiner Weltmeisterelf zu reaktivieren. Den siebenunddreißigjährigen Regisseur Fritz Walter konnte er zum Comeback überreden und für Torjäger Helmut Rahn – zu zwei Wochen Gefängnis verurteilt und aus dem Nationalteam geworfen, weil er besoffen in eine Baugrube fuhr – beim DFB eine Begnadigung erreichen. Das hat sich ausgezahlt. Der in der WM-Vorbereitung um zehn Kilo abgespeckte Rahn hat in allen drei Vorrundenspielen und im Viertelfinale gegen Jugoslawien getroffen.

Nach dem 1:0 gegen die Jugoslawen genehmigte Herberger jedem Spieler einen Piccolo und hob für eine Nacht den Zapfenstreich um 23 Uhr auf – eine Tageszeit, zu der die Spieler ohnehin kaum ein Auge zukriegen. Die hellen Sommernächte im Norden kosten Schlaf und tragen zur Gereiztheit bei. Auch die neue Mobilität der Anhänger stört. Zwölftausend Deutsche begleiten ihr Team, mehr als je zuvor. Ihre Nähe sorgt für Unruhe rund ums WM-Quartier.

Besonders empört ist Herberger über die kurzfristige Verlegung des Halbfinals von Stockholm nach Göteborg. Das neue Quartier, auf die Schnelle gesucht, ist schlecht. Für deutsche Fans gibt es keine Tickets, nicht mal für die, die schon vorab welche fürs Halbfinale kauften. Erst nach langem Hickhack dürfen rund tausend ins Stadion.

Und dann die Atmosphäre im Ullevi-Stadion, der »Hölle von Göteborg«, wie es die »Bild«-Zeitung nennt. Der »Kicker« sieht sich sogar »in eine Art Berliner Sportpalast versetzt, wo der Einpeitscher Goebbels hieß. Die Methode jedenfalls ist verwandt.« Ein erstaunlicher Vergleich für zwei Männer mit Megaphon, die ein Fußballpublikum anfeuern. Erklärbar ist die deutsche Überempfindlichkeit für ein paar akustische Unfreundlichkeiten nur so: als Folge einer Kollision von Fußballkulturen, die eine der beiden unvorbereitet trifft.

Anders als in Deutschland, wo der Zuschauer in der Nachkriegszeit sich noch als Zuschauer verhält und nicht als Akteur, als »zwölfter Mann«, sind in Schweden Fangesänge und Sprechchöre seit Jahrzehnten üblich. Schon 1916 hat der Leichtathletiktrainer Ernest Hjertberg die aus den USA stammende Idee der »Cheerleader«, der Anfeuerung des Publikums mit dem Ziel der Anfeuerung durch das Publikum, nach Skandinavien gebracht. Er verfasste auch das berühmte »Heja Sverige«, laut dem Magazin »11 Freunde« der vermutlich »älteste Fangesang des Fußballs«.

»Heja Sverige friskt humör, det är det som susen gör, Sverige, Sverige, Sverige«, so lautet der Text, den die Zuschauer unter der Regie zweier gelb-blau gekleideter Souffleure mit Landesflagge und Schalltrichter fast das ganze Spiel über skandieren. Die deutsche Übersetzung des harmlosen Textes: »Auf geht's, Schweden, mit frischem Mut voran, Schweden, Schweden, Schweden.« Die deutschen Spieler verstehen ihn nicht, empfinden aber die Rufe als »ungeheure Belastung«, so Fritz Walter. Immerhin hat Herberger ihnen einen Tipp gegeben: »Denkt einfach, die schreien alle für euch.«

Zunächst gelingt das. Nach vierundzwanzig Minuten bringt Uwe Seeler vom linken Flügel eine Flanke herein, und Kapitän Hans Schäfer setzt den Ball mit herrlichem Volley in den Torwinkel. Aber zehn Minuten später ist die Führung dahin. Lennart Skoglund trifft mit einem Flachschuss. Vergeblich reklamieren die Deutschen ein Handspiel des Vorarbeiters Nils Liedholm.

Eine Stunde lang bleibt das Spiel ausgeglichen, mit großen Chancen auf beiden Seiten. Bis Erich Juskowiak die Nerven verliert. Er begeht ein Revanchefoul am trickreichen Kurt Hamrin und wird vom Platz gestellt. Der Verteidiger, außer Rand und Band, muss von Schäfer und Walter beruhigt werden. »Juskowiak hat eine Affekthandlung begangen«, klagt Radioreporter Herbert Zimmermann, der wie in Bern 1954 zur deutschen Stimme des Dramas wird. Zwar gibt es 1958 erstmals weltweite Live-Übertragungen im Fernsehen, jedoch nur für elf der zweiunddreißig WM-Partien. Ausgerechnet dieses Spiel wird daheim in Deutschland nicht übertragen, stattdessen das gleichzeitig ausgetragene zweite Halbfinale Brasilien gegen Frankreich.

Eine Viertelstunde später hat Zimmermann wieder Grund zur Klage. Fritz Walter wälzt sich am Boden, am Knöchel getroffen von Sigvard Parling, dem der Radiomann aber »keinen Vorwurf« machen will. Als man Walter vom Platz trägt, auf dem er zwar später mit Fußbandage wieder erscheinen, aber in seinem letzten Länderspiel nur noch humpelnder Statist sein wird, bemüht Zimmermann die klassische Bildung seiner Zuhörer: »Neun Deutsche gegen elf Schweden. Das wird ein Cannae, wenn das so weitergeht.« Nur dass es damals nicht die zahlenmäßig weit überlegenen Römer waren, die den Sieg davontrugen, sondern die Karthager, dank der genialen Taktik ihres Anführers Hannibal.

Herbergers Mannen gelingt das nicht, sie sind in Unterzahl auf verlorenem Posten. Zehn Minuten vor Ende trifft Gunnar Gren aus achtzehn Metern in den Torwinkel. Fünfhundert Kilometer entfernt löst dieser Treffer mitten in ein Mittelfeldgeplänkel zwischen Brasilien und Frankreich frenetischen Torjubel aus. Den Zuschauern in Solna hat der Stadionsprecher das 2:1 für Schweden übermittelt, was den siebzehnjährigen Pelé nur wenige Sekunden später volley zum 5:1 inspiriert, den dritten und schönsten Treffer eines Hattricks. Die deutschen TV-Zuschauer, die nur dieses Spiel sehen können, während sie viel lieber das andere sähen, können sich durch die akustische Reaktion ihr Teil über die eigene Mannschaft denken.

Kurz vor Schluss narrt Hamrin die Deutschen, hält den Ball am rechten Flügel, bleibt stehen, schläfert die Verteidiger ein, beschleunigt dann plötzlich und umdribbelt, an der Torauslinie zum Tor ziehend, zwei Deutsche. Dann trifft er aus spitzem Winkel über den abtauchenden Torwart Herkenrath mit einem Lupfer zum 3:1. Ein Tor, »das man nur alle zehn Jahre sieht«, wie DDR-Radioreporter Heinz Florian Oertel seinen ostdeutschen Hörern erzählt.

Bei den Westdeutschen bricht nach Schlusspfiff der Schwedenhass aus wie seit dem Dreißigjährigen Krieg nicht. Lange bevor Ikea, Abba und Volvo ein heiteres Schweden-Bild prägen, verbinden sich im Sommer 1958 sportlicher Frust, tendenziöse Berichterstattung und nationalistische Altlasten zur Verteufelung eines Landes, mit dem man bisher ganz gut ausgekommen war. Und alles nur durch ein Fußballspiel.

Dabei ist Herberger ein fairer Verlierer und sagt, die schwedische Mannschaft habe »verdient gewonnen«. Gegen die Stimmung der Stunde kommt er nicht an. DFB-Präsident Peco Bauwens spricht von »Volksverhetzung«, ja davon, dass man »dieses Land nie wieder betreten und nie wieder gegen Schweden spielen« werde. Die deutsche Delegation lässt er nach der 3:6-Niederlage gegen Frankreich im Spiel um Platz drei ohne die Teilnahme am Abschlussbankett heimreisen.

Auch die schwedische Presse hat ihr Teil zur Eskalation beigetragen, die deutschen Spieler als »Knochenbrecher« und ihren Trainer als »Sklavenhalter« bezeichnet. Ein großer Teil der deutschen Zeitungen aber verliert nun jedes Maß. Das »Hamburger Abendblatt« sieht allen Ernstes die Schrecken des Weltkrieges erneuert, ja übertroffen: »Wir waren vom Kriege schließlich einiges gewohnt. Die Heimat mit dem Inferno des Sirenengeheuls, die Front mit anderen Unfreundlichkeiten. Das war nichts gegen die Organisation der schwedischen Lärmkonstrukteure.«

Die »Saar-Zeitung« schießt den Vogel ab mit der Darstellung, »dass rund vierzigtausend Repräsentanten dieses mittelmäßigen Volkes, das sich nie über nationale oder völkische Durchschnittsleistungen erhoben hat, den Hass über uns auskübelte, der nur aus Minderwertigkeitskomplexen kommt. Es ist der Hass eines Volkes, dem man das Schnapstrinken verbieten muss, weil es sonst zu einem Volk von maßlosen Säufern würde.«

Schweden haben es danach schwer im deutschen Sommer 1958. Tankwarte in Flensburg weigern sich, ihre Autos zu betanken. Auf der Reeperbahn finden sich Schilder »Schweden unerwünscht«. In Verden an der Aller wird der Auftritt einer schwedischen Tanzband abgesagt. Auf der Kieler Woche buht man sogar einen schwedischen Kinderchor aus.

All das ebbt wieder ab. Nur auf die deutsche Gastronomie hat es bleibende Wirkung. Gastwirte streichen die »Schwedenplatte« von der Karte, wovon sich das einst populäre Häppchen-Gericht nie wieder erholt. Und manche verstehen die Sache sowieso falsch. Mehreren Autos mit dem Landeszeichen »S« werden in jenem überdrehten WM-Sommer die Reifen zerstochen. »Schwedenplatten« mal ganz anders? Zum Glück ist zwischen Deutschen und Schweden bald alles wieder geflickt.

Die Wut richtete sich gegen die Schweden, der stumme Vorwurf aber, vielleicht das Schlimmere, gegen den eigenen Mann, gegen Juskowiak. Weinend schlich er vom Platz und ahnte die Folgen: »Wir haben den Titel durch meine Schuld verloren.« Am Abend wurde ausgerechnet er geehrt. Fürs fünfundzwanzigste Länderspiel gab es eine silberne Nadel, in eisiger Stimmung: »Es war wie ein Begräbnis, als ließen sie meinen Sarg runter, langsam, Stück für Stück.«

In Karriere und Leben des Verteidigers ging es nach dem Platzverweis bergab. Er stritt sich mit Zuschauern, wurde von Fortuna Düsseldorf gesperrt. Sein Tabakgeschäft musste er aufgeben, als er wegen »versuchter Unzucht mit Kindern« vor Gericht stand, und zog sich völlig aus der Öffentlichkeit zurück.

Wenigstens verzieh ihm Herberger. Der Chef schwieg zwei Tage, dann nahm er seine Entschuldigung an: »Wir ziehen einen Strich unter die Sache und sprechen nie mehr darüber bis an unser Lebensende.« Diese Nachsicht für einen Fehlimpuls in einer aufgeladenen Situation ist nicht selbstverständlich im Fußball. In einem anderen Fall führte es zum Gegenteil: einer lebenslangen Feindschaft.

81

Paris, 17. November 1993:
Verbrecherische Flanke

FRANKREICH – BULGARIEN 1:2 (WM-Qualifikation)

FRANKREICH: Lama, Desailly, Roche, Blanc, Petit, Le Guen, Deschamps, Sauzée (80. Guérin), Pedros, Cantona, Papin (68. Ginola)
BULGARIEN: Michailow, Kremenliew, Ivanow, Hubtschew, Tswetanow (82. Aleksandrow), Yankow, Letschkow (82. Borimirow), Balakow, Kostadinow, Penew, Stoitschkow
SCHIEDSRICHTER: Mottram (Schottland); ZUSCHAUER: 48 400
TORE: 1:0 Cantona (32.), 1:1 Kostadinow (37.), 1:2 Kostadinow (90.)

Die letzte Minute des letzten WM-Qualifikationsspiels. Zeit für einen letzten Gedanken. Der vorletzte von David Ginola war ein guter. Er hat den Ball fast bis zur Eckfahne gedribbelt, ihn abgeschirmt, Zeit gewonnen, einen Freistoß herausgeholt. Bis zur Ausführung lassen die Franzosen sich Zeit, spielen die üblichen Spielchen, Ball erst an der falschen, dann an der richtigen Stelle, Hinweis an den Schiedsrichter, dass der Gegner zu nah ist, so was. Fast eine halbe Minute verrinnt.

Es ist die alte Fußballzeit, die, in der eine neunzigste Minute eine neunzigste Minute ist. Einen vierten Offiziellen, der gleich eine Tafel mit einer Zahl für die Nachspielzeit hochhalten wird, gibt es noch nicht. Nur bei außergewöhnlichen Unterbrechungen, etwa durch schwere Verletzungen oder Störungen von außen, pflegen Schiedsrichter ein Spiel nach eigenem Gusto zu verlängern. So etwas gab es hier aber nicht, abgesehen von dem

Hahn, der sich aufs Spielfeld verirrte und nicht fangen ließ. Die Zeit, bis der gallische Gockel sich Richtung Ersatzbank verabschiedete, gefeiert vom Publikum, ist aber schon Ende der ersten Halbzeit nachgeholt worden.

Nun ist das Ende der zweiten nahe und Frankreich weniger als eine halbe Minute von der WM in den USA entfernt. Das Ende einer Zitterpartie, deren Verlauf die Prophezeiung des Bulgaren Hristo Stoitschkow bestätigt hat: »Die Franzosen haben Angst.« Sie haben sie seit fünf Wochen, seit sie gegen den sieglosen Tabellenletzten Israel die vorzeitige Qualifikation mit zwei späten Gegentoren zum 2:3 verschenkten. Die Angst, wie vier Jahre zuvor zu scheitern, damals durch einen Punktverlust gegen Zypern. Und als Versager zu gelten, als unwürdige Nachfolger der großen Generation um Michel Platini.

Eric Cantonas Führungstreffer linderte sie nur kurz, dann glich Emil Kostadinow aus. Fast die ganze Zeit haben die Franzosen phantasielos agiert, nur darauf bedacht, Ball und Ergebnis zu halten, den einen Punkt zu retten, der hinter den Schweden das zweite WM-Ticket brächte.

Ginola aber hat keine Angst. Er bemüht sich, das seit seiner Einwechslung auch jedem zu zeigen. Vier Tage zuvor brachte er Unruhe in die Vorbereitung, als er klagte, in der »Équipe Tricolore«, in der man ihm Cantona und Papin vorzieht, nicht fair behandelt zu werden.

Dreiundzwanzig Sekunden noch. Alles spricht in diesem Augenblick für Frankreich. Und alles gegen die Bulgaren, die resigniert wirken. Raum und Zeit haben sie gegen sich. Aus ihrer Sicht ist der Ball am falschen Ende des Platzes und der Zeiger am falschen Ende der Uhr. Bei 89:37 Minuten – als Vincent Guérin nun endlich den Freistoß wenige Meter neben der Eckfahne ausführt.

Er schiebt den Ball zu Ginola, dem sich zwei Bulgaren nähern, während Guérin sich frei läuft. Ginola hat gute Optionen. Er kann zu Guérin passen, von dem der Ball dann gewiss ins

Mittelfeld zurückliefe, von dort vielleicht bis zum Torwart, bis zum Schlusspfiff. Er kann die paar Meter bis zur Eckfahne laufen, den Ball abdecken, Einwurf oder Freistoß herausholen, die letzten Sekunden verrinnen lassen.

Fußballer wollen gewinnen. Aber sie sind auch Virtuosen der Kunst, nicht gewinnen zu wollen, wenn sie nicht müssen. Stattdessen ein Unentschieden zu halten, wenn das genügt. Man muss es ja nicht gleich so weit treiben wie die Spieler von Fluminense im Derby von Rio de Janeiro, dem berühmten »Fla-Flu«. Als ihnen für die Meisterschaft 1941 im kleinen Flamengo-Stadion ein Remis genügte, schossen sie beim Stand von 2:2 den einzigen Ball bei jeder Gelegenheit in den See hinter der Tribüne.

Hinter dem Prinzenpark ist kein See. Und das Stadion viel zu groß, um den Ball über die Tribüne zu schießen. Und doch holt Ginola nun plötzlich aus, als wolle er genau das tun. Er wählt eine Option, die kein anderer sah: Ball vors Tor. Dort ist Cantona allein mit drei Bulgaren. Und der Ball, viel zu hart und hoch getroffen, jagt weit über ihn hinweg. Aufstöhnen im Stadion, was war das denn?

Die wilde Flanke landet bei Außenverteidiger Emil Kremenliew, auf dessen Seite nun viel Platz ist. Die Franzosen haben sich, im Glauben, dass der Ball allenfalls auf ihrer rechten Angriffsseite verloren gehen könnte, in die andere Richtung defensiv gestaffelt und müssen sich nun umgruppieren wie eine überraschte Armee. Hektisch versuchen sie im Sprint die Lücken links zu schließen, aber immer fehlt ein Schritt.

Nach drei schnellen Pässen landet der Ball an der Mittellinie bei Ljuboslaw Penew, dem Mittelstürmer, eigentlich für wuchtige Kopfbälle bekannt. Nun aber, als wäre er ein großer Spielmacher, spielt er den Pass seines Lebens: einen perfekten Dreißig-Meter-Chip in den Lauf von Kostadinow. Und auch dem gelingt alles in diesen zwei, drei Sekunden, die bleiben. Mit Oberschenkel und Bauch nimmt er den Ball aus der Luft mit, legt ihn mit dem linken Schienbein vor und jagt ihn schließlich mit dem rechten Fuß, als Halbvolley genommen, aus spitzem Winkel krachend ans Kreuzeck. Von der Unterkante der Latte prallt der Ball ins Tor.

All das aus vollem Lauf, ohne Tempoverlust, unter Bedrängnis durch Verteidiger Alain Roche, dessen Versuch, den Bulgaren vor dem Strafraum noch zu foulen, ebenso knapp misslingt wie die verzweifelte Grätsche von Laurent Blanc beim Schuss.

»Gott ist Bulgare!«, schreit der bulgarische TV-Reporter, während seine beiden vorher noch ganz fidelen Kollegen von TF1 sich auf einen Schlag apokalyptisch anhören. »Das ist das Ende!«, ruft der eine mehrfach. »Welche Katastrophe«, der andere. Immer wieder repetiert er die klagenden Worte »nur zwei Sekunden«, als hätte bei 89:58 Minuten die Erde vergessen, sich weiterzudrehen. Der französische Regisseur blendet eine abgelaufene Uhr mit einem falschen Spielstand ein: »France 2 – Bulgarie 1«.

Schlusspfiff. Ginola geht in die Knie, ganz allein nach der Niederlage. Er hockt an einer Werbebande, die Hände darauf abgestützt, den Blick zum Boden.

Nationaltrainer Gérard Houllier stürmt wortlos in die Katakomben. Und setzt dort wenig später zur Guillotinierung eines Spielers an, wie das noch kein Auswahltrainer einer solch großen Fußballnation tat. »Dreißig Sekunden vor Ende waren wir am Ziel, aber wir bekamen einen Dolchstoß in den Rücken«, sagt er und erklärt, nicht zurückzutreten. Beim unvermeidlichen Rücktritt wenig später steigert er sich von der Stich- zur Raketenwaffe. Ginola, sagt er, habe einen »Exocet-Flugkörper durch das Herz des französischen Fußballs geschossen. Er hat ein Verbrechen gegen das Team begangen, ich wiederhole: ein Verbrechen gegen das Team.«

Noch achtzehn Jahre später macht Houllier weiter, nennt Ginola in einem Buch einen »Dreckskerl«, weswegen der ihn wegen Beleidigung und Rufschädigung auf Schadenersatz verklagt, ohne Erfolg. »Mein Leben wird auf zehn Sekunden Spielzeit reduziert«, sagt Ginola in dem Prozess.

Ginola ist 1993 »Fußballer des Jahres« in Frankreich, wird dort aber nach der fatalen Flanke in vielen Stadien beschimpft, so dass er nach England geht. »Ich bin ein Pestkranker«, sagt er später. »Man machte mich zum einzigen Verantwortlichen des Ausscheidens, um andere von Schuld freizusprechen.« Allen voran den Trainer, von dem Just Fontaine, Frankreichs größter Torjäger, 2002 in einem Interview sagt: »Wie er Ginola behandelte, war verachtenswert: ihn niederzumachen im Fernsehen, vor der ganzen Nation, nur um seine eigene Haut zu retten. Ich halte Houllier für ein Arschloch.«

Kollegen wie Cantona, Deschamps oder Roche haben seit je ihre eigene Mitschuld bekannt. Aber noch Jahrzehnte nach dem Spiel spreche man ihn immer nur auf Bulgarien an, wie Ginola, inzwischen TV-Moderator, in einer Sendung erzählt hat. Niemand tue das bei den anderen, die dabei waren: »Dieses eine Spiel gehört nur mir.«

Manche Spiele hören nie auf. Ein anderes dieser Spiele, die mit Schlusspfiff in eine unendliche Nachspielzeit gehen, weil sie Lebenszeit erst so extrem verdichten und dann dem Nachspiel in den Köpfen der Beteiligten und dem Versuch des Verstehens überlassen, geschah in einer Zeit, als es Wörter wie »Republikflucht« und »Kampfbahn« noch gab. Und das Ergebnis eines Fußballspiels, zumal eines mit sechs Gegentoren binnen einer halben Stunde, »klassenschädigend« sein konnte. Seine begeisternde Unbegreiflichkeit dauert bis heute an.

82

Krefeld, 19. März 1986:

Die Pille danach

BAYER UERDINGEN – DYNAMO DRESDEN 7:3
(Europapokal der Pokalsieger, Viertelfinalrückspiel)

UERDINGEN: Vollack, Herget, Dämgen, W. Funkel, Buttgereit, Bommer, F. Funkel, Feilzer, Raschid (52. Klinger), Gudmundsson (72. Loontiens), Schäfer
DRESDEN: Jakubowski (46. Ramme), Dörner, Döschner, Trautmann, Häfner, Stübner, Pilz, Sammer (28. Gütschow), Minge, Kirsten, Lippmann
SCHIEDSRICHTER: Nemeth (Ungarn); ZUSCHAUER: 22 000
TORE: 0:1 Minge (1.), 1:1 W. Funkel (13.), 1:2 Lippmann (35.), 1:3 Bommer (42., Eigentor), 2:3 W. Funkel (58., Elfmeter), 3:3 Gudmundsson (63.), 4:3 Schäfer (65.), 5:3 Klinger (78.), 6:3 W. Funkel (79., Elfmeter), 7:3 Schäfer (86.)

Timing ist alles. Die Uerdinger sind kaum auf Sendung, da werfen sie schon Blumensträuße ins Publikum. Wenn man zum ersten Mal live im Fernsehen ist, macht das guten Eindruck. Viertelfinale im Europapokal, und das ZDF hat sich nicht etwa für das Gastspiel von Meister Bayern München in Anderlecht entschieden, sondern für das Heimspiel von Pokalsieger Bayer Uerdingen gegen Dynamo Dresden. Für solch eine Entscheidung braucht man Mut. Und Glück. Sonst gibt es am Ende keine Blumensträuße, sondern böse Briefe.

Nach fünfundfünfzig Sekunden scheint das Glück schon verbraucht, das der Uerdinger und der Mainzer. Der erste Ball vors Tor, das 0:1 durch Ralf Minge. »Wie ein Schlag mit dem

Hammer«, ist es für Verteidiger Wolfgang Funkel. Für viele im Team ist »das Spiel in diesem Moment abgehakt«.

Die Deutschen West haben das Hinspiel bei den Deutschen Ost 0:2 verloren, obwohl Trainer Feldkamp ahnte, dass ihr Konferenzraum verwanzt war, und die Taktik lieber am Elbufer besprach. Bei Anpfiff des Rückspiels brauchten sie mindestens zwei Tore zum Weiterkommen, nun, eine Minute später, sind es schon vier. Zur Pause sind es fünf. Dem 1:1 durch Funkel folgen das 1:2 durch Frank Lippmann und das 1:3 durch ein Eigentor von Rudi Bommer. »Das ist gelaufen«, sagt ZDF-Kommentator Kramer und gibt zurück nach Mainz, zur Heute-Sendung.

In der Pause ist ziemlich viel los für ein Spiel, das »gelaufen« scheint. In Krefeld verlassen Hunderte das Stadion. In der Bundesrepublik schalten von achtzehn Millionen, die das Spiel eingeschaltet haben, Hunderttausende ab. In Mainz laufen die Telefone heiß mit Anrufen, die vom ZDF das sofortige Umschalten nach Brüssel fordern, wo die Bayern 0:2 zurückliegen (und damit nicht fünf Tore brauchen, nur eins).

In der Uerdinger Kabine herrscht Schweigen. Alle sitzen »mit hängenden Köpfen da«, so Wolfgang Funkel. »Keiner von uns hat mehr an ein Weiterkommen geglaubt.« Trainer Feldkamp sagt nur: »Wir müssen uns zumindest mit Würde verabschieden.« Schließlich schaut halb Deutschland zu. Und die andere Hälfte auch, im DDR-Fernsehen.

Nebenan in der Dresdner Kabine geht es lauter zu. Die Lautstärke machen die Schreie von Torwart Bernd Jakubowski. Er hat sich sechs Minuten vor der Pause im Luftduell durch einen bösen Rempler von Wolfgang Funkel an der Schulter verletzt. »Der schrie in der Kabine vor Schmerzen«, so Lippmann. »Da stand einigen der Angstschweiß auf der Stirn.« Jakubowski will weiterspielen, verlangt vom Mannschaftsarzt ein stärkeres Schmerzmittel. Der Arzt sagt: Mehr geht nicht, das ist schon die Höchstdosis. Die spätere Diagnose des Torwarts: Schulterbruch. Ende der Karriere.

Trainer Klaus Sammer, der nun den jungen, unerfahrenen Ersatztorwart Jens Ramme bringen muss und, weil er bereits seinen achtzehnjährigen Sohn Matthias verletzt austauschen musste, keine weiteren Wechsel mehr hat, wittert in seiner Elf »die pure Angst«. Die Angst, völlig einzubrechen wie ein Jahr zuvor mit dem 0:5 bei Rapid Wien nach einem 3:0-Sieg im Hinspiel – begleitet von bösen Gerüchten in der DDR, man habe das Spiel gegen Devisen verkauft.

Noch spüren die Westdeutschen die Angst der Ostdeutschen nicht. Es dauert eine gute Viertelstunde, bis sie merken, dass »noch was geht«, wie Fußballer sagen. Nach einem von Funkel verwandelten Foulelfmeter und einem Eigentor von Minge steht es 3:3. Nur noch eine knappe halbe Stunde, und immer noch fehlen drei Tore. Aber plötzlich wirken sie wie eine Jagdrotte, die Blut geleckt und das schwächste Glied der Herde erkannt hat: den ängstlichen Torwart Ramme. Bei den vielen hohen Bällen, die hereinkommen, zeigt er »unglaubliche Schwächen«, wie Funkel erkennt.

Was dann folgt, ist nicht nur für den langen Abwehrmann »außerhalb aller Vorstellungen«. Auch für den Gegner. »Die haben im Minutentakt auf unser Tor geschossen«, so Dynamo-Kapitän Hans-Jürgen Dörner. »Ein Zusammenbruch, der immer schlimmer wurde.«

Günter Schäfer, der Mann mit dem schaukelnden Gang eines Kneipenkickers, der die Uerdinger mit dem 2:1-Siegtor im DFB-Pokalfinale gegen die Bayern erst in den Europacup schoss, überlupft den voreilig herausgekommenen Torwart aus spitzem Winkel zum 4:3. Dann spaziert Dietmar Klinger durchs Mittelfeld und trifft zum 5:3. Und nur neunzig Sekunden später liegen die Uerdinger mit dem 6:3 durch Funkels Handelfmeter elf Minuten vor Schluss in der Gesamtrechnung erstmals vorn.

»Zugabe! Zugabe!«, schallt es von den Rängen, die sich inzwischen wieder gefüllt haben. Nun plötzlich aber macht

Dresden Druck, »auf einmal«, so Funkel, »waren wir wieder die Gejagten«. Die große Konterchance zum 7:3 wird durch Schäfer vernichtet, der aus dem Abseits den Ball übernimmt, mit dem Bommer frei aufs Tor zulaufen wollte.

Wild beschimpft der um Ball und Torchance Bestohlene den egoistischen Kollegen – der sich noch viel mehr anhören müsste, wäre der hauchdünne Vorsprung kurz darauf bei den großen Chancen für Stübner und Minge dahin gewesen. Doch Torwart Werner Vollack rettet mit starken Paraden. Und dann, beim letzten Konter, rehabilitiert sich Schäfer nach langem Spurt durch die verwaiste Dresdner Hälfte und schießt das 7:3. Das sechste Tor in einunddreißig irren Minuten.

Der Rest sind Szenen der Ekstase, begleitet von einem Reporter, der weiß, wann man schweigt. »Es gibt Situationen«, sagt Kramer, »in denen sprechen Bilder, da muss man nichts mehr kommentieren.« Dann aber sagt er doch noch etwas, eine Vorahnung: »Ein Spiel, aus dem Europacup-Legenden gewoben werden.«

»Mir ist vor lauter Glück schwindelig«, krächzt Funkel nach Abpfiff mit matter Stimme. Ständig haben sie sich angeschrien, um sich zu pushen. »Nach jedem Tor noch lauter. Und bei der Ehrenrunde dann nur noch geschrien.« Fans fluten das Feld. Der Masseur holt vom nächsten Kiosk zwei Kästen Bier. Kapitän Matthias Herget, gebürtiger Sachse, klopft an die totenstille Dresdner Kabine und tauscht Worte des Trostes gegen Autogramme. Dann fährt er mit Funkel in die Düsseldorfer Altstadt. Der Name der Kneipe, die sie aufsuchen, passt zum Uerdinger Sponsor: »Die Pille«. Und keiner ruft beim ZDF an, um sich zu beschweren. Nicht mal die Fans der Bayern, die das eine Tor, das sie brauchten, nicht geschossen haben.

In einem Hotel in Krefeld kommt den Dresdnern in dieser Nacht nach dem Sieg auch ein Spieler abhanden. Um vier Uhr fünfzehn am Morgen gibt der zuständige Stasi-Aufpasser nach dem vierten Kontrollgang zu Protokoll: »Der Zimmernachbar

Dörners, Frank Lippmann, ist weg.« Er ist durch den Hinterausgang über alle Berge.

Der Witz dabei, für dessen Pointe der Stasi leider der Humor fehlt: Sie selbst hat diese Flucht erst ermöglicht. Trainer Sammer hatte den Stürmer aus disziplinarischen Gründen suspendiert. Auf Befehl aus Berlin aber, wo man die Dresdner Chancen mit Lippmann höher einschätzte als ohne, musste er mit in den Westen. Vor der Mannschaft sagte Sammer: »Lippe, wenn ich hier was zu sagen hätte, wärst du rausgeflogen.« Stattdessen flog »Lippe« mit der »Interflug« in die Freiheit. Zweiundzwanzig Sitze auf der Strecke Dresden–Düsseldorf waren mit Spielern besetzt. Zurück nur einundzwanzig.

Die DDR-Nachrichtenagentur ADN meldet: »Der Spieler Frank Lippmann hat für eine hohe Geldsumme, die ihm sportfeindliche Kreise boten, seine Kameraden verraten.« Der Schuldige, wie immer im Fußball: der Trainer. Sammer kommt, nach eigener Überzeugung wegen des »klassenschädigenden« Ausscheidens in Uerdingen »von Erich Mielke zum Abschuss freigegeben«, dem Abschuss durch Rücktritt zuvor.

Auch die Grotenburg verliert bald nach diesem Spiel etwas, einen Teil ihres Namens. Sie heißt nicht mehr Kampfbahn. Auch Profifußball gibt es seit dem Ausstieg des Sponsors Bayer dort schon lang nicht mehr. Was bleibt, ist die Rolle als Kulisse des »Wunders von der Grotenburg«. Und die als Kulisse für ein noch größeres, für das »Wunder von Bern«, von Sönke Wortmann hier ein zweites Mal inszeniert. Ein Ort für großes Kino.

Ein anderes dem Verfall geweihtes Stadion erlebte an einem milden Mainachmittag eine nochmalige Steigerung des Fußball-Wahnsinns. Vier Minuten und achtunddreißig Sekunden zwischen zwei Schlusspfiffen – kann ein Herz so lange aussetzen, ein Atem so lange anhalten? Am Ende standen zwei Meister. Ein deutscher Meister. Und einer der gebrochenen Herzen.

83 + 84

Gelsenkirchen und Hamburg, 19. Mai 2001:

Wie sterben, nur schöner

SCHALKE 04 – SPIELVEREINIGUNG UNTERHACHING 5:3
(Bundesliga, 34. Spieltag)

SCHALKE: Reck, Hajto, Waldoch (29. Oude Kamphuis), van Kerckhoven (68. Büskens), van Hoogdalem, Nemec (72. Thon), Asamoah, Böhme, Möller, Sand, Mpenza

UNTERHACHING: Tremmel, Strehmel, Grassow, Seifert, Schwarz (79. Oberleitner), Haber, Hirsch, Zimmermann, Cizek, Breitenreiter (79. Ahanfouf), Spizak (68. Rraklli)

SCHIEDSRICHTER: Strampe; ZUSCHAUER: 65 000

TORE: 0:1 Breitenreiter (3.), 0:2 Spizak (26.), 1:2 van Kerckhoven (44.), 2:2 Asamoah (45.), 2:3 Seifert (69.), 3:3 Böhme (73.), 4:3 Böhme (74.), 5:3 Sand (89.)

HAMBURGER SV – BAYERN MÜNCHEN 1:1
(Bundesliga, 34. Spieltag)

HAMBURG: Schober, Hoogma, Hertzsch, Ujfalusi, Hollerbach, Töfting, Kientz (77. Bester), Heinz, Mahdavikia (90.+3 Fischer), Präger (77. Yilmaz), Barbarez

MÜNCHEN: Kahn, Kuffour, Andersson, Linke, Sagnol, Lizarazu, Effenberg, Hargreaves, Jancker (77. Zickler), Scholl (68. Paulo Sergio), Elber (88. Santa Cruz)

SCHIEDSRICHTER: Merk; ZUSCHAUER: 55 000

TORE: 1:0 Barbarez (90.), 1:1 Andersson (90+4.)

Ende der Spielzeit. Der letzte Tag des Parkstadions. Abschied von bröckelnden Treppen, zugigen Tribünen, scheppernden Lautsprechern. Selbst wenn die morsche Spielstätte nie den Charme der alten Glückauf-Kampfbahn hatte und nie den Komfort der neuen »Arena auf Schalke«, so steckt doch für jeden echten Fan ein großes Stück seines Lebens in diesen toten Steinen. Auch deshalb ist von vornherein eine besondere Rührung spürbar an jenem Samstag, den kein Schalker je vergessen wird.

Bei seiner Abschiedsparty ist das Stadion völlig überfüllt. Es sollen achtzigtausend Menschen da sein, fünfzehntausend mehr als es eigentlich Plätze gibt. Viele sind über die Zäune geklettert, manche hingen an Lieferwagen, die hineinfuhren. Andere hocken in den Baumkronen hinter der flachen Gegengeraden. Sie sehen ein buntes Vorprogramm, Planwagenfahrten und Polonaisen auf der morschen Tartanbahn. Am Himmel ein Flugzeug mit dem Banner »Danke, Parkstadion«. Und dann noch eins, aus dem ein gelber Punkt hüpft, der größer wird, am Fallschirm auf dem Rasen landet und zu Jürgen Möllemann wird, dem Aufsichtsratsvorsitzenden, den Spielball im Gepäck.

Schalke beendet eine glänzende Saison: bester Angriff, beste Abwehr. Und, weil die Bayern ungewohnt schwach sind, auch beste Chancen auf die Meisterschaft – bis zum vorletzten Spieltag. Bis in die Schlussminute war Schalke weiter Tabellenführer, mit der Aussicht, dass ein Sieg im letzten Spiel zum Titel reichte. Dann aber kassierte man in Stuttgart das 0:1, sieben Sekunden bevor die Bayern gegen Kaiserslautern das 2:1 schossen. Ein Blatt nannte es den »Sieben-Sekunden-Tod«. Wenigstens ein schneller Tod.

Doch die Hoffnung lebt noch, heimlich. Drei Punkte Rückstand, aber die bessere Tordifferenz, das ist noch nicht aussichtslos. Die Partystimmung im Parkstadion enthält den stillen Gedanken: Vielleicht passiert ja doch noch was. In Hamburg.

Dort spielt der matte Meister aus München von Beginn an erkennbar auf 0:0. Will so den einen Punkt holen, den er braucht. Und Kräfte sparen fürs Champions-League-Finale vier Tage später gegen Valencia. Kein Tempo, kein Risiko. Doch erfreut hören Tausende Schalker an ihren Transistorradios, dass der HSV, seit zwei Wochen nicht mehr in Abstiegsgefahr, munter nach vorn spielt. Und für einen Hamburger geht es noch um etwas. Sergej Barbarez liegt im Kampf um die Torjägerkanone mit einundzwanzig Treffern gleichauf mit dem Schalker Ebbe Sand.

Dann sind es die Schalker selbst, die die Träume ihrer Anhänger stören. Gegen die Spielvereinigung Unterhaching, die ihre letzte kleine Chance gegen den Abstieg nutzen will, liegen sie nach einer halben Stunde 0:2 hinten. Kurz vor der Pause verkürzt Nico van Kerckhoven, dann trifft Gerald Asamoah per Hacke zum 2:2. Zur Pause ist die Stimmung wieder gut. Alles zurück auf Anfang – in Hamburg steht es 0:0.

Nochmals gerät Schalke in Rückstand, dann trifft Jörg Böhme zweimal in zwei Minuten, ein Freistoß durch die Mauer, ein Lupfer über den Torwart. 4:3, die erste Schalker Führung, eine Viertelstunde vor Ende. In der Schlussminute trifft Sand zum 5:3. Der Sieg, die halbe Miete für das jetzt immer lauter herbeigewünschte Wunder. Die andere Hälfte muss aus Hamburg kommen. »HSV, HSV!«, schallt es durchs Parkstadion, als solle man es dreihundertfünfzig Kilometer weiter hören.

Schalke 04, das ist eine große Vergangenheit und eine Gegenwart des Wartens. Des Wartens auf den Meistertitel, seit dreiundvierzig Jahren, ein halbes Leben, wenn man Glück hat. Fast jeder auf Schalke kennt irgendeinen Kumpel, Kollegen, Nachbarn, Onkel, der Jahrzehnte davon träumte, einmal nur »Meister zu werden«, denn hier wird nicht nur das Team, nicht nur der Klub, auch der Fan Meister – und es nicht mehr erlebte. Jeder hofft, nicht vorher zu sterben. Ausgerechnet dieser Nachmittag aber wird sich am Ende ein bisschen so anfühlen.

Man weiß, in Hamburg wird noch gespielt, dort bricht die neunzigste Minute gerade erst an. Und plötzlich ist da ein Beben, ein Zucken, ein Schwirren in der Menge, in achtzigtausend Körpern. Viele unabhängige Bewegungen, die, wie auf dem Teich, in den man eine Handvoll Steine wirft, sich wellenartig ausdehnen, kreuzen, vereinigen, zu einer einzigen Welle werden. Und, plötzlich anschwellend, zu einem einzigen gewaltigen Schrei. Auch wer kein Radio hat, kein Handy, keine Verbindung zur Außenwelt, weiß in diesem Moment, dass etwas geschehen ist. In Hamburg.

»Die Bayern stehen mit dem Rücken in den Seilen wie ein angeknockter Boxer«, raunt dort ein paar Sekunden zuvor Marcel Reif, Live-Reporter von »Premiere«. Beim letzten Wort, bei »Boxer«, steigt seine Stimme in Höhe und Stärke abrupt an, weil eine Flanke bei Barbarez landet – und der köpft das 1:0. »Da ist es passiert! Im Moment ist Schalke 04 deutscher Meister. Das ist der Preis für diese Art Fußball.«

Im Parkstadion verändert die Nachricht aus Hamburg in Sekunden den Aggregatzustand der Masse. Die mühsam gebändigte Hoffnung verwandelt sich in ungebändigte Energie. Ein Zaun gibt nach, Jubler purzeln Stufen hinunter, der Beton zittert unter der Bewegung der Masse. Der Abpfiff gegen Unterhaching geht fast unter. Mike Büskens greift sich den Ball: »Das ist der Meisterball, den gebe ich nie wieder her.«

Trainer Huub Stevens bleibt kühl. Die entfesselte Masse, kurz davor, den Innenraum zu stürmen, kann zur Gefahr werden. Er schickt die Spieler in die Kabine, die alte Rolltreppe hoch. Einige bleiben. Sie wollen Teil der großen Ekstase sein, wenn der Traum wahr wird. Wenn endlich der verdammte Schlusspfiff aus Hamburg gemeldet wird.

Von wo genau die ersten Falschmeldungen kommen, die zum Lauffeuer werden, ist im emotionalen Chaos nicht auszumachen. Manager Rudi Assauer jedenfalls stößt plötzlich die rechte Faust hoch, und das wirkt auf viele, die ihn unten im Innenraum sehen, wie das erhoffte Signal. Zugleich, als wäre es der Soundtrack zum Titel, fliegen plötzlich Raketen zum Himmel und zerbersten mit lautem Knall – das vorgeplante Feuerwerk zum Abschied vom Parkstadion.

Fans stürmen den Platz. Und sehen das Bild, das plötzlich auf der Videoleinwand über der Südkurve erscheint. Sie sollte sofort nach Abpfiff angehen, doch gab es ein technisches Problem. Alle schauen hin. Das Bild zeigt Fußballer. Sie tragen die Trikots des HSV und des FC Bayern. Und sie spielen noch.

Ist es live? Eine Aufzeichnung? Die Menge spaltet sich in die, die weiter jubeln, und die, die verstummen und auf die Leinwand starren. »Premiere«-Reporter Rolf Fuhrmann hält Andreas Müller, dem Leiter der Schalker Profiabteilung, das Mikrofon hin und gratuliert zum Titel. »Ich weiß nicht, wie es steht«, sagt Müller. »Es ist zu Ende in Hamburg, Sie sind Meister«, sagt Fuhrmann. Müller jubelt: »Ganz großes Lob an den HSV. Ich liebe euch.« Ein Bierglas in der Hand, beginnt er ein zweites Interview, bis einer ihm sagt, dass es noch nicht vorbei ist.

Die Spieler laufen jubelnd Richtung Kabine, bis sie im Trainerbüro den laufenden Fernseher sehen. Nun verfolgen sie stumm und starr die letzten Minuten aus Hamburg. Torwart Oliver Reck stammelt: »Da passiert noch was, ich weiß es, o Gott.« Dann passiert es.

In Hamburg hat Trainer Frank Pagelsdorf in der Nachspielzeit noch einmal ausgewechselt, um Zeit zu gewinnen. Mehdi Mahdavikia raus, Andreas Fischer rein. Die Gesichter der Bayern, die die Bildregie dabei einblendet, sind leer und leblos: Präsident Beckenbauer, Trainer Hitzfeld, die Spieler auf der Bank. Manager Uli Hoeneß denkt: »Jetzt musst du die Meisterfeier im Seehaus im Englischen Garten abbestellen. Hoffentlich erreichst du da jemanden.«

Auch die Bayern auf dem Platz wirken erledigt. Ein letzter Steilpass von Effenberg, zu lang, Verteidiger Tomas Ujfalusi erreicht ihn knapp vor Paulo Sergio. Der Ball rollt zurück zu Torwart Matthias Schober – und der nimmt ihn mit der Hand auf, statt ihn einfach ins Aus zu treten. Schober ist Schalker, nach Hamburg ausgeliehen.

Schiedsrichter Markus Merk pfeift indirekten Freistoß. Eine Ermessensentscheidung. Verboten ist nur die Aufnahme eines gezielten Rückpasses, nicht die eines Balles, der aus einem Zweikampf zum Torwart kommt. Merk trifft sie zugunsten der Bayern und gegen die Hamburger – und vor allem gegen die Schalker, denen nun vor ihren Bildschirmen die Angst im Gesicht steht.

Torwart Oliver Kahn rennt nach vorn, rempelt Hamburger in der Mauer an, wird weggeschoben. Siebzig Sekunden banges Warten bis zur Ausführung. Zehn Meter vor dem Tor, in dem eine Wand von Leibern die Schussbahn zu verstellen scheint. Effenberg schiebt quer, Patrik Andersson schießt – und mitten durch die Wand schlägt der Ball im Netz ein.

»Ich fasse es nicht«, sagt Reif, während auf dem Großbildschirm der Schuss ins Schalker Herz noch einmal in grausamer Zeitlupe läuft. »Dieser Ball kann überhaupt nicht reingehen.« Er tut es aber doch. Weil im Moment der Ausführung die Hamburger einen Hüpfer nach vorn machen und sich dabei eine winzige Lücke zwischen dem Pfosten und dem Mann am linken Ende der Mauer auftut, dem gerade eingewechselten Fischer, der in seinem dreihundertdritten und letzten Bundesligaspiel noch keinen Ball berührt hat und auch diesen nicht berührt.

Die Bayern feiern den Torschützen Andersson, der in zwei Jahren nie traf. Feiern ihren glücklichsten Titel – mit neun Niederlagen der schlechteste Meister der Bundesliga-Historie. Kahn läuft los und springt die Eckfahne an. Reif sagt: »Jetzt stellen Sie sich einmal die Gemütslage der Schalker vor.«

Wer aber soll sich so was vorstellen können? Menschen taumeln, sacken zusammen, schütteln sich in Weinkrämpfen, verstummen, während weiter die Raketen knallen. Premiere-Kommentator Fritz von Thurn und Taxis sagt: »Hoffentlich tut sich keiner etwas an.« Im Trainerraum entlädt sich die Wut der Spieler in Abbrucharbeiten. »Das Tor für die Bayern war ein Schlag in den Magen«, sagt Sand später. »Einige fingen an, die Kabine auseinanderzunehmen. Andere weinten.« Bänke, Türen, Stühle, Fernseher gehen zu Bruch.

Auf der Pressekonferenz sagt Assauer: »Ich habe den Glauben an den Fußballgott verloren.« Stevens versammelt die Mannschaft, gratuliert zur Saisonleistung und fordert: »Wir haben noch einen Titel zu holen«. (Eine Woche später gewinnen sie das Pokalfinale gegen Union Berlin.) Dann schickt er die Spieler hinaus zu den Anhängern. Als Zehntausende »You'll Never Walk Alone« singen, heult selbst der harte Holländer. Vier Minuten und achtunddreißig Sekunden waren sie Meister. Dann nur noch Meister der Herzen. Immerhin ein Titel, den nur sie haben.

Ein bisschen haben sie dann doch erlebt, wie das ist: mit der Schale feiern. Am Abend treffen sich die Spieler zu einer »Frustparty« im Haus von Ersatztorwart Frode Grodås. »Es begann schleppend, doch irgendwann eskalierte es«, erzählte Ebbe Sand der Zeitschrift »11 Freunde«. »Irgendwann morgens, als es schon hell war, fand jemand eine silberne Obstschale. Wir reichten sie umher wie die Meistertrophäe.«

Ein Fußballspiel allein ist schon aufregend genug. Zwei Spiele parallel können, wie im Parkstadion 2001, die Gefühlswelten unzähliger Menschen völlig durcheinanderbringen. Aber erst ein ganzer Spieltag auf Sendung schafft das Höchstmaß an Verdichtung und Zuspitzung von Fußball. Konferenzschaltung – ein Zauberwort für Menschen, denen Fußball nicht nur Schauspiel ist, auch Hörspiel. Millionen lauschen an Samstagen der Sta-

fette der Hörfunkreporter, die sich in der »ARD-Bundesligakonferenz« die Bälle zuspielen. Mit einer kunstvoll verknappten Collage von Wörtern, Halbsätzen und Stimmeffekten schaffen sie Bilder, die man nur mit den Ohren sieht. So wie bei der größten aller Abstiegskonferenzen, live vom Abgrund.

85 + 86 + 87

Frankfurt/Bochum/Nürnberg, 29. Mai 1999:

Gebanntes Hören an den Radios

EINTRACHT FRANKFURT – 1. FC KAISERSLAUTERN 5:1
(Bundesliga, 34. Spieltag)

FRANKFURT: Nikolov, Janßen (85. Westerthaler), Bindewald, Kutschera, Zampach (68. Brinkmann), Schur, Schneider, Sobotzik, Weber (57. Gebhardt), Yang, Fjörtoft

KAISERSLAUTERN: Reinke, Ramzy (57. Ballack), Koch, Schjönberg, Buck, Ratinho, Sforza, Riedl (50. Reich), Wagner, Rösler (34. Rische), Marschall

SCHIEDSRICHTER: Jansen; ZUSCHAUER: 55 000

TORE: 1:0 Yang (46.), 1:1 Schjönberg (68.), 2:1 Sobotzik (70.), 3:1 Gebhardt (80.), 4:1 Schneider (82.), 5:1 Fjörtoft (89.)

VFL BOCHUM – HANSA ROSTOCK 2:3
(Bundesliga, 34. Spieltag)

BOCHUM: Ernst, Toplak, Waldoch, Sundermann (39. Peschel), Schindzielorz (46. Michalke), Fahrenhorst, Hofmann, Zeyer, Gaudino (58. Kuntz), Bastürk, Buckley

ROSTOCK: Pieckenhagen, Weilandt, Rehmer, Ehlers (67. Holetschek), Lange (77. Ramdane), Wibran, Yasser, Emara (77. Majak), Breitkreutz, Agali, Neuville

SCHIEDSRICHTER: Merk; ZUSCHAUER: 20 000

TORE: 0:1 Neuville (37.), 1:1 Kuntz (71.), 2:1 Peschel (74.), 2:2 Agali (77.), 2:3 Majak (83.)

1. FC NÜRNBERG – SC FREIBURG 1:2
(Bundesliga, 34. Spieltag)

NÜRNBERG: Köpke, Baumann, van Eck, Nikl, Weigl (46. Ziemer), Störzenhofecker, Günther (46. Reinhardt), Gerber, Oechler, Kuka, Ćirić (80. Kurt)
FREIBURG: Golz, Müller, Hermel, Diarra, Kohl, Günes, Pavlin (90. Schinkendorf), Willi, Baya, Weißhaupt, Wassmer (70. Sellimi)
SCHIEDSRICHTER: Kemmling; ZUSCHAUER: 42800
TORE: 0:1 Günes (28.), 0:2 Günes (35.), 1:2 Nikl (85.)

Der Grusel des Abstiegskampfes ist eine deutsche Passion. Ganz unten bekommt man den schwächeren Fußball, aber die stärkeren Gefühle geboten. Und nie waren die Voraussetzungen für großes Drama auf dieser Bühne besser als am letzten Spieltag der Saison 1998/99. Neben Gladbach und Bochum, schon lange nicht mehr zu retten, wird noch ein Abstiegsplatz unter den Kandidaten Nürnberg, Stuttgart, Freiburg, Rostock und Frankfurt vergeben. Nürnberg, Tabellenzwölfter, liegt drei Punkte und fünf Tore vor dem Sechzehnten, Frankfurt.

Doch zunächst scheint Mitte der zweiten Halbzeit das Drama vorbei, ehe es richtig begonnen hat. Stuttgart (1:0 gegen Bremen) und Freiburg (2:0 in Nürnberg) führen nervenschonend, ebenso Rostock (1:0 in Bochum), und der 1:0-Vorsprung der Frankfurter reicht nicht aus, um die Nürnberger einzuholen. Es fehlen zwei Tore, und jetzt meldet sich auch noch Dirk Schmitt aus Frankfurt mit einem Elfmeter für Kaiserslautern. Noch ist Zeit für malerische Beschreibungen.

Oka Nikolov, tief in der Hocke steht er da, und mit seinen dunklen Augen erwartet er die weiße Kugel. Schjönberg hat den Kopf gesenkt …

… hebt den Blick aber rechtzeitig, um das 1:1 zu schießen. Das sorgt für Jubel in Nürnberg, wo Günther Koch schon seit

Beginn der Konferenz gegen grassierende Selbstsicherheit ansendet.

In der Pause schlürfte man Sekt und man offerierte Eisbombe. Hat man keine Ahnung, dass der Club möglicherweise wieder in den Abgrund stürzt?

Kochs zweiter Kassandraruf:

Der Club ohne Saft, ohne Kraft, und im Augenblick sieht es nicht aus, als ob er überhaupt begriffe, worum es hier geht. Es geht vielleicht wieder in den Keller, den tiefen, tiefen Keller. Noch scheint die Sonne über dem Frankenstadion.

Der dritte:

Harmlos, gelähmt, nervös, mit wackelnden Knien, der FC Wackelknie, der 1. FC Nürnberg.

Gerade als Koch den Jubel im Frankenstadion über den Ausgleich im Waldstadion schildert, ist der Zwischenstand schon passé. Schmitt meldet das 2:1 der Eintracht, die sich »am eigenen Schopf aus dem Sumpf geholt« habe. Wie zur Bestätigung tönt ein »Tor in Bochum!« durch den Orbit. Manfred Breuckmann vermeldet das 1:1. Damit wäre Rostock raus – der erste Wechsel auf den Abstiegsplätzen der virtuellen Tabelle an diesem Tag, in der 71. Minute. Nur zwei Minuten später der nächste Ruf aus Bochum.

Tooor in Bochum! 2:1-Führung für den VfL Bochum. Ein Freistoß. Ich glaube, es ist Peter Peschel gewesen. Wir sind in der 73. Minute. … Nach dem gegenwärtigen Stand der Dinge ist Hansa Rostock draußen.

Aus Frankfurt hört man den Jubel, und in Nürnberg hat Koch endlich etwas Positives zu sagen, ein kleines Loblied auf UKW.

Radio, Radio, Radio, das schnellste Medium der Welt. Aber sie tun mir leid, die Rostocker. … Gebanntes Hören an den Radios, aber nichts zu sehen von den Clubberern. Wo bleibt eure Ehre, was habt ihr eurem Publikum zu bieten?

Anderswo wird auch gespielt, aber das beginnt zu stören. Gerade will der Kollege aus Mönchengladbach ein Tor mitteilen, schon wird er von Breuckmann übertönt, der gerade viel zu melden hat.

Tor in Bochum! Agali aus unmöglichem Winkel. Die Hoffnung für die Ostseestädter ist noch nicht vorbei.

Der Ausgleich für Rostock. Die Sache spitzt sich zu, selbst bei den Schusswinkeln, wie man hört.

Tor in Frankfurt, Tor in Frankfurt! 3:1 für die Eintracht. Von der linken Seite dringt Marko Gebhardt in den Strafraum ein … und schießt dann aus einem ganz spitzen Winkel mit dem linken Fuß den Ball unter die Latte.

Achtzig Minuten vorbei. In den letzten zwölf Minuten sind drei Tore in Bochum und drei in Frankfurt gefallen. Rostock ist derzeit draußen, aber in Nürnberg, wo nichts passiert, kommen die Einschläge immer näher, wie Koch längst ahnt.

Nur noch zehn Zentimeter bestenfalls steht der Klub vorm Abgrund …

Und schon sind es bestenfalls noch fünf. Aus dem Off kommt Schmitts Stimme:

… Tor in Frankfurt, Günther Koch, Tor in Frankfurt!

… der Club liegt hinten mit 0:2 gegen Freiburg, das ist Alibi-Fußball – wer hat geschrien?

Tor in Frankfurt! 4:1 für die Eintracht! Bernd Schneider macht den Treffer. Günther, und was heißt das? Das heißt, dass Frankfurt jetzt eine Tordifferenz von minus elf hat wie Nürnberg, aber die Eintracht hat mehr Tore erzielt, und nach meiner Rechnung ist damit Nürnberg wieder in noch größere Abstiegsgefahr geraten. Also das ist kein Zweikampf mehr, das ist jetzt ein ganz glasharter Dreikampf.

Nur dass in Nürnberg von Kampf nicht die Rede sein kann.

Du hast alles gesagt. In diesem Moment, 17;11 Uhr, ist der Club fast abgestiegen. Alles hängt jetzt von Bochum gegen Hansa Rostock ab. Frankfurt ist besser, der Club taumelt, der Club hängt am Abgrund …

… und mitten in »Abgrund« hinein, wie aufs Stichwort auf dieser unsichtbaren Theaterbühne, kommt durchdringend der Ruf aus dem Hintergrund, der alles andere übertönt, weil der Schwarze Peter im Abstiegsfinale gerade wieder wechselt.

Und Tooor! Tor für Rostock! Majak, der eingewechselte Majak macht ein Kopfballtor! … Hansa Rostock führt mit 3:2, und alles kann gut werden …

… und in die letzten Worte hinein ein wilder Schrei.

Tooor! Tor in Nürnberg! Ich pack das nicht, ich, ich halt das nicht mehr aus! Ich will das nicht mehr sehen, aber sie haben ein Tor gemacht. Ich glaube es nicht, aber der Ball ist drin. Ich weiß nicht, wie. Kopfballtor von Nikl. … Es ist nicht zu fassen.

Drei Minuten, drei Tore – jeder der drei Abstiegskandidaten hat in diesen drei Minuten getroffen, und jeder hat in diesen drei Minuten einmal auf dem Abstiegsplatz gestanden. Rostock bis zur 83. Minute, Nürnberg in der 84., Frankfurt seit der 85., trotz 4:1-Führung. Breuckmann meldet sich aus Bochum.

Welch ein Abstiegsdrama. Und die Sache ist ja vielleicht noch gar nicht gelaufen. 3:2 führt Hansa Rostock. Dabei waren sie schon einmal weg in der 73. Minute. … Frankfurt, bitte, Frankfurt …

… wo die Eintracht hier natürlich nach wie vor Druck macht. Sie weiß: Ein Tor könnte wieder den 1. FC Nürnberg in den Abgrund stoßen, überhaupt keine Frage. Und sie kommen jetzt wieder mit Christoph Westerthaler in der zentralen Position. Nur Sforza hat er noch vor sich. Dann ist es Fjörtoft, der ist im Strafraum. Und er trifft. Toooor, Tooooooor für die Frankfurter Eintracht, 5:1! Herrje! Welche Leistung! Und damit ist wieder der 1. FC Nürnberg in der zweiten Liga!

Es ist keine Zeit, die Begleitumstände dieses sensationellen Tors in der 89. Minute zu schildern – wie der Norweger Jan Åge Fjörtoft, dem man kurz vorher erst von der Bank zurief, dass noch ein Tor gebraucht wird, diesen alles entscheidenden Treffer erzielt hat, als wär's eine schöne Zugabe, ein Extra-Tor für die Galerie: per Übersteiger im Eins-zu-eins gegen den Torwart.

In Frankfurt schweigt der Reporter wie erschossen, nur die Hintergrundgeräusche eines kollektiven Deliriums von fünfundfünfzigtausend sind zu vernehmen. Mitten hinein, als rufe er nach Überlebenden, Kochs Stimme. Eine Abschiedsbotschaft.

… hallo, hier ist Nürnberg, wir melden uns vom Abgrund. Nürnberg 1:2. … Nikl drosch den Ball an den Pfosten, der war nicht zu erreichen. Torhüter Golz flog durch die Luft. Der Ball klatscht vom Pfosten zurück und ging nicht ins Tor, sondern vor die Füße von Frank Baumann. Frank Baumann bringt dann aus sechs Metern den Ball nicht im Tor unter. … Der Club, der schon abgestiegen war zwischen 17.08 Uhr und 17.10 Uhr, ist im Moment abgestiegen, denn das Spiel hier ist aus! Ade, liebe Freunde, es ist nicht zu fassen, was der Club seinen Fans, was er seinen Anhängern und was er seinem treuen Publikum zumutet. … Er hat wenig Haltung bewiesen, erst in den Schlussminuten hat er gekämpft. Liebe Clubberer, es tut mir leid, das musste nicht sein.

Breuckmann meldet sich einfühlsam.

Und, Günter, du tust mir auch leid, erlaube mir dieses persönliche Wort. … Hier ist noch eine Minute zu spielen.

Schmitt meldet sich ab.

Frankfurt ist aus! Das Spiel in Frankfurt ist aus! Grenzenloser Jubel. Die Frankfurter Eintracht hat den Klassenerhalt gepackt. Niemand konnte damit rechnen.

Die Schlussworte kommen aus Bochum, während man im Hintergrund aus dem feiernden Waldstadion »Status Quo« hört.

Nur ein Tor des VfL Bochum kann den Club jetzt noch retten vor dem Abstieg. … Macht Schluss, sagen die Rostocker. Vielleicht der letzte Angriff des VfL Bochum, ein Steilpass, aber er geht ins Nirgendwo, ins Nirwana. … Da ist es vorbei! Grenzenloser Jubel. Hansa Rostock bleibt in der Bundesliga. Ein schlimmes Schicksal für den 1. FC Nürnberg.

Abpfiff! Und damit aus dem Fußball-Nirwana zurück in die angeschlossenen Abgründe.

Mit dem letzten Ton der unvergesslichen Schaltkonferenz endeten die dramaturgisch dichtesten drei Tage des deutschen Klubfußballs. Siebenundsechzig Stunden vorher hatte in Barcelona ein Mann ein Schild mit einer rot leuchtenden »3« hochgehalten, um drei Minuten anzukündigen, die niemand vergessen wird – nicht mal jene Honoratioren, die sie im Tunnel des Stadion Camp Nou verbrachten.

88

Barcelona, 26. Mai 1999:
Mutter aller Niederlagen

MANCHESTER UNITED – BAYERN MÜNCHEN 2:1
(Champions League, Finale)

MANCHESTER: Schmeichel, Neville, Stam, Johnsen, Irwin, Giggs, Beckham, Butt, Blomqvist (67. Sheringham), Cole (81. Solksjaer), Yorke
MÜNCHEN: Kahn, Matthäus (80. Fink), Kuffour, Linke, Babbel, Jeremies, Effenberg, Tarnat, Basler (89. Salihamidžić), Jancker, Zickler (71. Scholl)
SCHIEDSRICHTER: Collina (Italien); ZUSCHAUER: 100 000
TORE: 0:1 Basler (6.), 1:1 Sheringham (90.+1), 2:1 Solskjaer (90.+3)

Camp Nou, die neunzigste Minute. Das große Finale, das faktisch noch läuft, ist medial schon Geschichte. Ist verarbeitet in den Artikeln, die Hunderte Zeitungs- und Agenturjournalisten in den verglasten Pressekojen hoch oben unter dem Dach des Stadions fertiggestellt haben, damit sie bei Schlusspfiff druckreif sind. Auch die Gesprächspartner für die »Flash-Interviews« im TV, die ersten Worte gleich nach Schlusspfiff, sind bereits eingeteilt: Matthäus, Basler, Kahn. Drei Minuten später werden die Berichte hinfällig sein. Die Interviewpartner auch.

In dieser neunzigsten Minute verlassen UEFA-Präsident Lennart Johansson, Bayern-Präsident Franz Beckenbauer und George Best, Altstar von Manchester United, die Ehrentribüne. Johansson muss zur Siegerehrung. Beckenbauer ins TV-Studio. Und Best will nur weg.

Der Champagnerkübel steht schon an der Bayern-Bank. Auch die Kiste mit den frischen Trikots für die Siegerehrung hat der Zeugwart herbeigeschafft. Und eine mit Baseballkappen, auf ihnen der Schriftzug »Champions League-Sieger 1999 – FC Bayern München«. Mario Basler, gerade ausgewechselt, setzt sich eine auf. Und sich selbst auf die Bank.

Er glaubt, das Spiel entschieden zu haben. Mit seinem Freistoß in der sechsten Minute, rechts vorbei an der Mauer, an deren Rand Markus Babbel sich neben die sechs Engländer schob und Peter Schmeichel die Sicht verstellte. Der Torwart erwartete einen Ball über die Mauer, hüpfte in die falsche Richtung und war machtlos. So machtlos wie zehn Minuten vor Ende bei Mehmet Scholls Schlenzer an den Pfosten. So machtlos wie danach bei Carsten Janckers Rückzieher an die Latte.

Nur 1:0. Bayern müsste deutlicher führen in dieser neunzigsten Minute. Manchester United schaffte es nicht, die gesperrten Antreiber Roy Keane und Paul Scholes zu ersetzen. Auch die Einwechslung des dritten Stürmers Teddy Sheringham brachte keinen Schwung – bis Trainer Alex Ferguson seine letzte Karte spielte und Ole Gunnar Solskjær einwechselte. In nur zehn Minuten hat der Norweger mehr Torgefahr erzielt als alle Kollegen in neunzig. Mit der Auswechslung des erschöpften Lothar Matthäus als Anker der Bayern-Defensive und der Einwechslung des agilen Solskjær hat sich die Richtung des Spiels gedreht – Energie, Körpersprache, Ballsicherheit. Die Bayern wanken. Aber von neunzig Minuten sind ja nur noch ein paar Sekunden übrig.

Markus Babbel spielt nun von Höhe der Mittellinie einen ungenauen Rückpass. Von diesem Moment an werden die Bayern die Kontrolle über den Ball nicht mehr zurückgewinnen. Unter Druck von Solskjaer gibt Thomas Linke einen Einwurf her. In der Nähe hebt der vierte Offizielle die Tafel. Die »3« leuchtet auf, rot wie ein Alarmsignal. »Verdammt«, denkt Ottmar Hitzfeld. »Das ist lang.« Der Trainer kennt die Bilanz von »Comeback-United«. Fergusons Team hat vierzehn Saisonspiele nach Rückstand gewonnen. Und zwölf erst in den letzten Minuten.

Der Einwurf wird in den Strafraum verlängert, abgewehrt, aber David Beckham gewinnt den Ball gleich wieder, spielt auf Gary Neville, dessen Flanke von Stefan Effenberg zur Ecke gelenkt wird. Das bedeutet Gefahr. »Sie verstehen Eckbälle als Torchance«, warnte Assistenztrainer Michael Henke die Mannschaft bei der morgendlichen Vorbesprechung. Zehnmal ist es gut gegangen, doch das heißt nichts. Beckham ist einer der besten Standardschützen der Welt.

Während Beckham sich an der Eckfahne im Pulk von Fotografen und Helfern zwei, drei Meter Platz für einen kurzen Anlauf verschafft, sagt Clive Tildesley, der Kommentator des britischen Senders ITV, die prophetischen Worte: »Can Manchester United score? They ALWAYS score!«

Sie treffen immer? Peter Schmeichel traut dieser Regel nicht ganz. Ihm hat das Spiel nicht gefallen, für ihn ist es »unser schlechtestes« der Rückrunde. Hundertsechsundzwanzig Saisontore, ungeschlagen in dreiunddreißig Partien seit Weihnachten – all das ist wertlose Statistik, wenn jetzt nicht das verdammte hundertsiebenundzwanzigste Tor fällt. So spurtet der Torwart in seiner letzten Aktion in seinem letzten Spiel für United hundert Meter nach vorn, und Ferguson denkt: »Was macht der bekloppte Däne jetzt wieder?«

Auch Linke fragt sich das. »Plötzlich sind sie mit fünf Stürmern vorne. Und dann bringt auch Schmeichel noch die Ordnung durcheinander.« Die Bayern haben zwei Mann auf der Torlinie, also zwei weniger im Raum vor dem Tor – den United nun mit sieben Spielern besetzt. Spätestens seit der Auswechslung von Alexander Zickler gegen Mehmet Scholl, der am linken Pfosten steht, fehlt mindestens ein langer Spieler bei Ecken. Nun, da auch noch der Torwart vorn ist, fehlt ein weiterer.

Wer bewacht also Schmeichel? Linke selbst übernimmt es. Er kommt knapp vor dem Hünen an den Ball. Ihm fehlen aber ein paar Zentimeter, um den Ball zu klären. Er kann ihn nur nach hinten abfälschen.

Es ist der Anfang einer Kettenreaktion aus fünf Ballberührungen von fünf Spielern innerhalb von fünf Sekunden. Keine der fünf gelingt perfekt. Alle fünf zusammen schaffen perfektes Drama. Der von Linke gestreifte Ball landet bei Dwight Yorke, der ihn per Kopf nicht richtig vors Tor zurückkriegt. Thorsten Fink, der Matthäus-Ersatz, holt weit aus, ihn wegzuschlagen, doch der Ball rutscht ihm über den Spann, er bringt ihn nur bis zur Strafraumgrenze – genau auf Ryan Giggs, der sofort volley schießt, die launische Kugel aber auch nicht richtig trifft, nicht aufs Tor, aber genau auf Sheringham. Und der erwischt am Fünfmeterraum den zweimal scharf aufsetzenden Ball aus der Drehung auch nicht mit der richtigen Technik, aber mit dem goldrichtigen Ergebnis.

Torwart Oliver Kahn, im Fünf-Sekunden-Chaos vor seinem Tor nie in die Nähe des Balles gekommen, sitzt machtlos am Boden, hebt den Arm, enttarnt es mit resignierter Körpersprache aber als leere Geste. Kein Abseits, jeder weiß es. Scholl hebt beide Arme, senkt die Handflächen aber gleich auf den Kopf, das Zeichen der Fassungslosigkeit. Er weiß, dass er am Ende der Fehlerkette das Unheil noch hätte verhindern können, wäre er nur am Pfosten geblieben, statt, wie eingeübt, vorzurücken, sobald der Ball abgewehrt schien. Dort, wo Scholl keine zwei Sekunden vorher stand, kullert die Kugel ins Tor. Die Spieluhr zeigt 90:35 Minuten, und die Bayern, so Ferguson, sehen aus, »als hätten sie einen Flugzeugabsturz gesehen«.

1:1, das bedeutet Verlängerung. Aber erst einmal bedeutet es noch einmal: Anpfiff. Und: noch anderthalb Minuten Nachspielzeit. Die Bayern stehen da wie ein Boxer, der nach einer furchtbaren Runde den Pausengong dringlich braucht. Doch er kommt einfach nicht. Kaum zehn Sekunden währt der Ballbesitz der Bayern nach dem Anstoß, währt die letzte Auszeit vor dem finalen Kontrollverlust.

Neville bekommt den Ball und schlägt ihn sofort über fünfzig Meter auf den linken Flügel, zu Solskjær. Ein, zwei Übersteiger, eine Flanke, geblockt von Sammy Kuffour, noch eine Ecke. Das Stadion, zahlenmäßig fest in englischer Hand, weil die Engländer zu Tausenden »neutrale« Tickets auf dem Schwarzmarkt gekauft haben, vibriert vor Erwartung – der Erwartung einer Sensation, die plötzlich greifbar scheint.

Beckham flankt von links, wieder mit Schnitt zum Tor, diesmal etwas kürzer, so dass Linke ins Leere springt, weil Sheringham die kürzere Flugkurve besser gelesen hat und dem Ball mit vier, fünf Schritten entgegenspurtet. So kommt der Engländer im Sprung knapp vor dem Deutschen an den Ball, streift ihn mit der Stirn, verlängert ihn zum hinteren Pfosten, schräg ins Niemandsland zwischen Tor- und Fünfmeterraumlinie – bevölkert nur von Solskjær. Gegenspieler Kuffour hatte ihn gerade noch am Schlafittchen, doch er windet sich frei, streckt die rechte Fußspitze aus und verlängert den Ball, über den Kopf den Pfostenbewachers Tarnat hinweg, unters Tordach.

Das Runde muss immer ins Eckige. Hier aber leistet das Fußballschicksal Präzisionsarbeit. Genau im Planquadrat zwischen Latte, Pfosten und Scheitel des Verteidigers schlägt der Ball, von Solskjærs Großzeh steil aufsteigend, ein. »In neunundneunzig von hundert Fällen«, sagt der Norweger, »landet er in Kahns Händen oder am Kopf des Mannes auf der Linie.« Tarnat fragt sich später: »Warum bloß hat er mir nicht ins Gesicht geschossen?« Stattdessen trifft er ein viel empfindlicheres Körperteil. Mitten ins Herz.

92:37 Minuten. 2:1. Es ist zu viel selbst für den abgebrühtesten Profi. Die Bayern sinken in sich zusammen. Kuffour wird von einem Weinkrampf geschüttelt. Jancker heult hemmungslos. Kahn starrt ins Leere. Schiedsrichter Pierluigi Collina muss auf sie einreden, damit sie aufstehen; damit es noch einmal ein paar nutzlose, quälende Sekunden weitergeht. Die Gesichter so grau wie das Hemd, das sie tragen müssen, weil sie am Tag zuvor schon den Münzwurf um die Wahl des Trikots verloren haben – das Rot, die Farbe der Bayern, trägt der Bayern-Gegner. Der Sieger.

Erstarrt hockt Matthäus auf der Rücklehne der Ersatzbank und sieht sich selbst als Statisten sein letztes Endspiel verlieren. Wenigstens sieht er es. Anders als Lennart Johansson. Der UEFA-Präsident betritt am Ende des Tunnels, die vorbereiteten deutschen Gratulationen im Kopf, den Innenraum und wundert sich: »Die Sieger weinten, die Verlierer tanzten.« Er hat die tollste Nachspielzeit der Geschichte unterirdisch erlebt. Auch Beckenbauer, in einem anderen Gang unterwegs, verpasst, wie die Bayern den ersten Champions-League-Sieg seit seiner aktiven Zeit verspielen. Und Best, irgendwo auf dem Weg nach draußen, verpasst, wie United den ersten seit seinem eigenen großen Finale 1968 erkämpft.

»Manchester United«, sagt TV-Mann Tildesley pathetisch, »hat das gelobte Land erreicht.« Er hat gut reden, er sendet live. Schreibende Journalisten sind nun im verfluchten Land. Ihre fertigen Berichte – ein Fall für die Löschtaste. Von den ersten neunzig Minuten dieses Spiels wird am nächsten Morgen niemand mehr etwas wissen wollen. Nur von den drei Extra-Minuten, die sie nun in Windeseile in Worte gießen müssen.

Während Kollege Schmeichel nach dem 2:1 einen Flickflack schlägt, befindet sich Kahn wie die Funktionäre Johansson und Beckenbauer im Tunnel; aber in seinem ganz persönlichen. Er verlässt ihn lange nicht, fühlt sich »wie gelähmt«, ein »geistiger und körperlicher Zusammenbruch«. »Die Mutter aller Niederlagen« nennt er es Jahre später. »Erst durch sie konnte ich jede Enttäuschung, die danach in mein Leben trat, fast mit einem Lächeln ertragen.«

Jeder muss es auf seine Art verarbeiten. Die unterschiedlichen Methoden zeigen sich schon wenige Stunden später, beim Bankett im Hotel »Barceló Sants«. Einige im Festsaal schweigen und stieren. Einige reden und diskutieren. Einige johlen und feiern. Spät in der Nacht tanzen Scholl, Babbel, Basler halbnackt auf den Tischen. Und singen den Schlager der unerwiderten Liebe, jene Klage, die eigentlich an eine Frau gerichtet ist. Hier aber an eine genauso unergründliche Schicksalsmacht, den Fußball: »Wahnsinn, warum schickst du mich in die Hölle?«

Weil der Sport sein ganz eigenes Drehbuch schreibt, hat sich das Kino mit ihm immer schwergetan. Doch bei einem Teilausschnitt des Sports schaffte es Hollywood, die Realität filmisch zu übertreffen: bei einem der Mythen des Mannschaftssports, der Kabinenansprache. Die Filmversion wurde von unzähligen Trainern studiert, ja kopiert: die vierminütige Rede, die Al Pacino in Oliver Stones »Any Given Sunday« vor dem entscheidenden Spiel an seine Spieler richtet. Ihr Kern: »Wir bestehen als Team oder gehen unter als Einzelne.«
Keine sehr neue Botschaft, aber so überzeugend inszeniert, dass Carlo Ancelotti sie vor dem Champions-League-Finale 2003 gegen Juventus Turin seinen Profis vom AC Mailand vorspielte. In dem Clip hatte er »die Gesichter seiner Spieler durch die meiner Spieler« ersetzen lassen. Es war die falsche Sportart, Football statt Fußball. Doch es funktionierte. Milan, der Außenseiter, gewann.
Zwei Jahre später, gegen Liverpool, ist Ancelottis Team Favorit. Diesmal zeigt er keine Film-Ansprache. Stattdessen hält sein Gegenspieler Rafael Benítez eine Pausenrede, die ganz und gar nicht für Hollywood taugt. Aber für das größte Comeback der Europacup-Geschichte.

89

Istanbul, 25. bis 26. Mai 2005:
Mutter aller Paraden

FC LIVERPOOL – AC MAILAND 3:3 n. V., 3:2 i. E.
(Champions League, Finale)

LIVERPOOL: Dudek, Finnan (46. Hamann), Carragher, Hyypiä, Traoré, Alonso, García, Gerrard, Riise, Kewell (23. Šmicer), Baroš (85. Cissé)
MAILAND: Dida, Cafu, Stam, Nesta, Maldini, Gattuso (112. Rui Costa), Pirlo, Seedorf (86. Serginho), Kaká, Schewtschenko, Crespo (85. Tomasson)
SCHIEDSRICHTER: Mejuto González (Spanien); ZUSCHAUER: 69 500
TORE: 0:1 Maldini (1.), 0:2 Crespo (39.), 0:3 Crespo (43.), 1:3 Gerrard (54.), 2:3 Šmicer (56.), 3:3 Alonso (60.).
ELFMETERSCHIESSEN: Serginho verschießt, 1:0 Hamann, Dudek hält gegen Pirlo, 2:0 Cissé, 2:1 Tomasson, Dida hält gegen Riise, 2:2 Kaká, 3:2 Šmicer, Dudek hält gegen Schewtschenko

Als schaue man der eigenen Beerdigung zu – so beschreibt es später ein Fan des FC Liverpool. Doch diese Beerdigung hat eine Pause in der Mitte.

Stille in der Kabine. Hängende Köpfe, dem Trauerfall angemessen. 3:0 für Milan. »Normalerweise hast du schon verloren«, findet Dietmar Hamann, »wenn sie auch nur 1:0 führen«. 1:0 führten sie schon nach dreiundfünfzig Sekunden, durch Paolo Maldini.

Tristesse in der Kabine. Draußen beginnen dreißigtausend Liverpool-Fans, ganz still geworden nach den beiden Toren Hernán Crespos kurz vor der Pause, »You'll Never Walk

Alone« zu singen. Aber das klingt nicht wie ein Aufbäumen. Sondern wie Trauerarbeit. »Die Sache war durch«, sagt Torwart Dudek. »Die Gespräche drehten sich nur noch darum, eine Demütigung zu verhindern.«

Rafael Benítez redet nicht von Schadensbegrenzung. Sondern von den Möglichkeiten, die bleiben. Das frühe Gegentor hat, wie er später sagt, »alles über den Haufen« geworfen, alles taktisch Geplante. »Vom Spielfeldrand, bei dem infernalischen Lärm im Stadion, konnte ich das, was dann passierte, kaum noch beeinflussen. Erst in der Halbzeit war es wieder möglich, auf meine Mannschaft einzuwirken.«

Das tut er nun. Steht unaufgeregt da, als wär's die Pause in einem Testspiel, und malt fidel auf der Taktiktafel herum. Einmal stehen zehn Spieler auf der Tafel, dann plötzlich zwölf. Aber das liegt nur an der Verwirrung, als Djimi Traoré, den Benítez gegen Hamann auswechseln will, schon unter der Dusche steht, dann aber Steve Finnan nicht mehr kann, so dass Traoré wieder aus der Dusche geholt wird. Frisch frottiert ins Finale zurück.

Die Ansprache von Benítez, später glorifiziert, der Tonfall, der taktische Plan, all das ist, wie er selbst, ganz nüchtern und unaufgeregt. Umstellung auf Dreierkette, dazu zwei Botschaften: Kämpfen bis zum Umfallen, schon der Fans wegen – und dass ein schnelles Tor sie ins Spiel zurückbringen könne.

Und dann natürlich die Einwechslung von Hamann, dem »Opa«, wie Benítez ihn später nennt. Sein Job: sich um Kaká zu kümmern, der in der ersten Halbzeit für die »Reds« nie zu greifen war. »Mit Hamanns Einwechslung fand Benítez unseren schwachen Punkt«, räumt Gennaro Gattuso später ein. Zugleich entlastet Hamann Steven Gerrard, der nun offensiver spielen kann. Neun Minuten nach der Pause köpft der Kapitän das 3:1. Und als zwei Minuten später Vladimir Šmicer aus zwanzig Metern das 3:2 schießt, brodelt es im Atatürk-Stadion – und im Gehirn von Carlo Ancelotti.

»Es ging zu schnell«, so Ancelotti. »Als das erste Liverpooler Tor fiel, spielten wir so gut, dass ich dachte, wir würden noch mehr Tore schießen; nach dem zweiten überlegte ich zu wechseln, um die Defensive zu stärken, aber da fiel schon das dritte.« Gerrard, in den Strafraum eindringend, wird von Gattuso zu Foul gebracht. Dida hält Xabi Alonsos Elfmeter, aber der Spanier hat Glück und trifft im Nachschuss.

Sechs Minuten und siebenundvierzig Sekunden hat es gedauert vom 3:0 bis zum 3:3. Danach sind die »Reds« kühl genug, sich nicht dem Übermut hinzugeben, sondern das Risikoprogramm zu beenden und wieder kontrollierten Fußball zu spielen. »Wir mussten entscheiden, ob wir aufs vierte Tor spielen oder vorsichtig sind«, sagt Hamann. »Wir wählten die Vorsicht.« Einmal in den Rausch gespielt – und dann wieder zurück in die Realität, eine der schwersten Übungen im Fußball.

»Liverpool spielte sechs von hundertzwanzig Minuten gut, Milan spielte hundertvierzehn Minuten gut«, so Ancelotti. »Nach diesen verrückten sechs Minuten beherrschten wir das Spiel wieder, und wir hätten noch ein paarmal treffen können, aber es sollte nicht sein.«

Dass es nicht sein soll, ahnt fast jeder drei Minuten vor Ende der Verlängerung – allen voran Andrij Schewtschenko. »Die mysteriöseste Episode meiner Karriere«, nennt er diesen Moment, diesen Schuss, den er »zehntausendmal schießen könnte, und bis auf ein- oder zweimal ginge er hinein«. Seitdem sucht er eine »logische Erklärung« und findet sie nicht. »Ich habe es mehr als fünfzigmal auf Video gesehen und verstehe immer noch nicht, wie der Ball nicht ins Tor ging. Und wie wir dieses Spiel verlieren konnten. Ich glaube einfach, es war Schicksal.«

»Fußball ist nicht alles«, das wisse er seit jenem Tag, erzählt Ancelotti bei einem Treffen 2016. Vier Champions-League-Endspiele hat er als Trainer bestritten. In diesem erlebte er »die beste Leistung einer meiner Mannschaften« – »und das einzige, das ich verloren habe«. Er sieht »eine Zufälligkeit im Fußball, im Leben, die man mit keiner Analyse des Spiels ausschließen kann.«

Als der Zufall seinen Auftritt bekommt, hat in Istanbul der neue Tag schon begonnen. Ein letzter Freistoß kommt vors Tor der erschöpften Engländer. Schewtschenko kommt frei zum Kopfball. Dudek hält den scharfen Aufsetzer, schon das eine außerordentliche, aber noch halbwegs realistische Parade.

Doch wie der Nachschuss des Ukrainers, aus einem Meter Entfernung mit großer Wucht abgegeben, nicht die ganze ungeschützte Breite und Höhe des einladenden Tores trifft, sondern das einzige Hindernis, die spekulativ hochgereckte Hand des auf dem Boden hockenden Torhüters; und wie der Ball von dieser »Hand Gottes«, wie sie Dudeks frommer Bruder tags darauf nennt, nicht ins Netz, sondern in den Himmel fliegt; wie es für Hamann zur »Mutter aller Paraden« wird – das hat etwas so Irreales, dass die Liverpooler die Realität ihres Sieges nun vor Augen haben: Sie werden gewinnen.

Für Jamie Carragher ist es der Moment, in dem »unser Name auf dem Pokal steht«. Für Hernán Crespo der Moment, »in dem wir dem Pokal bye-bye sagen«.

Das Elfmeterschießen wird zur finalen Folter für ein Team, das drei Tore Vorsprung und dann auch noch diese Chance verspielt hat. Eine Folter auch für Hamann, aber nur körperlich. In der Verlängerung spürte er irgendwann, »das etwas passierte mit dem Fuß«. Ein Ermüdungsbruch, wie sich herausstellt. »Aber ich habe die Schmerzen ignoriert.« Als wolle er das zähste Klischee verteidigen, das im englischen Fußball vom deutschen Fußball besteht, die deutsche Unfähigkeit, Elfmeter zu verschießen, verwandelt Hamann auch mit gebrochenem Fuß.

Der Pedant Benítez hat sein Team penibel auf dieses Ende vorbereitet. So kennt Dudek die Lieblingsecke jedes Milan-Schützen. Nur wählt jeder Milan-Schütze dann die andere Ecke. Da ist der Hinweis von Carragher an seinen Torwart hilfreicher, es wie Vorgänger Bruce Grobbelaar 1984 im Finale gegen AS Rom zu machen. Grobbelaar zappelte, wackelte, irritierte die Schützen. Er nannte es »Spaghettibeine«.

Dudek treibt es an die Grenze des Erlaubten und darüber hinaus, tanzt links und rechts die Linie entlang. Der Schiedsrichter lässt ihn gewähren, selbst als er Pirlos Schuss zwei Schritte vor der Linie abwehrt. Und als Schewtschenko antritt, sichtlich noch unter dem Eindruck von Dudeks Parade stehend und nun auch von dessen Gehampel, kommt nur ein entnervtes Schüsschen dabei heraus. Es ist 0:29 Uhr, es ist das späteste Final-Comeback aller Zeiten. Und das größte.

»Wie in diesem Moment die Welt in zwei Teile bricht, in Freud und Leid – das gibt es nur im Fußball. In den Sekunden zuvor merkst du, dass du lebst«, sagt Benítez Jahre später. »Ich denke oft an den letzten Elfmeter: Andrij Schewtschenko läuft an, und mein Geist öffnet sich für alles, was möglich ist. Mehr kann ein Mensch nicht empfinden.«

Sechs Minuten und siebenundvierzig Sekunden brauchte Liverpool für das große Comeback. Drei Tore in vierhundertsieben Sekunden, im ersten »Jahrhundertspiel« des neuen Jahrtausends. Das zweite folgte neun Jahre später, als ein paar Deutsche sich noch ein bisschen mehr beeilten: ein Tor mehr in sieben Sekunden weniger. Das hieß für ihren Gegner, aber auch für die eigenen Fans: noch mehr Unbegreifliches begreifen müssen. In noch weniger Zeit.

90

Belo Horizonte, 8. Juli 2014:
Sechs Minuten Magie

BRASILIEN – DEUTSCHLAND 1:7 (WM-Halbfinale)

BRASILIEN: Júlio César, Maicon, David Luiz, Dante, Marcelo, Luiz Gustavo, Fernandinho (46. Paulinho), Bernard, Oscar, Hulk (46. Ramires), Fred (69. Willian)
DEUTSCHLAND: Neuer, Lahm, Boateng, Hummels (46. Mertesacker), Höwedes, Schweinsteiger, Khedira (76. Draxler), Müller, Kroos, Özil, Klose (58. Schürrle)
SCHIEDSRICHTER: Rodriguez (Mexiko); ZUSCHAUER: 58 000
TORE: 0:1 Müller (11.), 0:2 Klose (23.), 0:3 Kroos (25.), 0:4 Kroos (26.), 0:5 Khedira (29.), 0:6 Schürrle (69.), 0:7 Schürrle (79.), 1:7 Oscar (90.)

Christoph Kramer hat den besten Platz. Den in der ersten Reihe. »Wie im Film«, findet er es. Ein Film mit ziemlich phantastischer Handlung. »Irgendwann konnte ich es kaum noch glauben.« Die anderen auf der deutschen Bank auch nicht. »Wir haben uns angeguckt und gefragt: Was passiert hier gerade?«

Ja, was ist da passiert im Halbfinale der Weltmeisterschaft zwischen Brasilien und Deutschland, von 17.23 bis 17.29 Uhr Ortszeit Belo Horizonte? Ganz einfach: die magischsten sechs Minuten des deutschen Fußballs.

Die 23. Minute. Deutschland führt 1:0, seit Toni Kroos mit seiner Ecke in der 11. Minute den freien Thomas Müller fand. Mit listigem Laufweg diagonal durchs Strafraumgetümmel hat er Bewacher David Luiz abgestreift wie ein Kleidungsstück. Aber noch wehren sich die Brasilianer. Philipp Lahm hat gerade mit einer Präzisionsgrätsche gegen Marcelo retten müssen.

Nun legt Kroos Müller mit einem kleinen feinen Pass den Ball in den Strafraum. Müller leitet quer weiter auf Miroslav Klose. Der trifft im Nachschuss. »Dem rostresistenten Klose«, staunt Frankreichs Sportzeitung »L'Équipe«, »gelang gegen eine apathische brasilianische Abwehr sein sechzehntes WM-Tor.« Das 2:0.

Oben auf der Pressetribüne schaut Ronaldo, als TV-Experte im Dienst, betrübt drein. Er, der in seiner Karriere auf fünfzehn WM-Tore kam und damit Gerd Müller ablöste, weiß, dass er seinen Rekord nun los ist. Er, der große Ronaldo, der schon mit zwanzig Jahren »Weltfußballer« war und Star des FC Barcelona – entthront durch einen, der mit zwanzig noch für die SG Blaubach-Diedelkopf spielte, Bezirksliga Westpfalz, siebte Liga.

Es ist nicht das Einzige, was Brasilien abhandenkommt in diesen Minuten. »Wir haben völlig die Kontrolle verloren«, klagt Trainer Luiz Felipe Scolari. Seine Idee von Fußball, die darin besteht, sieben zähe Defensivleute aufzustellen und vorn auf Inspiration zu hoffen, wie sie ein Ronaldo, Rivaldo oder Ronaldinho boten, ist beim WM-Finalsieg gegen Deutschland 2002 stehengeblieben. Zwölf Jahre später hat Deutschland ein ganz anderes, viel besseres Team, in Taktik, Technik und Talent von völlig neuer Qualität – und Brasilien, ohne den verletzten Neymar, die schlechteste Seleção aller Zeiten.

Spätestens jetzt, in den hundertneun Sekunden zwischen dem zweiten und dritten Tor, müssten die Brasilianer die Zeit anhalten. Eine Auszeit nehmen. Jeder Trainer im Handball oder Basketball nähme sie nun. Um sein Team zu beruhigen, zu sortieren. Um den Lauf des Gegners zu unterbrechen. Noch mehr: den Lauf der Zeit. Im Fußball gibt es dieses Instrument nicht, diese Möglichkeit, die vom Geschehen verdichtete Zeit wieder zu entzerren, den von ihrem Tempo überforderten Geist neu zu öffnen. Im Fußball gibt es keine Auszeit von der Zeit, die nun rast.

Wie die Deutschen, ohne eine Sekunde zu verlieren, nun beginnen, »die Fehler des Gegners gnadenlos auszunutzen«, so Mats Hummels, das ist zugleich faszinierend wie erschreckend anzusehen – auch für sie selbst. »So etwas wünscht man keiner Mannschaft«, sagt Hummels im Mitgefühl für den Gegner. »Diesen Moment, wenn die Träume der Spieler und der Fans zerplatzen. Das war heute in der 24. Minute der Fall.«

Die 24. Minute. Wieder Ballverlust Brasilien. Wieder keine Ordnung und Absicherung in der Rückwärtsbewegung. Lahm spielt den Ball flach und scharf von rechts durch den Strafraum. Müller verpasst ihn. Kroos erwischt ihn. Und jagt mit famoser Schusstechnik als Direktabnahme, kontrolliert leicht über den Außenspann abrutschen lassend, mit links ins linke Eck.

3:0. Die Welt steht Kopf, die Zeit ist aus den Fugen, und Kroos trabt locker durch, als müsse er erst noch ein wenig joggen gehen. Läuft neun, zehn Schritte, schlägt dann die Hände vors Gesicht, als habe er gerade eine Großchance verballert. Dann jubelt er doch.

Das Spiel hat jenen Punkt erreicht, jene Phase der Verzerrung von gedehnter und verdichteter, von stehender und stürzender Zeit, die es so unvergesslich machen wird. Ein Spiel, das die Wahrnehmung in diesen Minuten zugleich aufs Äußerste schärft wie lähmt, den Verstand zugleich beschleunigt wie verlangsamt. Und dabei das Zeitgefühl so sehr betäubt, dass diese vier deutschen Tore, dass die gefühlte Zeit dieser Tore einerseits flüchtig und unwirklich erscheint und andererseits dauerhaft und höchst real.

Viele Zuschauer in Deutschland fragen sich und andere in diesen Minuten, ob das alles wirklich wahr ist. Andere glauben, einem Trick aufzusitzen, einer Täuschung ihrer Wahrnehmung. Wieder andere meinen zwischenzeitlich, dass es sich beim nächsten Tor nur um die Wiederholung des letzten handele. Dabei hatte die Fernsehregie kaum Zeit, nach einem Treffer die üblichen vier, fünf Zeitlupen plus Jubelszene des jeweils letzten Tores auszubreiten, ohne das nächste zu verpassen.

Auch die brasilianischen Zuschauer tun sich in diesen Minuten schwer, zwischen Wahn und Wirklichkeit die bittere Wahrheit zu erkennen und auszuhalten. Die ersten im Stadion wenden sich entsetzt ab und gehen. Andere brechen in Tränen aus. Die, die bleiben, werden später beginnen, ihren hilflosen Mittelstürmer Fred zu beschimpfen, und noch später, nach den beiden Toren des eingewechselten André Schürrle zum 6:0 und 7:0, die Deutschen feiern.

Die 26. Minute. Die Seleção kollabiert nun restlos. Niemand will mehr den Ball. Dante schiebt ihn zu Fernandinho, der ihn nicht will und an Kroos verliert, der ihn von hinten, aus dem toten Winkel, attackiert. Ein simpler Doppelpass mit Sami Khedira, und Kroos schiebt die Kugel ins leere Tor. 4:0. Neunundsechzig Sekunden nach dem 3:0. Zwanzig Sekunden nach dem Wiederanpfiff.

Nach diesem Tor zeigt die Fernsehregie das bewegendste Bild dieses kaum fasslichen Fußballspiels – einen etwas pummeligen, hemmungslos weinenden brasilianischen Jungen auf der Tribüne. Er rührt Millionen Menschen in aller Welt. Mit der rechten Hand schiebt er die Brille hoch, um sich die Tränen abzuwischen. In der anderen hält er einen vergessenen Cola-Becher.

Die 29. Minute. Oder ist es noch die 26.? Ist es schon das 5:0 oder noch das 4:0? So wie sich schon das zweite und dritte Tor in ihrer Geometrie und Choreographie ähnelten (beide vom rechten Flügel in den Rückraum auf Kroos, dann direkt Richtung Tor), so ähneln sich auch das vierte und fünfte, beide geradewegs durch die Mitte, dann Doppelpass mit dem halblinken Kollegen, schließlich per Innenrist ins leere linke Eck – diesmal auf Vorlage von Mesut Özil vollendet durch Khedira, für den britischen »Telegraph« der »Architekt dieser Kathedrale der Zerstörung«.

Es ist das 5:0. Der Schlusspunkt von sechs magischen Minuten, genauer gesagt 6:40 Minuten. Gerade stand es noch 1:0, dann hob die Zeit ab, begann zu fliegen. Nun landet sie wieder in der Gegenwart, in der die Welt für zwei Nationen in vierhundert Sekunden eine andere geworden ist. Auch wenn sie noch kaum jemand begreifen kann.

Keine halbe Stunde gespielt. Noch nie in der WM-Geschichte, in keiner von achthundertzweiunddreißig Partien seit 1930, hat eine Mannschaft so früh so hoch geführt. In diesem Moment kreuzen sich die beiden großen Erfolgskurven des Weltfußballs. Die der Brasilianer, absteigend. Die der Deutschen, aufsteigend. In dieser Minute, kurz vor 17.30 Uhr, hat Deutschland Brasilien in der ewigen WM-Torstatistik erstmals an der Spitze abgelöst. 221:220 Tore. Am Ende steht es 7:1. Beziehungsweise 223:221.

Im Rückblick dann, im Erzählen und Erinnern dieser Minuten, verbindet sich dieses rauschhafte Geschehen irgendwann mit dem eigenen Befinden in diesen Minuten. Mit der Umgebung, den Stimmungen, dem flimmernden Licht, den Getränken, dem Ort, an dem man es verfolgte, den Menschen, in deren fragende Gesichter man danach blickte, als wären sie ein Spiegel des eigenen. Übrig bleibt ein Polaroid unserer Gefühlswelt in einem vergangenen, scharf umrissenen Lebensmoment. Einem Moment, in dem man sich lebendig fühlte. So wie in all den wirklich großen Momenten des Fußballs.

Inhalt

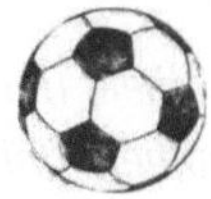

Register

K

N

Q

R

T

Wright, Billy 106 f.

X

Y

Z